紀念 孫中山先生領導辛亥革命 100週年
清 華 大 學 建 校
1911-2011

# 大歷史的風景

## 中國通史旅遊景點紀行

謝 敏 聰 撰·攝影

故宮博物院故宮學研究所客座研究員
中 華 簡 牘 學 會 理 事

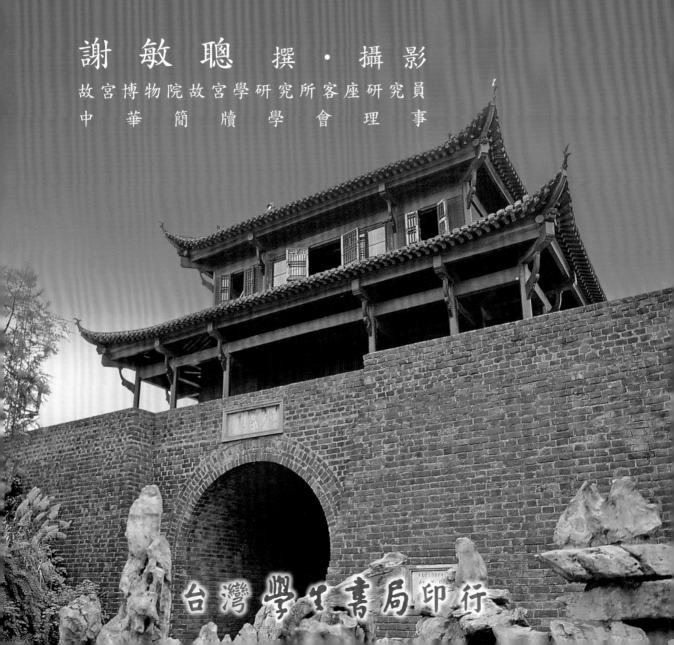

台灣學生書局印行

作者謹以此書呈獻給九十三歲高齡的
慈　母　　謝　陳　六　女　女　士

台北市 國父紀念館大堂內 莊嚴的國父 孫中山先生銅像　　陳一帆教授恭謹雕塑　　謝敏聰 恭攝

# 兩岸故宮博物院

## 倫理・民主・科學是中華文化的基礎
### 民族主義　　　民權主義　　　民生主義

　　由於　孫中山先生在辛亥革命推翻清王朝的統治，結束在中國 4,000 年的君主政體，昔日的皇宮才有機會成為人民的博物院，作者才有機會在新竹清華大學講授《故宮學概論》課程。

　　單士元先生說：「故宮是一部大書，是一部中國通史」；謝敏聰說：「由故宮學的角度切入研究中國通史，是最好的史學方法之一」。

**北京故宮博物院太和殿**　太和殿為故宮等級最高，規模最大的單體建築，在三層丹墀之上，殿前東設日晷，西置嘉量，也置有銅龜、銅鶴與兩旁放有金缸。左右排列 18 座寶鼎，明清兩代每歲元旦、冬至、萬壽及國家有大慶典之際，皇帝御此受百官朝賀。

**台北故宮博物院正館**　國民黨政府於 1949 年撤退來台時，運來台灣的故宮文物暫存台中市霧峰區北溝村的山洞庫房裡，後因應各界要求才在北溝村的台灣糖業公司倉庫闢一展覽室，陳列中華國寶，但因展覽室簡陋狹小，而且交通不便，乃於 1965 年遷至台北今址，今館建築乃為紀念　孫中山先生百年誕辰而建，台北故宮博物院重新開放日，也選在　孫中山先生百年誕辰日，即 11 月 12 日，因此，名曰「中山博物院」，又因以典藏由大陸運台的故宮文物為主，所以亦名「故宮博物院」。

# 故宮・清華・作者

2010 年 12 月，北京故宮博物院院長鄭欣淼先生（中）參訪台灣清華大學，與陳力俊校長（右）晤談雙方學術交流事宜，作者（左）在旁作陪。陳聿廣同學攝。

鄭欣淼院長（左）應作者（右）邀請到台灣清大作者課堂演講〈故宮學與北京故宮博物院〉作者當引言人（2010 年 12 月）陳聿廣同學攝。

2005 年故宮博物院 80 華誕，作者（右）應鄭欣淼院長（左）的特誠邀請，出席院慶。

聆聽鄭欣淼院長演講的學者們、來賓們、同學們（2010 年 12 月）陳聿廣同學攝。

2005 年故宮博物院 80 週年院慶，天津大學建築學院王其亨教授（左）、清東陵文物管理處前副處長于善浦教授（中），與作者（右）攝於隆重的晚宴會場。宋肅懿女士攝。

作者講授《故宮學概論》一景。2010 年 3 月。陳聿廣同學攝。

2011 年 8 月，台灣清華大學博士班參訪團，參訪北京故宮博物院，由作者謝敏聰的助理陳聿廣同學帶領，晉見鄭欣淼院長。前排中：鄭院長；右一：故宮學研究所章宏偉所長；左一：陳聿廣同學

2011 年 11 月「故宮學的範疇、體系與方法」學術研討會，吳十洲教授（右）與作者（中）同任第 1 組主持人，最左方為故宮博物院副院長李文儒先生。

故宮學概論課程加簽一景。2010 年 2 月。陳聿廣同學攝。

在「故宮學的範疇、體系與方法」學術研討會，故宮學研究所所長章宏偉先生與作者合影。（2011 年 11 月）

故宮學概論課程加簽一景。2010 年 2 月。陳聿廣同學攝。

每學期約有 2,000 位同學點選作者的兩門課，爭取 160 個名額，電腦沒選上的爭取加簽的各 20 位名額。在教室外的走廊等候抽籤的眾同學們。2010 年 2 月。陳聿廣同學攝。

作者自幼即熱愛故宮，照片為作者唸初中時代（1963 ─1966 年）攝於台中市霧峰區北溝村故宮博物院前的石獅子旁。

台中市霧峰區，北溝時期的故宮博物院（資料照片）1949 年，運台的故宮和中央博物院文物暫存於台中市霧峰區北溝，並於 1955 年在此闢展覽室。

# 作者「中國歷史旅遊攝影展」

2006 年 4 月為慶祝清華大學在台灣設校 50 週年，謝敏聰（中）應清大文學院院長黃一農院士（左）之請舉辦「中國歷史旅遊攝影展」，開幕典禮時，玄奘大學創校校長張凱元教授（右）親來致賀，與黃一農院士交換名片，互相致意，作者右方之名貴蘭花花籃，為台北市長馬英九博士致贈的。

黃一農院士（左一）主持「中國歷史旅遊攝影展」開幕式。

張凱元校長講述謝敏聰的攝影創作歷程，後方的花架為香港珠海大學前校長劉興漢教授、台北城市科技大學校長鄒宏基教授等長官致贈謝敏聰的厚禮。

台灣師範大學美術研究所前所長、玄奘大學視覺傳達系前主任、台北城市科技大學教授顧炳星教授講述，謝敏聰攝影歷程。

張凱元校長與作者在展出的作品前合影。

開幕式前，到場觀看攝影展的貴賓們。（台灣清華大學人文社會學院中庭）。

開幕式後玄奘大學張凱元校長（右起第 5 人）與清大、玄大兩校師生合影。右一為玄大陳柏霖同學，右二為玄大王雅琦同學，左七為清大廖婉君同學。右七為清大李竹容同學。

# 朋友・清華大學同學們與作者互動點滴

2009 年 10 月，作者帶同學們到台北故宮博物院上《故宮學概論》課，與多位大陸、台灣同學合影。左起：黃霞芸同學、顧佳怡同學（上海交通大學）、張帆同學（西安交大）、作者、施郁盈同學、李瓊杉同學（台灣清大）、阮淑文同學（台大）。

來自北京、南京大學交換生們對作者的謝師宴於新竹市區古拉爵餐廳，左起：陳一帆同學、馬怡虹同學、白冰同學、作者、盧天伊同學、薛冬宜同學、陳聿廣同學（作者助理）。

作者親筆簽名致贈著作給品學兼優的修課同學吳依縈同學，於台灣清華大學研發館 108 教室。2008 年 6 月。

2011 年 11 月，作者參訪北京大學，與朋友及曾前來台灣清華大學到作者主授的課程之交換同學們，聚餐合影。
左起：劉緹同學、馬怡虹同學、劉芮睿同學、宋橘爾同學（以上北大）、作者、孫元先生（朋友，遼大文學院長孫文良教授的公子）、白冰同學、裴蕾潔同學（以上北大）、曹譯丹同學（北京清大）

作者（左起第 4 人）於新竹國賓飯店歡送即將離台的北京大學到作者課堂的交換生胡瑞濛同學（左 2），並歡送李瓊杉同學（左 5）、施郁盈同學（左 3）兩位作者課堂的義務助理畢業，右一為蔡念舫同學，左一為陳聿廣同學。2011 年 6 月。

作者歡送即將入伍服兵役的作者課堂助理羅祥維同學合影，2011 年 8 月於新竹 SkyLark 餐廳。陳聿廣同學攝。

ix

# 自　序

　　製作本書是作者的志業，又恭逢　孫中山先生領導辛亥革命 100 週年、清華大學建校 100 週年，書的出版可說是正逢其時。

　　為了製作本書，作者提前 8 年，從專任的台北城市科技大學教職退休，專職寫作。

　　作者出生於 1950 年，國共雙方當時已隔台灣海峽分治。作者 20 多歲（40 年前）服義務役於陸軍裝甲兵，在部隊的中山室時而流覽《錦繡河山》畫冊，曾慨嘆今生無望旅遊大陸，沒想到快 40 歲的時

1978 年文化大學創辦人張其昀博士召見謝敏聰，嘉勉在從事學術方面的表現，謝敏聰同時以所編著《中華歷史圖鑑》（聯經出版，封面書名為國畫大師張大千先生所賜墨寶）一書呈贈張創辦人。張創辦人為戰略地理學者，1949 年 2 月張創辦人應蔣中正總裁的邀請，赴奉化商談國民黨政府遷徙問題，國民黨政府當年撤退來台，即與張創辦人的建言有關。1949 年後，張創辦人歷任中國國民黨中央改造委員會委員、中國國民黨中央常務委員（長期擔任 20 多年）、教育部長（中華台北）等要職。1962 年，張創辦人以「承中西之道統，集中外之精華」理念，創立文化大學，張創辦人雖曾擔任黨政要職，而其終身職志為致力於中華文化之宣揚。陳國興先生攝。

候，台灣方面開放至大陸探親，迄今 23 年多以來，作者旅遊大陸次數可說是不計其數，多為學術考察活動，有參加學術會議行、有訪友行、有參加旅遊團行、有自助旅遊行。

本書以匯整作者 23 年來在大陸考察時的學術照片為主，拍攝這些學術照片在 23 年前當初即有完整的規畫，1980 年代末至 1990 年代以柯達 135 規格或 120 規格 EB、EPP 的 Kodakchrome 正片，2000 年起大部分改以拍景最鮮豔的 E-100VS 正片（120 或 135 膠卷），2000 年以來，雖然為數位相機逐步取代底片相機的時代，但在解析度、鮮豔度，數位相機距離底片相機仍有很大差距，至今幻燈片（反轉片）在印刷上的效果可能還是無可取代的。

而撰史重視圖表，由鄭樵、章學誠等先賢們的力倡，張其昀老師在大著《中華五千年史》有很好的實踐，在本書也是最重大的實踐，尤其到 21 世紀影像世界佔了很大部分。

本人在 1978 年出版《中華歷史圖鑑》（聯經出版事業公司）榮蒙王曾才教授、李守孔教授、杜維運教授、邱添生教授、徐先堯教授、傅樂成教授校訂，亦以圖為主要內容歷史類書籍編纂之實踐。本人所撰任何書籍亦以圖文並茂方式為特點。

本人不才，撰史不出先賢、時賢所創之史體，本書各章首節之大事編年，即參考《史記》各本紀、《資治通鑑》，再次為〈地理志〉、〈藝文志〉、〈人物列傳〉、〈外國列傳〉，亦參考自《史記》、《漢書》；另〈事件〉一節參考自《通鑑記事本末》；而無法歸類為上述內容之雜項，列入〈珍貴文物〉、〈旅遊景點專題〉、〈旅遊景區專題〉。

凡都市有自然形成、有人為縝密選址，又有二者互為表裡，攸關民生、軍事、社會，列為〈地理志〉，帝王陵墓群雖多有以堪輿術選址，但並無科學依據，因此列為〈旅遊景點、景區〉。

歷代孔廟、書院為傳承學術思想、教育、文化之地，列為〈藝文志〉。

人物是歷史的主角，為歷史著作不可或缺的要項，凡個人事蹟、故居、名人墓均列在〈人物列傳〉。

與中國通史有關的外國風景、名勝，亦仿史、漢有〈外國列傳〉，而依據歷史事件所作專題旅遊之地，如「長平之戰遺址」、

「太平天国革命運動」、「日俄戰爭遺址」，亦作〈事件〉專題。

　　本書的撰成特別要感謝：

　　故宮博物院院長鄭欣淼先生、副院長晉宏逵先生、副院長李文儒先生、故宮學研究所所長章宏偉先生、研究員鄭連章先生、芮謙先生、王子林先生在提供故宮考察的特惠，與經常惠賜有關研究故宮學的學術圖文資料。

　　赤峰學院副校長于建設教授、遼寧師範大學歷史文化旅遊學院田廣林院長、玄奘大學創校校長張凱元教授、何福田校長、蔡輝龍學務長；台北城市科技大學鄒宏基校長、陳自雄主任、香港珠海大學劉興漢校長、東海大學文學院丘為君院長，諸多勉勵。

　　清東陵文物管理處副處長于善浦先生、蕭慧權老師、謝驊同學、韓玫同學、張帆同學、楊晨同學、曹譯丹同學、裴蕾潔同學與本人一同作學術考察。

　　台灣清華大學歷史研究所編審曾敏菁小姐關切本書製作的進度，助教陳聿廣同學拍攝各種在清大的學術活動照片，羅祥維同學（助理）、義務助理施郁盈同學、李璦杉同學，亦多方協助。

　　我的兒子謝哲煥同學（台大中文系 4 年級）以他的國文高度校對本書，都對本書的製作作了最大的幫助。

謝敏聰　謹識
2011 年 12 月

# 目錄

莊嚴的　孫中山先生銅像

兩岸故宮博物院

故宮‧清華‧作者

謝敏聰旅遊攝影展

朋友‧清華大學同學們與作者互動點滴

自　序

# 第 1 章

## 中國原始社會

——中國文化的黎明

約公元前 200 萬—約公元前 3,000 年

**赤峰市紅山**　紅山文化最先發現地。紅山文化於 1938 年在此山山後發現。紅山位於赤峰市區東北隅的英金河畔，在市區即可遠望其雄姿，赤峰即因此山而得名。紅山由 5 個主要山峰構成，其最高峰海拔 746 公尺，面積約 10 平方公里，南北走向，為山石赭紅的花崗岩體，由於其中鈾長石含量超過 50%，故峰紅似火，特別是在陽光照耀下更燦爛。

# 中國原始社會大事編年

| 公元紀年 | 大事記 |
|---|---|
| 800 萬年前至 700 萬年前 | 雲南祿豐臘瑪古猿生活在密林邊緣地帶，學會使用天然工具。體型特徵屬於「正在形成中的人」，是人類的直系祖先。地質年代屬早上新世晚期或中上新世早期（上新世，自 1,200 萬～2、300 萬年前） |
| 200 萬年前 | 「巫山人」1985 年在長江三峽地區發現，為迄今為止，中國最早的人類化石。 |
| 200 萬年前至 160 萬年前 | 在華北、華南和長江流域發現這時期的古猿人化石和製作粗糙的石器，以 1960 年在山西芮城西侯度發現為代表（西侯度文化只發現有粗石器，未發現有人類遺骸） |
| 170 萬年前 | 元謀人（亦稱元謀直立人、元謀猿人）是世界上最早的古人類之一，已進入直立人階段，開始運用火和製造簡單的石器。屬舊石器時代初期。 |
| 100 萬年前至 65 萬年前 | 陝西藍田出現直立人（亦稱藍田猿人），是亞洲北部最早的直立人。石片和砍砸器等打製石器成為主要的勞動工具，已經進入舊石器時代早期。匼河文化與藍田人的年代相近。1957 年在山西芮城西侯度西南的黃河岸邊發現。有原始打製石器。有一塊燒骨，當能用火。未發現人類遺骸。 |
| 70 萬年前至 20 萬年前 | 在湖北鄖陽、河南南召、安徽和縣等地發現直立人化石和大量打製石器。<br>「北京人」出現，體質與現代人相近，是由猿進化到人的證明。「北京人」結成十幾人或幾十人的群體，共同生活在洞穴中，組成最早的人類社會。石器製作技術有了明顯的進步，可以製造砍砸器、刮削器、錘狀器等工具，已經掌握了人工取火技術。周口店「北京人」遺址是迄今所知內涵最豐富、最系統的直立人遺址，也是第 1 次證實達爾文的進化論理論成立。 |
| 30 萬年前至 5 萬年前 | 進入早期智人。階段，體質更接近現代人，腦容量增大，手靈巧。根據不同的用途製造各類石器。已掌握製造石球技術，進入舊石器時代中期。<br>在華北、東北、華南遍布這時期的遺址，其中最具代表性的是「丁村人」遺址。 |

周口店「北京人」遺址，第 1 地點

「北京人」打獵圖
台北，歷史博物館明信片。

**西侯度遺址**　位於山西芮城縣中瑤鄉西侯度村，是目前中國境內已知的最古老的一處舊石器時代遺址。地質時代為早更新世，考古學文化屬舊石器時代早期，測定年代距今約 180 萬年，大致與元謀猿人處於同時期。遺址出土的三棱大尖狀器是中國舊石器時代的一種傳統性工具。另外在文化層中還出土了若干燒骨，這是目前中國最早的人類用火證據。
西侯度遺址不僅發現了石器，而且發現了有切割痕跡的鹿角和燒骨，這證明遠在更新世的時候，這裡就有人類活動過。我們甚至可以推測，當時人們就在河邊居住，既採集，又狩獵。

| | |
|---|---|
| 5 萬年前至 3 萬年前 | 早期智人向晚期智人過渡階段，加工精巧的細石器在各地出現。已發現弓箭和投矛器。 |
| 2 萬年前至 1 萬年前 | 晚期智人階段，腦容量與現代人相當，北京周口店的「山頂洞人」屬於蒙古人種的祖先，居住洞穴分居室、倉庫和墓地。喪葬觀念、審美觀念、原始宗教信仰已經形成。鑽孔和磨製技術反映出生產技術的飛躍，人類進入舊石器時代晚期。<br>台灣「左鎮人」為台灣已發現最早的人類化石。 |
| 1 萬年前 | 全球氣候轉暖，人類活動範圍擴大，居住地由山洞向台地和平原轉移，舊石器時代向新石器時代過渡。台灣「長濱文化」。 |
| 1 萬年前至公元前 6000 年 | 新石器時代早期，華北、長江中游和華南等地的人類開始定居生活，從事農業生產，飼養家畜，製陶技術出現。石器製作技術也從原來的打製轉變為精細的磨製加工。 |
| 公元前 6000 年至前 5000 年 | 進入新石器時代中期，農業從刀耕火種階段向鋤耕階段邁進，黃河、長江流域形成兩大農業區，黃河中下游旱作農業發達，長江流域以稻作農業為代表。紡織、製玉、製陶技術發達。 |
| 公元前 6000 年至前 4000 年 | 母系氏族的繁榮階段，出現以血緣為紐帶的同一氏族聚居的聚落，組成母系氏族公社。氏族成員地位平等，出現原始宗教崇拜和萬物有靈觀念。對龍的崇拜已超越具體神靈崇拜，達到對抽象神靈崇拜的階段，產生專業巫師，從事占卜活動。 |
| 公元前 6000 年至前 3000 年 | 黃河流域裴李崗文化、仰韶文化、馬家窰文化、大汶口文化和長江流域良渚文化陶器上的記事符號，被認為是原始文字的雛形。福建馬祖「亮島人」完整骨骸出土，為閩江流域發現最早的新石器時代人骨，可能是南島語族所發現的最早人骨。（陳仲玉教授、邱鴻霖教授 2011 年 12 月發現、研究）。 |
| 公元前 5000 年 | 長江、黃河流域紡織技術發達，可以生產柔軟細密的棉布。 |
| 公元前 5000 年至前 3300 年 | 長江流域河姆渡文化稻作農業發達。石器、陶器、骨器、木器製作達到很高水準。多種適應水田耕作的骨製農具富有特色。出現最早的木構建築和供舟船使用的木槳。 |

河姆渡遺址全景（浙江寧波）　照片引自林華東：《河姆渡文化初探》，杭州，浙江人民出版社，1992 年。

「山頂洞人」遺址　北京市房山區周口店

河姆渡發現的稻穀與穀殼堆積層（圖源同上）

裴李崗遺址出土的石磨盤和石磨棒（河南新鄭市）。照片引自劉慶柱主編：《二十世紀中國百項考古大發現》，北京，中國社會科學出版社，2002 年。

| 公元前 5000 年至前 3000 年 | 黃河中游的仰韶文化、黃河下游的大汶口文化和長江中游的大溪文化構成三足鼎立的格局。其中仰韶文化的地域最廣闊、實力最雄厚、文明程度最高，其彩陶形成顯著的文化特徵。台北八里鄉大坌坑文化為台灣最早的新石器文化。 |
|---|---|
| 公元前 4000 年至前 3000 年 | 進入母系氏族社會晚期，向父系氏族社會過渡，黃河流域和長江流域出現防禦性的稻作古代都市。湖南城頭山遺址發現距今 6,000 年前中國最古的祭壇。東北紅山文化進入宗教發達的社會，出現女神廟、祭壇，並形成北方製玉中心。長江流域太湖地區良渚文化的農業高度發達，形成南方製玉中心，象徵權力的祭壇和貴族墓地的出現，標誌著集神權與軍權於一身的部落聯盟首領出現。 |
| 公元前 3500 年 | 黃河中游的仰韶文化衰落，統一的文化面貌發生分化，形成多種面貌各異的文化。仰韶居民西遷，甘肅、青海衍生出高度發達的彩陶文化。山東半島的大汶口文化向外擴張，態勢強勁，分布廣泛，勢力抵達仰韶文化腹地。安徽含山凌家灘原始部落遺址，是目前中國發現最早的城市。 |
| 公元前 3500 年至前 2000 年 | 進入新石器時代晚期，私有制伴父系氏族社會來臨，男子成為氏族的統治者，民主制的平等社會逐漸廢除。黃河流域和長江流域先後進入酋邦式的古國時代，城堡林立，酋邦之間經常發生掠奪性戰爭。傳說中的五帝即是這時期的各酋邦的首領。黃帝、炎帝、蚩尤之間著名的「涿鹿之戰」，就發生在今河北張家口一帶。山東日照市五蓮縣丹土村，城市距今 4,000 多年。 |
| 公元前 2500 年至前 2000 年 | 黃河流域和長江流域先後進入原始社會末期，父系氏族公社瓦解，各古國形成若干政治集團，夏族、商族、周族與夷、蠻等族文化相互交融，並發生軍事衝突。 |
| 公元前 22 世紀 | 夏族首領大禹治水成功，夏族勢力弘大統治黃河中游大部分地區。禹接替舜，出任部落聯盟首領，大會諸侯於塗山，以銅為兵器，鑄九鼎，劃九州，作禹刑。 |
| 公元前 2000 年 | 黃河上游的甘肅、青海地區出現紅銅和青銅製作的工具和銅鏡，已經採用合範鑄造技術，用冷鍛法製成。山東桓台縣龍山文化產生真正意義上的文字，為目前年代最早的甲骨文。台北市士林區芝山岩圓山文化（彩陶文化） |
| 公元前 1900 年至前 1500 年 | 山西夏縣東下馮二里頭文化、二里岡文化。 |
| 公元 800 年左右 | 台灣新北市八里區十三行遺址。 |

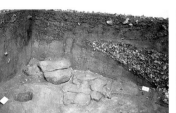

▲台北圓山文化遺址

▲城子崖遺址碑　　　▲城子崖遺址展覽室

◀西陰村遺址　位於山西夏縣。1926 年李濟先生與袁復禮先生在考察傳說中的諸夏王陵途中，發現了這處史前遺址並採集了 600 多箱陶片。另發現有半個蠶繭，為螺祖養蠶傳說提供了一條證據。這是中國人第一次獨立主持的一次現代考古工作，也是李濟先生考古生涯中唯一的一次新石器時代考古工作。

◀東下馮遺址　是二里頭文化東下馮類型的典型遺址。其年代經放射性碳素斷代，為公元前 1900—前 1500 年左右。除二里頭文化外，東下馮遺址還發現了商代二里岡文化的城址 1 座。東下馮遺址處在文獻記載的「夏墟」範圍，其大約年代又在夏朝的紀年之內，因此，東下馮遺址一經發掘，就成為海內外考古學家探索夏文化的熱點話題。

# 丁村遺址及其文化
## ——中國舊石器時代中期文化的代表

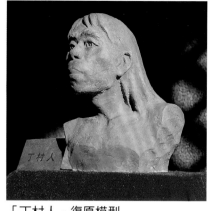

「丁村人」復原模型

　　分布在山西省襄汾縣丁村附近，南北長約 11 公里的汾河兩岸。從 1953 年發現至今進行過多次調查和發掘，發現分屬於舊石器時代早、中、晚期遺存共 27 個地點，距今約 40 萬—2.46 萬年。

　　遺址內出土了大量的石製品（舊石器 2005 件）、動物化石和 3 枚「丁村人」牙齒化石（1954 年發現於 54：100 地點）、1 塊幼兒頭頂骨化石（1976 年也發現於 54：100 地點）、石製品有大石片、石核、砍砸器、三棱大尖狀器、刮削器、錐鑽、寬型斧狀器、石刀、錐狀石核、雕刻器、琢背小刀等。動物化石有楊氏水牛、大角鹿、古菱齒象、披毛犀等 28 種。石器形制規整定型，尤以三棱大尖狀器最具特色，專稱為「丁村尖狀器」。該遺存所代表的文化被稱為「丁村文化」。

丁村遺址碑

　　「丁村人」形態介於現代人和猿人之間，其門齒具鏟形特徵，與現代蒙古人種相近而與白種人相差較遠，屬於早期的智人階段。

　　三棱大尖狀器為突出的代表性器物，由於石器有顯著的特點，故命名為「丁村文化」。

　　丁村文化是更新世晚期的一種文化遺存，比周口店「北京人」的文化晚，中國舊石器時代中期的文化，主要以丁村文化為代表，為中國最重要的舊石器文化遺址之一。

丁村遺址出土的「丁村人」牙齒化石（上）、石球（左）、三棱大尖狀石器（右）。資料照片

丁村遺址地貌

# 瀋陽 新樂遺址

新樂遺址位於瀋陽市皇姑區黃河北大街龍山路一號。發現於 1973 年。此後經過考古工作者們近 10 年的清理發掘，終於揭開了它的面貌。10 年之間考古工作者清理出 40 餘處古人類居住址，遺址堆積約分上下兩層：上層以夾砂紅陶的鼎、鬲、甗等文化遺物為主，當屬於青銅器時代；下層以壓印篦紋陶器、細石器等文化遺物為主，為新石器時代較早階段的遺存，距今約 6、7 千年。在下層還發掘出房址、灰坑、火膛等遺跡。由於石磨盤、磨棒和碳化黍粒的存在，可知新樂人主要以農業為生。從中發

新樂遺址考古狀況

現各種石器、骨器、陶器等極其重要的歷史文物 1,000 餘件，其中石器有石斧、石刀、石鏃、石磨棒、石杵、石錘、磨石；陶器有壓印工字紋筒形罐、刻劃紋高足缽、斜口器等；骨器主要有骨梗、骨錐、骨簪、骨鏃等等。特別是發現了一件獨特的木雕製品和若干煤精雕刻藝術品。其中木雕製品，有的學者認為是鳥的形象，因此稱其為「木雕鳥」，此雕刻品長 38.5 公分，寬 4.8 公分，厚 1 公分，造型講究，線條流暢，刀法簡練；煤精雕刻藝術品有球形、耳當形，晶瑩烏亮，雕工細緻，經鑑定煤精為撫順所產。

1993 年為了全面展示新樂遺址原始風貌，反映瀋陽地區最早先民們的生產、生活場面。在遺址的東部復原建起了近 10 座原始社會時期半地穴建築。每座復原建築內，分別仿照原始先民的風俗、習慣、特點，以仿真的效果設計出「原始氏族成員集會、議事」等場景，還有「狩獵歸來」、「製陶」、「打製石器」、「炊飲」、「偶配」等等，再現了 7,000 年前人們的生活和生產場面。

**新樂遺址的意義**　新樂遺址的發現將瀋陽地區有人類活動的歷史上溯到 7,000 年前，同時也為東北地區史前文化研究提供了重要的科學依據，填補了遼河下游地區早期人類活動的空白。

新樂遺址博物館外觀

參考文獻：

李鳳民編：《瀋陽名勝》，瀋陽，東北大學出版社，1996 年。

「新樂人」狩獵情況想像

「新樂人」民居復原圖

# 澠池 仰韶村遺址

仰韶村遺址位於河南省澠池縣城北 8 公里仰韶村南台地上，遺址 3 側臨水，北靠韶山，面積 36 公頃，文化層堆積厚達 4 公尺。

1921 年 4 月 18 日，瑞典地質學家安特生（Johan Gunnar Andersson, 1874—1960 年），在仰韶村南的沖溝斷面上發現有灰層、灰坑和陶片的堆積，在堆積的下層還發現了精製的彩陶片和石器共存，他百思不解，於是再用一天的時間，對堆積層情況認真地觀察，又發現一件石錛和一些精美的彩繪陶片，遂使他確信這是一處內涵豐富的新石器時代遺址。

本書作者攝於仰韶村遺址。張帆同學攝。2010 年 1 月 29 日

安特生在仰韶村遺址主要是對暴露灰層及遺物較多的東西溝和路溝斷崖處，發掘了 17 個地點。

**仰韶村遺址的意義：她是中國發現的第一個史前聚落遺址，仰韶文化的命名，是中國近代考古學史上被命名的第一個考古學文化名稱，仰韶文化的發現用實物證明了中國不但有石器時代的遺存，而且相當豐富，遂使中國無石器時代的錯誤說法不攻自破。**

仰韶文化分佈於以渭、汾、洛諸黃河支流匯集的中原地區為中心，北到長城沿線及河套地區，南達湖北西北，東到河南東部，西到甘、青接壤地帶。年代為距今 7,000—5,000 年，前後共經歷了 2,000 多年。

仰韶諸文化的生活約略是：村落遺址的面積一般為 1.2 萬平方公尺，文化層較薄，都有儲藏用的窖穴，有的還發現圓形或方形的半地穴式房址，個別遺址還發現較原始的陶窯。村落附近往往有集中的氏族墓地，以裴李崗為例，共發現 114 座，墓坑排列密集而有一定的規律，以單人葬為主，也有個別的雙人合葬，都隨葬有陶器和石器。大地灣還發現用豬下頜骨隨葬。這些跡象表明，當時的定居生活已經相當穩固了。

它們的共同特徵是，富有農業經濟的色彩，像磨製精緻的帶足石磨盤、石磨棒、狹長圓弧刃的薄石鏟為磁山和裴李崗所共有；同時還發現碳化的粟（小米），表明這種黃土地帶的傳統作物由來已久。相當數量的豬、狗骨骼，是家畜的物證，不過採集漁獵仍佔一定的比例。

手製的陶器，胎壁厚薄不勻，燒成溫度也較低。各個文化的陶器紋飾和器形，略有差異，如裴李崗以素面紅陶為主，磁山則有較多的繩紋，大地灣以繩紋為主。磁山和大地灣的彩陶均出現複合的曲折紋，兩者相當近似，這是目前中國發現的最早的彩陶。常見的器形有三足缽、圓底缽、雙耳壺、大口深腹罐和鼎等，而盂和支架則為磁山所獨有，大地灣則僅限於三足缽、罐和圓底的缽、壺等器形。

仰韶文化分布範圍大，延續時間久，內涵豐富，成為中國新石器時代文化的主幹，它展現了中國母系氏族制繁榮到衰落時期的社會結構和文化成就，影響著周圍的其他文化，同時周圍的其他文化也對其形成影響，它們一起為中國文明的形成發揮自己的作用。

仰韶村南的沖溝斷面

仰韶村南沖溝斷面的灰層及灰坑

仰韶村附近的地貌

仰韶村遺址出土陶罐

仰韶村遺址出土陶缽

仰韶村遺址出土陶器

安特生在仰韶村遺址發現的彩陶片

以上器物均為資料照片

參考文獻：

1. 苗霞：〈中國新石器考古的發端——河南澠池仰韶新石器時代遺址〉，收入劉慶柱主編：
   《二十世紀中國百項考古大發現》，北京，中國社會科學出版社，2002 年。

2. 鞏啟明：《仰韶文化》，北京，文物出版社，2002 年。

3. 安志敏：〈中國新石器時代的考古收穫〉。

9

# 第 2 章

# 中國遠古的傳疑時代

約公元前 3000 年～約前 1600 年

山西高平市神農鎮莊里村五穀廟

五穀廟創建年代不詳,最遲在宋代時早已有之。該廟座北面南,建築規模宏大,周有城牆,分為上下兩院,在其中軸線上,分列為舞台、獻台、山門、甬道、正殿。原來廟院內碑石林立,約有 4、50 通碑。現僅存正殿 5 間,東西廂房10 幾間。在東廂房的後牆上,有「炎帝陵」石碑 1 通,是明萬曆 39 年(1161 年)申道統所立。「炎帝陵」石碑的後面有甬道(現已封住),可通墓穴。

高平羊頭上相傳是炎帝神農氏嚐五穀之地,現羊頭山上神農城、神農泉、五穀畦、神農廟等遺址遺迹尚存。有關炎帝神農氏的民間傳說很多。除莊里炎帝陵是專門祭祀炎帝外,本地還有很多祭祀炎帝的廟宇,如故關的炎帝行宮,下台的炎帝中廟,市城東關的炎帝下廟,邢村的炎帝廟,永祿的炎帝廟等,據不完全統計,至少有 30 餘處。

山西高平市莊里村五穀廟旁炎帝陵

正殿面闊 5 間,進深 6 椽,懸山式屋頂,琉璃脊飾,為元代所建,明代時曾進行過較大的維修。

# 三皇五帝

## ——中國遠古的神話傳說時代

　　三皇為傳說中的遠古 3 位帝王。有 6 種說法：(1)天皇、地皇、泰皇（《史記・秦始皇本紀》）；(2)天皇、地皇、人皇（《史記・補三皇本紀》引《河圖》、《三五曆紀》）；(3)伏羲、女媧、神農（《風俗通義・皇霸篇》引《春秋緯・運斗樞》）；(4)伏羲、神農、祝融（《白虎通》）；(5)伏羲、神農、共工（《通鑑外紀》）；(6)燧人、伏羲、神農（《風俗通義・皇霸篇》引《禮緯・含文嘉》）。實際都是象徵性的人物。最後一說反映了中國原始社會經濟生活發展情況。

**燧人氏像**　河南商邱市燧人氏陵前像。為傳說中人工取火的發明者。相傳遠古人民「茹毛飲血」，他鑽木取火，教人熟食。反映中國原始時代從利用自然火，進步到人工取火的情況。

**伏羲氏像**　伏羲氏為神話中人類的始祖。風姓傳說人類由他和女媧氏兄妹相婚而產生。又傳他教民結網，從事漁獵畜牧，反映中國原始時代開始漁獵畜牧的情況。八卦也傳出於他的製作，以定天地之位，分陰陽之數。一說伏羲即太暤。

**神農氏像**　神農氏為傳說中農業和醫藥的發明者。相傳遠古人民過採集漁獵生活，他用木製作耒、耜，教民農業生產。反映中國原始時代由採集漁獵進步到農業的情況。又傳他曾嘗百草，發現藥材，教人治病。一說神農氏即炎帝。歷代祀為「先農」（農神）。法國，巴黎，國家圖書館藏。

▼**燧人氏陵**　河南商邱市

　　五帝為傳說中的上古帝王。其說有 3：⑴黃帝、顓頊、帝嚳、唐堯、虞舜。見《世本》、《大戴記》、《史記‧五帝本紀》。⑵太皞（伏羲）、炎帝（神農）、黃帝、少皞、顓頊。見《禮記‧月令》。⑶少昊（皞）、顓頊、高辛（帝嚳）、唐堯、虞舜，見《尚書序》、皇甫謐《帝王世紀》。據近人研究，這是中國原始社會末期部落或部落聯盟的領袖。

**黃帝像**　台北故宮博物院藏。黃帝為傳說中中華民族的共同祖先。姬姓，號軒轅氏、有熊氏。少典之子。相傳炎帝擾亂各部落，他得到各部落的擁戴，在阪泉（在今河北涿鹿東南）打敗炎帝。後蚩尤擾亂，他又率領各部落在涿鹿（今屬河北）擊殺蚩尤。從此他由部落首領被擁戴為部落聯盟領袖。傳說認為有很多發明創造，如養蠶、舟車、文字、音律、醫學、算數等，都始於黃帝時期。

**唐堯像**　山西臨汾市堯廟。堯為傳說中父系氏族社會後期部落聯盟領袖。陶唐氏，名放勳，史稱唐堯。傳曾設官掌管時令，制定曆法。咨詢四方部落首領，推選舜為其繼任人。對舜進行 3 年考核後，命舜攝位行政。他死後，即由舜繼位，是為「禪讓」。一說堯到了晚年，德衰，為舜所囚，其位也為舜所奪。

**虞舜像**　山東濟南市舜耕山舜帝祠。舜為傳說中父系氏族社會後期部落聯盟領袖。姚姓，有虞氏，名重華，史稱虞舜。相傳因四岳（四方部落首領）推舉，堯命他攝政。他巡行四方，消滅鯀、共工、驩兜和三苗。堯去世後繼位，又咨詢四嶽，挑選賢人，治理民事，並選拔治水有功的禹為繼承人。一說舜為禹所放逐，死在南方的蒼梧。

**北京歷代帝王廟景德崇聖殿**　北京歷代帝王廟始建於明朝嘉靖 9 年（1530 年），它是明清兩朝祭祀三皇五帝、歷代帝王和文臣武將的皇家廟宇。
　　歷代帝王廟始終以三皇五帝為祭祀中心，體現了三皇五帝崇高的祖先地位，廟中入祀人物不斷增多，到清乾隆時期，在景德崇聖大殿內供奉三皇五帝和歷代開國帝王、守業帝王 188 人的牌位。在東、西配殿供奉歷代文臣武將 79 人的牌位。清代建有關帝廟，單獨供奉關羽。歷代帝王廟占地 21,500 平方公尺，建築面積 6,000 平方公尺。整體布局氣勢恢宏。帝王廟享祀的三皇為太昊伏羲氏、炎帝神農氏、黃帝軒轅氏；五帝為少昊、顓頊、帝嚳、唐堯、虞舜。

山東曲阜壽丘景靈宮遺址　　壽丘碑　　　　壽丘景靈宮碑　　未豎起的石碑，碑
據古史載：「黃帝生於壽丘」「壽丘在魯東門之北」，宋真宗尊黃　龜蛖螭首，通高 16.45 公尺，重約
帝為始祖，於壽丘起建景靈宮祭祀，景靈宮共 1,320 間。琢玉為像，　300 噸，是中國最大的石碑。
祭祀用太廟禮儀，是當時禮制最高的廟制，但毀於元末。

軒轅故里　　河南新鄭市。黃帝建都有熊即今河南新鄭。《史記‧五帝本紀‧集解》引譙周曰：「（黃帝）
有熊國少典之子也。」皇甫謐曰：「有熊，今河南新鄭是也。」。《水經注》說：「新鄭縣，古有熊之所
都也。」

北京北海先蠶壇門　　建於清乾隆年間，
山門綠琉璃筒瓦歇山頂，面闊 3 間，皇
后於春陰祭先蠶螺祖（黃帝元妃）於宮
城西北。皇后親自採桑、喂蠶、繅絲，
其儀注與皇帝躬耕，同樣地隆重舉行。
〔北周以後螺祖被祀為「先蠶」（蠶
神）。唐代每年季春吉巳，祭先蠶於公
桑，皇后親自養蠶，以作楷模，皇后祀
先蠶之所在長安禁苑東的蠶壇亭。〕

少昊陵　又稱萬石山，山東曲阜市。

帝嚳陵　河南商邱市。嚳元妃姜嫄生棄（即后稷），是周族祖先；嚳次妃簡狄生契，是商族祖先。

山西臨汾市堯廟廣運殿　1999 年重建

臨汾鼓樓　堯都平陽的象徵，現代重建。

舜帝陵　在山西運城市北相鎮

舜帝陵碑

▶同蒲鐵路（大同—風陵渡）永濟車站牌，舜的都城蒲阪即今山西省永濟市。

15

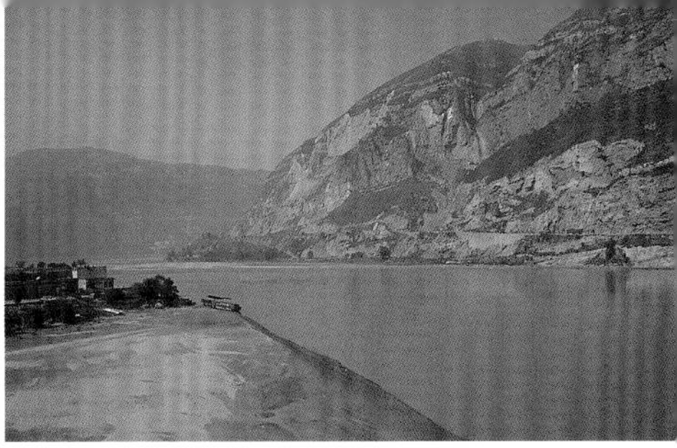

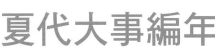

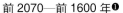

傳說禹鑿龍門處　禹門口為黃河出晉陝峽谷的地方，寬約 60 公尺，為黃河中游最窄的地方。（山西河津市、陝西韓城市之間的黃河，本照片攝於韓城市桑樹坪鎮）

# 夏代大事編年

**前 2070—前 1600 年❶**

**禹**，姒姓，名文命。鯀之子。本為夏族部落首領。都城有安邑（今山西夏縣東北）、平陽（今山西臨汾南）、陽城（今河南登封東）、陽翟（今河南禹州）等說。在舜時治洪水 13 年，3 過家門而不入。因治水有功，舜死後即位。後東巡死於會稽。一說禹指定伯益為繼承人。伯益，嬴姓。《世本》謂益發明鑿井，又謂禹時奚仲造車。

**帝啟❷**。禹死，子啟殺原定的繼承人伯益，嗣位。一說伯益讓啟。傳子從此開始，即由部落聯盟首領轉化為奴隸制國家的君主。有扈氏（今陝西鄠縣一帶）不服，為啟所滅。

**太康**，啟之子。傳居斟鄩（今河南偃師市二里頭）。好田獵，被后羿所逐。后羿，有窮氏（在今山東平原一帶）部落首領，神話中的神射手。羿後為寒浞所殺。寒係東夷部落（在今山東濰坊）。

**中（仲）康**，太康弟。

**相**（《史記》稱帝相。《古本竹書紀年》稱后相），仲康之子。居帝丘（今河南濮陽西南），傳為寒浞子澆所滅。

**少康**，帝相子。傳在有虞氏（今商邱）以一旅之眾（500 人），得各部落之助，攻殺寒浞、澆、豷（亦寒浞子）。都陽翟。傳少康發明釀酒，習稱杜康造酒（一說儀狄始作酒醪），杜康即少康。

**帝予（杼、佇）**，少康子。居原（今河南濟源西北），遷老丘（今開封東）。傳曾發明甲和矛。

**帝槐（芬）**，予之子。

**帝芒（荒）**，槐之子。

**帝泄（洩、世）**，芒之子。

**帝不降**，泄之子。《太平御覽》引《古本竹書紀年》，謂不降在位 69 年。

**帝扃**，不降之弟。

**帝廑（胤甲、頊）**，扃之子，居西河（今河南安陽東南）。

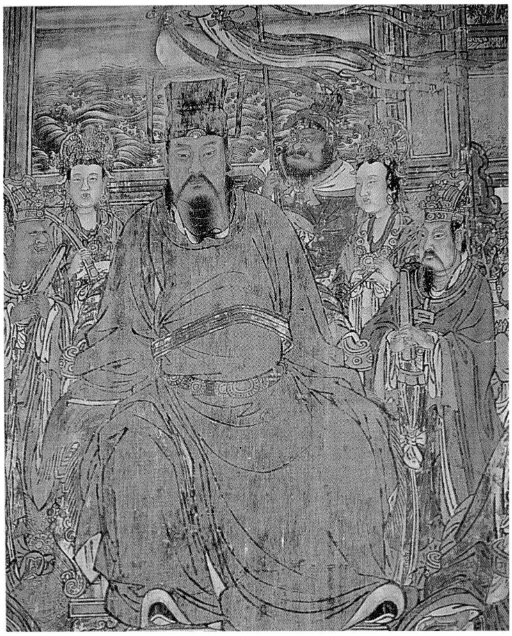

大禹像　山西新絳縣陽王鎮稷益廟，明代壁畫。而北京保利藝術博物館所藏西周中期後段銅器「豳公盨」之銘文，為現今所知文字記載大禹最古的器物。

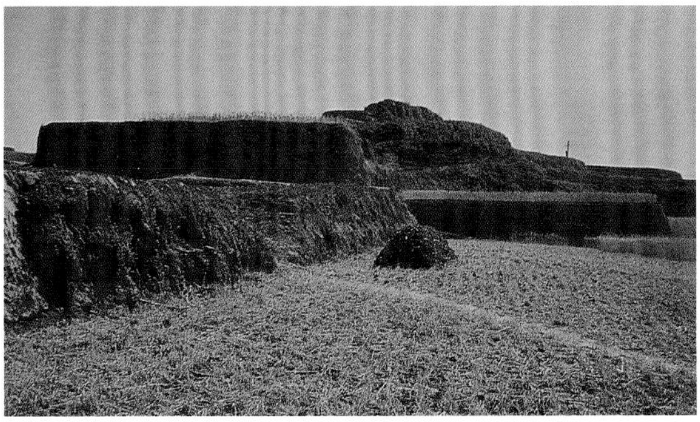

河南登封市王城崗　傳禹都陽城城堡（資料照片）

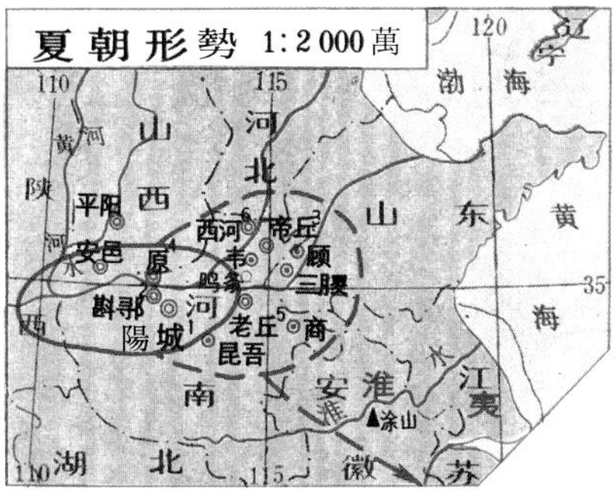


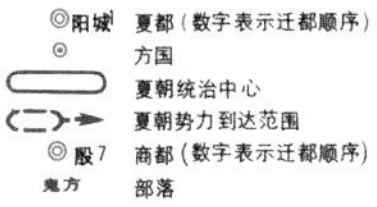


1:2 200 萬

夏朝形勢圖　取自《中國古代史地圖冊》，北京，中國地圖出版社編製出版，1991 年。

註❶：年代據「夏商周斷代工程」專家組研究成果。

註❷：夏代君主生前稱「后」，死後稱「帝」。后稷、后羿等的「后」均君長之意。今從《史記・夏本紀》稱帝。

帝孔甲，不降子。夏后氏至此而衰，諸侯多叛。

帝皋（昊、皋苟），孔甲子。

帝發（敬、發惠），皋之子。

帝桀，名履癸，發之子；一說皋之子，發之弟。桀「築傾宮，飾瑤臺」，大夫關龍逢諫，被殺。後為商湯所敗，死於鳴條（今河南長垣西南，一說在今山西運城安邑鎮北）；一說奔南方，死於南巢氏（在今安徽巢湖）。自禹至桀 17 君，14 代（兄弟同輩份為一代）471 年（《史記・夏本紀》裴駰集解引《古本竹書紀年》）。《漢書・律曆志》引《帝系》作 432 年。《易緯稽覽圖》作 431 年。《三統曆》作 432 年。均無確據，僅供參考。

河南龍山文化晚期和二里頭文化即夏文化。二里頭文化因河南偃師二里頭遺址得名，以河南西部為主，豫東、晉南、陝東及湖北境內均有同類型文化的遺址。晚期已進入青銅時代。收割用的石刀很多，農業當已相當發達。二里頭文化分 4 期，均為夏文化。又山東章丘城子崖發現岳石文化城址，當為夏代城址。

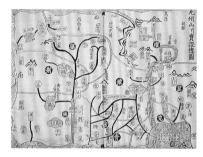

韓城大禹廟匾

陝西韓城龍門附近的大禹廟　元代

大禹廟　浙江紹興市

大禹陵　浙江紹興市

禹陵岣嶁碑

鈞臺（又稱夏臺）在今河南禹州市，相傳為夏啟即位宴饗諸侯之地，始建年代不詳，清光緒年間重修。也相傳是後來商湯囚禁夏桀之地。

# 偃師 二里頭遺址

## ——疑夏朝都城斟鄩

　　二里頭遺址位於偃師市區西南約 9 公里的二里頭村南，面積約 3.75 平方公里，是重要的夏商時代遺址。其年代為公元前 1900～前 1500 年。

　　考古發掘始於 1959 年，50 年來共進行了數 10 次發掘，所發掘兩座宮殿基址：1 號宮殿總面積在 1 萬平方公尺以上，北部有雄偉高大的殿堂，中間有廣闊平坦的庭院，四周有彼此相連的廊廡，南面有寬敞壯觀的大門，構成一組十分完整的宮殿建築；2 號宮殿總面積 4 千多平方公尺，四周有北牆、東牆、東廊、西牆、西廊，南面為複廊和大門，中間圍成一個庭院，庭院偏北是中心殿堂，中心殿堂與北牆之間有一座大墓。推測這裡可能是王室的宗廟建築。

　　在二里頭遺址還發現有相當數量的房基、窖穴和直壁圓筒形燒陶窯，以及鑄造銅器的陶範、坩堝碎片和銅渣，還有石料、骨料等，這些為燒陶、鑄銅、磨製石、骨器等作坊的遺存。還出土一批已具有較高工藝水平的青銅器和玉器。

　　從考古發現證明，二里頭遺址絕不是一般的自然村落或城址，很可能屬於早期都邑。有學者認為可能是夏末的都邑，也有學者認為是商初湯都西亳的一部分。

　　河南龍山文化晚期和二里頭文化即夏文化。二里頭文化以河南西部為主，豫東、晉南、陝東及湖北境內均有同類型文化的遺址。晚期已進入青銅時代。收割用的石刀很多，農業當已相當發達。二里頭文化分 4 期，均為夏文化。又與二里頭文化同時存在的山東章丘城子崖發現岳石文化城址，當為夏代城址。

二里頭遺址出土的銅爵

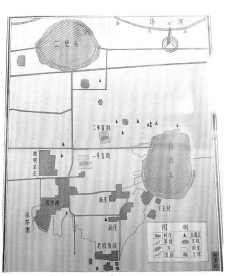

二里頭遺址平面示意圖

　　夏王朝是中國歷史上出現的第一個王朝。據《竹書紀年》的記載推算，夏王朝存在的時間在公元前 21 世紀至公元前 16 世紀之間，有 470 多年的歷史，歷經 17 位帝王。洛陽一帶是夏民族建邦立國的腹地。夏朝的第 1 個國王禹，始都陽城，後遷陽翟。陽城在登封，陽翟在禹州，均離洛陽不遠。夏王朝的第 3 個帝王太康（啟之子）都斟鄩（亦作斟尋、斟灌）。古本《竹書紀年》記載：「太康居斟鄩」。今本《竹書紀年》又載：「仲康即帝位，據斟鄩」。《史記・夏本記・正義引汲冢古文》：「太康居斟尋、羿亦居之，桀又居之」。羿即后羿，為東方夷族的一個首領，他乘太康無道、夏民怨憤，入居斟鄩，執政，拒太康於外。太康卒，扶仲康即王位，仍居斟鄩，後被其親信寒浞殺死。斟鄩在何處？目前說法不一。《國語・周語上》載：「昔伊、洛竭，而夏亡。」證明斟鄩在伊洛區內。《史記・孫子吳起列傳》載：「夏桀之居，左河濟右泰華，伊闕在其南，羊腸在其北」。洛陽正處在這個位置。

　　「二里頭文化」，經碳 14 測定，其絕對年代相當於夏代，距今有 4,000 多年的歷史，是一座夏代的大型都城遺址。總面積 3.75 平方公里。內有大型宮殿遺址。考古學家認定，二里頭文化遺址就是夏代都城遺址，即夏都斟鄩的所在地。夏代太康、仲康、夏桀 3 帝王曾建都於此。《帝王世紀》記載：太康在位 29 年。《通鑑外紀》記載：仲康在位 52 年，夏朝都斟鄩 94 年。

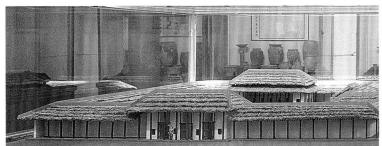

二里頭宮殿復原模型

二里頭遺址附近景觀　　2010 年 1 月 30 日攝

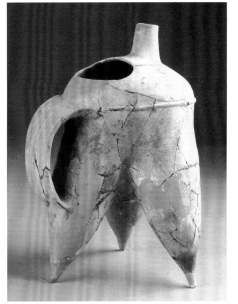

二里頭遺址出土的白陶鬶　　通高 24.2 公分

參考文獻：

1. 中國科學院考古研究所二里頭工作隊：〈河南二里頭早商宮殿遺址發掘簡報〉及〈河南偃師二里頭二號宮殿遺址〉，《考古》1974、4 及 1983、3。

2. 鄒衡：〈偃師商城即太甲桐宮說〉，《北京大學學報》1984 年 4 月。

3. 謝敏聰：〈青銅王國出土記──商王朝重見天日〉，台北，《牛頓雜誌》，165 期，1997 年2 月號。

# 第 3 章

# 商　朝
## ——信史時代的開始
### 約公元前 1600 年～約前 1046 年

**殷墟博物苑**　建於 1987 年，由楊鴻勛教授設計，周谷城教授題字。鑲在殷墟博物苑大門兩側有盤龍圖案，互相對稱。龍為中國古老文化的象徵。

　　在 100 多年前，西方學者尚不承認有商王朝的存在，因為商朝沒有如鐘鼎等傳世的文物可資證明，此時商朝被列於只有傳說，沒有實物的原史時代（Protohistoric Age）。

　　1899 年，甲骨文被發現後，始知商朝並非傳疑，而中國的信史也向上延伸了約 550 年。

　　國民政府時期，對商代晚期首都安陽殷墟發掘了 15 次，曾轟動世界。安陽殷都猶如特洛依（Troy）及龐貝（Pompeii）古城之再現於世。

　　中華人民共和國成立後，商早期首都（在河南省偃師縣）、中期首都（在鄭州市區）陸續為考古學家發現。尤以偃師縣的尸鄉溝商城遺址被聯合國教科文組織（UNESCO）列為 1983 年世界 10 大重要發現之 1。

　　1996 年 5 月，啟動的夏商周斷代工程，是由歷史學、考古學、天文學和測定年技術等學科的專家學者聯手實施的系統工程，亦在 2000 年 11 月正式公布夏商周年表，夏代始年約為公元前 2070 年，夏商分界約為公元前 1600 年，商周分界約為公元前 1046 年；盤庚遷殷約為公元前 1300 年。

# 商代大事編年

商起於何地，異說頗多。《史記‧殷本紀》裴駰集解、張守節正義以商為上洛商，即今陝西商州市東南地。近人王國維認為商在商邱。以後學者有的認為商起於山東，逐漸西進；有的認為此說缺乏考古學根據，難以成立，而提出東北、河北省北部及晉南等說，總之至今沒有定論。

契（偰、卨）❶，商族始祖。傳為其母簡狄吞玄鳥卵而生。《史記‧殷本紀》作帝嚳子。傳曾助禹治水，舜任他為司徒，掌管教化。居商（王國維認為在今河南商邱南）。子姓。

昭明，契之子。

相土，昭明之子，傳為馬車的發明者。

昌若，相土之子。

曹圉，昌若之子。

冥，曹圉之子。

王亥（高祖亥、高祖王亥，《殷本紀》誤作振），冥之子。傳發明牛車，從事畜牧，在部落間貿易，以貝為貨幣。在黃河北岸被有易氏所殺。商族首領用日干為名號始於他（約比夏代的孔甲早）。用干支記日在此前已出現。

上甲微（上報甲、報甲），王亥之子。打敗有易氏。商代祭先公，多從他開始。

報丁❷，上甲微之子。

報乙，報丁之子。

報丙，報乙之子。

主壬，報丙之子。

主癸，主壬之子。

公元前 1600—前 1300 年

湯（成湯、天乙、大乙、唐）主癸之子。自契至湯 14 世。湯用伊尹（傳出身奴隸）執政，滅葛（今河南睢縣北）、韋（今滑縣）、顧（今范縣）、昆吾（今濮陽西南）等國。即位後 17 年滅夏，又 13 年而死。都亳（南亳，今河南商邱東南；北亳，今商邱北；西亳，今偃師西。偃師二里頭附近的商城遺址有夯土城牆。一說鄭州商城即湯都亳）。

帝太丁，湯之子。

帝外丙❸，湯之子。卜辭有卜丙。

契（閼伯）像，河南商邱市閼伯臺

閼伯臺　閼伯臺，又名火星臺，俗稱火神臺。位於商邱古城西南 3 華里，距今已有 4,000 多年的歷史。帝堯時期，閼伯封於商，任火正，專司祭祀大火星，以大火星的運行計時節，定曆法，因此，閼伯臺被中國天文學會認定為中國最早的天文臺，為國際天文學界公認。

閼伯是帝嚳高辛氏之子，商部落首領，他當時居住的丘嶺地帶，是商祖部落的活動中心，因他觀察祭祀的大火星又叫商星，商邱因此得名，閼伯之後，契的孫子相土繼承火正之職，他發明了用馬拉車，促進了商品交換，推動了經貿發展。由此後人稱相土為商人的祖先。

註❶：尚起興、尚驥：〈殷商考〉曰：「閼伯即契」，收入尚起興、韓志明主編：《華商始祖王亥》，北京，新華出版社，2007 年。

註❷：此據《史記》。甲骨卜辭中的世系，上甲微以下為報乙、報丙、報丁。

註❸：商代君主生前稱「王」，死後稱「帝」；「后」始成君主配偶專稱。

**夏家店下層文化城堡**　內蒙古自治區赤峰市郊區夏家店村。夏家店下層文化為北方地區的一種青銅器時代文化，因 1960 年在內蒙古赤峰夏家店發掘確認而得名。分布在內蒙古、遼寧、河北之間，西拉木倫河以南，遼河以西及河北北部一帶。年代大致相當夏、商時期，碳-14 測定年代有約公元前 2400 年、前 1900 年等。發現有刀、鏃、耳環等小件青銅器及鑄范，並有金耳環出現。陶器器形有些與中原地區龍山文化、二里頭文化和商文化相似。經濟以農業為主，有稷、粟等穀物。房基發現較多，主要為半地穴式。這一文化對研究北方及東北文化與中原文化的關係，特別是同商文化的互相影響有很大意義。（圖片說明參考：王宇信、朱鳳瀚：〈夏家店下層文化〉，載《中國歷史大辭典‧先秦史》，上海辭書出版社，1996 年）

**疑相土故都遺址**　山東泰安市大汶口文化遺址。大汶口遺址是大汶口文化的命名地，距今 6,200 至 4,600 年間。大汶口文化上承北辛文化，下接龍山文化，是中國新石器時期母系氏族社會向父系氏族社會演變的重要階段。

**大汶口文化的白陶鬶**　高14.8、長 12.8、寬 7.5 公分

商湯像 繪者不詳《乾隆年製歷代帝王像真跡》。

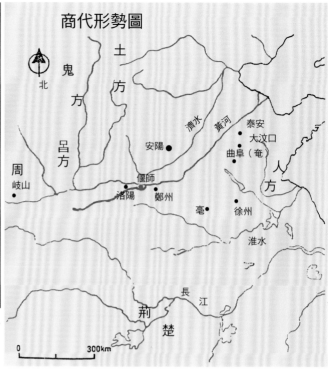

商代疆域圖

湯王故都、魏武故里——亳州 復原的古代街道

安徽亳州市湯陵公園的商湯陵 此陵在東漢時代即有

河南偃師市尸鄉溝商城遺址（商都西亳？） 商城總面積為190萬平方公尺。城內南中部有宮殿遺址。宮城呈正方形。城內道路縱橫，井然有條。城外有環城馬路。這座規模宏大的古商城，顯然是按照都城的規格建造的。據碳14測定的絕對年代，是商朝早期的城池。偃師商城有外城、內城、宮城3重城垣，宮城內已探明有排列整齊的8座宮殿，分3個時期陸續修建或擴建，使用時間約有150多年，其中二號宮殿的立殿長達90公尺，是迄今已知商代早期最大的宮殿個體建築。

　　帝中（仲）壬，外丙弟。卜辭有南壬。商代傳弟與傳子兼行。

　　帝太甲，湯嫡長孫，父太丁早死。中壬死後，伊尹放逐太甲，篡位自立。7 年後，太甲殺伊尹，奪回王位。在位 12 年。一說太甲無道，被伊尹所放。3 年後悔過，伊尹迎他復位。

　　帝沃丁，太甲之子。

　　帝太庚，沃丁弟。

　　帝小甲，太庚之子。

　　帝雍己（邕己），小甲弟。殷道衰，諸侯或不至。

　　帝太戊（大戊、天戊），雍己弟。用伊陟（伊尹子）、巫咸治國政，殷復興。巫咸傳為用筮占卜的創始者。

　　帝中（仲）丁，太戊之子。遷於隞（一作囂、今河南滎陽北、敖山南；一說即鄭州商城遺址）。

**殷代的卜骨**　日本京都大學人文科學研究所藏

　　帝外壬，中丁弟。

　　帝河亶甲（戔甲），外壬弟。居相（今河南內黃東南，或曰在今河南安陽）。殷復衰。

　　帝祖乙（且乙），河亶甲之子。居庇（今山東費縣），一說居邢（耿，今河南溫縣東）。用巫賢，殷復興，稱中宗祖乙，與大乙（湯）、大甲合稱「三示」。

　　帝祖辛（且辛），祖乙之子。

　　帝沃甲（羌甲、開甲），祖辛弟。

　　帝祖丁，祖辛之子。

　　帝南庚，沃甲之子。居奄（今山東曲阜）。

　　帝陽甲，祖丁之子。殷復衰。

**商代銅器**　鄭州商城張寨南街出土，重 86 公斤，高 100 公分，62×61 公分。

　　帝盤庚（殷庚），陽甲弟。公元前 1300 年盤庚遷殷（今安陽市小屯村）。殷復盛。《竹書紀年》謂從遷殷至殷亡，253 年（《史記》說 273 年，另又一說 275 年）。

　　1899 年起，發現甲骨刻辭。1928 年以來在殷墟進行多次發掘，發現大量甲骨、青銅器，並有宮殿、作坊、陵墓遺址。甲骨文有刻劃的，也有朱書、墨書的，證明已有毛筆。青銅生活用具酒器最多，證明糧產較豐及貴族嗜酒之俗。有青釉器（一說即原始瓷器）。絲綢紋樣已很複雜。卜辭有置閏月的資料。有金屬貨幣銅貝。青銅武器有戈、鉞、矛、矢鏃等（劍始見於商末，戟始見於周）。墓葬中有大量殺殉。河北藁城、北京市平谷各有用隕鐵製造的鐵刃銅鉞出土。時間約在盤庚以前或同時。

盤庚遷殷後公元前 1300—前 1251 年

　　帝小辛，盤庚弟。殷復衰。

　　帝小乙，小辛弟。

公元前 1250—前 1192 年

　　帝武丁，小乙之子。後稱高宗。殷復盛。用傅說（傳出身奴隸）為大臣。對西北的鬼方、羌方等用兵；又南擊荊蠻（按商代勢力南達長江流域，證據很多。湖北有黃陂盤龍城遺址。江西有清江吳城村遺址，有青銅器、青釉器和鑄造青銅器的石範出土。湖南寧鄉、醴陵也有青銅器出土）。武丁妻婦好曾統兵攻羌方。婦好墓有偶方彝、三聯甗、銅鏡等出土。武丁在位 59 年。據卜辭，其時或已用糞肥田。

　　當時，南方與商並存的方國，據考古發現，有(1)江西鄱陽湖周圍地區。除吳城村外，1989 年在新干縣大洋州發現商代大墓，出土青銅器 480 餘件，包括禮器、兵器、工具、農具，另有陶器、玉器等。青銅器多食器，極少酒器，顯與中原情況有別，但不少兵器、禮器的形制與中原發現的一致。墓主為大貴族，該地或係江南方國。(2)四川成都平原。廣漢縣自 20 世紀 30 年代經初步發掘，有玉器出土。1986 年，發現了三星堆遺址，出土金杖、金面罩、青銅人頭像及高達 2.62 公尺的青銅人像以及玉器等。器物形制怪異，顯係與中原文化不同的古蜀文化。

　　現已發現的商代銅礦，有江西瑞昌銅嶺礦冶遺址，開採的最早年代距今 3,000 餘年。該礦歷經西周、春秋至戰國初期。

公元前 1191—前 1148 年

帝祖庚，武丁之子。

帝甲（祖甲、且甲），祖庚弟。殷復衰。

帝廩辛（且辛），祖甲之子。

帝康丁（康且丁），廩辛弟。

公元前 1147—前 1113 年

帝武乙（武且乙），康丁之子。據《後漢書・東夷傳》載：武乙時，「東夷寖盛，分遷淮岱，漸居中土」。武乙時，周王季歷曾朝殷。

公元前 1112—前 1102 年

帝文丁（文武丁、太丁），武乙之子。文丁殺季歷。現存最大青銅器司母（一說應為「后」）戊鼎即文丁為其母戊所鑄。

公元前 1101—前 1076 年

帝乙，文丁之子。帝乙屢次進攻夷方（人方、尸方，在今山東、江蘇一帶）。

公元前 1075—前 1046 年

紂（受、帝辛），帝乙之子，征服夷方，得大量俘虜，商的國力因之虛耗。紂剛愎拒諫，囚箕子，殺比干。後被周武王所滅。自湯至紂，17 代、31 王（其中湯子太丁，未立而死）。《史記・殷本紀》裴駰集解引蜀漢譙周說，作 600 餘年；又引《古本竹書紀年》，作 496 年❹；均不符實況《三統曆》作 629 年。

司母戊墓　安陽市西北岡

▲▼殷墟婦好墓出土的玉人 1 軀（資料照片）

商代的馬車　殷墟博物苑復原模型

商代的四羊方尊　1938 年湖南寧鄉市出土，高 58.6、口長 44.4 公分，重 34.5 公斤。（資料照片）

商代的龍虎尊　青銅，高 50.5、口徑 44.9、足徑 24 公分，1957 年安徽阜南縣出土。資料照片。

註❹：本年表參考沈起煒編著：《中國歷史大事年表・古代卷》，上海辭書出版社，2001 年；臧雲浦、王雲度、朱崇業、何振東、葉青編：《中國史大事紀年》，濟南，山東教育出版社，1984 年。

三星堆出土的金面罩　資料照片

河南鄭州市區商城遺址　疑商代第 10 任王仲丁的都城——隞（或稱囂），至今仍有長約 7 公里的夯土城牆。

河南安陽殷墟復原的乙 20 墓址宮殿　仿殷大殿東西長 30 公尺，南北寬 15 公尺，是殷墟博物苑中建築面積最大的 1 座宮殿。四周圍廊環抱，氣勢雄偉。圍廊檐柱雕刻有殷墟出土青銅器、玉器紋飾，使大殿更顯得古樸、典雅、壯觀。（𠂤 殷墟出土甲骨文也曾有這樣的圖案，大殿就是根據這種圖案復建的）。

河南安陽市洹水《史記・項羽本紀》：「洹水南，殷虛上」。2,000 多年前司馬遷明確指出殷墟在洹水南邊，今已由考古發掘證實。

湖北黃陂縣盤龍城商代城堡遺址　可能是商代湖北地區的一個方國的城址。

# 第 4 章

# 周　　朝
## ──奠定中國禮樂教化的王朝
### 約公元前 1046～前 256 年

山西太原孔廟櫺星門　孔子是中國古代偉大的思想家、哲學家、教育家，儒家學派的創始人，中華文化思想的集大成者。故曰：「天不生仲尼，萬古如長夜。」中國明、清代有 2,000 多座縣城，而每座縣城幾乎都有文廟，文廟建築為縣城不可或缺的元素。歷代以來各地的文廟建築至今多仍莊嚴巍煥。文廟古雅肅穆對洗滌人心、道德教化、倫理的維護、促進國家社會的安定，有不可磨滅的功能。歷代文廟規制大體均仿自曲阜孔廟，但並非完全機械式的照搬，有些亦有變化，結合當地的特殊狀況與需要作有機的設計。

　　山西省太原市文廟櫺星門。太原文廟建於清德宗光緒 8 年（1882 年），為山西省祭祀孔子規模最大的廟堂。門殿廡祠近百間，四重院落，佔地約 4 公頃。櫺星門建在高台上，是 3 間 6 柱帶斗栱沖天式木牌坊，門間牆鑲有光彩奪目的 4 個綠琉璃團龍。

# 周朝大事編年

## ㈠先周時期

**后稷（棄）** 周族始祖。傳為姜嫄（姜原）踏巨人足跡而生。《史記‧周本紀》作帝嚳子。傳為堯的農師，舜封棄於邰（《漢書‧地理志》及《史記‧歷代注家》說在今陝西武功西南；錢穆院士說在今山西汾水流域新絳、聞喜一帶）。姬姓。周族認為他是開始種稷和麥的人。

### 約公元前 16 世紀—約前 11 世紀

**不窋** 棄的後裔。失官，奔戎狄間。《史記‧周本紀》以不窋為后稷子。此「后稷」指世代為農官的棄的後人。

**鞠**，不窋子。

**公劉** 鞠之子。遷豳（《漢書‧地理志》及《史記‧歷代注家》說其地在今陝西彬縣、長武、栒邑一帶；錢穆院士說在今山西西南部汾水流域），開荒定居。

**慶節** 公劉子。

**皇僕** 慶節子。

**差弗** 皇僕子。

**毀隃** 差弗子。

**公非（公非辟方）** 毀隃子。

**高圉** 公非子。

**亞圉** 高圉子。

**公叔祖類（太公組紺諸盩）** 亞圉子。

**古公亶父** 公叔祖類子。因戎、狄之逼，由豳遷岐山下之周原（今陝西岐山、扶風一帶），革除戎、狄習俗，營建城郭宗廟宮室，開墾荒地，發展農業。周族漸強，號周太王。古公長子太伯、次子仲雍奔江南，後來建立吳國。

**季歷（公季，周王季）** 古公第 3 子。商武乙 34 年，季歷朝商。35 年，攻西落鬼戎。俘 20 翟王。商太丁 2 年，周攻燕京之戎，大敗。4 年，攻餘無之戎，克之。商以季歷為牧師。7 年，周攻破始呼之戎；11 年，又敗翳徒之戎。季歷旋為太丁所殺。

**周文王（昌，西伯）** 季歷子。商紂囚西伯於羑里，周臣太顛、閎夭、散宜生等獻美女名馬等於紂，紂釋西伯。西伯解決虞（今山西平陸）、芮（今陝西大荔）兩國爭端，兩國附周。西伯敗戎人，攻滅密須（即密，今甘肅靈台西南）、黎（今山西長治西南）、邘（今河南沁陽西北）、崇（今河南嵩縣北）等國，據周原出土甲骨，尚有征巢（今安徽安慶以北一帶）、伐蜀等事。建豐邑（今陝西西安灃水西岸）為都。文王招納賢士，至者有呂尚（即太公望。姜姓，先世封呂，名望，一說字子牙）、楚人鬻熊、孤竹國（都城在今河北盧龍）人伯夷、叔齊及殷臣辛甲等。文王在位 50 年而死。

**陝西武功縣教稼台** 在陝西省武功縣東門外。根據《史記》記載，周始祖名棄，生於虞夏之際，因善於播時百穀，被舉為農師，封於有邰（今陝西省武功縣）。

**后稷像** 山西新絳縣陽王鎮稷益廟明代壁畫。古代周族的始祖。神話傳說有邰氏之女姜嫄踏巨人腳跡，懷孕而生，因一度被棄，名棄。善於種植各種糧食作物，曾在堯舜時代做農官，教民耕種。周族認為他是開始種稷和麥的人。

陝西彬縣縣城　周族至公劉之世，遷到涇水中游的豳地（即今彬縣、栒邑、長武一帶），聚邑相地，發展農業，部落迅速發展起來。唐玄宗以「豳」易與「幽」混淆，乃改為「邠」，1964 年考慮到「邠」字冷僻，改邠縣為彬縣。縣城為黃土高所環繞。

陝西彬縣的涇水　水北村附近，附近有姜嫄墓，墓前有清乾隆年間畢沅題「姜嫄聖母墓」碑一座。

周原　此為岐山、扶風之間的周原。周原位於陝西省關中盆地的西部，北倚岐山，南臨渭水，東西橫跨今武功、扶風、岐山、鳳翔諸縣之境。歷經古公（太王）、王季、文王 3 世的開拓經營，成為翦商的根據地。

周文王像　河南湯陰縣羑里城演易台

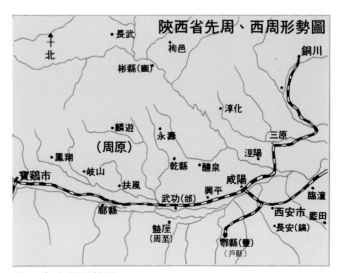

陝西省先周形勢圖

31

# ㈡西周

## 公元前 1046—前 1043 年❶

　　周武王（發），文王子。即位後以呂尚為師（師尚父），周公旦（武王弟，周，封邑）為輔。武王 9 年（一作 11 年），東至盟津（孟津，今河南孟津東北，孟州西南），會諸侯，與會者傳有 800 諸侯，前 1046 年，即武王 11 年（一作 13 年），以戎車 300 乘、虎賁 3,000 人、甲士 4 萬 5 千人，與庸（今湖北竹山）、蜀（在今川西、陝南）、羌（散布於今甘肅等地）、髳（今山西平陸）、微（今陝西郿縣）、盧（今湖北襄樊西南）、彭（今房縣）、濮（散布於今川東、鄂西）等族伐紂，戰於牧野，滅商。紂王自焚死。武王都鎬（今西安西，與豐同為國都）。封召公奭於燕（今北京）；紂子武庚祿父統殷餘民；弟叔鮮於管（今鄭州）；弟叔度於蔡（今上蔡）❷；弟武（處、霍叔）於霍（今山西霍州西）；弟封（康叔）於康（今河南禹州西北）❸；弟叔振鐸於曹（今山東定陶西南）；舜的後人胡公（滿）於陳（今河南淮陽）。武王求太伯、仲雍的後人，知周章（仲雍曾孫）為吳君，因而封之；封周章弟虞仲於虞（今山西平陸）。武王滅商後 2 年而病，又 2 年而死。

**周武王像**　繪者不詳，《乾隆年製歷代帝王像真跡》。

**灃河**　文王末年，周族遷都到灃（長安縣灃河以西），到武王時又遷都鎬（長安縣灃河以東），通稱灃鎬。

武王征商簋銘文（資料照片）。

▶**武王征商簋**　西周武王時青銅器，清道光末年陝西岐山出土，有銘文 87 字，大意：乙亥日，武王在天室祭文王，臣屬天亡助祭，武王以爵、觴等物賞賜天亡，天亡作器紀念。（資料照片）。

❶：武王伐紂年代，歷來多說。以西漢劉歆《三統曆》為據者，推斷為公元前 1122 年。清人以《顓頊曆》推算者為公元前 1066 年。近人據《古本竹書紀年》推算為公元前 1027 年。最早者為公元前 1130 年，最晚者為公元前 1018 年，相差 112 年。近代考古發現的材料日益豐富，對古代曆法及天文現象的研究亦有很大進展。從 1996 年開始工作的夏、商、周三代斷代工程的專家以文獻為基礎，根據陝西長安灃西 H18 遺址、北京房山琉璃河遺址、山西曲沃天馬——曲村晉國遺址等發現的碳-14 測年研究，對古代日蝕年代的推算及克商年天文現象的研究，認為公元前 1046 年與各種條件均能吻合，從而斷定該年為武王伐紂之年。

❷：一說武王以殷以東為衛，管叔為監；殷以西為鄘，蔡叔為監；殷以北為邶，霍叔為監。

❸：一說周公平亂後，殺管叔，以殷餘民分封康叔為衛君。

## 公元前 1042—前 1021 年（本頁至 34 頁標大字年代均為公元，共和元年起，後標有王朝紀年）

周成王（誦），武王子。即位時年幼，叔周公旦攝政。武庚、管叔、蔡叔與東方夷族反周。周公東征。殺武庚、管叔，放逐蔡叔，2 年平定（一作 3 年）。大舉分封諸侯。成王、周公時分封的主要諸侯國有：魯，周公東征滅奄（今山東曲阜舊城東），使子伯禽率殷民 6 族為魯君，有今山東西南部。伯禽繼續進攻淮夷、徐戎，魯境始定。齊，周公東征滅蒲姑（亳姑、薄姑，今山東博興東北），以為呂尚封地。都營丘（今淄博）❹。衛，使康叔都朝歌，統商都周圍及殷民 7 族。宋，使紂王庶兄微子開都商邱，有今豫東及蘇、魯、皖各一小部。蔡，蔡叔之子蔡仲。晉，成王弟唐叔虞。都翼（今山西翼城），有今山西西南部。叔虞子改唐為晉。楚，芈姓，始於鬻熊。成王封其後代熊繹為君，一說康王時事。居荊山（今湖北武當山東南、漢水西岸），一說居丹陽（今秭歸東）。《荀子·儒效》謂周公封 71 國，姬姓占 53 國。成王 7 年，營建成周洛邑（今洛陽，分 2 城，西為王城，東為成周）❺，後周公被譖，奔楚。不久，成王知他無罪，召還。周公是周代典章制度的創始人。今傳《周禮》，係戰國時人所作，職官名稱以東周王室及諸侯國制度為據，而比附以儒家理想。據河南洛陽莊淳溝、寶雞茹家莊強伯墓出土管、珠，公元前 11 世紀中國已能製造粗糙的玻璃品。

## 前 1020—前 996 年

周康王（釗），成王子。據《史記·周本紀》載：「成康之際，天下安寧，刑錯四十餘年不用。」傳太公望死於康王 6 年。大盂鼎係康王 23 年物，銘文有賞「人鬲自馭至於庶人六百又五十又九夫」。小盂鼎（原器已佚）係康王 25 年物，有盂攻鬼方得勝俘獲 13,000 餘人的記載。據江蘇丹徒烟墩山出土宜侯夨簋，康王曾封夨至宜，並分給土地、奴隸。

**周公像** 山東曲阜市周公廟塑像

**魯都曲阜周公廟**

周公旦 姬姓，名旦。武王弟，文王第 4 子。初封采邑於周（在岐山之陽），故稱周公。周初政治家。同姜尚等輔佐武王滅商。後受封於魯，遣子伯禽就封，留佐武王。成王即位初，他攝政當國。管叔等不服，勾結武庚等叛亂。他依靠姜尚、召公，穩定內部。親自率軍東征，經 3 年苦戰，大獲全勝，誅管叔，殺武庚，放蔡叔。然後，營建雒邑，大封宗室勛戚，對原屬商國的地區加強了控制，建立了強大的西周政權。成王年長後，還政成王。傳說曾制禮作樂，完善了有周一代的政治制度。他非常重視人才，曾告誡伯禽說「我一沐三捉髮，一飯三吐哺，起以待士，猶恐失天下之賢人」。

---

❹《史記·周本紀》以齊、魯之封為武王滅紂時事，誤。
❺營建洛邑事或即在周公東征勝利後。

## 前 995—前 997 年

周昭王（瑕，一作卲王），康王子。昭王攻楚，死於漢水之濱。昭王在位年數，《帝王世紀》作 51 年，據魯國紀年推算是 24 年。

## 前 976—前 922 年

周穆王（滿），昭王子。穆王攻犬戎，俘 5 王，遷戎於太原（今甘肅東部鄰接陝西的地區）。徐國（今淮河中下游，以江蘇泗洪為中心）強大，徐偃王率九夷（淮、泗一帶各部族）攻周。《禮記・檀弓》謂徐軍曾西進到河上。穆王命楚伐徐，滅之。37 年，攻越，東至九江（指今湖北廣濟、黃梅一帶諸水）。《史記・周本紀》謂穆王在位 55 年。據寶雞發現的昭、穆時煤玉雕刻，有人估計西周中葉或已燒煤（按現已發現的燒煤確證是河南鞏義西漢冶鐵遺址中的煤屑、煤塊）。

## 前 922—前 900 年

周共王（繄扈），穆王子。共王當年改元。岐山董家村出土共王時銅器「衛鼎」與「衛盉」，銘文記載：裘衛在 3 年中租到田 1,700 畝。貴族間已有土地租借關係。

## 前 899—前 892 年

周懿王（囏），共王子。從文、武到懿王，王號都是自稱。《古本竹書紀年》「元年天再旦」，是為懿王元年當在公元前 899 年之確證。

## 前 891—前 886 年

周孝王（辟方），共王弟。謚法起於孝王之後。孝王命非子在汧、渭之間養馬，馬蕃息，乃封非子於秦（今甘肅天水），為周附庸。非子，嬴姓部落首領。

## 前 885—前 878 年

周夷王（燮），懿王子。夷王命虢公攻太原之戎，至俞泉，獲馬千匹。「虢季子白盤」銘文云：虢季子白與玁狁在陝西洛水的北岸作戰獲勝。玁狁亦作葷粥、獫鬻，在今陝、甘北部、內蒙古西部。夷王時，楚熊渠興兵攻庸（今湖北竹山一帶）、揚粵（即越章，亦名豫章，在今江西湖口一帶）。

## 前 877—前 841 年

周厲王（胡），夷王子。淮夷攻周，王命虢仲攻淮夷，不克。厲王以榮夷公為卿士，實行「專利」，「國人」謗王。王命衛巫監視，殺敢於批評者。「國人莫敢言，道路以目」。召公諫，王不聽。厲王暴虐，楚熊渠畏其伐楚，去王號。

## 前 841 年　共和元年

周「國人」起義，攻王宮。厲王奔彘（今山西霍州）。「共和」元年有 2 說：一說周、召二公共同行政；一說共伯和受諸侯擁戴，代行王政，共伯和又有即衛武公和之說。

商邱宋國故城碑　周武王滅商，封紂王庶兄微子啟於商邱，國號宋，以存殷祀。

## 前 828 年　共和 14 年

厲王死於彘。太子靜即王位，是為周宣王，「共和」行政結束。

## 前 827 年　周宣王元年

宣王即位。宣王時不籍千畝（不行耕籍田的制度，一說為廢除奴隸在籍田上的集體耕種）。虢文公諫，不聽。

## 前 824 年　周宣王 4 年

以秦仲（秦的第 4 世主）為大夫，使攻西戎，敗死。宣王召其子，給兵 7,000 人，使攻西戎，破之。乃以秦仲長子莊公為西垂大夫，居西犬丘（今甘肅禮縣東北）。

## 前 823 年　周宣王 5 年

玁狁攻周，到涇水北岸。周尹吉甫（兮伯吉父）反攻到太原，有「兮甲盤」銘文記其事。宣王時屢與玁狁作戰，「不嬰簋」銘文和虢季子白盤銘文亦有周與玁狁交戰事。

## 前 789 年　周宣王 9 年

王攻姜氏之戎，敗於千畝（今山西介休南）。王在太原料民（調查民數），仲山甫諫，不聽。宣王時，除在西北用兵外，還對東南的淮夷、徐戎用兵，損失很重。《史記・周本紀》：「宣王既亡南國之師，乃料民於太原。」「南國之師」當即指用兵江漢之間事。

## 前 782 年　周宣王 46 年

宣王死，子幽王宮涅立。宣王時，周號稱中興。

## 前 780 年　周幽王 2 年

鎬京大地震，三川（涇、渭、洛）竭，岐山崩。是時，「百川沸騰，山冢崒崩。高岸為谷，深谷為陵。」幽王命伯士攻六濟之戎，敗死。

## 前 779 年　周幽王 3 年

幽王納褒姒，有寵。褒姒不肯笑，幽王舉烽火，諸侯入援，見鎬京平安無敵，廢然而歸，褒姒乃笑。

虢季子白盤　北京，中國國家博物館藏。西周宣王時鑄，長 130 公分，重 225 公斤，是目前所知最大的銅盤。盤內底部有銘文 110 字，內容記述季子白奉周宣王之命，抵禦西北玁狁首領的進犯，在洛水一仗，殺死敵人 500，俘獲 50，獲得勝利。為此，周宣王在獻俘典禮上賜給季子白馬匹等物。季子白為紀念這一戰功和榮譽，於周宣王 12 年（前 816 年）正月丁亥日鑄此盤。（資料照片）

三足附耳「逨盤」　銘文 372 字，是 1949 年以來出土銘文最長的青銅重器。銘文中記載了單氏家族 8 代與西周 11 代 12 王的對應關係。2003 年陝西省郿縣出土。（資料照片）

盠方彝　陝西郿縣出土高 22.8 公分，有 108 字銘文，周天子為盠（天子六軍的管理人）作彝。西周中期。（資料照片）

### 前 774 年　周幽王 8 年

鄭桓公友（周宣王之弟）任周司徒。幽王立褒姒子伯服為太子，廢申后和太子宜臼。時虢石父為卿，擅權用事。

### 前 773 年　周幽王 9 年

諸侯多叛周。鄭桓公遷部族、財物到鄶與東虢之間，是為鄭在東方建國的基礎。商人隨鄭東遷，鄭與之盟，「爾無我叛，我無強賈，毋或匄奪，爾有利市寶賄，我勿與知。」周太史伯答鄭桓公問，謂「先王以土與金、木、水、火雜，以成百物」，以五行解釋萬物起源之說始此。

### 前 771 年　周幽王 11 年

申侯（太子宜臼的外祖父）聯合繒、犬戎攻鎬京。幽王舉烽火，諸侯不信，救兵不至。犬戎破鎬京，殺幽王、鄭桓公，擄褒姒而去。諸侯立太子宜臼，是為平王。《史記‧周本紀》裴駰集解引《汲冢紀年》：「自武王滅殷，以至幽王，凡二百五十七年。」此即以前 1027 年為武王伐紂之年的根據。據灃河西岸客省莊的西周晚期居址出土的瓦和瓦坯殘片，當時已有瓦。據河南三門峽市上村嶺西周晚期虢國（北虢）墓葬出土的銅柄鐵劍，當時已能人工冶鐵。

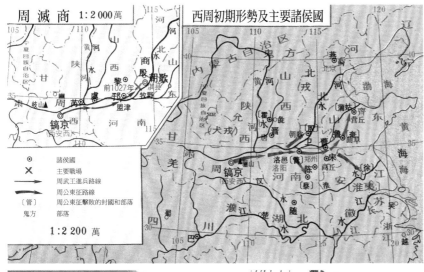

圖引自吳春鳳、尤文波、袁素英編繪：《中國古代史地圖冊》，北京，中國地圖出版社，1991 年。

**華清池驪山**　在陝西省臨潼縣，海拔 800 多公尺。周幽王為博褒姒一笑於此山戲舉烽火，後幽王也被殺於此。這裡也是唐明皇賜浴楊貴妃的地方。1936 年的西安事變也發生於此地。

**小黑石遺址**　赤峰市寧城縣西南部山區小黑石遺址考古發掘現況。小黑石文化約出現在西周晚期至春秋時期。有典型的西周銅禮器出土，但亦有草原青銅文化文物出土，可看出兩種文化交織情形。小黑石遺址為夏家店上層文化的重要遺址。

# ㈢東周時代（春秋、戰國）

| 公元紀年 | 王朝紀年 | 大事記 |
|---|---|---|
| 前 770 年 | 周平王元年 | 鎬京（今陝西西安市）殘破，周平王東遷雒邑（今河南洛陽市），東周開始。 |
| | | 秦襄公受封為諸侯，為秦正式立國之始。 |
| 前 722 年 | 周平王 49 年 | 中國最早的編年體史書《春秋》開始記事，春秋時代亦因此書而得名。 |
| 前 685 年 | 周莊王 12 年 | 齊桓公即位，管仲在齊國進行改革。 |
| 前 681 年 | 周僖王元年 | 齊桓公主持諸侯會盟於北杏，是諸侯主持會盟之始。 |
| 前 679 年 | 周僖王 3 年 | 齊桓公大會諸侯於鄄，齊始稱霸。 |
| 前 667 年 | 周惠王 10 年 | 周惠王封齊桓公為「侯伯」（諸侯首領）。 |
| 前 656 年 | 周惠王 21 年 | 楚國建立了最早的長城，將近千里，防禦堅固。以後，各國相繼興築長城。 |
| 前 651 年 | 周襄王元年 | 齊桓公再會諸侯於葵丘，眾諸侯臣服，齊國霸業達到頂峰。 |
| 前 645 年 | 周襄王 7 年 | 晉國建立由野人組成的軍隊，標誌著軍隊的組成由貴族為主變成以平民為骨幹。 |
| 前 638 年 | 周襄王 14 年 | 楚敗宋襄公於泓水（故道在今河南柘城西北）。 |
| 前 636 年 | 周襄王 16 年 | 晉文公重耳結束流亡生涯，歸國即位，開創晉國霸業。 |
| 前 632 年 | 周襄王 20 年 | 晉以 700 乘與宋、齊、秦之師敗楚於城濮（今山東鄄城西南），其後在踐土之盟上周襄王封晉文公為侯伯，晉文公稱霸。 |
| 前 623 年 | 周襄王 29 年 | 秦穆公攻伐西戎，拓地千里，秦獨霸西戎。 |

洛陽天子駕六博物館　為周王陵的考古發現

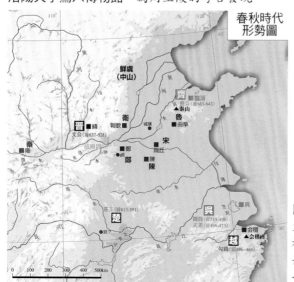

春秋時代形勢圖

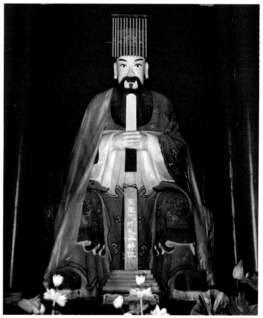

孔子像　河北正定縣文廟塑像

圖引自平勢隆郎監修、下田誠撰文、鈴木亞矢、樂文社作圖：《爭霸　春秋戰國》東京，學習研究社。（參照譚其驤主編《中國歷史地圖集》第 1 冊、平勢隆郎《中國の歷史 02　都市國家から中華へ》

| 前 621 年 | 周襄王 31 年 | 秦穆公去世，於雍（今陝西鳳翔）下葬，並以 177 人殉葬。 |
| 前 606 年 | 周定王元年 | 楚開湖北銅綠山銅礦，無論在開採規模、選礦技術、冶鐵工藝等都處於當時的高水準。 |
| 前 597 年 | 周定王 10 年 | 楚敗晉於邲（今河南滎陽東北）。 |
| 前 594 年 | 周定王 13 年 | 楚莊王取代晉成為霸主<br>魯國推行「初稅畝」，是中國歷史上徵收田稅的開始。 |
| 前 551 年 | 周靈王 21 年 | 孔子生。 |
| 前 536 年 | 周景王 9 年 | 鄭國鑄刑書，為中國成文法典之始。 |
| 前 513 年 | 周敬王 7 年 | 趙鞅率軍隊於汝濱築城，從民間徵鐵 500 斤。春秋晚期中國已掌握了冶鐵技術，這比歐洲早 1,900 年。 |
| 前 486 年 | 周敬王 34 年 | 吳國開鑿邗溝，溝通江淮水系。 |
| 前 482 年 | 周敬王 38 年 | 吳王夫差大會諸侯於黃池（今河南封丘西南），成為中原霸主。 |
| 前 481 年 | 周敬王 39 年 | 《春秋》結束記事，其中記錄了 37 次日蝕，是世界上最早最完整的日蝕記錄。 |
| 前 479 年 | 周敬王 41 年 | 思想家和教育家孔子逝世，他創立的儒家思想影響此後數千年的中國歷史。 |
| 前 476 年 | 周敬王 44 年 | 齊人作《考工記》，是中國最早的工業技術專著。 |
| 前 473 年 | 周元王 3 年 | 越滅吳，句踐成為霸主。 |
| 前 451 年 | 周定王 18 年 | 晉國與狄人作戰，把車兵改成步兵，是步兵成為獨立兵種的開端。 |

杏壇　山東曲阜市孔廟內

山東曲阜市孔廟大成殿

山東曲阜市魯國故城東垣

江蘇揚州市邗溝（部分）故址

| 前 403 年 | 周威烈王 23 年 | 周王封執掌晉國政權的卿大夫韓虔、魏斯、趙籍為諸侯，史稱「三家分晉」。《資治通鑑》記事始此年，戰國時代開始。 |
| 前 376 年 | 周安王 26 年 | 墨家學派的始創人墨子去世，墨學在當時與儒家並稱「顯學」。其門人將他的學說輯成《墨子》，書中記述光學的原理，在世界光學史上占有重要地位。 |
| 前 360 年 | 周顯王 9 年 | 甘德、石申寫成《甘石星經》，是世界上最古老的恆星測定表。顓頊曆編成，計算出每年 365 又 1/4 日，是當時世界上最精確的曆法之一。 |
| 前 356 年 | 周顯王 13 年 | 秦孝公任用商鞅進行變法。 |
| 前 320 年 | 周慎靚王元年 | 齊宣王立，稷下學宮達到鼎盛。 |
| 前 318 年 | 周慎靚王 3 年 | 魏、趙、韓、燕、楚合縱攻秦於函谷關，被秦擊敗。 |
| 前 296 年 | 周赧王 19 年 | 由北方戎狄建立，擁有強悍軍隊，號稱「千乘之國」的中山國，被趙國所滅。 |
| 前 289 年 | 周赧王 26 年 | 以孔子學派嫡系自居的孟子去世，有「亞聖」之稱，其學說在儒家哲學中稱為思孟學派。 |
| 前 279 年 | 周赧王 36 年 | 田單復齊。 |
| 前 278 年 | 周赧王 37 年 | 著名詩人屈原投汨羅江自盡，他是楚辭文學的代表人物。 |
| 前 260 年 | 周赧王 55 年 | 歷時 3 年的秦趙長平之役結束，趙軍共有 45 萬人陣亡（其中 40 萬人被秦將白起坑殺），秦軍也有約 50 萬人傷亡，這是春秋戰國時代戰死人數最多的戰役。 |
| 前 256 年 | 周赧王 59 年 | 秦滅周，周赧王卒。 |

▲曾子廟　山東濟寧市嘉祥縣（嘉祥為台灣當代知名學者杜維運教授的故鄉）

曾子墓　山東濟寧市嘉祥縣

曾子像　山東濟寧市嘉祥縣曾子廟塑像

▲孟子廟　山東省濟寧市鄒城市

▲孟子墓　山東省濟寧市鄒城市

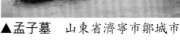

◀荀子墓　山東省臨沂市蒼山縣蘭陵鎮

孟子像　山東濟寧市鄒城市孟廟塑像

山東濟南市長清區孝里鎮廣里村齊長城起點　齊長城乃為抵禦魯、楚等國而修築，原全長618.9公里。

齊長城專家李繼生教授與本書作者合影於齊長城，右方城垣可見蜿蜒而上。（2011年1月19日）

謝敏聰與北京大學學生裴蕾潔同學（左一）、北京清華大學學生曹譯丹同學（左二）攝於齊長城。李繼生教授攝（2011年1月19日）　山東省濟南市長清區北麻套。

魏長城牆體夯土層（陝西韓城縣芝川鎮）戰國時，魏國為防禦強秦，在國境西築長城，習慣稱河西長城。它南起華陰的華山北麓，向北經大荔、蒲城、澄城、白水折向東，經合陽，止於韓城黃河西岸。

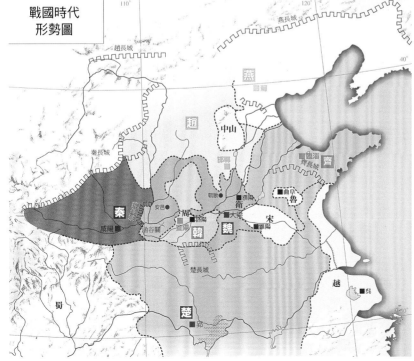

戰國時代形勢圖

▲山西夏縣禹王城　為戰國魏國都城安邑遺址

◀圖引自平勢隆郎監修、下田誠撰文、鈴木亞矢、樂文社作圖：《爭霸　春秋戰國》，東京，學習研究社。（參照　譚其驤主編《中國歷史地圖集》第一冊、平勢隆郎《中國の歷史02　都市國家から中華へ》。

# 錢穆院士說：周族可能發源於山西省西南部的汾水流域，而非發源於陝西省

## ——2,000 年來中國古史的重大新論

司馬遷的《史記》，記載周人后稷始封於邰，後公劉遷豳（邠），到古公亶父時遷岐，並未明確指出這些地名是在山西或陝西，而班固的《漢書‧地理志》首先指出邰在今陝西省武功縣，豳在今陝西省彬（邠）縣一帶。

80 年前作者的業師錢賓四院士，提出新論，認為周人疑發源於山西，當代學者支持此新論的學者頗多，作者不揣愚昧，沿先師錢賓四教授的指引路線於 2010 年 1 月 26、27、28、29 日率北大文物系學生楊晨同學及西安交大張帆同學到山西省南西部的汾水流域之新絳縣、稷山縣、萬榮縣、夏縣、運城等文獻所說周人故地作一次地理考察，於新絳縣陽王鎮看元代的稷益廟、稷山縣城看明代的稷王廟、萬榮縣看金代的稷王廟與周族發源傳說有關的地理、建築、文物。2011 年 10 月，作者與至交好友、台灣彰化縣北斗國中退休教師蕭慧權老師，再次到山西聞喜縣稷王廟、稷王山等地深化考察內容。

錢穆院士《國史大綱》：「所謂太王去邠，踰梁山邑於岐山之下者，即文王之岐，後世又謂岐豐之地。竊疑邠在山西汾城，踰梁山乃西避，非東遷。武王滅殷，把黃河東西兩部更緊密的縮合起來，造成中國古史上更燦爛、更偉大的王朝，是為西周」。

錢先生於《燕京學報》第 10 期之〈周初地理考〉說：「蓋古人遷徙無常，一族之人，散而之四方，則每以其故居逐而名其新邑，而其一族相傳之故事，亦遂隨其族人足跡所到，而遞播以遞遠焉。」

錢穆院士在上文又說：「周人起於晉，而舊誤以為在秦，故言周初地理者紛歧無定說。古史地名皆由民族遷徙，遞移遞遠，如山東、山西皆有歷山，皆為舜迹，即其例。

周人蓋起於冀州，在大河之東。后稷之封邰，公劉之居豳，皆今晉地。及太王避狄居岐山，始渡河而西，然亦在秦之東境，渭、洛下流，自朝邑西至於富平。及於王季、文王，廓疆土而南下，則達畢、程、豐、鎬，乃至於穀、洛而止。夫而後《禹貢》、《大雅》、《左氏》、《紀年》、《孟子》、《史記》諸書，乃始可通。而周人行跡所經，及夏、商、周三代盛衰興亡，華戎勢力消長角逐之勢，乃始可得而明也。

**山西新絳縣城的汾河橋附近的景觀**　由晉西南的汾河以南，迄運城的涑水河流域包括今聞喜、夏縣、新絳、稷山、萬榮、運城鹽池以北的區域可能均為周族故地。

**由山西運城鹽池祠神廟看解州池鹽田**　即古河東鹽池，亦稱解池。地處運城盆地之南，中條山北麓，自東北向西南延伸，長約 30 公里，寬 3—5 公里，面積 130 平方公里，是由鴨子池、鹽池、硝池等幾個部分組成，湖面海拔 324.5 公尺，最深處約 6 公尺。遠古的周族、周代的晉國均因此 2 湖鹽池，加上晉西南土地肥沃而強盛。

**鹽池祠神廟**　池神廟位於運城鹽池北岸臥雲崗上，始建於唐代大曆年間（766—779 年），距今 1,200 餘年，是目前中國現存的唯一一座池神廟。唐代宗李豫封鹽池神為靈慶公，修建靈慶公祠，為池神廟前身。明嘉靖 14 年（1535年）重建池神廟，主要建築群包括前部的山門、過殿，中部並列 3座戲台及東、西配殿和套院，後部並立 3 座大殿，皆為重檐九脊十獸歇山式屋頂，雕樑畫棟，精緻壯觀。池神殿、太陽神、風洞神殿3 大殿並列相連，甚是壯觀。

今考姜嫄為有邰氏女，邰亦作駘，《路史疏仡紀》高辛氏上妃有駘氏曰姜嫄是也。聞喜於古為臺駘氏邑。臺駘之稱有駘，猶陶唐之稱有唐也。（敏聰按：山西侯馬市有山西規模最大的臺駘廟，為華人張姓的祖祠。）

《左傳‧昭公元年》：「子產曰：『（少昊）金天氏有裔子曰昧，為玄冥師，生允格、臺駘，臺駘能業其官，宣汾、洮，障大澤，以處大原，帝用嘉之，封諸汾川。』」

由此觀之，則臺駘，汾、洮之神而處大原者也。《水經‧涑水》注，謂涑水兼稱洮水，近人王國維《觀堂集林》、《周葊京考》申其說，謂：「太原正漢河東郡地，與禹貢之太原在壺口、梁、岐、岳陽間者，地望正合。（大澤）當即安邑鹽池，或蒲抴張陽池。」由是而論，臺駘氏所處太原，兼帶汾、洮，在河東，障大澤，實相當於今之聞喜，即姜嫄之有邰，而后稷之所生也。

然則后稷始穡，固在此萬泉、聞喜一帶之山，為汾、洮間之原地，故聞喜有稷山。」

**姜嫄像**　山西省稷山縣城稷王廟姜嫄殿。稷山縣隋開皇 18 年（598 年）始置。錢穆教授說：「蓋神農姜姓，周棄之母為姜嫄。姬姜之在冀州，為始創耕稼之族，故其祖先為神農，為后稷。神農后稷云者，皆首教稼穡之義，猶之田祖先嗇也」。（見錢先生論文：〈周初地理考〉）。

**山西侯馬市臺駘廟門**　侯馬的臺駘廟最早建於晉平公時期，據《左傳》記載：晉平公有病，派人問病，回答說：「晉平公的病是因為很久沒有祭祀臺駘，臺駘作祟。」晉平公問當時的大學問家子產：「臺駘是什麼神仙？」子產回答說：「黃帝之子金天氏後代叫昧，生有兩個兒子，其中一個叫臺駘，因為臺駘治理汾、洮二河有功而封於汾河流域。由此看來臺駘就是汾神。」於是晉平公修建臺駘廟以祭祀。據考證位於東台神村的大型夯土臺基，即為晉平公時期臺駘廟遺址。現在的臺駘廟是元、明、清時期重建和修建的，現存建築多為明、清代所建。

侯馬市臺駘廟朱彝尊題碑（拓本）

## 敏聰申論補強：

　　姜原為有邰氏女，有邰即臺駘，（如有熊氏、有唐氏）臺駘為早於大禹的汾水之神，今山西汾水流域多有臺駘廟，如寧武、太原晉祠、侯馬。而《稷山縣志》謂稷山縣為古臺駘國也，《史記》正義引毛萇云：「邰，姜嫄國也，后稷所生」，亦證周族發源於汾水流域。

　　錢賓四師於上文又說：「疑魏脽后土（敏聰按：即萬榮汾陰后土祠），蓋承晉人祠稷遺俗。故事流傳，至今弗衰。（參讀顧頡剛《古史辨》第2冊李子祥〈遊稷山記事〉及崔盈科〈姜嫄傳說及其墓地的假定〉兩篇。）而后稷始稷，其事傳述乃在汾水之陰，今聞喜、萬泉、稷山、介山一帶，迤東及於汾水入河之口，則漢祠后土之所由來也。

　　《隋圖經》竇韋曰：「稷播種百穀於稷山，西南去安邑六十里。」（引見《通志・古蹟考一》。）蓋禹、稷同仕虞廷，禹治水，稷教稷，其事相需。而禹都安邑，稷封有邰，在今聞喜，其地亦相近。

　　《水經・汾水注》謂「汾之南岸有稷山，相傳后稷播穀於此。」

　　然則臨汾有古山、古水，公亶父本居其地，故稱古公，猶公劉之稱豳公也。由此推之，公劉居邠，及於亶父，蓋在臨汾古水之濱。此邠邑地望之可推者二也。

萬榮縣稷王廟　金代，在萬榮縣西北8公里稷王山下，太趙村。南北長74公尺，東西寬46公尺，南向。創建年代不詳。清同治4年（1865年）重修。現僅存正殿和戲臺。
正殿面闊5間，進深3間8椽，建築面積381平方公尺。單檐廡殿頂。斗栱用五鋪作重昂，單補間，里轉三跳華栱，偷心造，昂尾抵下平槫。形式頗為獨特。殿身構架形式及用材不依法式，但簡省合理。據梁架、斗栱特點和部分柱礎造型推斷，正殿的木構部分應屬金代遺存。戲臺前沿磚基中心原嵌有至元8年（1271年）小碑一方，記廟內「修蓋舞廳一座」，是中國戲劇史上金元雜劇活動的重要史料，現移嵌在正殿內東牆上。

萬榮稷王廟內的后稷塑像

## 汾陰后土祠

古后土祠在山西萬榮縣城西南40公里黃河東岸廟前村土垣上。即「汾陰脽地」，東周時屬魏，亦稱魏脽。西漢後元元年（前163年）立汾陰廟，武帝「東幸汾陰」，立后土於脽上。即是后土祠的雛形。酈道元《水經注》載：「汾陰城西北隅脽邱上，有后土祠。」歷代重修，清同治9年（1870年）因祠被黃河所淹，知縣戴儒移今址重建。現存有山門重樓，戲台3座、獻亭3間、后土大殿5楹以及鐘鼓樓、配殿、廊屋等，雕刻富麗，琉璃鮮豔，布局亦尚完整。後院廊下，鑲有北宋大中祥符4年（1011年）真宗祭后土時親書的蕭牆壁，為河水溢祠後移來。祠後部有秋風樓，存有元刻漢武帝《秋風辭》碑。

后土祠秋風樓　因樓上存放漢武帝《秋風辭》碑而得名。創建年代不詳，現存形制結構為清代所築。樓高32.6公尺。樓上3層存有元大德年間漢武帝《秋風辭》刻石：「秋風起兮白雲飛，草木黃落兮雁南歸。蘭有秀兮菊有芳，懷佳人兮不能忘。泛樓船兮濟汾河，橫中流兮揚素波。簫鼓鳴兮發棹歌，歡樂極兮哀情多。少壯幾時兮奈老何！」

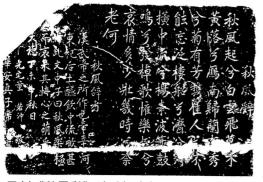

元刻《秋風辭》碑（拓本）

宋真宗親書碑　內言宋真宗繼承先代帝王祠后土之先例，也親祠后土，並以其伯父宋太祖、父親宋太宗配享於后土祭祀。此為山西省名碑之一。

▶后土祠正殿

▶后土祠山門　后土祠位於汾陰脽地

新絳縣陽王鎮稷益廟　創建年代不詳，元至元元年（1335 年）重修，明代擴建，現存正殿、舞臺係明代建築。正殿中明代繪製的壁畫反映后稷、伯益教民教民稼穡的場景。壁畫由山西翼城縣畫師常儒及兒子常耕、常耜、門徒張捆，絳州畫師陳圓和任兒陳文、門徒劉崇德等 7 人，經 2 年的辛勤繪製，完成於明正德 2 年（1507 年），現保存完好。

新絳稷益廟正殿內明代壁畫　耕種碾米圖。西壁南側的上部描繪后稷、伯益「教民稼穡」，繪有耕種、收獲、碾打、收藏、燒荒、狩獵一系列的農事畜牧圖。東牆畫有姜嫄及文武百官朝賀三皇的場面，並繪有后稷出生的本生故事。南壁為張大帝和十大閻君出行圖，及陰曹地府眾生受難圖。壁畫線條流暢瀟灑，色彩古樸厚重，布局嚴謹有致，格調獨樹一幟，是明代寺觀壁畫的珍品。

另位於新絳縣陽王鎮蘇陽村東口的蘇陽稷王廟，元代創建，明代重修。現僅存正殿及左右配殿（中稷王殿，東關帝殿，西聖母殿）。大殿面闊 3 間，進深 2 間，懸山筒瓦頂。占地面積為 84 平方公尺。據形制判斷為元代遺構。

新絳稷益廟大殿的門及斗栱細部

作者攝於山西省稷山縣稷王廟后稷樓（2010 年 1 月） 創建於元至正 5 年（1345 年），現建築為明建清修。稷王廟位於縣城中心，是奉祀中國農業始祖后稷的廟宇。廟內有后稷樓、姜嫄殿、獻殿、鐘樓、鼓樓、4 座配殿、勵精院、圖治院、圖騰柱、古石坊、2 座重檐圓亭、61 間廊屋及 14 間碑廊。其中石雕、木刻、琉璃堪稱古建三絕。（張帆同學攝）

稷山縣稷王廟后稷樓石柱 后稷樓建於清道光 23 年，為廟內主要建築。面寬、進深皆五間，平面基本呈方形，台基陡高 2 公尺，面積達 380 平方公尺，上下兩層，重檐歇山頂，高約 30 餘公尺。四周迴廊，周圍 20 根石雕廊柱。

「豳」字本作「邠」，因臨汾水為邑而名，與酆一例。

春秋時周人自述先世西土所極，止於岐、畢，不舉豳，證豳在岐、畢東。

詩稱篤公劉，與古公亶父同例，皆以邑名。「篤」、「董」聲轉，推公劉先居董澤，在涑域。

周人起初皆在晉，其先在涑洮，其後遷而北，越汾，達於河，稍稍渡河而西，則極於韓，既如上論。至於踰梁山，至於岐下，遂闢豐鎬，則在太王以後。

錢先生說：「我覺治古史，考詳地理實是一絕大要端。春秋以下，尚可繫年論事。春秋以前，年代既渺茫，人事亦粗疏，惟有考其地理，差得推迹各民族活動盛衰之大概。」

錢先生說：「嘗謂治古史，有四要項當分別尋求：一曰氏族，二曰地理，三曰人物，四曰年代。春秋以下，人物漸盛，年代亦始可以細求。自西周逆溯而上，歷夏商、唐虞，乃至邃古，人物皆無可詳說，年代亦渺茫難稽，提前或移後數十年乃至數百年，於史事若可無影響。……故治古史，愈溯而上，乃惟有氏族、地理兩要項。考地所得，可資以解說當時各氏族之活動區域及其往來轉徙之迹，與夫各族間離合消長之情勢，則已可為古史描出一粗略之輪廓。」

山西稷王山　跨聞喜、萬榮、夏縣界，海拔 1,279 公尺。以后稷教稼於此，故名。《左傳·宣十五年·杜云》：「河東聞喜縣西有稷山」。《後漢書》：「聞喜有稷山亭」。顧頡剛先生也說：「晉南之有稷地和稷山是很早的」。

聞喜縣涑水河　司馬光為山西夏縣涑水鄉人，世稱涑水先生，有《涑水紀聞》名著傳世。

聞喜縣陽隅鄉吳呂稷王廟（元－明代建）　中軸線上有大殿和舞台，大殿座北朝南，面闊 3 間，進深 1 間，蓮雕柱礎，上刻有元至元 29 年（1292 年）5 月題記。柱頭施粗圓木通面額，

聞喜陽隅鄉吳呂稷王廟戲臺

五鋪作單抄，單下昂斗拱，懸山頂琉璃脊飾，形制為元代遺構。舞臺正對大殿，面闊 3 間，進深 1 間，有明嘉靖年間修梁題款，懸山頂，推斷為元代建。

參考文獻：

1. 錢穆：〈古史地理論叢·提議編纂古史地名索引〉，《錢賓四先生全集》（以下簡稱為《全集》），（臺北：聯經出版事業公司，1998 年 5 月），第 36 冊，頁 337。此文原刊於 1934 年 6 月《禹貢半月刊》，第 1 卷第 8 期。
2. 錢穆：《史記地名考·自序》，《全集》第 34 冊，頁 10。
3. 錢穆：〈周初地理考〉，《燕京學報》10 期，1931 年。
4. 王玉哲：《中華遠古史》，上海，人民出版社，2003 年。
5. 韓復智：《錢穆先生學術年譜》，台北，編譯館，2005 年。

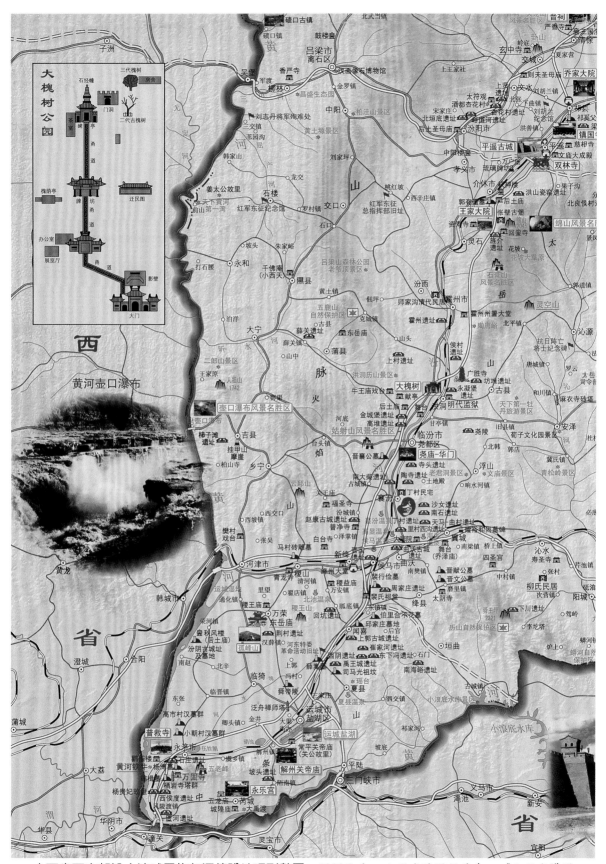

山西省西南部汾水流域周族起源傳說地理形勢圖　原圖取自，山西省地圖編委會：《山西省導遊圖》，湖南地圖出版社。

# 湯陰 羗里城

## ——周文王創作《易經》的地方

羗里城遺址在今河南省湯陰縣城北 4 公里處（此處北距殷都安陽 15 公里，南距殷行都朝歌 40 公里），它是中國遺存下來最早的國家監獄。城址高出地面 5 公尺許。南北長 106 公尺，東西 103 公尺，面積 10,918 平方公尺。文化層厚達 7 公尺。經初步鑽探和從遺址西南部的清理中發現，上層有西周鬲、盆、罐、豆，商代的罐、鬲等以及夾砂粗繩紋的器物口沿碎片；下層袋形灰坑有籃紋、繩紋、方格紋素面磨光陶片，能辨器物有龍山時期的鼎、甕、甗、罐、鬲、盆、盤、骨針、蚌鐮等生活生產用具。從裸露的斷面層平整的白灰地面和紅燒土灶面可以依稀見到遠古時期人們居處的生活情景。從斷層由下至上遺存的時代，還可看到從龍山文化到商周文化的疊壓現象。

**周文王像**　河南省安陽市湯陰縣羗里城演易臺。

周文王姬昌被商朝紂王囚在羗里監獄 7 年（82 歲被囚，89 歲獲釋），強忍悲痛，發憤治學，苦心鑽研，在被囚期間，將伏羲 8 卦演繹成 64 卦 384 爻，並以此形式推測自然和社會的變化，提出了「剛柔相對，變在其中」等富有樸素辯證法的哲理。

**周文王羗里城**　在河南省安陽市湯陰縣。周文王被商紂囚於此，而於此演《周易》。

羑里城文王廟一景

《易經》相傳是從伏羲氏畫卦開始，在文字未發明之前，即形成一套由卦爻符號組成的表意系統，內容為探究天人互動和人事興革。

文字出現後，經周文王的修訂，到孔子的集大成，《易經》終成定稿，經文本身僅4,000多字，屬於集體創作，幾乎中國所有的學問和技藝，都直接或間接深受《易經》影響。

爻作為《易經》最基本的單元符號，分陰爻和陽爻，係從男根女陰的生殖器取象，而「易」有生生不息之義，可見當年伏羲畫卦，即從人體悟道下手，放眼天人互動，最終找到自然和人性的規律。

《易經》共 64 卦，每卦有 6 個爻，共

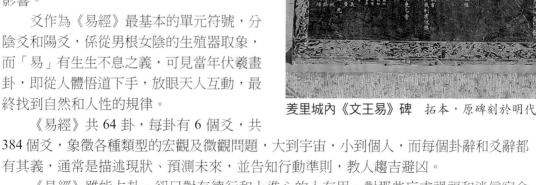

羑里城內《文王易》碑　拓本，原碑刻於明代

384 個爻，象徵各種類型的宏觀及微觀問題，大到宇宙，小到個人，而每個卦辭和爻辭都有其義，通常是描述現狀、預測未來，並告知行動準則，教人趨吉避凶。

《易經》雖能占卦，卻只對有德行和上進心的人有用，對那些妄求禍福和迷信宿命的人來說，完全無法與《易經》相應，即宋儒張載所言，「易為君子謀，不為小人謀。」

❧❧❧❧❧❧❧❧❧❧❧❧

參考文獻：

1. 陶濤、殷時學、栗文飛、王春慶編著：《周文王羑里城》，北京，燕山出版社，1996 年。

2. 亓樂義：〈64 卦 384 爻，易為君子謀〉，《小辭典》，台北，《中國時報》，2009 年 2 月 25 日。

# 太原 晉祠

晉祠大門

晉祠水鏡台

晉祠,以祭祀西周晉國開國之諸侯唐叔虞而得名,曾名唐叔虞祠、晉王祠。現存記載晉祠最早最詳的歷史文獻,當推北魏酈道元所著的《水經注》和《魏書·地理志》。這兩部史學名著分別載有:「懸甕之山,晉水出焉。」晉陽「西南有懸甕山,一名龍山,晉水所出,有晉王祠」。並且談到,當時已有魚沼和唐叔虞祠,而且水側有涼亭,結飛樑於水上。可見,早在 1,500 年前的北魏時代,晉祠已是飲譽遐邇的名勝之地了。

東魏、北齊間,高歡、高洋父子發跡晉陽,擅權弄國,定晉陽為別都,並於天保年間(550—559 年)在晉祠「大起樓觀,穿築池塘」,使晉祠更盛於北魏之前。北齊最後一位帝王高緯,崇信佛教,廣建寺院,於天統 5 年(569 年)改晉祠之名為大崇皇寺,成為一座佛教聖跡。

隋末,太原留守李淵與其子李世民,興太原之兵,顛覆隋王朝,建立唐朝。對於發跡之地晉陽,李世民耿耿難忘,曾於貞觀 20 年(646 年)伐高句麗班師回朝途經此地時,長時間逗留於第二故鄉太原,親筆撰寫鏤刻建製《晉祠銘並序》之碑。此後,詩仙李白等唐代著名詩人,先後遊覽晉祠,並留下了不朽的詩句:「晉祠流水如碧玉,百尺清潭寫翠娥。」

綜述宋代之前,晉祠多經修建擴建,均以祭祀唐叔虞為主,建築布局和祠名稱謂,亦以叔虞為主體。降及宋初,大宋皇帝趙匡胤、趙光義兄弟,為平北漢多次兵伐太原,終於太平興國 4 年(979 年)滅掉北漢統一中國,在夷平晉陽古城為廢墟的同時,先後用 5 年時間,擴建晉祠,鐫碑刻石,宣揚文治武功。北宋第 3 位皇

難老泉亭

對越坊

帝仁宗天聖年間（1023—1031 年），追封唐叔虞為「汾東王」，在晉祠西隅叔虞祠南畔，面西向東新建了規模宏大、盛冠全祠的聖母殿，供奉唐叔虞之母邑姜於其中，並敕封她為「顯靈昭濟聖母」，翻修了魚沼飛樑。宋之後的金、元、明、清各代，則步宋後塵，相繼以聖母殿為中軸線，由西向東先後建起獻殿、對越坊、鐘鼓樓、金人台、仙人橋、水鏡台、景清門，儼然改變了宋以前晉祠以

**聖母殿** 梁思成先生考證為宋代建築

唐叔虞祠為主，座北向南的建築格局，聖母邑姜取叔虞之尊而代之，成了晉祠供奉的主神。

現今的晉祠，除了上述中軸線上的古建築群外，在其兩側還有明、清、民國乃至現代創建的許多殿宇祠堂、樓亭台榭，形成了拱衛中軸線的北線、南線古建築群。北線西起枕山依勢而起的三聖閣、待風軒、七十二臺、苗裔堂、松水亭、善利泉亭（此亭創建於北齊）、唐叔虞祠、貞觀寶翰亭、鈞天樂台、昊天神祠、東嶽祠、文昌宮以及人工山丘；南線有臺駘廟（張姓祖祠）、公輸子祠、水母樓、難老泉亭（此亭初建於北齊）、不繫舟、真趣亭、王瓊祠、三聖祠、傅山紀念館、勝瀛樓、晉溪書院、董壽平美術館、白鶴亭。在南線古建群的南端，則是自成體系的十方奉聖寺、浮圖院、舍利生生塔、留山園和寶墨堂等。

**聖母邑姜像** 宋代塑，其旁有 2 尊侍女，亦為宋塑。

聖母殿前門匾

**獻殿** 金代建築

**參考文獻：**

太原市政協編：《三晉名勝》，太原，山西古籍出版社，1998年。

# 齊都臨淄

　　齊國是周王朝分封下的一個東方大諸侯國，它在中國歷史上經歷了西周、春秋和戰國 3 個主要歷史階段。臨淄（菑）是它的都城。齊國故城，處今山東省淄博市臨淄區辛店北 7 公里的齊都鎮。

　　西周建立之後，周王將姜太公呂尚封於齊地，建立齊國，都治營丘。公元前 9 世紀 50 年代，姜氏第 6 代國君齊胡公徙都薄姑，齊獻公呂山率營丘人殺胡公自立，又返都營丘更名臨淄。經春秋桓公稱霸，戰國威王稱雄，創稷下學宮，倡百家爭鳴，齊成為雄踞東方的大國、富國、強國。臨淄是列國中最繁華的名都，縱橫家蘇秦對臨淄有過這樣的記述：「臨淄之中七萬戶，……臨淄甚富而實，其民無不吹竽、鼓瑟、擊筑、彈琴、鬥雞、走犬、六博、蹹踘者。臨淄之途，車轂擊，人肩摩，連衽成帷，舉袂成幕，揮汗成雨，家敦而富，志高而揚。」臨淄從太公建國，獻公立都至秦滅齊為止，先後存在 700 餘年。是中國早期規模最大，延續時間最長的城市之一。

　　齊國都城，西依系水，東瀕淄河，臨淄就是因緊靠淄河而得名。

　　故城包括大城和小城兩部分，小城銜築在大城的西南隅，是國君和主要大臣居住的宮城，南北 2 公里，東西 1.5 公里；大城是官吏、平民、商人居住的郭城，南北 4.5 公里，東西 3.5 公里。兩城周長 21.5 公里，總面積 15 平方公里。

　　故城牆殘垣尚存，有的地方高達 5 公尺，城牆依其地勢修築，東、西沿河岸蜿蜒曲折。小城牆基寬一般在 20—30 公尺，最寬處達 55—67 公尺，大城牆基略窄，寬均在 20 公尺以上，最寬處 43 公尺。

　　為研究齊國的城建科學，1982 年發掘了大城西牆與小城北牆銜接處。解剖發現，牆基寬 40 公尺，深 3.5 公尺，夯層 4—6 公分厚不等，夯窩清晰。大城西牆原夾在小城北牆之中，而且有通過小城北牆繼續向裡延伸的跡象，這表明大城的建築年代，是早於小城的。

**齊國故城遺址博物館**，建築在齊國故城宮城東牆故址之內，設計新穎，獨具一格，是中國異形博物館之一，它採取了齊國故城大、小城相銜接的形制，作為陳列館的結構形式。外牆青磚疊砌，四周無窗，上面四周有城垛口，形似古城堡，設有南、東兩個拱形圓門，門楣上嵌有「齊瓊元府」4 個金文大字，以示收藏陳列齊國精美瑰麗珍寶第一府第之意。內是現代化的文物陳列展廳。

**1980 年發掘城市排水道口**　齊國興建國都時，地理位置是經過周密考慮和科學安排的。它利用系水（泥河）、淄水作為西、東天然屏障，又在大、小城南北牆外，挖掘了很深的護城壕溝，使水系相連，四邊環繞。

　　這一複雜的排水設施，將臨淄都城內外河流和城壕緊密地聯繫起來，構成了一個完整的排水網。使這個具有 7 萬戶，達 30 多萬人口的繁華城市內的廢水、積水得以順利的排出，即使大雨滂沱也安然無恙。

《齊記》云：「齊城有十三門。」見於史書記載的有雍門、申門、揚門、稷門、鹿門、章華門、東閭門、廣門等，這些城門由於未記明方位，後人說法不一。比較能肯定的有西門曰：申門、雍門。東門有東閭門、廣門。現已探明 11 座城門遺址，其中小城門 5 座，大城門 6 座。城門與街道是密切相關的，發現了 10 條主要交通幹道，其中，小城內 3 條，大城內 7 條。路基寬一般是 10 公尺，15 公尺不等，最寬的達 20 公尺。大城內東西兩條，一條長 3,300 公尺，一條長 4,600 公尺；東西幹道，一條長 3,600 公尺，一條長 2,500 公尺。這 4 條主要幹道，經緯交叉，在大城東北部構成一「井」字形，當是臨淄城中人煙密集，商舖林立的最繁華的市井中心。

**桓公台** 秦漢時稱環台，魏晉時人稱營丘，唐長慶年間，建齊桓公和管子廟於其上，故名桓公台。實為齊國宮殿建築基址。位於齊故城宮城內西北部，是宮殿區的中心。

**齊侯墓殉馬坑** 在郭城東北部的今河崖頭村一帶，是一處春秋時期的齊國君主和大貴族墓地。已發現大、中型墓 20 餘座。在其中 5 號墓周圍，發現了大規模的殉馬坑。

墓室南北 26 公尺，東西 23 公尺，南墓道長 18 公尺，寬約 12 公尺，槨室位於墓室中部。用自然巨石疊砌，南北長 8 公尺，東西寬近 7 公尺，深 5 公尺。

經考證墓主是齊景公，景公名杵臼，是繼姜太公之後第 25 代國君，在晏嬰的輔佐之下，在位 58 年，是齊國執政最長的一位國君，據載，在他的後期「好治宮室，聚狗馬，奢侈，厚賦重刑」，十分腐化。而且特別喜歡馬。

1982 年清理出殉馬 106 匹，殉馬排列密度平均每公尺地段 2.7—2.8 匹，據估計，全部殉馬當在 600 匹以上。數量之多，規模之大，前所未見。

殉馬多數是 5—7 歲口的壯年馬，是處死或先使馬處於昏迷狀態之後，按照一定的葬式排列而成，馬分兩行，前後疊壓，昂首側臥，四足蜷曲，形作奔跑，呈臨戰姿態，井然有序，威武壯觀。

馬在古代是國家的主要生產力和軍備物資。車馬的多少是國力強弱的主要標誌。4 匹馬駕挽一輛戰車，稱為一乘，千乘之國，即為大國。600 多匹馬可裝備 150 多乘，相當於一個小諸侯國的軍力，由此可見作為春秋五霸之首的齊國經濟的發達，軍力的強盛。

**參考文獻：**

1. 張龍海、高廣舉、張士友主編：《齊國故都觀覽》淄博市臨淄區文化局，1993 年。

2. 馮夢令：《豐碑》，魯淄新出准字（1995）。

# 新田

## ——晉國的最後都城

侯馬晉國遺址保護標誌

　　晉國的最後都城新田又稱絳或新絳，在今山西省侯馬市。公元前 585 年，韓獻子向晉景公歷數新田地理、人文的優勢「土厚水深，居之不疾，有汾、澮以流其惡，且民從教，十世之利也。」（語見《左傳·成公六年》），晉於是年遷都新田，一直到公元前 376 年，韓、趙、魏 3 家分晉，其間 13 代國君以新田作為晉都 209 年。

　　在此期間，政治上，在廢除分封制、世卿世祿制的社會改革中，產生了君主集權的郡縣制、官制和地主階級的法制，為 2,000 多年的封建君主集權制政體奠定了基礎；經濟上，生產力的發展和封建生產關係的產生，促使農業、手工業、商業出現了空前的繁榮；文化上，晉都新田時期，是社會變革最激烈的時期，恃強凌弱、優勝劣汰的鬥爭，使晉人形成了一種改革、開放、開拓、創新的精神。

　　新田位於汾、澮之交的三角地帶，侯馬南臨澮河，汾水經平望古城北部折向西南，西距汾、澮交匯處不足 20 公里，地勢高出兩側河谷 30 多公尺，上部覆蓋著數 10 公尺厚的沖積厚土。

　　從考古調查和發掘看侯馬晉國都城遺址，是由牛村、台神、平望、馬莊和呈王的 5 個建築群組成，遺址面積達 45 平方公里，出土文物 10 幾萬件，為全面研究先秦社會變革和晉國社會經濟發展建立了堅實的基礎，提供了可靠的實物資料。

牛村晉國宮殿遺址

台神晉國故城遺址

晉國遺址出土之銅鼎

**侯馬市晉博園內晉國古都博物館**　晉國古都博物館占地面積 2 公頃，建築面積 3,200 平方公尺，共分兩大部分 4 個展廳，展出文物 455 件，是一座集中展示晉國新田文化的專題性博物館。

第一部分即東樓 1 層展廳，為晉國歷史展示部分，採用實物圖版相結合，反映了從叔虞封唐到春秋爭霸、三晉崛起的歷史過程，重點介紹晉侯墓地、上馬墓地、喬村墓地出土的文物及晉國軍事、經濟發展等方面的內容。

第二部分為東樓 2 層、西樓 1 層，重點介紹古都田，共分 3 個專題。東樓 2 層為兩個專題，新田古都部分，介紹古城分布、分類、發掘現場照片及出土的建築構件；晉國手工業部分，重點介紹侯馬鑄銅遺址出土陶范及鑄銅工藝流程、陶范分類及鑄銅業對晉國經濟的重要作用，同時介紹製陶、製骨、製主等手工業。西樓 1 層為第 3 專題，介紹晉國軍事、文化、祭祀及墓葬，軍事方面主要有戰車模型，軍隊編製、陣形；文化方面有侯馬盟書藝術，音樂家師曠及文學藝術；祭祀方面通過圖版與實物相結合方式，說明「國之大事，在祀與戎」以及「左祖右社」頻繁的祭祀活動和眾多的祭祀地點；墓葬部分介紹西周、春秋、戰國 3 個時期的墓葬排列順序、等級及出土文物。

盨

陶盆（資料照片）

玉器（資料照片）　玉器（資料照片）

侯馬盟書（資料照片）

參考文獻：

山西省考古研究所侯馬工作站、山西省侯馬市文物局：《新田—山西侯馬文物精選》，2001年。

# 吳都蘇州

　　春秋時吳王闔閭於公元前 514 年建城，作為國都，有陸門、水門各 8 座。現市區仍位於 2,500 多年前吳國古城舊城，僅範圍有所擴大，建成區面積 37 平方公里。對照宋代平江圖，其骨幹水系，城牆位置、道路骨架、水陸城門、園林名勝基本相符。部分名稱仍沿用至今，為國內外所罕見。1981 年被列為全國 4 個重點環境保護城市之一。平江城布局呈長方形，城牆略有屈曲，有 5 個城門，城牆外有護城河。道路呈方格形，東西向 3 條，南北向 4 條。許多小河與街道平行，呈雙棋盤格局。形成「小橋、流水、人家」的特色。古城現為市區的一部分。

盤門　水、陸城門並存，為中國所絕無僅有。　　盤門甕城

**盤門**在江蘇蘇州市城西南隅。始建於春秋吳王闔閭元年（公元前 514 年）伍子胥築城時。朝向東南。初名蟠門，門上刻有蟠龍，後因水陸縈迴曲折，改稱盤門。雖經歷代改修和重築，但位置基本未變。現存城門重建於元至正 11 年（1351 年），水陸兩門並列。陸門 2 重，兩門之間為甕城，又稱月城；水門設閘兩道。循坡道登城，可見雉堞、女牆、絞關石等古代防禦設施。原來還有重檐歇山門樓一座。城外大運河繞城而過，吳門橋飛架河上，氣勢雄偉。盤門是蘇州較完整的古城遺址。

蘇州民居與運河　水陸並行，河街相鄰

蘇州的小船

搖槳女士

▼大吳勝壤虎丘山　在蘇州古城的西北角，號稱「吳中第一名勝」。宋代蘇軾說：「到蘇州不遊虎丘乃憾事也！」塔為後周、宋初所建，因地基下滑向北傾斜 2.3 公尺，成為「斜塔」。

▼劍池

闔閭墓在閶門外虎丘劍池。闔閭是春秋晚期（公元前 5 世紀）吳國國君。古籍記載闔閭之葬「銅椁三重，傾水銀為池，黃金珍玉為鳧雁」。為營建闔閭陵墓，徵調十萬民工，使大象運土石，穿土鑿池，積壤為丘，歷時 3 年方成。陵墓在虎丘劍池下，因闔閭愛劍，下葬時以「專諸」、「魚腸」等劍 3,000 殉葬。劍池呈長方形，清泉一泓，深可 2 丈，兩崖劃開，峭壁如削，藤蔓披拂，一橋飛架，景色幽深。相傳秦始皇和東吳孫權都曾派人到此鑿石求劍，但均無所得，而鑿處就形成深池，故稱劍池。一說劍池是冶煉寶劍淬火之處。1955 年夏疏濬劍池，先在崖壁上發現刻有明代唐寅、王鏊等人的記事，說正德 6 年（1511 年）冬劍池水涸，見吳王墓門，以土掩之。經發掘，池底北端有石縫，上銳下寬，內有一穴，可容 4、5 人。穴北石壁以大青石板迭砌，為人工所作。此處與春秋戰國洞室墓形制相像，可能即是墓門。

參考文獻：

1. 嚴重敏主編：《中國城市辭典》，四川辭書出版社，1992 年。

2. 中國國家文物局主編：《中國名勝辭典》，上海辭書出版社，1986 年第 2 版。

# 越都紹興

公元前 490 年，越王句踐令范蠡在此築城，故有「蠡城」別稱，城池在今紹興市區的龍山之麓，周圍 2 里 2 百 23 步。次年又在小城一側修築大城，周圍達 20 里 72 步，兩城統稱大越城，即今紹興城前身。歷經 2,501 年（到 2010 年紹興建城剛滿 2,500 年），城市位置（城址）一直穩定不變，為中國城市發展史所罕見。現代走在紹興城區，轉個彎就是千年風景。秦時屬會稽郡山陰縣，五代時為吳越王錢鏐的東王府，南宋時曾是宋高宗的臨時首都和陪都，1131 年改元紹興，並賜越州「紹祚中興」府額而得名，遂與金陵（今南京）齊名，成為當時除杭州外全國最大城市之一。此後，元、明、清歷代，紹興均為府城。今紹興以被稱為「水鄉」、「酒鄉」、「書法之鄉」、「戲曲之鄉」和「名士之鄉」而自豪。

除了歷史跟自然美景，還有豐厚的人文氣息。越劇、紹劇、調腔、蓮花落，是紹興獨有的特色戲曲。而書法、蘭花及紹興黃酒也具紹興特色。至於紹興名人，從春秋時代紹興建城前就已經有了，而且每個時代幾乎總有紹興人在不同領域發光發熱。從三過家門不入的治水英雄、建立夏朝的大禹、越王句踐、行曲水流觴、書《蘭亭集序》的書法大家王羲之、能文能武的南宋愛國詩人陸游、著作名揚五湖四海的文學家魯迅，都與紹興關係密切。古都歷史、美景與名人雅士，這些「紹興元素」讓紹興成為一個歷經千年風霜，沒有高牆保護卻留存完好的博物館。

現代紹興一直以來都非常積極地發展觀光旅遊，在不破壞古建築的前提下實行了「紹興創新古城保護模式」，極具特色的「粉牆黛瓦」老房子與嶄新美觀的現代大樓在紹興和平共存，吸引大量遊客前來觀光。

**紹興舊街道** 江南水鄉。白牆黛瓦「三山萬戶巷盤曲，百橋千街水縱橫。」

**參考文獻：**

〈紹興千年粉牆黛瓦，雕文織彩風情多〉——中國時報記者羅培菁紹興專訪紹興市副市長徐明光先生，載台北，《中國時報》2010 年 8 月 10 日。

**八字橋** 在浙江省紹興市八字橋直街東端。是一座樑式石橋。有南宋寶祐 4 年（1256 年）建造的題記。橋高 5 公尺，橋面係條石鋪成，微微拱起，淨跨 4.5 公尺，寬 3.2 公尺。跨南北流向的主河，主河兩側有小河兩條。橋東端沿河岸向南、北兩個方向落坡，西端向西、南兩個方向落坡。西端南面的踏跺下建一小孔，跨越小河。自橋南北望，兩條沿主河岸向南的踏跺，為一「八」字。古代匠師在設計時解決了比較複雜的交通問題，是研究中國橋樑史的重要實物例證。

遠望會稽山

印山越國王陵外景　在今浙江紹興市。此陵據信為越王句踐的父親越王允常的陵寢。

印山越國王陵發掘場景　墓坑內的木構墓室由厚1公尺的木炭包裹，長達40公尺。照片取自印山越國王陵博物館：《印山越國王陵》簡介。

紹興名勝東湖——東漢以來不斷切取山石，形成現代的景觀。

# 趙都邯鄲

　　邯鄲位於河北省南部西倚太行山，東向大平原。古代，華北平原有不少低濕的水網地區，使南北通行的大道只好緣太行山東麓而行。邯鄲西面又近「太行八陘」之一的滏口陘（位於峰峰鎮南郊滏陽河岸的風月關），是東西往來比較方便的通道。處於這個「丁」字形成交通線頂端的邯鄲，她的發展，顯然與有利的位置有關。而滏陽河的幾條小的支流，又在邯鄲附近堆積成有利於農林發展的沖積扇，為城市的發展提供了良好的物質基礎。因此，邯鄲這一居民點，在當時生產力水準下能夠迅速擴展，是可以理解的。

　　邯鄲原屬衛國，後來是晉國趙穿的采邑。采邑是諸侯封給卿、大夫的封地。趙穿曾經殺害晉靈公，說明至遲到公元前 7 世紀時，邯鄲已經脫離衛國。公元前 546 年，衛國國君的弟弟專因事逃到晉國，他「織絢邯鄲，終身不言衛。」

　　衛國失去邯鄲後，一度在齊國的協助下，於公元前 500 年攻到邯鄲附近，但遭到晉國的回擊。邯鄲午（趙午）在趙鞅的協助下，一直攻入衛的西門，迫使衛國貢獻 500 戶，遷往邯鄲。後來趙鞅為了爭奪這 500 家奴隸，又殺了趙午。趙鞅即簡子，是晉國的當權派人物之一，他的兒子趙襄子當政時，已經進入戰國時期。趙國是戰國七雄之一，邯鄲也日益發展成為趙國的重要城市。到公元前 386 年（趙敬侯元年），趙敬侯索性將都城由山西晉陽遷到邯鄲。以後到公元前 228 年，趙為秦所滅。其間邯鄲作為趙都，歷時達 158 年之久。在敬侯以前，趙曾 4 次遷都，但 4 處合計，歷時也未超過邯鄲。

**叢台**　在河北邯鄲市區，相傳是戰國時期趙武靈王（前 325—前 299 年）為閱兵與觀賞歌舞而建。

**趙王城**　在市西南，距市中心約 4 公里，為趙都的宮城遺址，分東、西、北三城，平面呈品字形，總面積 505 萬平方公尺。

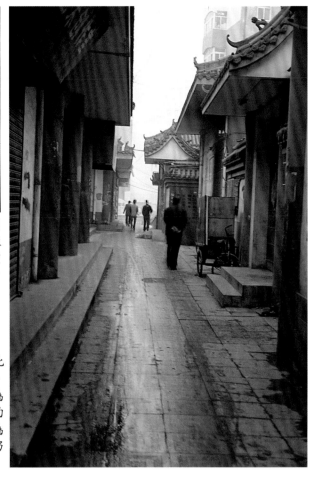

**學步橋**　在邯鄲市區，南北橫跨沁河之上，今橋為明萬曆 45 年（1617 年）改建。橋名出典於《莊子‧秋水》篇，謂春秋戰國時期邯鄲人步履優美，燕國壽靈的少年前往學步，不但沒學會趙國的步法，反而連自己固有的步法也忘了，弄得不會走路，只好爬著回去。

**回車巷**　在市區，相傳藺相如在此回車，曾在此回車讓路給廉頗。文官藺相如因「完璧歸趙」、「澠池會」有功，而被封為上卿，武將廉頗認為其冒生命危險衝鋒陷陣卻官位不比逞口舌之能的藺相如高，因此總想找機會羞辱相如，而相如為國家利益總是回車讓路，後廉頗知自己不對，乃「負荊請罪」，此乃京劇中常演的「將相和」。

　　漢代的司馬遷在《史記‧貨殖列傳》說：「然邯鄲亦漳、河之間一都會也，北通燕、涿，南有鄭、衛。」他還敘述趙地生活奢靡，邯鄲鐵礦豐富。他說：「邯鄲郭縱以鐵冶成業，與王者埒富。」司馬遷是漢代人，但他所寫的情況，很多都是戰國時代已經形成的。那時甚至邯鄲人的走路姿態也成為別處人們學習的榜樣。即著名的「邯鄲學步」故事。

**參考文獻：**

1. 徐兆奎：〈邯鄲〉，收入《中國歷史名城》，台北，木鐸出版社，1987 年。
2. 段宏振：《趙都邯鄲城與趙文化》，北京，科學出版社，2009 年。

# 三門峽 西周虢國遺址

　　虢國是西周初期分封的嫡親諸侯國，因軍事力量強大，能征善戰，受周王室器重而威鎮邦國。西周晚期，它從陝西東遷到河南省三門峽市一帶，建都上陽（今市區李家窰）。為維護周王室權威，它不遺餘力，並因此得罪晉國。公元前 655 年，晉國用計從虞國出兵，滅掉了虢國，「假虞滅虢，唇亡齒寒」的成語典故由此而生。

　　三門峽市虢國墓地是中國迄今為止發現的唯一處規模宏大、等級齊全、排列有序、保存完好的西周、春秋時期大型邦國公墓，總面積 32.45 萬平方公尺。從 1956 年發現至今，探明各類遺址 800 餘處，出土文物近 3 萬件。尤其是 1990 年代發掘的虢季、虢仲兩座國君大墓，因出土文物數量多、價值高和墓主人級別高，連續兩年被評為中國 10 大考古新發現。

　　在西周虢國墓地遺址而建立的專題性博物館——虢國博物館，除展出出土精美文物外，並原狀展出國君虢季、虢季夫人梁姬及太子墓的陪葬車馬坑，由南向北按行軍隊列擺放。

▲虢季墓　車馬坑

出土的編鐘▲　列鼎▼（資料照片）

◀出土的玉劍（資料照片）

▶博物館外觀

參考文獻：

王斌主編：《虢國墓地的發現與研究》，北京，社會文獻科學出版社，2000年。

絳縣

# 晉國三公墓

晉獻公墓

　　**晉獻公墓**　位於山西絳縣南樊槐泉村東嶺。墓高 50 公尺，無祠孤寢，墓形似無柄之木鐸。他是春秋時晉國武公之子，名詭諸，始建都絳（山西絳縣）。獻公初娶賈氏為妻，無子。繼娶齊姜，生秦穆公夫人及太子申生。後再娶 2 女於戎，生重耳、夷吾。在討伐驪戎的戰爭中獲驪姬，生奚齊。獻公寵愛驪姬，常聽其讒言，先逼死太子申生，又欲加害公子重耳和夷吾，以達到讓奚齊繼位的目的。獻公在位 26 年。獻公歿後，因其生前昏庸無道，暴戾成癖，不列入祭典，以示彰善彈惡。

　　**晉文公墓**　在絳縣衛莊下村。文公係春秋諸侯，晉獻公次子，太子申生之弟，名重耳。獻公寵愛驪姬，殺太子申生，重耳逃奔到狄（翟）國，在外流亡 19 年。後借助秦穆公的軍隊返晉復國，誅王子帶，納周襄王，救宋破楚，繼齊桓公為盟主。其在位 9 年，諡號文。晉文公在位之時，國都在絳（今山西絳縣）。死後葬於絳縣衛莊下村西嶺。陵墓依地形而設，高達 30 餘公尺，猶如山丘。據傳原松柏如蓋，墓後嶺頂原建有祠廟，抗戰期間被日軍拆毀，樹木被砍伐一空。現在所看到的景象是蔚然深秀的槐樹遍布山丘，是 1949 年後補植的。

▲晉文公墓

**晉靈公墓**　位於絳縣城東 12 公里的磨里鄉南劉家村。靈公生前荒淫無道，朝綱敗壞，民生困苦，大肆殘害勸諫之臣，引起了臣民的反抗，最後被趙盾之弟趙穿殺死，成為後人不齒的昏庸之主。墓前有石碑一通，上刻「景冢」二字，由於靈公生前十分殘暴，所以死後，歷代不列祀典。

▲晉文公墓碑
明代立

山西曲村晉都博物館前的晉文公率軍塑像

　　天馬—曲村晉侯墓地遺址位於山西省南部曲沃和翼城兩縣的交界處，晉侯墓地的發掘整理開始於 1992 年 4 月，至 2001 年 1 月結束，歷經 6 次發掘，共清理出 9 組 19 座晉侯及其夫人的墓葬。依據現有材料，已知有銘銅器 81 件。這批銅器銘文的研究成果已有很大收穫。

**參考文獻：**

1. 王大奇：〈晉國三公墓〉，收入太原市政協編：《三晉名勝》，山西古籍出版社，1998年。

2. 李曉峰：〈天馬——曲村晉侯墓地出土青銅器銘文集釋〉，吉林大學碩士論文，2004 年。

# 屈原

## ——愛國詩人

湖北武漢東湖屈原像、行吟閣

屈原名平，字原，戰國末期楚人，楚武王熊通之子屈瑕的後代，「芈」姓；傑出的政治家和愛國詩人。

屈原的事蹟，主要見於司馬遷《史記・屈原賈生列傳》的記載。根據《離騷》「攝提貞于孟陬兮，惟庚寅吾以降」，可推定屈原出生於楚威王元年（前339年）誕生於丹陽，即今湖北秭歸，一生經歷了楚威王、懷王、頃襄王3個時期，而主要活動於楚懷王時期。

起初他頗受楚懷王的信任，曾做到左徒的高官，他主張改良內政，聯齊抗秦。但是，楚懷王的令尹子椒、上官大夫靳尚和他的寵妃鄭袖等人，由於受了秦國使者張儀的賄賂，不但阻止懷王接受屈原的意見，並且使懷王疏遠了屈原。結果楚懷王被秦國誘去，囚死在秦國。頃襄王即位後，屈原繼續受到迫害，並一再遭到放逐。公元前278年，秦國大將白起帶兵南下，攻破了楚國國都郢都（今湖北江陵），屈原對前途感到絕望，就在同年5月5日投汨羅江自殺。

屈原人生失意，遂將一腔熱血傾訴於詩歌創作之中，借「美人」、「香草」以抒不平之氣。兩次流放，屈原創作了大量的作品，計有《離騷》、《天問》、《九歌》（11篇）、《九章》（9篇）、《招魂》，凡23篇。其中，《離騷》是屈原的代表作，也是中國古代文學史上最長的一首浪漫主義的政治抒情詩。《天問》是古今罕見的奇特詩篇，它以問語一連向蒼天提出了172個問題，涉及了天文、地理、文學、哲學等很多領域，表現了詩人對傳統觀念的大膽懷疑和追求真理的科學精神。《九歌》是在民間祭歌的基礎上加工而成的一組祭神樂歌，詩中創造了大量神的形象，大多是人神戀歌。

愛國詩人屈原，他開創了詩歌從集體歌唱轉變為個人獨立創作的新紀元。

參考資料：

1. http://phtv.ifeng.com/program/qysf/lszl/200705/0514_1730_117471.shtml
2. http://zhidao.baidu.com/question/7976817

汨羅江夕景

汨羅江畔的屈子祠

屈子祠內屈原牌位

汨羅江畔屈原碑林大門

屈原碑林內一景

# 高平
# 長平之戰遺址

——中國古代史最慘烈的單一戰役
——趙軍死亡 45 萬；秦軍動員百萬，死傷過半
——形成秦併 6 國形勢的關鍵戰役（錢穆院士論點）

**上黨門** 在山西省長治市區。為古代上黨地區的象徵，即今晉東南長治市、晉城市兩個地級市的轄區。戰國末期，秦、趙為爭奪上黨地區的歸屬權，引發長平大戰。

**廉頗幕府所在地——大糧山** 為一制高點，為趙軍前期的大本營，地在高平市東南丹河東岸。山上有悠久古老的廉頗廟。

## ❀ 長平之戰

戰國晚期，秦軍在長平（今山西晉城市高平市西北）大敗趙軍的戰爭。公元前 262 年，秦攻取韓的野王（今河南沁陽），切斷韓之上黨（今山西長治、晉城地區）與本土的聯繫。韓上黨守馮亭不願降秦而將其地獻給趙國。趙派名將廉頗率軍駐守長平。秦昭王於公元前 260 年派王齕攻長平。初戰於趙不利，廉頗遂築壘堅壁固守，不與秦軍交戰，以待其疲。兩軍自 4 月起相持 3 個月，秦無所得。後趙孝成王聽信秦反間計，於 7 月任用趙括為將，以代廉頗。

秦亦以白起為主帥，王齕為副帥。趙括改變廉頗的戰略，大舉出擊秦軍，白起利用趙括只善「紙上談兵」，缺乏作戰經驗的弱點，使正面之軍佯敗，另出兩支奇兵，俟機襲擊趙軍。趙括見秦軍敗退，率軍追至秦軍壁壘，因對方堅守終不得進。白起乃以奇兵 25,000 人迂迴至趙軍後，斷其退路，又派 5,000 人將趙軍壁壘截為兩段，使其進退為難。趙軍只好就地築壘防守，以待後援。秦昭王得知此情，親赴河內，賜民爵一級，又徵發 15 歲以上壯丁到長平，以堵截趙軍援兵和接濟的糧食。至 9 月，趙軍被困 46 日，飢餓乏食，雖分 4 隊輪番反攻，仍不能突圍。後趙括親率精銳突圍未成，被秦軍射死。趙軍大敗降秦。白起將降卒 40 萬人活埋，僅釋放 240 名年幼者回趙報信。

在這次戰役中，趙軍前後被秦軍殺死 45 萬人，秦軍亦損失過半，估計秦軍動員百萬，亦死傷過半。

**將軍嶺** 為趙軍另一制高點，其旁即為長平戰役，永祿村一號屍骨坑考古遺址。

**韓王山** 在大糧山以北 10 多公里，與大糧山互為南北犄角，居高臨下，構成趙軍幾 10 里防線的兩隻眼睛。韓王山是趙軍主帥趙括的幕府所在。

清代所立「八義士諫趙處」碑　在長治市八義鎮八諫水東相傳 8 位趙國將軍就戰略上反對趙括，自刎於此死諫。

今日丹河　秦趙兩軍曾隔丹河對峙，丹河兩岸為兩軍激戰戰場。

骷髏王廟　在高平市谷口村。創建自唐代，現建築為清代遺留。

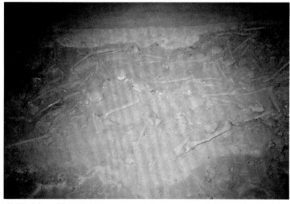

永祿村一號屍骨坑　1995 年長平之戰遺址考古發掘

長平戰役遺址碑　高平市永祿村。從高平市城往北，包括圍城、箭頭、永祿、寺莊、王報、掘山、小會溝等地及丹河兩岸的河谷坑地帶，都是白起殺趙軍的地方，殺谷應是指此而言。長平之戰遺址範圍廣闊，北起丹朱嶺，南到米山鎮，西起骷髏山，東到鴻家溝，邢村一帶均屬長平之戰大遺址的重點保護區。

骷髏王廟內趙括夫婦塑像　李隆基作為潞州別駕時巡幸至此，見白骨遍野，觸目驚心，令有司建骷髏王廟一所，擇其枯骨中巨者，立像封骷髏大王。

參考文獻：
1.《史記‧王翦白起列傳》
2.靳生禾、謝鴻喜：《長平之戰──中國古代最大戰役之研究》，太原，山西人民出版社，1998 年。
3.楊升南：〈長平戰役〉，載《中國大百科全書‧中國歷史》，上海，中國　大百科全書出版社，1992 年。

# 洛陽 邙山古墓群

邙　　山　　沈佺期

北邙山上列墳塋
萬古千秋對洛城
城中日夕歌聲起
山上惟聞松柏聲

　　洛陽建都時間長達千餘年。在洛陽周圍分佈著眾多的帝陵和王公貴族陪葬墓群。歷代帝陵主要有 9 個集中分佈區：西郊三山村東周陵區、東郊金村東周陵區、東周王城陵區、邙山東漢陵區（北兆域）、邙山北魏陵區、偃師萬安山東漢陵區（南兆域）、偃師首陽山西晉、曹魏陵區、偃師景山唐代陵區。這一區域面積達 750 餘平方公里。

　　這 4 代帝陵中有東漢 5 陵：光武帝原陵、安帝恭陵、順帝憲陵、沖帝懷陵、靈帝文陵。曹魏 1 陵：文帝首陽陵。西晉 5 陵：宣帝高原陵、景帝峻平陵、文帝崇陽陵、武帝峻陽陵、惠帝太陽陵。北魏 4 陵：孝文帝長陵、宣武帝景陵、孝明帝定陵、孝莊帝靜陵。帝陵周圍還密布著大大小小的墓冢，它們是王公貴族、皇親國戚的陪葬墓。

　　除了以上 4 代帝陵以外，20 世紀初在洛陽西郊、邙山腳下的金村附近發現了東周時期的大墓群，出土了大量珍貴文物。一些考古專家認為這是東周王陵。另外又據文獻記載，五代後唐的帝陵亦在邙山地區。

　　然而，人們直到目前仍對邙山帝陵知之甚少。多數帝陵的確切位置不詳，陪葬墓的數目不清，主要陪葬墓的墓主人不確定；整個陵墓群的範圍和各個陵區的範圍不清楚；對帝陵和陪葬墓的分佈、形制、結構、埋葬制度，以及陵園的建築結構和制度了解不多。另外，許多人為和自然原因正不斷地侵蝕著陵墓的封土。

　　目前邙山 15 陵中，北魏宣武帝景陵、西晉文帝崇陽陵、武帝峻陽陵 3 座已做過較詳細的考古鑽探和發掘。北魏孝文帝長陵、宣武帝景陵、西晉文帝崇陽陵、武帝峻陽陵等 4 陵的具體地望已經基本確定。東漢安帝恭陵、順帝憲陵、沖帝懷陵、靈帝文陵、北魏孝明帝定陵、孝莊帝靜陵等 6 陵的具體地望有了重大線索。但東漢光武帝原陵、曹魏文帝首陽陵、西晉宣帝高原陵、景帝峻平陵、惠帝太陽陵等 5 陵的具體地望尚不確定。

　　洛陽邙山陵墓作為中國最大的陵墓群遺址，是中國帝陵體系的重要組成部分。其分布之密集，數量之眾多，延續年代之長久，堪稱中國之最。

　　因此，邙山地區是中國最大的古墓葬集中地，匯集著兩周以來各個時期、各種類型的古代墓葬，數量估計有數十萬之眾。這裡過去曾出土了數以萬計的珍貴文物，具有很高的歷史、藝術和科學價值。

〜〜〜〜〜〜〜〜〜〜〜〜
**參考文獻**

1.韓國河：〈東漢陵墓踏查記〉，《考古與文物》2005 年第 3 期。
2.中國社會科學院考古研究所洛陽漢魏城隊、洛陽古墓博物館：〈北魏宣武帝景陵發掘報告〉，《考古》1994 年第 9 期。
3.洛陽市第二文物工作隊：〈洛陽邙山陵墓群的文物普查〉，《文物》2007 年第 10 期。

北魏宣武帝（孝文帝之子）景陵 「北邙山頭少閑土，盡是洛陽人舊墓」

北魏景陵地宮甬道

北魏景陵石棺

邙嶺大墓之一 唐宋以來有「生在蘇杭，葬在北邙」之說

邙嶺大墓之二 邙山是秦嶺山脈的餘脈，海拔高 120～340 公尺，地勢起伏平緩，高敞而空曠，黃土土層深厚，黏結性好，堅固致密，適於營造墓塋。

洛陽古墓博物館 內有搬遷復原的墓葬22座，這些古墓上自西漢，下迄北宋經歷10幾個朝代，內有西漢的壁畫墓、畫像磚墓，第12號的西晉裴祗墓的墓誌銘字跡清晰、工整剛勁，上承漢隸，下開魏碑為書法精品。14 號的北魏元劭墓彩繪陶俑，形體俊美，神情細膩逼真。

# 第 5 章

# 秦　史

## ——由部族、諸侯國到王朝

### 約公元前 2070 年～前 221 年

阿房宮前殿遺址

**秦人統一，此期間有極關重要者 4 事：**

1. 為中國版圖之確立
2. 為中國民族之搏成
3. 為中國政治制度之創建
4. 為中國學術思想之奠定

（語見錢穆院士大著《國史大綱》）

# 秦史大事編年

### (一)傳說時期

| 公元紀年 | 王朝紀年 | 大事記 |
|---|---|---|
| | | 顓頊之孫女脩 |
| | | 女脩生大業 |
| | | 大業生大費 |
| 約前 2070 年 | 相當於虞末夏初 | 舜賜姓嬴給大費（伯益） |
| 約前 1600 年 | 相當於商初 | 大費玄孫費昌去夏歸商 |
| | | 孟戲、仲衍（世系不清） |
| | | 仲衍之後「嬴姓多顯」 |
| | | 仲衍之孫「保西垂」 |
| | | 中潏由東方開始西遷 |
| | | 蜚廉善走為殷紂效力 |
| 約前 1046 年 | 相當於周初 | 惡來被周人殺死 |
| | | 女防、旁皋、太幾、大駱 |

**伯益（大費，一作翳）** 古代嬴姓各族的祖先。相傳善於畜牧和狩獵，被舜任為虞。他為禹所重用，助禹治水有功，被選為繼承人。禹去世後，禹子啟即繼王位，伯益與啟發生爭奪，為啟所殺。一說由於他推讓，啟才繼位。（山西新絳縣陽王鎮稷益廟明代壁畫）。

（按：秦本東方民族，屬東夷的一支鳥夷之裔，原立足於河南東北部的范縣秦亭，他們的同姓多在山東，另也有在安徽和蘇北。嬴姓奉少昊為始祖，並且以鳥為圖騰，傳說其先人女脩吞玄鳥卵，生子大業，大業子大費佐舜調馴鳥獸，大費的一個兒子稱為鳥俗氏。周武王滅商，秦族隨周朝貴族東征西討離開舊地秦亭，逐漸西遷至密縣的溱水，至非子時再西遷犬丘〔甘肅天水〕）。

**參考文獻：**

1. 秦王政元年以前的年表主要參考，林劍鳴：《秦史稿》，北京，中國人民大學出版社，2009 年。
2. 何光岳：《秦趙源流史》，南昌，江西教育出版社，1994 年。
3. 禮縣博物館：《秦西垂陵區》，北京，文物出版社，2004 年。

## ㈡可考先世時期

| 公元紀年 | 王朝紀年 | 大事記 |
|---|---|---|
| 前 897 年？ | | 非子居犬丘養馬。 |
| 前 857 年？ | | 秦侯元年。 |
| 前 847 年？ | | 公伯立，3 年後卒。 |
| 前 845 年？ | | 秦仲為大夫，23 年後死於戎。 |
| 前 821 年？ | 周宣王 7 年 | 秦莊公為「西垂大夫」，莊公率兵 7,000 伐西戎。 |

## ㈢諸侯國時期

| 前 770 年 | 周平王元年 | （襄公 8 年）平王東遷，秦被封為諸侯，秦開始立國 |
|---|---|---|
| 前 762 年 | 周平王 9 年 | （文公 4 年）秦文公至汧渭之會，築城邑。 |
| 前 753 年 | 周平王 18 年 | （文公 13 年）秦初有史記事 |
| 前 750 年 | 周平王 21 年 | （文公 16 年）敗戎兵，得周之餘民，地至岐。獻岐以東於周。 |
| 前 747 年 | 周平王 24 年 | （文公 19 年）作陳寶祠（祭野雞） |
| 前 746 年 | 周平王 25 年 | （文公 20 年）秦法初有三族（父族、母族、妻族）之誅。 |
| 前 714 年 | 周桓王 6 年 | （憲公 2 年）徙平陽，伐蕩社。 |
| 前 703 年 | 周桓王 17 年 | 大庶長弗忌等立出子。 |
| 前 688 年 | 周莊王 9 年 | （武公 10 年），初建縣。 |
| 前 678 年 | 周僖王 4 年 | 武公死，用 66 人殉葬。 |
| 前 677 年 | 周僖王 5 年 | （德公元年）徙都於雍（今陝西鳳翔） |

天水麥積山一帶山丘　此一帶即秦人先祖非子牧馬之地，稱為犬丘（見《大元一統志》），後世因與陝西省的犬丘對稱，此地亦名西犬丘。

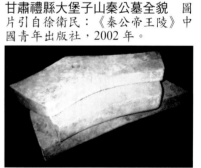

甘肅禮縣大堡子山秦公墓全貌　圖片引自徐衛民：《秦公帝王陵》中國青年出版社，2002 年。

甘肅禮縣秦公大墓出土的石磬。（資料照片）圖源同上引書

穿過隴山山脈的渭水　秦族東遷的路線經過之地

禮縣秦公大墓出土的銅編鐘。（資料照片）圖源同上引書

秦穆公墓（陝西鳳翔） 穆公為春秋五霸之一，他曾獨霸西戎。

秦公 1 號墓（秦景公墓）發掘情況（陝西鳳翔） 秦公陵園是 1976 年 12 月鳳翔縣考古工作者曹明檀，在南指揮鄉南指揮村鑽探發現。從「秦公一號大墓」發掘展開，整個陵園區東西長 7 公里，南北寬 3 公里，總面積 21 平方公里。陵區內四周環繞 35 公里長的護陵壕溝；陵區內有大小、形制不等的 18 座的秦公大墓。（資料照片）

石鼓文（拓本）

石鼓 10 面 石鼓為 10 個形似大鼓的刻石，每面石鼓上均刻有文字，稱為《石鼓文》。此物初不見稱於世，隋以前未見記載，唐貞觀中，吏部尚書蘇勖紀其事，當時石鼓在天興縣（今陝西鳳翔縣）20 幾里之野地中。（見《元和郡縣圖志》卷 2）後鄭餘慶將其遷於鳳翔府夫子廟。經五代之亂，又復失散，宋司馬池復置於府學。北宋大觀（1107 至 1110 年）中，自鳳翔遷於東京（今開封）辟雍，後入保和殿。金人破宋，又運至燕京（今北京），後一直放於北京。抗日戰爭時期，由故宮博物院運往西南。現存北京故宮博物院。

《石鼓文》字體為籀文，文體為詩。司馬池移置時失掉一個石鼓，北宋仁宗皇祐年間（1049 年至 1054 年）向傳師在民間求得，但已被人當作石臼而將刻文破壞。因此，現存 10 石鼓中，有一鼓殘缺特甚。

| 公元紀年 | 王朝紀年 | 大事記 |
|---|---|---|
| 前 672 年 | 周惠王 5 年 | （宣公 4 年）與晉大戰於河陽，獲勝。 |
| 前 655 年 | 周惠王 22 年 | （穆公 5 年）伐晉，戰於河曲。 |
| 前 651 年 | 周襄王元年 | （穆公 9 年）送晉公子夷吾歸國，晉許以河西 8 城。 |
| 前 650 年 | 周襄王 2 年 | 晉背約，不給秦河西之地。 |
| 前 648 年 | 周襄王 4 年 | （穆公 12 年）晉發生災荒，向秦借糧，秦興「汎舟之役」。 |
| 前 646 年 | 周襄王 6 年 | （穆公 14 年）秦發生災荒，向晉借糧，晉拒絕。 |
| 前 645 年 | 周襄王 7 年 | （穆公 15 年）與晉戰於韓，虜晉君，晉獻河西之地。 |
| 前 644 年 | 周襄王 8 年 | （穆公 16 年）在河東置官司。 |
| 前 640 年 | 周襄王 12 年 | （穆公 20 年）滅梁、芮。 |
| 前 637 年 | 周襄王 15 年 | （穆公 23 年）迎晉國公子重耳於楚。 |
| 前 636 年 | 周襄王 16 年 | （穆公 24 年）送重耳歸晉，是為晉文公。 |
| 前 630 年 | 周襄王 22 年 | （穆公 30 年）秦助晉攻鄭，後秦單獨撤兵。 |
| 前 628 年 | 周襄王 24 年 | （穆公 32 年）秦派孟明視、西乞術、白乙丙率兵攻鄭。 |
| 前 627 年 | 周襄王 25 年 | （穆公 33 年）秦攻鄭未成，滅滑，晉擊秦軍，虜秦 3 將。 |
| 前 624 年 | 周襄王 28 年 | （穆公 36 年）秦伐晉大勝，取王官及鄗，封殽尸而還。 |
| 前 623 年 | 周襄王 29 年 | （穆公 37 年）晉伐秦圍邧；秦伐西戎大勝，「開地千里」，天子使召公賀以金鼓。 |
| 前 621 年 | 周襄王 31 年 | （穆公 39 年）穆公卒，從死 177 人。 |
| 前 620 年 | 周襄王 32 年 | （康公元年）秦送公子雍歸晉，晉敗秦師於令狐，晉國隨會降秦。 |
| 前 615 年 | 周頃王 4 年 | （康公 6 年）秦伐晉，取羈馬，戰於河曲，大敗晉軍。 |
| 前 559 年 | 周靈王 13 年 | （景公 18 年）晉會諸侯伐秦，敗秦師於棫林。 |

秦公簋　1919 年出土於甘肅省禮縣紅河鄉西垂宗廟遺址，述自禹以來的 12 位祖先。有銘文 105 字，現藏北京，中國國家博物館。

東周中期金文—秦公簋銘文

| 前 356 年 | 周顯王 13 年 | （孝公 6 年）商鞅第一次變法，以取信於民。 |
| 前 350 年 | 周顯王 19 年 | （孝公 12 年）秦定都咸陽，築冀闕宮廷，並推行第二次變法普遍立縣。 |
| 前 293 年 | 周赧王 22 年 | （昭襄王 14 年）白起大勝韓、魏聯軍於伊闕，斬首 24 萬人。 |
| 前 260 年 | 周赧王 55 年 | （昭襄王 47 年）秦趙長平戰役。 |
| 前 249 年 | 秦莊襄王元年 | 用呂不韋為相國，滅東周。 |
| 前 246 年 | 秦王政元年 | 秦王嬴政繼位。 |
| 前 236 年 | 秦王政 11 年 | 在咸陽之北開鑿鄭國渠，以解決秦國軍隊的糧草供應問題。 |
| 前 221 年 | 秦始皇 26 年 | 秦王嬴政統一六國，自稱皇帝，建立統一的中央集權國家。制定的皇帝制度、郡縣制度和官僚制度成為中國沿用 2,000 餘年的政治體制。 |
| | | 秦始皇統一貨幣，劃一度量衡標準，統一車軌寬 6 尺，制定小篆，遷 6 國富民於咸陽。 |
| 前 220 年 | 秦始皇 27 年 | 在渭南建造信宮，築甬道連接渭北咸陽諸宮。 |
| | | 修馳道，東通燕、齊，南達吳、楚，道寬 50 步，使道路暢通。 |
| | | 秦始皇出巡，視察隴西、北地邊防。 |
| 前 219 年 | 秦始皇 28 年 | 在湘水、漓水間開鑿靈渠，以利軍隊水路運輸，便於攻取南越。 |
| | | 秦始皇出巡，於泰山刻石記功。 |

秦咸陽宮冀闕西闕遺址

冀闕宮廷復原示意圖　楊鴻勛先生復原。山口直樹攝影

秦都咸陽是現知始建於戰國中、晚期的最大城市。咸陽宮東西橫貫全城，連成一片。根據在接近宮殿區中心部位發掘出的咸陽宮一號宮殿遺址，一號宮殿遺址東西長 60 公尺，南北寬 45 公尺，高出地面約 6 公尺。項羽火燒的是秦咸陽宮。這從後來的考古發掘中得到證實，秦咸陽宮遺址曾發現大片的紅燒土遺跡。

渭水

渭河平原

秦莊襄王墓　西安市

**伊闕形勢**　公元前 293 年，秦昭襄王的將軍白起在伊闕（今河南洛陽市南之龍門石窟）打敗魏韓聯軍，俘虜魏國將軍公孫喜。相傳這場是白起成名的戰役，斬首 24 萬人。

**河北易縣易水**　《戰國策·燕策三》載，荊軻將為燕太子丹往刺秦王，丹在易水（今河北易縣境）邊為他餞行。高漸離擊筑，荊軻和而歌曰：「風蕭蕭兮易水寒，壯士一去兮不復還！」

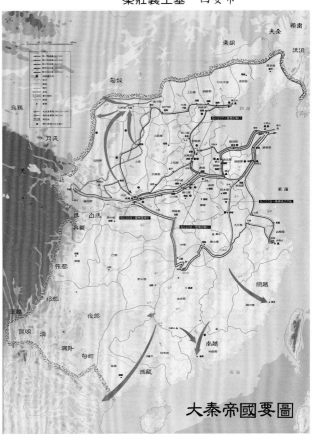

**大秦帝國要圖**

圖引自《秦始皇帝》（歷史群像㊹），東京，學習研究社。

**都江堰**　戰國時期，李冰父子所建，用以灌溉成都平原。游清富先生攝。

**五大夫松**　秦始皇東巡泰山，曾在一棵松樹下躲雨，後封此樹為「五大夫」。

秦始皇像　北京，中國國家博物館藏。秦始皇（公元前259至前210年），即嬴政，秦王朝的建立者。13歲即位。公元前238年親自執政後，重用李斯、尉繚、派王翦等大將繼續進行統一戰爭。10年之間，相繼消滅韓、楚、齊、趙等6國，建立了中國史上第一個統一的中央集權的封建國家，自稱始皇帝。隨後即設立郡縣；任命官吏；統一法律、貨幣、文字；修築長城；等等，這些措施有助於鞏固統一和推動經濟、文化的發展。但由於他的殘暴統治，加以連年用兵，租役日重，他所建立的秦王朝僅傳2世。

阿房宮遺址遠景

阿房宮上天台遺址

阿房宮前殿的夯土層

阿房宮前殿遺址

阿房宮前殿遺址夯土台基東西長1,270公尺，南北寬426公尺，現存最大高度為12公尺。這是迄今所知中國乃至世界古代史上規模最宏大的夯土基址。

秦阿房宮是秦王朝擬建的政令中心，宮殿建築群規模宏大。它位於今陝西省西安市以西13公里處，與秦都咸陽隔渭河。阿房宮由兩大建築群構成，一是阿房宮前殿建築群，《史記》記載其「東西500步，南北50丈，上可以坐萬人，下可以建5丈旗。周馳閣道，自殿下直抵南山。表南山之顛以為闕。」另一處是上天臺建築群。西漢時，阿房宮遺址被劃入上林苑範圍內進行宮苑建築。因其東、北、西3邊有厚重的宮牆，史稱「阿城」。阿房宮因地勢高，歷代多為駐軍之地，宋代以後逐步夷為農田。項羽火燒的是秦咸陽宮，這從後來的考古發掘中得到證實，秦咸陽宮遺址曾發現大片的紅燒土遺跡。阿房宮之所以沒有被燒的解釋是，阿房宮14平方公里內有60餘處夯土基址，一些地方建成了，一些地方尚未建成，包括這個前殿是否建成也屬存疑之事。

| 前 216 年 | 秦始皇 31 年 | 秦始皇令土地所有者申報土地面積，作為國家徵收賦稅的依據。 |
| 前 215 年 | 秦始皇 32 年 | 秦始皇出巡，遊燕、韓舊地及周朝腹畿，以顯聲威。派蒙恬率 30 萬軍人北擊匈奴。 |
| 前 214 年 | 秦始皇 33 年 | 建築西起臨洮、東至遼東的萬里長城，以防匈奴侵擾。 |
| 前 213 年 | 秦始皇 34 年 | 下令焚書，以箝制六國舊民思想。 |
| 前 212 年 | 秦始皇 35 年 | 建阿房宮及驪山墓，示生死尊榮的重要。秦始皇令蒙恬及公子扶蘇率大軍，負責築城、守邊關及開闢直道，以加強關中與河套地區的聯繫。在咸陽坑殺儒生 460 人 |
| 前 210 年 | 秦始皇 37 年 | 秦始皇出巡，途中患重病，死在沙丘。趙高、李斯篡改詔書，胡亥繼位，史稱「沙丘之變」。 |
| 前 209 年 | 秦二世元年 | 陳勝、吳廣在大澤鄉起義。 |
| 前 207 年 | 秦二世 3 年 | 項羽於鉅鹿之戰大敗秦將章邯，於洹水殷墟受降。 |
| 前 206 年 | 秦二世 4 年 | 秦王子嬰向劉邦投降，秦亡。 |

**秦始皇陵**　在陝西省臨潼縣驪山北麓，建於公元前 3 世紀。據考，陵原高 115 公尺，陵基周長達 2,000 公尺。經過 2,000 年的風雨侵蝕和人為破壞，現高 76 公尺，周長約 1,300 餘公尺。巍然矗立，蔚為壯觀。

秦始皇陵封土上的石榴樹

**秦始皇兵馬俑**　在陝西省臨潼縣驪山腳下秦始皇陵東側，為秦始皇的從葬品。1974 年發現以後，已在原址上建成博物館。在長達 230 公尺、寬 70 公尺、高 22 公尺的拱形展廳裡，陳列著一排排高達 180 公分以上的兵馬俑。前面由三列橫隊組成前鋒，後面是 38 路縱隊，車馬武士相間。這些兵馬俑面貌各異，栩栩如生。出土秦俑約 7,000 多尊細部刻畫逼真，戰袍扣子各式各樣，髮式千姿百態。各種兵器種類繁多。（資料照片）

秦始皇陵兵馬俑博物館

秦始皇陵兵馬俑坑（一）

秦始皇陵兵馬俑坑（二）

秦始皇陵陪葬出土的銅車、馬

秦二世墓　秦二世（前230—前207年）　即胡亥。
秦朝第2代皇帝。公元前210—前207年在位。統治
期間，宦官趙高專權。繼續大修阿房宮和馳道，賦稅
徭役極為繁重。不久即爆發陳勝、吳廣領導的農民大
起義。後為趙高逼迫自殺。

# 第 6 章

# 漢 代

——奠定儒家為中國學術思想主流的時代

西漢　公元前 202—公元 8 年

新　　公元 9—23 年

東漢　公元 25—220 年

濟南長清孝堂山郭氏墓石祠

　　漢代提倡孝行。郭氏墓石祠位於山東濟南市長清區孝里舖村南孝堂山頂，建於一座有高大封土堆的墓前，傳說為孝子郭巨的墓祠。坐北朝南，兩開間，單檐懸山頂。祠內東、西、北 3 壁及隔樑石上雕有神話傳說、歷史故事、車騎出行、天文星象、戰爭和狩獵等圖像。石祠西牆外側刻有北齊《隴東王感孝頌》。據祠的形制、祠內東漢「永建四年（129年）」題記和畫像風格判斷，建築年代應為東漢早期，是中國現存最早的地面房屋式建築。

# 漢代大事編年

| 公元紀年 | 王朝紀年 | 大事記 |
| --- | --- | --- |
| 前 206 年 | 漢高祖元年 | 劉邦率軍入咸陽，秦王子嬰投降，秦亡。項羽稱西楚霸王。是年，趙佗併桂林、象郡，自立為南越武王，欲獨立於中原之外。 |
| 前 202 年 | 漢高祖 5 年 | 劉邦在長達 4 年的楚漢戰爭中擊敗項羽，稱帝，即位於定陶附近的氾水之北，國號「漢」，史稱西漢。以「無為而治」、休養生息為基本國策，頒布詔令，復員詔令，復員軍隊，實行輕徭薄賦，鼓勵農耕的政策。 |
| 前 200 年 | 漢高祖 7 年 | 漢定都長安，長樂宮成。匈奴圍漢高祖於平城。 |
| 前 198 年 | 漢高祖 9 年 | 劉邦以長公主嫁給單于，為漢室與匈奴和親政策之始。 |
| 前 191 年 | 漢惠帝 4 年 | 漢惠帝廢除秦挾書律。 |
| 前 190 年 | 漢惠帝 5 年 | 長安城建成。 |
| 前 179 年 | 漢文帝元年 | 文帝即位，進一步調整「與民休息」的政策，一直延續至景帝（前 156～前 141 年在位），社會經濟得以發展，史稱「文景之治」。<br>文帝遣陸賈出使南越，賜趙佗書，以說服與漢通好，趙佗後來自去帝號，向漢稱臣入貢。 |
| 前 164 年 | 漢文帝 16 年 | 漢文帝使博士諸生採《六經》文，作王制。 |
| 前 154 年 | 漢景帝 3 年 | 王國勢力逐漸強大，爆發吳楚七國之亂，景帝平叛亂，滅王國機構，削弱職權，基本解除諸侯王國對中央的威脅。 |
| 前 140 年 | 漢武帝建元元年 | 武帝以「建元」為年號，歷代帝王有年號自此始。武帝採董仲舒建議，罷黜百家，獨尊儒術。 |
| 前 138 年 | 漢武帝建元 3 年 | 漢武帝開拓南疆，遷東甌 4 萬人於江淮，統一西南夷。張騫出使西域，歷 13 年而獲大量西域資料。漢武帝起造上林苑。 |
| 前 134 年 | 漢武帝元光元年 | 詔令每年按各郡人口比例向朝廷舉薦孝廉。 |
| 前 130 年 | 漢武帝元光 5 年 | 通西南夷。 |
| 前 124 年 | 漢武帝元朔 5 年 | 為儒家五經博士配置弟子，儒家經學成為官方提倡的正統思想。 |
| 前 119 年 | 漢武帝元狩 4 年 | 自公元前 127 年至此，歷時 8 年，派衛青、霍去病多次出擊匈奴，迫其遠徙漠北。<br>張騫再次出使西域，請求斷匈奴右臂（今新疆）。<br>置鹽鐵官。 |
| 前 111 年 | 漢武帝元鼎 6 年 | 平南越及西南夷。 |
| 前 110 年 | 漢武帝元封元年 | 平東越。 |
| 前 109 年 | 漢武帝元封 2 年 | 平滇。 |

大漢開國皇帝漢高祖劉邦像

漢高祖劉邦
公元前二五六年至前一九五年

江蘇沛縣歌風臺內的大風古碑

**歌風台**　《漢書·高帝紀》載：「（高祖）自淮南還，過沛，留，置酒沛宮，作歌令兒皆和習之。」舊《沛縣志》載：「臺在今縣治東南，臨泗水岸，屢圮屢修。」此臺為漢高祖劉邦衣錦還鄉，邀宴故鄉父老子弟，唱《大風歌》處。《大風歌》碑有3種碑體，一是漢代《大風歌》碑，二是元代摹刻碑，三是現代甲子碑。漢代《大風歌》碑也稱歌風碑，因碑上鐫刻漢高祖劉邦「大風起兮雲飛揚，威加海內兮歸故鄉，安得猛士兮守四方」的千古絕唱《大風歌》而得名。舊志云：「篆文象鐘鼎形，長徑尺，闊八寸，相傳為東漢蔡邕書。」

**西漢疆域**　引自吳春鳳、尤文波、袁素英編繪：《中國古代史地圖冊》，北京，中國地圖出版社，1991年。

**歌風臺**　現為沛縣博物館館址

**漢景帝陽陵**　1990年代發現不少裸體俑

**漢武帝茂陵**　陝西興平縣。為西漢最大的陵寢。

| | | |
|---|---|---|
| 前 108 年 | 漢武帝元封 3 年 | 平朝鮮，置樂浪、臨屯、玄菟、真番 4 郡。 |
| 前 104 年 | 漢武帝太初元年 | 命公孫卿等人改曆法，編《太初曆》，司馬遷開始著《史記》。武帝東巡。作建章宮。易服色、定官名及宗廟禮儀。 |
| 前 93 年 | 漢武帝徵和 2 年 | 漢發孔子舊宅得《古文尚書》、《禮記》、《論語》、《孝經》等古籍。 |
| 前 60 年 | 漢宣帝神爵 2 年 | 置西域都護。 |
| 前 51 年 | 漢宣帝甘露 3 年 | 匈奴呼韓邪單于來朝。 |
| 前 33 年 | 漢元帝竟寧元年 | 王昭君出塞，嫁予呼韓邪單于，漢匈雙方關係緩和。 |
| 前 2 年 | 漢哀帝元壽元年 | 博士弟子景盧從大月氏王使臣伊存受《浮屠經》，此為佛教傳入中國的最早紀錄。 |
| 4 年 | 漢平帝元始 4 年 | 王莽奏立明堂、辟雍、靈臺；立《樂經》。 |
| 8 年 | 初始元年 | 王莽自立為帝，定國號「新」，託古改制。 |
| 12 年 | 新莽始建國 4 年 | 復行古制，以洛陽為東都，長安為西都，並定九州之制，5 等封爵之員額。 |
| 25 年 | 漢光武帝建武元年 | 劉秀稱帝，改元建武，是為東漢光武帝，定都洛陽。 |
| 43 年 | 漢光武帝建武 19 年 | 馬援平交趾（今越南），徵側、徵貳二女曾率交趾軍民抵抗漢軍。 |
| 56 年 | 漢光武帝中元元年 | 建明堂、靈臺、辟雍，宣布圖讖於天下。南匈奴單于比死，弟左賢王莫立為單于；漢遣使授璽綬，賜以衣冠及繒彩，以後遂以為常。 |
| 57 年 | 漢光武帝中元 2 年 | 倭奴國到洛陽朝貢，漢廷賜「漢委奴國王」金印，這是中國與日本第 1 次往來的紀錄。 |
| 60 年 | 漢明帝永平 3 年 | 漢明帝圖畫中興功臣於南宮雲臺，即雲臺 28 將。 |
| 64 年 | 漢明帝永平 7 年 | 明帝遣郎中蔡愔等出使天竺求佛法。 |
| 67 年 | 漢明帝永平 10 年 | 蔡愔自西域歸，竺法蘭、攝摩騰二僧隨東來，並攜《四十二章經》回洛陽，因建白馬寺。 |
| 69 年 | 漢明帝永平 12 年 | 王景率士卒 10 萬治理黃河，分流疏通河道。此後 800 年黃河無大患。 |
| 73 年 | 漢明帝永平 16 年 | 班超出使西域，使西域與漢絕 65 年而恢復通好。 |
| 79 年 | 漢章帝建初 4 年 | 漢章帝詔諸儒於白虎觀，議五經異同，成《白虎議奏》。經今古文之爭漸弭。 |
| 89 年 | 漢和帝永元元年 | 竇憲大破匈奴。 |
| 91 年 | 漢和帝永元 3 年 | 竇憲再破匈奴，北匈奴西遷。 |
| 94 年 | 漢和帝永元 6 年 | 西域 50 餘國內屬。 |
| 105 年 | 漢和帝元興元年 | 蔡倫用樹皮、麻頭及布、破魚網改良造紙技術，人稱「蔡侯紙」，使西漢時已經創造的造紙術更為進步。 |
| 132 年 | 漢順帝陽嘉元年 | 張衡創制「地動儀」，為當時世界上第一台探測地震儀器，準確紀錄公元 138 年的陝西地震。 |

長沙馬王堆出土的黑地彩繪棺　長 2.56 公尺，寬 1.18 公尺，高 1.14 公尺。馬王堆漢墓為漢惠、文帝時代的第 1 代長沙相利蒼家族的墓地，1973—1974

滿城漢墓為被漢景帝封為第 1 代中山靖王劉勝之墓。

年出土文物 3,000 多件。其中以 3 號墓出土的一大批珍貴古籍。經整理，其帛書就有 44 種之多，其內容則涵括《漢書‧藝文志‧六藝略》中除詩賦之外的所有種類，諸如帛書《老子》、帛書《周易》、帛書《戰國縱橫家書》等等都是學術界研究不輟的重要文獻，而那些久已失傳的古佚書，如《黃帝書》、《易傳》、《刑德》、《五十二病方》等，則一直是學界集中研究的對象。它為了解漢初的黃老思想的本來面目，了解漢初的學術流變提供了最可靠的第一手資料。

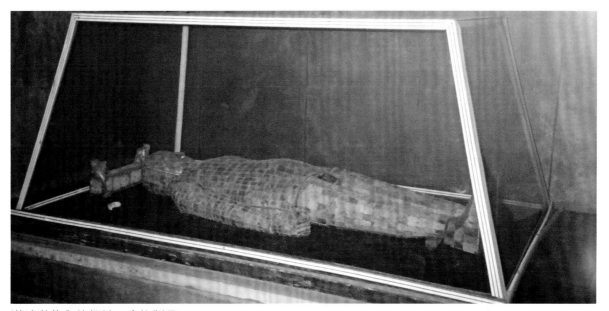

滿城漢墓內的銀鏤玉衣複製品

滇王之印

滇王之印

大漢武帝行宮扶荔宮遺址　陝西韓城市

魯壁　在山東曲阜市孔廟內，儒家的《古文經》發現地方。魯壁在孔子故居，相傳秦始皇焚書坑儒時，孔子9世孫鮒，將《尚書》、《論語》、《孝經》藏壁間。西漢時，魯恭王欲拆舊居以廣宮室，於壁中得竹簡古文經傳，因名魯壁。

大漢中興世祖光武皇帝像　唐·閻立本：《歷代帝王圖卷》（部分），美國波士頓美術館藏

漢代的畫像石　為漢代人雕刻在墓室、祠堂4壁的裝飾石刻壁畫，它在內容上包括神話傳說、典章制度、風土人情等各個方面。在藝術形式上它上承戰國繪畫古樸之風，下開魏晉風格藝術之先河，奠定了中國畫的基本法則和規範。

漢代簡牘

武威醫簡　簡牘是東亞古代一種獨特的書寫材料，它是按照一定的規格削製成的竹片或木片，窄的稱「簡」，寬的稱「牘」或「札」。無論宮廷還是民間，凡是詔書、文書、書籍或簿記、書信等等，都書於簡牘上。20世紀大陸出土了大量兩漢簡牘，居延新簡是1972至74年在甘肅居延新發現的兩萬餘支漢簡。它的發現，豐富了30年代所發現的居延漢簡的內容，較為全面地反映了漢代西北邊郡的制度和狀況，是認識和研究漢代西北歷史不可或缺的重要資料。而另也發現了一些魏晉簡，1996年長沙馬樓吳國簡牘的發現極具價值。據估計，長沙吳簡約有300萬字內容，大大超過《三國志》的總字數。（資料照片）。

（本書作者謝敏聰博士，現榮任中華簡牘學會理事、台北市簡牘學會理事）。

▶煙水亭　座落在九江市甘棠湖中。建於北宋熙寧年間（1068—1077年），取「山頭水色薄籠煙」之意而名之煙水亭。相傳係東漢末年東吳都督周瑜點將台舊址。原亭在甘棠湖堤上，後移於此。唐代著名詩人白居易，貶謫江州司馬時，在此建亭，因其詩〈琵琶行〉有「別時茫茫江浸月」之句，故名浸月亭。兩亭在明嘉靖前同時遭毀。明末在現址重建，總名煙水亭。

| 166 年 | 漢桓帝延熹 9 年 | 黨錮之獄起。大秦（羅馬）皇帝安敦遣使到漢廷。 |
| 175 年 | 漢靈帝熹平 4 年 | 漢廷詔諸儒正五經文字，命蔡邕以古文、篆、隸三體書之，刻石立於太學門外，是為熹平石經。 |
| 184 年 | 漢靈帝中平元年 | 黃巾亂起。 |
| 186 年 | 漢靈帝中平 3 年 | 漢靈帝修南宮玉堂，鑄銅人、黃鐘；又鑄天祿、蝦蟆，吐水轉之八宮；又作翻車、渴烏，用灑南北郊路，極漢代宮室建築之盛。 |
| 208 年 | 漢獻帝建安 13 年 | 赤壁之戰，三分天下之勢形成。 |
| 210 年 | 漢獻帝建安 15 年 | 曹操於鄴（今河北臨漳縣）造銅雀台。 |
| 212 年 | 漢獻帝建安 17 年 | 孫權營建建業城（今南京市）。 |

造紙術至遲至西漢初年已有，如已發現之灞橋紙，到東漢時蔡倫加以改良。

中國現存最古老傳統手工造紙技術——連四紙造紙術相傳起源於東漢中後期的江西鉛山縣漿源村。從砍竹到成品，要經過多次生物發酵、天然漂白等工序，一張好紙至少要花費一年時間才能做好。自元代以來，連四紙就是名貴書籍的用紙，明清兩代的書畫名家、文人騷客以得到皇帝御賜的鉛山正品連四紙為榮耀，而文人墨客之間也以連四紙作為禮品相贈。

## 下為明・宋應星大著《天工開物》，造紙四道工序：

備料蒸煮　台北市，台灣科學教育館模型

撈紙　台北市，台灣科學教育館模型

透火培乾　台北市，台灣科學教育館模型

覆簾壓紙　台北市，台灣科學教育館模型

張衡所作候風地動儀（模型）　台中市，自然科學博物館陳列

據《後漢書・張衡傳》和有關考古資料復製。原物直徑 8 尺，（合用 1.88 公尺），用青銅鑄成。外有八條龍代表 8 個方向。每條龍嘴裡都含有一銅球，下有 8 隻揚首張嘴的蟾蜍。儀體中心有一「都柱」，當地震發生時，「都柱」受震波影響，倒向地震發生的方向，推動同一方向的橫桿，使連接橫桿的龍嘴張開，銅球落在蟾蜍嘴裡並發出聲響，人們就可以知道哪個方向發生了地震，它比歐洲人發明的地震儀早 1,700 多年。

參考文獻：

1. 陳靜：〈詔書的以紙代簡過程〉，《濟南大學學報》，2000 年 1 期。
2. 汪莉絹：〈名貴連四紙保存千年不變色〉，台北，《聯合報》2012 年 2 月 19 日。

# 漢長安城遺址
## ——大漢盛世威容今猶存

漢長安城遺址在陝西西安市西北 5 公里處。為統一的西漢帝國的首都。漢高祖 5 年（公元前 202 年）劉邦將秦朝的興樂宮重加修飾並改名長樂宮，由櫟陽遷都於此。高祖 7 年建成未央宮，惠帝元年開始修築長安城牆。城平面近方形，城內總面積約 34 平方公里，版築土牆，高 8 公尺，下寬 16 公尺左右，東牆長 5,940 公尺，南牆 6,250 公尺，西牆長 4,550 公尺，北牆 5,950 公尺，每旁 3 個城門，每門 3 個門洞，與城內三條大街相通。太初元年（公元前 104 年）又興建了北宮、明光宮和建章宮，並在城西修廣上林苑，開鑿了昆明池等。各宮之間架設飛閣

漢長安城牆

和地面復道連接，彼此往來，外人不能看見。至此，長安城的規模，歷經 100 年始告齊備。現殘存東、西城牆及未央宮、長樂宮、建章宮、太液池和承露殿等夯土建築遺址。20 世紀 50 年代到 80 年代對漢城進行了勘測並對直城門、西安門、霸城門和宣平門進行了發掘；另對南郊禮制建築、未央宮、武庫及製陶、鑄錢等遺址也進行發掘或部分發掘。未央宮內的少府（或所轄官署）遺址，是宮內規模最大、建築考究的一組宮殿建築。其南殿堂面積達 707 平方公尺，部分壁面貼砌有石板。歷年來，城內外出土有非常豐富的陶質建築材料、銅器、鐵器、石器、金屬貨幣、木簡等遺物，其中未央宮的中央官署遺址，出土的記錄各地供進品的骨簽達 5.7 萬多片。

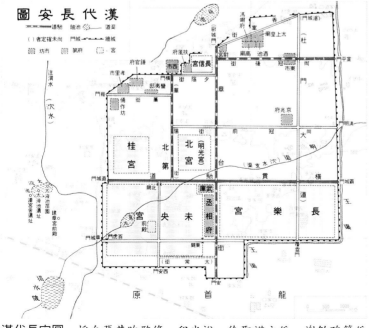

## 參考文獻：
1. 《三輔黃圖》
2. 馬先醒：〈漢代之長安與洛陽〉，台北，文化大學史學研究所博士論文，1972 年。
3. 劉運勇：《西漢長安》，北京，中華書局，1982 年。
4. 劉慶柱：《中國考古發現與研究，1949—2009》，北京人民出版社，2009 年。
5. 中國社會科學院考古研究所漢長安城工作隊、西安市漢長安城遺址保管所：《漢長安城遺址研究》，北京，科學出版社，2006 年。

漢代長安圖　採自張其昀監修，程光裕、徐聖謨主編，謝敏聰等編輯委員：《中國歷史地圖》文化大學出版部，1984 年。

漢未央宮前殿遺址

天祿閣遺址

石渠閣遺址

漢長安直門現址　此門為西漢時代絲路的起點

建章宮遺址　左圖：建章宮太液池遺址；中圖：北闕──鳳凰闕遺址；右圖：建章宮前殿遺址，現高約8公尺左右。

# 漢魏洛陽故城

　　漢魏洛陽故城位於今河南洛陽市東 15 公里處，北倚邙山，南臨洛水，地勢十分險要。自東周、東漢、曹魏、西晉、北魏，先後在這裡建都，在中國古代城市發展史上，占有重要的地位，對隋唐時期的長安城和洛陽東都城、北宋汴京、元大都、明清北京城的外郭城建制，都有顯著的影響。

　　城為長方形，南北 3.8 公里、東西 2.6 公里，今保存有北、西、東 3 側城牆，南邊城牆因洛河沖毀而無存。城內南北縱街 4 條，東西橫街 4 條，皇宮有南、北宮；南宮太極殿，高 10 餘丈；北宮德陽殿，可容萬人，紋石作壇，畫屋朱樑，玉階（大理石）金柱，有珠窗玉戶如西漢長安桂宮的稱譽。

　　2001～2002 年，考古發掘的北魏洛陽城宮城閶闔門遺址，具有重要學術意義。閶闔門遺址的發掘說明，它不只是北魏洛陽城宮城的宮門，因為它始建於曹魏時代，因此它還分別是魏晉洛陽城宮城的宮門。閶闔門遺址是一座具有雙闕的宮門，這是目前考古發現時代最早的雙闕宮門遺址。

白馬寺山門　　寺位於洛陽市東 1 公里，建於東漢明帝永平 11 年（公元 68 年），為佛教傳入中國後興建的第 1 座佛寺。傳蔡愔到西域取佛經，在月氏遇到來自天竺（今印度）的攝摩騰、竺法蘭，用白馬馱經回洛陽，次年建白馬寺。

白馬寺大雄殿

白馬寺毗盧閣

漢魏洛陽西側南部現存城牆遺蹟　　永寧寺遺址附近
（2010 年 1 月 30 日攝）

北魏宮城閶闔門門闕遺址的發掘（2010 年 1 月攝）

北魏洛陽永寧寺塔基遺址全景，永寧寺為漢魏洛陽城最大的佛寺，菩提達摩至洛陽，見永寧寺建築，嘆未曾有。北魏時洛陽有佛寺 1,367 所。（1996 年攝）

漢魏洛陽城靈台遺址全景，這是張衡曾經工作 12 年的天文台。（2010 年 1 月 30 日攝）

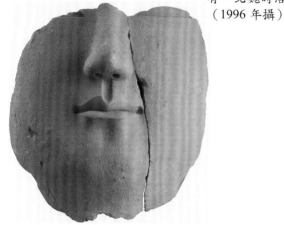

永寧寺塔基出土的泥塑　資料照片

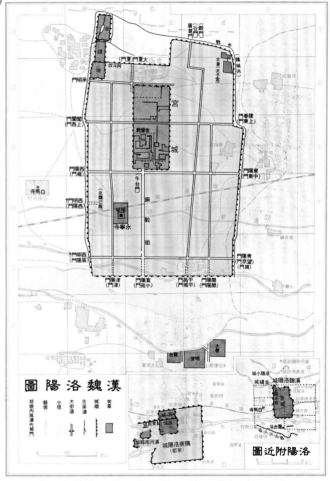

此圖引自張其昀監修，程光裕、徐聖謨主編，馬先醒、謝敏聰等編輯委員：《中國歷史地圖》，台北，文化大學出版部，1984 年。

漢魏太學遺址出土的熹平石經殘石，長 49 公分寬 48 公分厚 5 公分，漢時太學生來自全國各地，多達 3 萬餘人。（台北，歷史博物館藏）

參考文獻：

1. 馬先醒：〈漢代的長安與洛陽〉，台北，文化大學史學研究所博士論文，1972 年。

2. 杜金鵬、錢國祥主編：《漢魏洛陽城遺址研究》，北京，科學出版社，2007 年。

3. 段鵬琦：《漢魏洛陽故城》，北京，文物出版社，2009 年。

# 涿州
## ——千年古縣

涿州雙塔之一（遼代）

涿州位於河北省中部，北京市南側的京廣線上，為北京南大門。

古時為軒轅皇帝與蚩尤交戰的「涿鹿之野」。春秋時為燕之涿邑。秦為上谷郡地。漢代置涿郡。三國時，魏改為范陽郡，晉為范陽國，後漢又復名范陽郡。隋初改郡為縣稱涿縣。唐又改置涿州，一直到清朝。乾隆南下出巡，途經涿州，北城門外題句「日邊沖要無雙地，天下繁難第一州」，故有「天下第一州」之稱。

三國蜀漢劉備、張飛、宋開國皇帝趙匡胤，北魏地理學家酈道元，以及歷代不少文人高僧、義軍領袖均出自涿州，留下眾多文物，使本市成為河北省4大旅遊區之一。清代和民國時期的涿州8景是：通會燈市、雙塔晴煙、樓桑春社、拒馬長虹、胡梁曉月、督亢秋成、邵村花田、盤坡積雪。

涿州為東漢末年劉備、張飛的故鄉，並與河東解州的關羽在此桃園三結義。

涿州也是北魏時期傑出的地理學家、《水經注》的作者酈道元的故鄉。

古會通樓今賸夯土堆

▲涿州八景之一‧古會通樓　資料照片

樓桑村三義宮大門

三義宮桃園三結義故址

張飛廟內的古碑

涿州雙塔之二（遼代）

大清乾隆皇帝御筆「萬古流芳」匾於張飛廟

# 廣州 南越王墓

南越國是西漢前期嶺南地區的割據政權，傳5世93年，後為漢武帝所攻滅。第1代王趙佗原為秦始皇部將，秦亡，趁機建南越國，是為南越武王，建都番禺（今廣州市），他在位67年，死於漢武帝建元4年（前133年）。

南越武王趙佗墓，三國時吳主孫權曾「發卒數千尋掘其塚，竟不可得。」1983年秋，市區的象崗發現孫權沒找到的南越第2代王——文王趙眜的陵墓。

趙眜墓採鑿山為陵，用紅砂岩建在山腹中，墓頂用24件大石塊覆蓋，按「前朝後寢」佈局設計。墓內7室各有其使用功能。後部4室，主室居中，放置墓主棺槨，但已經腐朽。墓主身穿玉衣，頭枕絲囊珍珠枕，屍骨朽腐，僅保存小量顱骨和牙齒。另有1,000多件（套）文物，伴隨出土。為研究嶺南地區早期工藝、冶鑄、飲食和廣州城市發展、對外貿易等方面的重要實物。

**南越王墓博物館外觀** 南越王墓博物館，為西漢前期在嶺南地區的南越國文王之墓，出土文物1,000多件，為瞭解當時嶺南的開發、文化的發展、南越國的歷史，提供珍貴資料。

南越王墓地宮室頂外部所標墓室隔間

南越王墓主棺室出土屏風飾件　資料照片

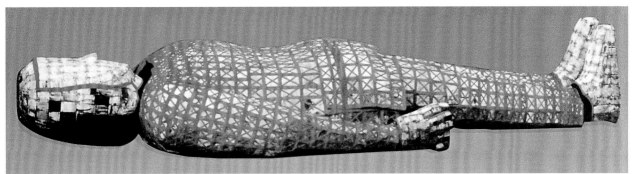

南越王墓主棺室出土絲縷玉衣　資料照片

南越王墓西耳室出土圓雕玉舞人　資料照片

主棺室出土「文帝行璽」金印　資料照片

主棺室出土犀角玉杯　資料照片

參考文獻：

1.謝敏聰：〈廣州的歷史與名勝〉，台北，《經緯》第 7 期，1991 年 10 月。

2.劉慶柱主編：《二十世紀中國百項考古大發現》，北京，中國社會科學出版社，2002 年。

# 霍去病史蹟

——今天河西走廊永歸中國版圖，是他對中華民族最偉大的貢獻，他在實歲 19 歲，即已達人生事業的最高峰。

　　霍去病（前 140—前 117 年），西漢名將。河東平陽（今山西臨汾市西南）人。官至驃騎將軍，封冠軍侯。元狩 2 年（公元前 121 年），兩次討伐匈奴均獲得大勝，為漢室取得河西走廊，打開了通往西域的道路。並在河西走廊設置武威（我武威揚）、張掖（張中國之掖以斷匈奴右臂）、酒泉（地有池水味甘如酒）、敦煌（《漢書》曰：敦者，大也，煌為事業。但另有一解釋，敦者，墩也，即烽火台；煌者，煙火也，蓋如發現有敵人來襲，白天燒狼煙，夜晚放烽火，敦煌者，即放煙火之烽火台也）。

　　霍去病在 19 歲為中國取得河西走廊，病逝時只有 24 歲。生前官至驃騎將軍，封冠軍侯。

　　元狩 4 年（前 119 年），霍去病又和衛青共同擊敗匈奴主力。漢武帝曾為他建造府第，他拒絕說：「匈奴未滅，何以家為？」他前後 6 次出擊匈奴，保衛了與匈奴鄰接諸郡的安定，解除了西漢初年以來匈奴對漢王朝的威脅。

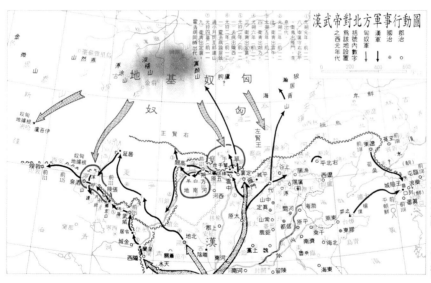

採自張其昀監修，程光裕、徐聖謨主編，謝敏聰等編輯委員：《中國歷史地圖》，台北，文化大學出版部，1984 年。

　　霍去病墓在陝西興平縣茂陵東 500 公尺處，是漢武帝劉徹茂陵的陪葬墓之一。墓為一座仿祁連山形狀的土冢，墓前陳列著的大型圓雕石刻，是漢武帝為了表彰霍去病的戰功而立的墓飾。計有馬踏匈奴、臥馬、躍馬、石人、人抱熊、伏虎、臥牛、臥象、怪獸吞羊、野豬、蛙、蟾、魚等 14 件。石刻題材新穎，生動逼真，反映了西漢時期社會的富庶和國家力量的強大。石刻雕刻手法簡練渾厚，保存也較完整。1978 年於墓所在地建立茂陵博物館。

**參考文獻：**

1. 王志杰：《茂陵與霍去病墓石雕》，西安，三秦出版社，2005 年。
2. 足立喜六：《長安史蹟の研究》，東京，東洋文庫，1933 年。

霍去病墓碑

霍去病墓正面

霍去病墓最有名的馬踏匈奴石刻

霍去病墓側景　漢武帝為紀念霍去病為漢室取得河西走廊，特將霍去病墓形疊為祁連山形，陪葬漢武帝茂陵（陝西興平縣）。

霍去病墓石雕——臥牛

霍去病墓石雕——臥馬

宋代的司馬遷塑像　高1.4公尺，供奉在司馬遷祠寢殿。寢殿面闊3間，進深4椽，帶前廊，單檐懸山頂。其大木結構仍保留有宋《營造法式》的做法特徵。（資料照片）

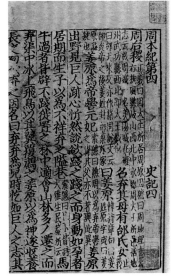

《史記》書影　元至元25年彭寅翁崇道精舍刻（資料照片）

# 韓城 司馬遷祠墓

　　司馬遷（公元前145—前90年）是中國古代傑出的歷史學家文學家和思想家，42歲開始撰史記，（但47歲那年，為李陵寡不敵眾，戰敗被俘，投降匈奴之事辯解，被漢武帝處以宮刑），55歲完成中國第1部紀傳體通史《史記》，全書52萬6,500字，上起黃帝下迄漢武，近3,000年。祠墓於陝西韓城市芝川鎮南坡、縣城南約10公里，自西晉永嘉4年（310年）始建，北宋年間曾數次重修，以後歷代均有修繕。

司馬遷祠全景　據《水經注》和祠碑記載，祠創建於西晉永嘉4年（310年），宋宣和7年（1125年）擴建，後代多次修葺。整座祠廟建於高起的龍亭原半嶺上，東瞰黃河灘，西枕梁山，北為立壁，芝水旁流而過，南臨深壑，下有古車馬道，憑高遠望黃河和中條山，氣勢十分雄渾。「太史高墳」、「韓祠芳草」為古時韓城名勝。

司馬遷祠獻殿

司馬遷祠獻殿內的歷代題詠碑碣70餘通（方）。

由韓城文廟遠望韓城市區

司馬遷墓碑

司馬遷祠「河山之陽」牌坊

司馬遷祠門

司馬遷的衣冠塚

# 關帝史蹟

洛陽關林的關公像

　　三國演義是中國家喻戶曉的著名小說，膾炙人口數百年，內容的主角之一，關羽（？—219年），是蜀漢的名將。

　　關羽字雲長，河東解梁（今山西運城市常平村）人，東漢末年他與劉備、張飛結義起兵，共創建立蜀漢大業，他以忠義仁勇為後世所欽仰，加之歷代王朝屢次加封其爵位，由侯、而王、而帝、而聖，千秋奉祀，地位與孔子相當。解州關帝廟始建於陳末隋初，今之建築大致完成於清康熙時代。

解州關帝祖廟山海鍾靈坊（右）、御書樓（左）

春秋樓（中）

解州關帝廟祖正殿──崇寧殿

常平村關帝家廟

許昌春秋樓 在關帝廟內,傳為關羽秉燭夜讀《春秋》的地方。根據《三國志》記載關羽生前「好左氏傳,諷誦略皆上口」。

許昌灞陵橋 在西郊的石梁河上,東漢獻帝建安5年(200年),劉備為曹操所敗,曹操擄關羽拜為偏將軍,並封為漢壽亭侯,但關羽人在曹營心在漢,伺機逃離許昌,曹操聞訊追至灞陵橋,並以錦袍相贈,關羽即在此地立馬刀挑受禮。

洛陽關林關公塚正景

洛陽關林關公塚側景

# 嘉祥 漢武氏墓群石刻

　　在山東濟寧市嘉祥縣城南武宅山北麓。建於東漢桓、靈帝時期。闕有建和元年（147年）題記。過去一般稱為武梁祠石刻，其實是包括 4 個石室在內的武氏家族大祠堂。前為武榮祠，右為武梁祠，左為武班祠，後為武開明祠。現存有石闕、石獅各一對，碑 3 通以及可復原為 3 座平檐懸山頂祠堂的畫像石 40 餘塊，為漢代石刻畫像、石雕的代表作，其雕刻方法是將畫面留出，而將畫線周圍部分鑿去，使畫面浮起，構成陽文輪廓，然後在陽文上再精雕細刻而成。畫像內容多為祥瑞圖、歷代帝王圖、民間故事、歷史故事等。宋代金石學家趙明誠《金石錄》和歐陽修的《集古錄》均予記載。是研究漢代政治、經濟、文學藝術的珍貴資料。

武氏墓地東闕

武氏墓地石碑

武氏墓地西闕

武氏墓地石雕

武氏墓地石雕

武梁祠西壁畫像拓片

武榮碑拓片

前石室西壁下部畫像拓片

參考文獻：

1. 朱錫祿：《武氏祠漢畫像石》，濟南，山東美術出版社，1986年

2. 巫鴻：《武梁祠：中國古代畫像藝術的思想性》，北京，三聯書店，2006年。

3. 邢義田：〈漢碑、漢畫和石工的關係〉，台北，《故宮文物月刊》，14卷4期，1996年。

4.《中國文物地圖集・山東分冊》，北京，中國地圖出版社，2007年。

# 第 7 章

# 魏晉南北朝
──第二次中國民族文化大融合

南朝（公元 420～589 年）

北朝（公元 439～581 年）

甘肅天水市麥積山石窟

中國第 1 次民族文化大融合於夏商周，秦統一後形成華夏民族國家，孫中山先生說：中國自秦漢以來，即
為單一國族的國家；錢穆院士說，秦統一的意義之一為中國民族之搏成。第 2 次民族文化大融合即五胡亂
華、魏晉南北朝之時。

# 魏晉南北朝大事編年

| 公元紀年 | 王朝紀年 | 大事記 |
|---|---|---|
| 220 年 | 魏文帝黃初元年 | 曹丕廢漢獻帝，自立為帝，改國號為魏，歷時 195 年的東漢王朝正式結束。往後的 740 年以篡前朝皇位取得政權的方式，由此年開始，到宋太祖結束。 |
| 221 年 | 魏文帝黃初 2 年、蜀漢昭烈帝章武元年 | 劉備稱帝於成都，國號漢，史稱蜀漢。 |
| 229 年 | 魏明帝太和 3 年、吳大帝黃武 8 年 | 吳王孫權自立為帝，國號吳，出現魏、蜀、吳三國鼎立局面。 |
| 230 年 | 魏明帝太和 4 年、吳大帝黃龍 2 年 | 吳大帝孫權遣軍征夷洲（今台灣；梁嘉彬教授認為琉球） |
| 232 年 | 魏明帝太和 6 年 | 建安文學代表人物曹植逝世，其作品推動了後世五言詩的發展。 |
| 233 年 | 魏明帝太和 7 年、蜀漢後主建興 11 年 | 諸葛亮利用木料製作「木牛流馬」，用以運送軍糧。次年病故軍中，北伐受阻，此後蜀漢日益衰落。 |
| 235 年 | 魏明帝青龍 3 年 | 馬鈞作司南車及水轉百戲，魏築洛陽城、宮。 |
| 238 年 | 魏明帝景初 2 年 | 日本邪馬台國女王首次遣使到洛陽朝獻。 |
| 240 年 | 魏齊王芳正始元年 | 何晏、王弼開始提倡玄學。 |
| 246 年 | 魏齊王芳正始 7 年 | 魏伐高句麗，有「毌丘儉勒功碑」。 |
| 251 年 | 魏廢帝嘉平 3 年 | 青瓷出現於福建。 |
| 260 年 | 魏元帝景元元年 | 朱士行去西域求佛經，取得梵書正本《大品般若經》，由弟子譯為漢文《放光般若經》。 |
| 261 年 | 魏元帝景元 2 年、蜀漢後主景耀 4 年 | 蜀製造十石銅弩機，這是基於諸葛亮「損益連弩」改良而成的強力發射機。 |

魏文帝曹丕像

吳大帝孫權像

漢昭烈帝劉備像

以上 3 圖取自唐・閻立本《歷代帝王圖》卷（部分）　絹本，設色，畫芯尺寸：縱 51.3 公分，橫 531 公分。現珍藏於美國波士頓美術館。

按：閻立本，唐代畫家。雍州萬年（今陝西西安）人。與父毗、兄立德俱擅繪畫、工藝和建築。有「丹青神化」、「冠絕古今」之譽。傳世作品有《步輦圖》、《歷代帝王圖》、《蕭翼賺蘭亭圖》等。
《歷代帝王圖》又名《古帝王圖》，畫了 13 位帝王形象：前漢昭帝劉弗陵，漢光武帝劉秀，魏文帝曹丕，吳主孫權，蜀主劉備，晉武帝司馬炎，陳文帝陳蒨，陳宣帝陳頊，陳廢帝陳伯宗，陳後主陳叔寶，北周武帝宇文邕，隋文帝楊堅，隋煬帝楊廣，加上侍人共 46 人。用畫筆評判歷史，褒貶人物，揚善抑惡的態度十分鮮明。人物造型準確，用筆舒展，色彩凝重。

| 263 年 | 魏元帝景元 4 年 | 數學家劉徽寫成《九章算術注》，並著有《海島算經》，在數學概念、圓面積、太陽離地面的高度、海島距離的推算等，都有精密的計算方法和正確的解釋。 |
|---|---|---|
| 265 年 | 西晉武帝泰始元年 | 司馬炎迫魏元帝曹奐退位，建立西晉。 |
| 271 年 | 西晉武帝泰始 7 年 | 裴秀逝世，他創立的〈製圖六體〉理論，在世界地圖史上有重要的地位，著有《禹貢地域圖》和《地形方丈圖》。 |
| 290 年 | 西晉惠帝永熙元年 | 匈奴人劉淵出任建威將軍、匈奴五部大都督，晉朝重用外族，埋下日後「五胡亂華」之伏線。 |
| 291 年 | 西晉惠帝元康元年 | 汝南王司馬亮、楚王司馬瑋專政爭權，引起賈后不滿，遭到殺害，是為「八王之亂」的肇始。 |
| 297 年 | 西晉惠帝元康 7 年 | 裴頠深感時人說話虛浮，不守禮法，著〈崇有論〉，駁斥清談。 |
| 299 年 | 西晉惠帝元康 9 年 | 江統作〈徙戎論〉，主張將塞內的氐、羌等族徙出塞外。 |
| 306 年 | 西晉惠帝永興 3 年、光熙元年 | 《南方草木狀》作者、中國最早的植物學家嵇含逝世。 |

三國時代形勢圖

南京石頭城　孫權的吳首度在今南京建都，與以後的東晉、劉宋、南齊、蕭梁、南陳合稱「六朝」。

晉武帝司馬炎像
《歷代帝王圖卷》（部分）

南京紫金山孫權墓址碑

111

| 316 年 | 西晉愍帝建興 4 年 | 漢（匈奴）劉曜陷長安，帝被擄，西晉滅亡。 |
|---|---|---|
| 317 年 | 東晉元帝建武元年 | 晉室司馬睿在建康稱晉王，次年正式稱帝，史稱東晉。 |
| 345 年 | 東晉穆帝永和元年 | 顧愷之生，傳世畫跡有《女史箴圖》、《洛神賦圖卷》。 |
| 347 年 | 東晉穆帝永和 3 年 | 常璩著《華陽國志》，記錄巴蜀史事，是研究西南歷史地理的重要著作。 |
| 353 年 | 東晉穆帝永和 9 年 | 書法家王羲之寫成著名的〈蘭亭序〉。敦煌石窟開鑿。 |
| 357 年 | 東晉穆帝升平元年、前秦苻堅永興元年 | 苻堅自稱大秦天王，任用漢人王猛為相，勵精圖治。 |
| 363 年 | 東晉哀帝興寧元年 | 煉丹家及醫學家葛洪卒，著有《抱朴子》、《隱逸傳》等，最早記載了「尸注」（結核病）並提出免疫法。《抱朴子》一書並闡發道教思想。 |
| 382 年 | 東晉孝武帝太元 7 年、前秦苻堅建元 18 年 | 前秦伐西域大勝（待秦將呂光歸國，前秦已滅亡，乃據姑臧〔今甘肅武威〕自立，建國「後涼」）。 |
| 383 年 | 東晉孝武帝太元 8 年、前秦苻堅建元 19 年 | 前秦苻堅親率 87 萬（步兵 60 萬，騎兵 27 萬）大軍南下，被 8 萬晉軍打敗，史稱「淝水之戰」。 |
| 398 年 | 東晉安帝隆安 2 年、北魏道武帝大興元年 | 拓跋珪建立北魏，遷都平城（今山西大同市）。 |
| 399 年 | 東晉安帝隆安 3 年、後秦姚興弘始元年 | 晉僧法顯西行赴天竺求法、412 年返國，著《佛國記》記載途中見聞，是古代中外交通史的重要資料。 |
| 402 年 | 東晉元興元年 | 慧遠結「白蓮社」於廬山，中國士人逐漸接受佛教。 |
| 413 年 | 東晉安帝義熙 9 年、夏赫連勃勃鳳翔元年 | 夏王赫連勃勃於朔方（陝西橫山）建統萬城。 |
| 420 年 | 北魏明元帝泰常 5 年、宋武帝永初元年 | 劉裕篡晉，仍都建康（今南京市），國號宋，東晉亡，南朝開始。西秦開鑿炳靈寺石窟。 |

初寧陵　劉宋武帝劉裕陵（南京市初寧路）

南京棲霞山千佛崖石窟　始鑿於 5 世紀末期，以後歷代屢有補鑿，尤以明代為多。現存大小石窟 294 個，造像 515 尊。

梁武帝像　台北故宮博物院藏。南朝齊、梁皇室本是同族，原籍蘭陵郡蘭陵縣（今山東省臨沂市蒼山縣蘭陵鎮）人。兩朝皇室的祖先蕭整在東晉初南遷到晉陵武進縣（今江蘇省常州市）界內，僑置蘭陵郡，稱為南蘭陵，故也稱南蘭陵人。梁武帝名蕭衍，生於劉宋孝武帝大明 8 年（464 年），卒於梁武帝太清 3 年（549 年），在位 48 年，享年 86 歲。

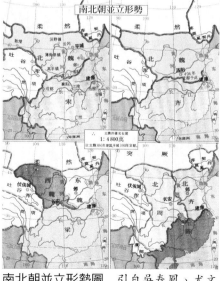

南北朝並立形勢圖　引自吳春鳳、尤文波、袁素英編繪《中國古代史地圖冊》，北京，中國地圖出版社，1991 年。

蘭陵蕭望之先生祠墓　五胡亂華時，山東省臨沂市蒼山縣蘭陵鎮蕭氏望族整族南遷至今江蘇常州市武進縣。照片中的人物為蕭慧權老師。2011年10月。

蘭陵蕭氏宗祠　照片中的人物為蕭慧權老師，2011年10月，祭祖時攝。

大鮮卑山的嘎仙洞　在今黑龍江嫩江流域大興安嶺北段，為鮮卑拓跋發源地（資料照片）。

山東省臨沂市蒼山縣蘭陵鎮王氏祖塋　當代台灣知名歷史學者王曾才教授（曾任台灣大學文學院院長）的祖先即出自蘭陵王氏。

北魏皇帝遷都平城（今大同）後，遣官回鮮卑舊墟石室祭祖，太平真君4年（443年），刻於嘎仙洞石壁的祝文。（資料照片）

嵩山嵩嶽寺塔　建於北魏孝明帝正光4年（523年），為中國建存最古老的磚塔。

〰〰〰〰〰〰〰〰〰〰〰

參考文獻：　米文平：《鮮卑石室尋訪記》，濟南，山東畫報出版社，1997年。

| 438 年 | 北魏太武帝太延 4 年、宋文帝元嘉 15 年 | 宋於建康台城北郊開館，立儒、玄、史、文四學。 |
| --- | --- | --- |
| 439 年 | 北魏太武帝太延 5 年、宋文帝元嘉 16 年 | 北魏滅北涼，華北再度統一。北朝開始。 |
| 446 年 | 北魏太武帝太平真君 7 年、宋文帝元嘉 23 年 | 北魏太武帝滅佛。 |
| 453 年 | 北魏文成帝興安 2 年、宋文帝元嘉 30 年 | 北魏開鑿雲岡石窟。 |
| 466 年 | 北魏獻文帝天安元年、宋明帝泰始 2 年 | 北魏曹天度造千佛塔。 |
| 483 年 | 北魏孝文帝太和 7 年、齊武帝永明元年 | 北魏孝文帝開始漢化運動。 |
| 484 年 | 北魏孝文帝太和 8 年、齊武帝永明 2 年 | 南齊開鑿建康（今南京市）棲霞山千佛崖石窟。 |
| 485 年 | 北魏孝文帝太和 9 年、齊武帝永明 3 年 | 北魏行均田法。 |
| 494 年 | 北魏孝文帝太和 18 年、齊明帝建武元年 | 北魏孝文帝遷都洛陽，鮮卑族華化開始。開鑿龍門石窟。 |
| 500 年 | 北魏宣武帝景明元年、齊東昏侯永元 2 年 | 科學家祖沖之卒。他把圓周率準確推算至小數點後的 7 位數，比歐洲早了 1,000 年。北魏開鑿天龍山石窟。 |
| 502 年 | 北魏宣武帝景明 3 年、梁武帝天監元年 | 蕭衍篡齊。梁・劉勰著《文心雕龍》50 篇，對文學發展影響深遠。 |
| 507 年 | 北魏宣武帝正始 4 年、梁武帝天監 6 年 | 范縝《神滅論》成書，反駁佛教人死神不滅的主張。 |
| 516 年 | 北魏孝明帝熙平元年、梁武帝天監 15 年 | 梁於淮河築浮山堰，完成後被洪水沖塌，10 餘萬軍民傷亡。 |
| 518 年 | 北魏孝明帝熙平 3 年、梁武帝天監 17 年 | 北魏與波斯通使。文學批評家鍾嶸去世，所著《詩品》是中國首部論詩專集。 |
| 527 年 | 北魏孝明帝孝昌 3 年、梁武帝大通元年 | 水文地理學家酈道元卒，著有《水經注》。 |
| 531 年 | 北魏節閔帝普泰元年、梁武帝中大通 3 年 | 梁昭明太子卒，所著《文選》是中國最早的詩文選集。 |

陳文帝陳蒨永寧陵的石獸　南京市江寧縣石馬衝。

陳文帝陳蒨永寧陵的石獸

胭脂井　南京市。陳後主叔寶與愛妃張麗華及另一位妃子，於隋兵攻入建康（今南京市）時倉皇躲入此井，後 3 人被隋軍吊上來，被俘，陳國亡，中國復歸統一。

| 534 年 | 北魏孝武帝永熙 3 年、梁武帝中大通 6 年 | 北魏分裂為東、西魏。 |
|---|---|---|
| 535 年 | 西魏文帝大統元年、梁武帝大同元年 | 蘇綽創立文案程式和會計、編戶籍的方法，均為後世所遵從。 |
| 544 年 | 東魏孝靜帝武定 2 年、梁武帝大同 10 年 | 賈思勰寫成《齊民要術》，這是現存最早、最有系統的中國古代農業科學專著。 |
| 550 年 | 西魏文帝大統 16 年、梁簡文帝大寶元年 | 西魏宇文泰開始實行「府兵制」 |
| 562 年 | 北周武帝保定 2 年、陳文帝天嘉 3 年 | 皇甫謐著的《針灸甲乙經》傳入日本 |
| 574 年 | 北周武帝建德 3 年、陳宣帝太建 6 年 | 北周武帝禁佛、道二教，繼採漢魏衣冠朝儀 |
| 577 年 | 北周武帝建德 6 年、陳宣帝太建 9 年 | 北周滅北齊，華北再次統一。 |
| 581 年 | 隋文帝開皇元年、陳宣帝太建 13 年 | 楊堅篡北周，改國號為隋。推廣佛教。 |
| 589 年 | 隋文帝開皇 9 年、陳後主禎明 3 年 | 隋滅陳，結束魏晉南北朝以來 369 年的大紛亂，（間有西晉一統 36 年），中國復歸統一。 |

**天子冢**　位於河北磁縣縣城西南講武城鎮，推測為東魏孝靜皇帝之墓，封土高 25.3 公尺，周長 750 公尺，整個陵區占地 20 餘畝，為古代宏偉的陵寢之一。孝靜帝東魏天齊元年（534 年）即位，建都鄴城，史稱東魏王朝。天寶元年（550 年）高洋稱帝，建立北齊，封元善見為中山王。天寶 2 年（551 年），中山王殂，時年 28 歲。

**西魏文帝永陵石獸**　西安碑林博物館

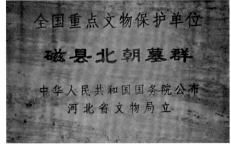

**河北磁縣北朝墓群碑**　磁縣境內有大塚 7、80 座，舊誤以為曹操 72 疑塚，今考證為北朝墓群。北朝墓葬主要有蘭陵王墓、天子冢、義平陵、竣成陵、武寧陵、高殷墓、高潤墓、高翻墓、高盛墓、元景植墓、元宣墓、茹茹公主墓、四美冢、李尼墓等。

**蘭陵王墓**　位於磁縣城南約 5 公里處講武城鎮劉莊村東。蘭陵王名高肅，字長恭。又名孝瓘，北齊神武皇帝高歡之孫，文襄皇帝高澄第 3 子，乾明元年（560 年）被封為徐州蘭陵郡王，故稱蘭陵王。蘭陵王容貌俊美，武藝高強，屢立戰功。後皇帝高緯怕蘭陵王取而代之，於武平 4 年（573 年）命徐之范用毒藥害死蘭陵王，葬于今劉莊村東。

# 丹陽‧南京　南朝陵墓石刻

江蘇丹陽市陵口鎮　齊、梁皇帝陵寢入口的石獸　　　齊、梁皇帝陵寢入口的石獸

　　陵口在江蘇丹陽縣陵口鎮東南隅。是六朝齊梁兩代陵墓入口處。為蕭港（亦稱蕭塘河、蕭梁河）入運河之口，陵墓都集中於蕭港沿岸。齊梁兩代建都建康（今南京），當時王子公卿謁陵，都從秦淮河上溯破崗瀆，過二十四埭，到丹陽，再從陵口進蕭港至各陵。有齊宣帝蕭承之永安陵、齊武帝蕭賾景安陵、齊景帝蕭道生修安陵、齊明帝蕭鸞興安陵、梁文帝蕭順之建陵、梁武帝蕭衍修陵、梁簡文帝蕭綱莊陵，以及金家村和水經山村失考墓等。墓曾遭盜掘或破壞，現在遺存的僅是墓前的一些石刻，其中有神道石柱、石麒麟、石天祿、石辟邪等奇禽異獸，是一群精緻而又宏偉的石雕藝術。此處為蕭、梁陵墓的門戶，在蕭港口兩岸立有二石獸，一為石麒麟（獨角），一為石天祿（雙角），體積龐大，為丹陽六朝陵墓石刻中最大的一對石獸。

　　丹陽南朝陵墓石刻分布在丹陽市陵口、荊林、建山、胡橋、埤城諸鄉鎮的南朝陵墓石刻共 10 處，後又將句容蕭績墓併入成 11 處。帝陵前置天祿、麒麟，王侯墓前置辟邪，有的還存有神道石柱和趺座等。南朝陵墓前的石獸造型豐偉，雕刻技法高超，是獨具特色的藝術瑰寶。

**丹陽市陵口鎮蕭塘河（又稱蕭梁河）**　當年齊、梁兩朝大行皇帝們的梓宮是經此河入葬於丹陽。

陵口石獸為珍貴文物的標誌

**參考文獻：**
1.《中國文物地圖集‧江蘇分冊》，北京，文物出版社，2008 年。
2.中國國家文物局《中國名勝辭典》，上海，辭書出版社，1986 年第 2 版。
3.謝敏聰：《中國歷代帝王陵寢考略》，台北，正中書局，1976 年。

　　南京市的南朝帝王陵墓及墓前神道石刻分布在市區東、南部的 17 個地點。其中劉裕初寧陵、陳霸先萬安陵、陳蒨永寧陵為皇帝陵寢，其餘均為王侯墓葬。帝陵前置石麒麟、天祿，王侯墓前置石辟邪。此外還於神道兩側置墓碑和石柱。

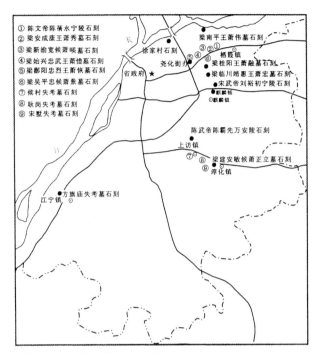

南京南朝陵墓石刻分布示意圖

蕭景墓石柱

梁吳平忠侯蕭景墓神道柱石額反書文字拓片

蕭景墓前辟邪

**梁鄱陽忠烈王蕭恢墓石刻**　蕭恢（476—526 年），字弘達，梁文帝第 9 子（一說第 10 子），梁武帝蕭衍的弟弟。普通 7 年（526 年）9 月卒於荊州刺史住所，時年 51 歲。梁武帝詔贈侍中、司徒、諡曰忠烈。次年 2 月 25 日葬於建康。
　　蕭恢墓前現存石辟邪 2 隻，均為雄獸，東辟邪原來從頭至尾，縱斷為 2 塊，縫寬 0.14 公尺，四足及尾部均斷。1955 年 11 月修復。兩辟邪造型相似，昂首張口，長舌垂胸，胸部凸出，頭有鬣毛，東辟邪翼飾 6 翎，西辟邪翼飾 5 翎，胸部飾勾雲紋，一腿前邁，長尾垂地。體態肥碩健壯。

# 蘭亭與三希堂

蘭亭　浙江紹興市

東晉穆帝永和 9 年（353 年），王羲之等 42 名士聚會蘭亭，天朗氣清，惠風和暢。王羲之酒後乘興揮就辭翰兼美的《蘭亭序》，被後世譽為「天下第一行書」。此後，蘭亭成為書法聖地，「文人雅聚，曲水流觴」傳為千古佳話。

乾隆皇帝在紫禁城養心殿收藏了他最心愛的 3 件稀世珍品、晉代大書法家王羲之祖孫三代的書法絕品。即王羲之的〈快雪時晴帖〉、王獻之的〈中秋帖〉、王珣的〈伯遠帖〉。為此，乾隆皇帝特意御筆親書了「三希堂」的匾額掛在室內東牆上，並書寫了〈三希堂記〉，至今匾、記還存留在原處。

1924 年溥儀被逐出宮時，曾將〈快雪時晴帖〉夾在行李卷中企圖帶走，在神武門被查出扣留。後來隨抗戰時期文物大遷移，最後被運到台灣，現存台北故宮博物院。另外兩帖流出宮廷，後來售與古董商人郭葆昌。若干年後，郭葆昌之子因為生活較為困難，將其抵押給香港的一家銀行。後，周恩來總理指示國家文物局，用重金贖回，珍藏在北京故宮博物院。

蘭亭王右軍祠墨華亭

蘭亭曲水流觴

參考論文：

徐先堯著：《二王尺牘與日本書記所載國書之研究》，台北，藝軒出版社，2003 年。

北京故宮養心殿三希堂

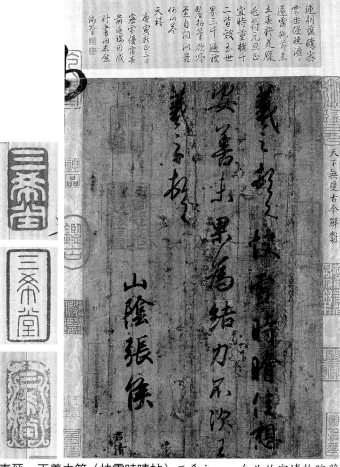

東晉・王羲之筆〈快雪時晴帖〉三希之一。台北故宮博物院藏

東晉・王獻之筆〈中秋帖〉三希之二。
北京故宮博物院藏

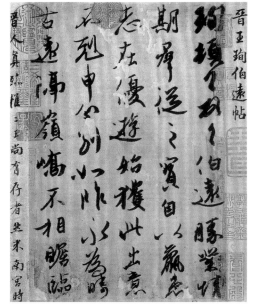

東晉・王珣筆〈伯遠帖〉　三希之三。
北京故宮博物院藏

北京故宮乾隆花園禊賞亭

# 大同 雲岡石窟

第 16 窟主佛

　　雲岡石窟在山西大同市西 16 公里武周山南麓。依山開鑿，東西綿延 1 公里。現存主要洞窟 53 個，造像 51,000 餘尊，是中國最大的石窟群之一，也是世界聞名的藝術寶庫。始鑿於北魏和平元年（460年），大部完成於太和 18 年（494 年）遷都洛陽之前，而造像工程一直延續到正光年間。據《水經注‧灢水》記載，當時「鑿石開山，因岩結構，真容巨狀，世法所希。山堂水殿，煙寺相望，林淵錦鏡，綴目新眺」。壯觀景象，前所未有。後世曾多次修繕，並增建佛寺，尤以遼、金兩代規模最大。在中國 3 大石窟中此窟以石雕造像氣魄雄偉、內容豐富多彩見稱，至今仍具有強大的藝術魅力。大佛最高者 17 公尺，最小者僅幾公分。菩薩、力士和飛天等形象生動活潑，特別是平棊藻井上成群的飛天，凌空飛舞，姿態飄逸。塔柱的雕造，蟠龍、獅、虎和金翅鳥等動物形象的鑿琢，繁複的植物紋樣的刻畫，皆是引人入勝的傑作。其雕刻技藝，繼承並發展了秦漢時代的藝術傳統，吸收並融合了外來的藝術精華，創造出獨特的風格，對以後隋唐藝術的發展起了承上啟下的作用，在中國藝術史上占有重要地位。它是中華民族的祖先們共同創造的藝術結晶，也是中西文化交流的歷史見證。雲岡幾 10 個洞窟中以曇曜五窟開鑿最早，氣魄最為雄偉。第 5、第 6 窟和五華洞內容豐富多彩，富麗瑰奇，是雲岡藝術的精華。東部、西部窟群大部屬於晚期作品。

第 12 窟前室北壁

參考文獻：

1. 趙一德：《雲岡石窟文化》，太原，北嶽文藝出版社，1998 年。
2. 昝凱：《雲岡石窟》，太原，山西人民出版社，1990年。
3. 雲岡文物保管所編：《雲岡石窟》，北京，文物出版社，1990 年。
4. 宿白主編：《雲岡石窟雕刻》，台北，錦繡出版社，1989 年。
5. 中國文化部文物局主編：《中國名勝辭典》，上海，辭書出版社，1986年。

《魏書‧釋老志》：「皇帝即如來」。此大佛像疑為依據北魏道武帝拓跋珪的形象而刻的。

**第 20 窟曇曜露坐大佛** 窟前立壁在遼代前塌毀，造像露天。主像為釋迦坐像，高 13.7 公尺，這是雲岡石窟最大的佛像。胸以上因石質堅硬，保存完好，兩肩寬厚，袈裟右袒，面形豐圓，薄唇高鼻，神情肅穆。背光的火焰紋和坐佛、飛天等浮雕十分華美，把主佛襯托得更加剛健雄渾，為雲岡石窟中的代表作品。

雲岡石窟外景（局部）

第二十窟

第十九窟

**第 19 窟外景** 雲岡曇曜五窟在雲岡石窟群中部。編號 16 至 20 窟。為北魏文成帝時高僧曇曜主持開鑿，是雲岡開鑿最早、氣魄最大的窟群。窟室為穹廬狀，平面呈橢圓形。主佛像高 13 公尺以上，服飾為右袒或通肩袈裟。傳說佛像模擬北魏王朝道武、明元、太武、景穆、文成 5 世皇帝的形象。第 16 窟正中為釋迦佛，面相清秀，姿態英俊。第 17 窟正中為菩薩裝的交足彌勒佛，倚坐於須彌座上。東西壁龕內各有一像，身軀魁偉，衣紋特殊，別具一格。第 18 窟正中立釋迦像，身披千佛袈裟，東壁為諸弟子造像，技法嫻熟，堪稱佳作。第 19 窟主像為釋迦坐像，高 16.7 公尺，是雲岡石窟第 2 大像。其東西耳洞內亦雕高 8 公尺之像。第 20 窟露天大佛結跏趺坐，為雲岡石刻的象徵。

第13窟主佛交足菩薩

**第 11 窟中心塔柱南龕及東壁** 雲岡五華洞在雲岡石窟中部。編號 9 至 13 窟。因在清代施以彩繪而得名。第 9、10 兩窟是一組，平面方形，分前後室，前室東西兩壁上部和後室門楣上有精雕的植物花紋圖案，結構嚴密，富於變化。第 11 至 13 窟是 1 組，第 11 窟東壁上部有北魏太和 7 年（483 年）造 95 區石窟造像銘，是研究雲岡石窟開鑿史的重要資料。第 12 窟前室北壁和東壁雕 3 開間仿木構殿宇和屋形龕，窟頂雕有伎樂天，手持排簫、琵琶、觱篥、笙簧、笛、鼓等樂器，是研究音樂史的重要資料。第 13 窟正中雕交腳彌勒菩薩，高 13 公尺，右臂下雕四臂托臂力士，頗為奇特，南壁門拱上雕 7 尊站立佛像。五華洞雕像藝術造型豐富多彩，為研究藝術、歷史、書法、音樂、建築等的形象資料。

◀大同雲岡石窟第 9 窟屋形龕 為建築史窟，模仿漢魏瓦頂木建築，1 斗人字 3 升栱。

◀第 12 窟前室北壁

第 13 窟東壁

# 洛陽 龍門石窟

龍門石窟位於河南省洛陽市南 13 公里的伊河兩岸。《水經注》云：「兩山相對，望之若闕，伊河歷其北流」，因又名伊闕。是世界聞名的藝術寶庫，又為山水相趣的風景區。石窟造像開創於北魏孝文帝遷都洛陽（493 年）前後，歷經東西魏、北齊、北周、隋、唐 400 餘年的大規模營造，兩山窟龕，密似蜂窩。其代表性洞窟有北魏時的古陽洞、賓陽洞、蓮花洞、藥方洞和唐代的潛溪寺、萬佛洞、奉先寺、看經寺等，共計窟龕 2,100 多個，造像 9 萬 7 千 3 百餘尊，題記和碑碣 3,600 多品，佛塔 39 座。這些古代藝術大師創造的豐富多彩的藝術造像，成為研究中國古代歷史和藝術的重要資料。

**古陽洞**　在龍門山（西山）南部。開鑿於北魏孝文帝遷都洛陽前 1 年（493 年）。是龍門石窟中開鑿最早、內容比較豐富的一個洞窟。窟內兩壁鑴有 3 列佛龕，其拱額和佛像背光精巧富麗，圖案紋飾豐富多彩。供養人像姿態虔誠持重，生動逼真，有運動感。刻品琳瑯滿目，為研究北魏石窟藝術的珍貴資料。洞窟內的造像題記，書法質樸古拙，所謂「龍門二十品」，十九品即在此洞窟內，是研究書法史的珍品。

龍門石窟一景

參考文獻：

溫玉成主編：《龍門石窟雕刻》，收入《中國美術全集》，上海人民美術出版社，1988 年。

中華人民共和國文化部文物局主編：《中國名勝辭典》，上海辭書出版社，1986 年第 2 版。

**賓陽三洞外景** 中洞北魏景明元年（500年）開鑿，正光4年（523年）建成，歷時24年，用工80萬2,000多個。主佛釋迦牟尼和弟子、二菩薩，面相清瘦略長，衣紋折疊規整而稠密，體現了北魏造像的藝術特色。南北兩壁為一佛、二菩薩，窟頂雕蓮花寶蓋和10個迎風飄逸的伎樂供養天人。洞口內壁兩側為大型浮雕，分《維摩變》、《佛本生故事》、《皇帝禮佛圖》和《皇后禮佛圖》及《十神王像》四層。但《皇帝禮佛圖》和《皇后禮佛圖》大型浮雕1949年前已被盜往國外，現藏美國堪薩斯市納爾遜美術館和紐約市美術館。南洞和北洞始刻於北魏，遲至唐初方才完成。

**造像一鋪　北魏　賓陽中洞　西壁　高842公分**

主像釋迦牟尼佛結跏趺坐，兩肩窄削，胸平脖細，身著褒衣博帶式袈裟，衣裙下垂遮壓佛座，襞褶稠密，肩部和胸側衣紋垂直平行。該主佛，面相清癯秀美，溫和可親，構成了北魏龍門造像的特點，據傳此像是根據魏孝文帝的形象而刻的。

**賓陽北洞全景　唐代　賓陽北洞　高960公分**

這一鋪造像包括一佛二弟子二菩薩，場面宏大，氣氛肅穆。主尊阿彌陀佛，偏袒右肩，結跏趺坐。舟形身光，雕以葫蘆形火焰紋，直抵窟頂。左右脅侍排列，佈局主從分明，結構嚴密。

**藥方洞** 開創於北魏晚期,建成於唐代武則天時,歷時約200年。洞內的主佛、弟子、菩薩和洞外的力士、八角蓮柱,皆為北齊作品,具有多樣的藝術風格,是龍門石窟中唯一具有北齊造像的較大洞窟。洞口兩側所刻治療瘧疾、反胃、心疼、消渴、瘟疫等140餘種疾病的藥方,為唐初作品,是研究中國古代醫藥學的重要資料。

此為西壁,正中為阿彌陀佛,高327公分,該佛結跏趺坐於方臺座上,有磨光的低肉髻。臉圓胖、大眼、寬鼻、厚唇,頸有三環紋,胸隆起。著雙領下垂式袈裟,刻出不規則的衣紋,形象敦厚,具有初唐過渡型的風格特點。

**萬佛洞** 高560公分,建成於唐永隆元年(680年),正壁刻阿彌陀坐佛並脅侍之二弟子、二菩薩,是「沙門智運奉為天皇天后太子諸王敬造一萬五千尊像一龕」。在二弟子之外側,插入侍立的供養人,身高148公分,略低於弟子和菩薩。

阿彌陀佛有圓形頭光和舟形身光,內為蓮瓣紋,外繞七佛,最外是蔓草形火焰紋。

正壁上部是坐於蓮花上的52身菩薩像和2身供養菩薩像。52身像稱為「阿彌陀五十二尊曼陀羅」。

**奉先寺全景** 唐高宗初年開鑿，至上元 2 年（675 年）竣工。是龍門石窟中規模最大的露天大龕。佛龕南北寬 36 公尺，東西長 41 公尺，有盧舍那佛、弟子、菩薩、天王、力士等 9 尊雕像。主佛盧舍那高 17.14 公尺。面容豐腴飽滿，修眉長目，嘴角微翹，流露出對人間的關注和智慧的光芒，據傳此像乃根據武則天的形象而刻的兩旁的弟子，迦葉嚴謹持重，阿難溫順虔誠，菩薩莊嚴端重，天王蹙眉怒目，力士威武剛健。群像形神兼備，刀法圓熟，是唐代雕塑藝術中的代表作。

**摩崖三佛龕** 唐代 摩崖三佛龕 西壁 高 730 公分
摩崖三佛龕以彌勒佛為中心，氣勢宏大，惜未完工，只留下半成品。北側祇完成了面部造型，南側祇有粗胎。彌勒佛南北各有一身跏趺坐像，以烘托彌勒之尊崇，為全國同類題材中所少見。據研究，可能和武則天晚年上尊號為「慈氏越古金輪聖神皇帝」有關。此工程的停工，似與薛懷義被殺（695 年），武則天退位不無關係。

**奉先寺北壁東側天王像** 唐代 高 1,030 公分
毗沙門天王即北方多聞天王。頭戴高寶冠。身披甲冑，足踏藥叉，右手平托三重圓形塔，左手扠腰，威風凜凜，虎視前方，神滿氣足。

129

# 太原 天龍山石窟

　　天龍山石窟位於太原市西南 40 公里天龍山腰南麓的東、西兩峰懸崖峭壁上。東西綿延約 500 餘公尺，現存 25 窟，造像 500 餘尊。分別雕造於東魏、北齊、隋、唐四個朝代。20 世紀 20 年代初遭到嚴重破壞，除第 9 窟的上層彌勒大佛、下層的三大士外，其餘佛頭、菩薩、藻井、飛天等因帝國主義份子盜竊破壞，大都僅存殘肢斷臂。

　　洞窟大體座北面南，19、20 窟座東朝西，石窟多為寬深相等的方形，三壁三龕式窟占了全部石窟的一半以上。東魏洞窟共 2 窟，是天龍山石窟中雕刻最精美、內容最豐富的洞窟，窟頂雕飾有飛天供養，佛像著褒衣博帶式大衣，面相清秀飄逸，具有鮮明的時代特徵。北齊洞窟前檐雕有仿木結構的前廊，造像著重表現人體的健壯肌肉結構的寫實手法。隋代石窟是一座中心柱窟，前檐建有仿木結構的前廊，造像沿襲北齊風格。唐代洞窟共 15 座，人物形象豐滿，造像注重寫實，尤其是用圓雕技法雕刻的佛和菩薩造像神態高雅、體態豐滿、姿態優美，筋肉柔軟而富於彈性，經過北朝晚期石窟雕刻對人體藝術的反復探求，至此達到了新的境界。

**參考文獻：**

1.《中國文物地圖集·山西分冊》，北京，中國地圖出版社，2006 年。
2.陳明達主編：《天龍山石窟雕刻》，台北，錦繡出版社，1989 年。
3.中國國家文物局主編：《中國名勝辭典》，上海，辭書出版社，1986 年
　第 2 版。

第 16 窟前廊外觀

東峰第 3 窟　東魏窟，中央坐佛的佛頭係近年依照檔案照片補上的。

天龍山石窟西峰遠景

天龍石窟一景

天龍山石窟一景

第 9 窟上下層全景　唐代窟

第 9 窟上層彌勒佛

第 9 窟下層三大士

天龍山石窟一景

# 嵩山 少林寺

## ——北魏古剎　禪宗祖庭

少林寺位於河南省登封市中嶽嵩山西麓，東西距鄭州 90 公里，西北距洛陽 80 公里。因為它座落在少室山下的茂密叢林之中，所以取名「少林寺」。

北魏孝文帝太和 19 年（495 年），孝文帝元宏敕建少林寺，安頓天竺僧跋陀落跡傳教。北魏孝明帝孝昌 3 年（527 年），釋迦牟尼大弟子摩訶迦葉的西天第 28 代佛徒南天竺三藏法師菩提達摩泛海至廣州駐西來寺（今寺仍存），經建康（今南京）與梁武帝論佛法，在論「功德」上與梁武帝意見不合，梁武帝重物質施捨，達摩主張明心見性，乃北渡長江來到少林寺，廣集信徒首傳禪宗，被佛教界尊奉為中國佛教禪宗初祖，少林寺被稱為中國佛教禪宗祖庭。

少林寺以禪宗和武術著稱於世。隋唐之際，少林武術已頗有名氣。宋代，少林武術已自成體系獨具風格，史稱「少林派」，在武林史上占有極為重要的地位。元明年間，少林寺擁有僧眾 2,000 餘人，成為馳名中外的大佛寺。清代中期以後，少林寺漸見消淪。民國 17 年（1928 年），軍閥混戰，石友三火毀少林寺，中心建築蕩然無存，損失慘重。

少林寺雖然歷經滄桑，但是保留下來的文物仍然相當豐富，諸如：北齊以後的歷代石刻 400 餘品，唐至清代的磚石墓塔 200 多座，北宋的初祖庵大殿，明代的 500 羅漢大型彩色壁畫，清代的少林拳譜和少林 13 和尚救秦王彩色壁畫以及少林拳站樁坑等等，都具有較高的歷史價值、藝術價值和科學價值。

大雄寶殿　1990 年代重建

山門　即少林寺常住院的大門，清雍正 13 年（1735 年）創建，歇山屋頂，面闊 3 間，進深 6 架。清同治 11 年（1872 年）重修，1974 年落架翻修。古有「深山藏古寺」之說，故稱寺院的大門為「山中之門」，通稱「山門」。

**白衣殿拳譜壁畫** 位於殿內北山牆。畫面為六合拳徒手對練，中間老僧為清代僧人湛舉，武藝超群，是武僧中的佼佼者。中間的景物為大雄寶殿、法堂，兩廂為東西庫房、東西客堂、伙房、禪堂等。前邊的 4 重檐建築是鐘樓和鼓樓等。

**塔林** 位於寺西 300 公尺處的山腳下。塔林就是和尚的墳塋，寺僧們圓寂以後，根據他生前在佛教界的威望和地位，修造墓塔安放骨灰（或屍骨）於其中，並刻石紀志，以示功德。塔林中現有唐、宋、金、元、明、清各代磚石墓塔 230 多座，是國內最大的塔林。塔形多樣，制式不一，是研究磚石建築和雕刻藝術的絕好園地。

參考文獻：

徐長青：《少林寺與中國文化》，鄭州，中州古籍出版社，1993 年。

# 嵩山中嶽廟

中嶽廟位於河南省登封市東 4 公里的嵩山東麓的黃蓋峰下。

中嶽廟紅牆黃瓦，金碧輝煌。翠柏掩映，氣勢雄偉。

中嶽廟座北向南。從中華門向北至御書樓共 11 進院落。地勢由低至高相差 37 公尺。中軸甬道，全用磨光條石平鋪而成。廟院南北長 650 公尺，寬 166 公尺，面積約 10 萬多平方公尺。廟院現存規制，是清代乾隆年間按照北京皇宮的布局重修的，有殿、宮、樓、閣、亭、台、廊廡等明、清建築近四百間，漢至清代的古柏 300 餘株，金石鑄器、石刻造像等金石文物百餘件。

中嶽廟的前身是太室祠。據《山海經·中山經》載，先秦之時即已有之。

據《漢書·武帝紀》載：西漢元封元年（前 110 年）正月，武帝從華山至於中嶽，登嵩山，隨從官員聞山下三呼「萬歲」聲，「問上、上不言；問下，下不言。」武帝以為是山神所呼，十分高興，除令祠官加增太室祠，禁止伐樹砍木外，並以山下 300 戶為之奉邑。又在山上建萬歲亭，在山下建萬歲觀。

武帝以後，宣帝亦於神爵元年（前 61 年）祀中嶽。

《登封縣志》記載：南北朝期間，魏太武帝於太延元年（435 年）立廟於嵩嶽之上。從此以後，把本為祭祀太室山的衙署變為道教的廟宇。

由廟內現存的金代承安 5 年（1200 年）重修中嶽廟的圖碑可證：金時，古廟宏敞，規制可觀。廟院布局對稱，多為四合院。金代的中嶽廟，有環形廟牆，層層大門及 4 個角樓。當時的正陽門（今天中閣）後有望柱。當時的中嶽大殿為重檐、廡殿式，建制 7 間，僅次於皇宮大殿。當時的中嶽廟與今嶽廟布局基本相同。

**古柏**　走過天中閣，一排排、一行行挺拔多姿的古柏豎立在眼前，這裡有漢、唐以來的柏樹 2,930 餘株，最高者約 14.5 公尺，最粗的圍粗達 6.2 公尺。柏樹的品種，多為側柏、刺柏，也有少量的血柏、龍柏、香柏等。

**參考文獻：**

王雪寶著：《中嶽廟》河南人民出版社，1985年。

天中閣　原名黃中樓，是中嶽廟原來的大門，閣額楷書「中嶽廟」3字。明嘉靖41年（1562年），知縣劉汝登改建此門，始命名為今名。據清代進士景日昣《說嵩》所釋：「嵩高（嵩山）正當天之中」，故名「天中閣」。天中閣通高約二十公尺。閣房是一座精緻秀麗的重檐歇山式綠琉璃瓦房，形制和北京天安門相似。閣房兩側有台階梯道，閣上四周砌有一米多高的女兒牆，以供憑扶。居高凌空，可以環視周圍群山，眼看中嶽全景。

「配天作鎮」坊　過了天中閣，前行數10步，就是「配天作鎮」坊。此坊原為清代初年重修的木結構建築。

坊起3架，廡殿屋頂，琉璃瓦覆蓋。正樓額書「配天作鎮」，書法豐肥。兩次樓的門額分別書寫「宇宙」、「具瞻」。清代景日昣《嵩嶽廟史》載：配天作鎮坊「在天中閣內，原名宇宙具瞻，少詹（官職名）耿介。以嶽土神也，以地配天，為易是名。」

中嶽廟鐵人　在嵩山中嶽廟崇聖門東北古神庫四隅。北宋治平元年（1064年）忠武軍匠人董禮等鑄造。共4軀，高約3公尺，振臂握拳，怒目挺胸，姿勢雄偉，栩栩如生。其中一尊鐵人背後腰部有連接痕跡，可知係接鑄而成，背部有陽鑄銘文「忠武軍匠人董禮記治平元年六月廿八日」。另一鐵人肩部亦鑄有「忠武軍匠人董禮」字樣。這4軀鐵人為中國現存鎮庫鐵人中形體最大、保存最好、造型較佳的藝術珍品。

峻極門　創建於金世宗大定年間（1161—1189年），明思宗崇禎14年（1641年）被火燒毀，清順治、乾隆年間都曾重修。此門面闊5間，進深6架，單檐歇山，五踩斗栱，有前後檐柱和中柱支撐。同時，綠瓦蓋頂，彩繪棟樑，是清代典型官式建築。再看門口兩側泥塑的兩尊武士像，高5公尺，腰圍4.8公尺，俗稱「鎮廟將軍」或「守門將軍」，手執金瓜鉞斧，形象異常威嚴。

137

**中嶽廟大殿**　此殿又名峻極殿。為重檐廡殿式建築，黃琉璃瓦覆蓋，形制和北京故宮內的太和殿相似，是中嶽嵩山最大的一座古代建築。殿宇面闊9間，進深5間，面積約920平方公尺。上、下檐分別施七跳和五跳斗栱，高大雄偉。

　　據清‧景日昣：《嵩嶽廟史》記載：峻極殿增修於宋真宗大中祥符6年（1013年），現在殿內光滑的石砌地面和石刻透花覆盆式柱礎等，應為宋代原物。金代重修時，沿襲舊制，仍為北宋皇宮建築風格。明思宗崇禎14年（1641年），大殿毀於火，兩廡俱燼。清順治10年（1653年）重建，乾隆年間多次重修，並增設彩繪，金塑神像。

# 江南佛教寺廟集錦

──千里鶯啼綠映紅，
水村山郭酒旗風。
南朝四百八十寺，
多少樓臺煙雨中。 唐・杜牧詩
《江南春絕句》

上海龍華寺塔

　　魏晉南北朝是中國佛教奠基與鼎盛的時期，此時的君主多崇信佛教，北方有敦煌石窟、雲崗石窟、麥積山等石窟開鑿，嵩山嵩嶽寺、少林寺……等佛寺的建立。

　　而南方佛教鼎盛亦不迫多讓於北方，如梁武帝 3 次捨身同泰寺（今南京雞鳴寺）為 18 羅漢之首（梁武帝君）……，南方佛寺估計有數千所之多。

上海龍華寺大雄寶殿

南京靈谷寺塔　1920 年代建，為紀念國民革命軍北伐陣亡將士而建的塔。

南京雞鳴寺　為梁武帝 3 次出家的地方，也是梁武帝被東魏來降的大將侯景圍困餓死之地。

南京靈谷寺無樑殿　明代

南京靈谷寺山門

南京棲霞寺山門　棲霞寺為三論宗的祖庭

天童寺一景　寧波市太白山的天童寺為中國佛教「中華五山」之一。南宋以來，天童寺僧眾雲集，高僧輩出，乾道 4 年（1168 年）以後，日本僧人榮西、道元曾先後來寺求法。榮西歸國後創日本的曹洞宗尊天童寺為祖庭。

棲霞寺石窟

天童寺天王殿

天童寺大雄寶殿

浙江寧波市寶幢鎮阿育王寺舍利殿　阿育王寺為禪宗的重要寺院，內藏舍利，相傳是釋迦牟尼涅槃後的遺骨。

浙江奉化市雪竇寺大雄寶殿　溪口鎮西北有雪竇山，海拔 800 公尺，山內的雪竇寺，始建於唐代，為中國佛教禪宗十剎之一。

# 第 8 章

# 隋　　唐
## ──繼秦漢之後中國第 2 個盛世

隋　公元 581～617 年

唐　公元 618～907 年

**唐高宗與武則天合葬的乾陵**　在陝西省乾縣西北的梁山上。墓前保留許多大型石刻，有石人、石馬、石獅、石碑和華表等百餘件。其中翼馬高 5 公尺多，製作精湛，姿態生動。石獅高 3 公尺多，雕刻豐滿，遒勁有力。

# 隋、唐大事編年

| 公元紀年 | 王朝紀年 | 大事記 |
|---|---|---|
| 581 年 | 隋文帝開皇元年 | 楊堅篡北周，建隋朝，定都大興（今陝西西安市）。 |
| 582 年 | 隋文帝開皇 2 年 | 始建長安城，它是中國古代乃至當時世界上規模最龐大、最繁榮昌盛的國際大都會。 |
| 583 年 | 隋文帝開皇 3 年 | 隋文帝把東漢以來地方上實行的州、郡、縣 3 級制，改為州縣兩級制，提高了行政效率。 |
| 584 年 | 隋文帝開皇 4 年 | 始修廣通渠，以後 20 多年先後開鑿永濟渠、通濟渠等 5 段運河，成南北交通大動脈。 |
| 587 年 | 隋文帝開皇 7 年 | 創立科舉制。 |
| 605 年 | 隋煬帝大業元年 | 煬帝營建東都洛陽，大修宮苑，徵奇花異石珍奇寶物。又徵發 100 多萬河南、淮北人民開通濟渠，並在長安至江都（今江蘇揚州市）之間廣置離宮 40 餘所。 |
| 607 年 | 隋煬帝大業 3 年 | 開鑿太行山，以通馳道。築長城。日本使臣小野妹子使隋。煬帝派裴矩經略西域，並撰《西域圖記》。 |
| 608 年 | 隋煬帝大業 4 年 | 徵發百餘萬河北人民開鑿永濟渠，作為伐高句麗的補給線。煬帝派大臣裴世清出使日本。 |
| 610 年 | 隋煬帝大業 6 年 | 開江南河。 |
| 611 年 | 隋煬帝大業 7 年 | 大亂起。 |
| 612 年 | 隋煬帝大業 8 年 | 初伐高句麗敗還。 |
| 614 年 | 隋煬帝大業 10 年 | 三伐高句麗。 |

內蒙古自治區呼和浩特市武川縣
北周、隋、唐三朝皇室發源地

隋文帝楊堅像　唐‧閻
立本《歷代帝王圖》卷
（部分）

隋煬帝楊廣像　唐‧閻
立本《歷代帝王圖》卷
（部分）

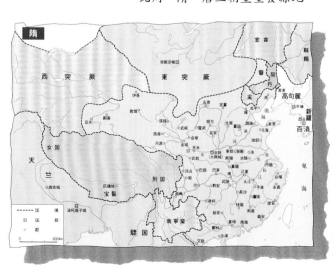

隋朝版圖　圖引自陳舜臣主編：《中國歷史紀
行》，東京，學習研究社，1996 年

山西新絳縣絳守居園池　原為絳州衙府花園，至今仍保有隋代園林的格局。

山西聞喜縣裴柏村裴氏祠堂大門

房山雲居寺藏經窖　雲居寺，位於北京以西75公里的房山白帶山下，隋唐時代寺院已有相當規模，1940年代毀於戰亂，50年代中期重建。現珍藏隋、唐、遼、金、元、明歷代石經版經書，計 14,278 塊，加上寺藏 2,300 卷明代紙版經、77,000 塊清龍藏木版經，並稱為「三絕」。
自 1956 年出土石經以來，由於嚴重風化，已出現經版字面脫落、石材粉沫狀。1999 年 10,082 塊遼金石經已安放藏經地宮，恆溫恆濕保護。

裴度像　山西聞喜縣裴柏村裴氏祠堂

山西聞喜縣裴柏村，歷代人才輩出：西晉・裴秀是傑出的地圖學家與歐洲學者托勒密被譽為古代世界地圖發展史上東西方相輝映的兩顆璀璨的明星，他的「製圖六體」，即分率（比例），準望（方位），道里（距離），高下（地形），方邪（角度），迂直（曲直）為後世地圖繪製學奠定了科學的基礎。裴秀之子裴頠，是西晉的哲學家和思想家。南朝宋史學家裴松之為《三國志》作注，其子裴駰、曾孫裴子野分別著有《史記集解》、《宋略》等，被稱為「史學三裴」。隋代裴矩所著《西域圖記》，詳細記述了西域44國的政治、經濟、文化、交通及民風，對研究中國隋唐時期西北社會狀況有重要價值。隋代的裴世清是中國歷史上第一個率隋朝政府使團出訪日本的人，為發展中日邦交做過重要貢獻。還有東晉小說家裴啟、北魏文學家裴伯民、東魏詩人裴讓雲、唐代史學家裴光庭等等。

謝敏聰陪侍隋唐史大師徐先堯老師（台灣大學歷史系教授）攝於台北市衡陽路大三元餐廳，2003 年。
徐教授撰有《二王尺牘與日本書紀所載國書之研究》為研究隋唐期中日關係史專書。
內容探討日本遣隋使小野妹子，於 607 年到洛陽，詣隋闕，向隋煬帝呈遞國書；隋煬帝也於次年遣裴世清使日。

| 618 年 | 唐高祖武德元年 | 隋煬帝被弒於江都（今揚州市），李淵即位於長安。 |
| 619 年 | 唐高祖武德 2 年 | 定租庸調法。 |
| 624 年 | 唐高祖武德 7 年 | 頒行《武德律》。確定唐朝的均田制和租庸調制。 |
| 626 年 | 唐高祖武德 9 年 | 閻立本畫〈十八學士圖〉。虞世南作〈孔子廟堂碑〉。 |
| 629 年 | 唐太宗貞觀 3 年 | 南蠻別支東謝、南謝酋長來朝，顏師古作《王會圖》。玄奘西行求佛法。 |
| 630 年 | 唐太宗貞觀 4 年 | 唐平東突厥，回紇等西北少數民族擁戴太宗為最高領袖，上尊號為「天可汗」。日本第 1 次派遣唐使來。 |
| 632 年 | 唐太宗貞觀 6 年 | 魏徵撰文，歐陽詢書寫〈九成宮醴泉銘〉，是楷書中的典範之作。 |
| 634 年 | 唐太宗貞觀 8 年 | 修建大明宮，其後 200 多年一直是唐朝皇帝居住與聽政的地方。 |
| 635 年 | 唐太宗貞觀 9 年 | 景教傳入中國，它是西方早期基督教的一派。 |
| 636 年 | 唐太宗貞觀 10 年 | 中國最早的刻本書出現。 |
| 638 年 | 唐太宗貞觀 12 年 | 慧能生，後創立佛教禪宗南派。 |
| 640 年 | 唐太宗貞觀 14 年 | 太宗命孔穎達等撰《五經正義》，作為國子監的課本。隨著絲綢之路新道的開通，東西方交流的加強，高昌逐漸興起。太宗平定高昌後，設立西州。 |
| 641 年 | 唐太宗貞觀 15 年 | 歐陽詢卒，傳世書蹟有〈九成宮醴泉銘〉等。文成公主嫁給吐蕃贊普棄宗弄瓚，是唐著名的和親。其後，閻立本繪〈步輦圖〉，閻立德繪〈文成公主降蕃圖〉，以紀念此事。 |

唐高祖李淵像 台北故宮博物院藏

唐朝疆域圖（約公元 680 年後）地圖引自陳舜臣主編《中國歷史紀行》東京，學習研究社，1996 年。

**唐太宗李世民像** 原藏北京紫禁城南薰殿

隋煬帝陵　江蘇揚州市

文成公主像（資料照片）

大秦景教流行中國碑　西安碑林博物館藏

西藏佛畫亮曬

西藏的佛龕　背為臥佛像

▲▼西藏的唐卡（佛畫）

布達拉宮　位於西藏拉薩布達拉山頂峰上，規模巨大，群樓重疊，是西藏地區最宏偉的建築之一。相傳始建於 7 世紀松贊干布時，現存建築係清順治 2 年（1645 年）開始建造，前後經 50 餘年才完成。布達拉宮為石木混合結構，最高部份 15 層，東西長 400 餘公尺。全部為平頂樓房，在平頂上面又建有廡殿和歇山式大殿 3 座，均用鎦金銅瓦頂。（謝宜璇小姐攝）

| | | |
|---|---|---|
| 643 年 | 唐太宗貞觀 17 年 | 廣州設「市舶司」管理海外貿易。閻立本畫《凌煙閣功臣像》。 |
| 645 年 | 唐太宗貞觀 19 年 | 玄奘遊學 16 年歸來，從天竺帶來 657 部佛經，開始翻譯經書，並撰《大唐西域記》記其遊歷過程。帝親伐高句麗。 |
| 648 年 | 唐太宗貞觀 22 年 | 王玄策使天竺。 |
| 651 年 | 唐高宗永徽 2 年 | 阿拉伯使者初次來到長安，此後到公元 798 年的 148 年間，進入長安的阿拉伯使者多達 39 次，可見兩國來往頻繁。 |
| 652 年 | 唐高宗永徽 3 年 | 唐高宗築大雁塔。 |
| 657 年 | 唐高宗顯慶 2 年 | 平西突厥。 |
| 660 年 | 唐高宗顯慶 5 年 | 唐與新羅聯軍滅百濟。 |
| 661 年 | 唐高宗龍朔元年 | 以吐火羅、波斯等 16 國，置 8 都督府，76 州，皆隸屬安西都護府。 |
| 663 年 | 唐高宗龍朔 3 年 | 唐羅聯軍破日本軍於百濟白江口（今韓國扶餘錦江口） |
| 668 年 | 唐高宗總章元年 | 滅高句麗。 |
| 671 年 | 唐高宗咸亨 2 年 | 僧人義淨赴印度求取佛經。 |
| 672 年 | 唐高宗咸亨 3 年 | 高宗於洛陽龍門山鑿奉先寺盧舍那大佛像，歷 4 年始建成，成唐朝佛教重地。<br>三彩器物始燒造於高宗時期，並流行於高宗、武則天和玄宗開元年間。 |
| 675 年 | 唐高宗上元 2 年 | 降新羅。 |
| 686 年 | 唐垂拱 2 年 | 陳元光上〈請建州縣表〉，建置漳州郡。 |
| 690 年 | 周天授元年 | 武則天廢帝自立，自稱聖神皇帝，國號周，追尊武氏祖先為帝，成為中國唯一的女皇帝。 |
| 694 年 | 周延載元年 | 摩尼教傳入中國內地。 |
| 710 年 | 唐中宗景龍 4 年 | 金城公主嫁往吐蕃。韋后弒中宗，臨淄王殺韋后。 |
| 710 年 | 唐中宗景龍 4 年 | 劉知幾著成《史通》，為中國第 1 部史學評論專著。 |
| 713 年 | 唐玄宗開元元年 | 靺鞨領袖大祚榮歸順唐朝，接受了唐玄宗所冊封的渤海郡王的稱號。 |
| 714 年 | 唐玄宗開元 2 年 | 玄宗置教坊，選樂工教法曲於梨園，自作〈霓裳羽衣舞曲〉。 |
| 721 年 | 唐玄宗開元 9 年 | 玄宗命僧人一行更造新曆，一行與梁令瓚造黃道遊儀，以測日、月、五星，使新曆更為精密。 |
| 723 年 | 唐玄宗開元 11 年 | 置長從宿衛（彍騎）。 |
| 724 年 | 唐玄宗開元 12 年 | 一行用黃道遊儀測量恆星的赤道座標和對黃道的相對位置。經此測量，推翻了日影「損益寸千里」之說。 |
| 725 年 | 唐玄宗開元 13 年 | 一行與梁令瓚造成水運渾天儀，以量度天體的運行情況。 |
| 728 年 | 唐玄宗開元 16 年 | 張說等人編成《開元大衍曆》，是一部根據大規模的天文實測所得出的優秀曆法。 |
| 731 年 | 唐玄宗開元 19 年 | 唐室賜《毛詩》、《春秋》、《禮記》予吐蕃。 |

▲漳州市開漳聖王陳元光墓　陳元光（657〜711 年）河南光州固始人。唐垂拱 2 年（686 年），陳元光上〈請建州縣表〉，建置漳州郡，任首任刺史，後死於征戰，就地安葬於福建安溪大峙原，貞元 2 年（786 年）遷葬今址。

▲漳州田野

▶山西潞城原起寺　始建於唐天寶 6 載（747 年），後經維修擴建，成為唐宋混合結構建築。

唐三彩龍耳壺　日本，東京，國立博物館藏。

華清池考古遺址　楊貴妃在此「春寒賜浴華清池，溫泉水滑洗凝脂」。

河北薊縣古漁陽　這裡是安祿山發跡的地方。「漁陽鼙鼓動地來，驚破霓裳羽衣曲」。

甬江晨曦　日本遣唐使也有由東海進入甬江，在寧波登岸。

山西臨汾大雲寺鐵如來像　富唐代藝術風格。

| 751 年 | 唐玄宗天寶 10 載 | 唐將高仙芝被阿拉伯打敗，中國造紙術西傳。 |
| 753 年 | 唐玄宗天寶 12 載 | 畫聖吳道子卒，傳世名蹟有〈送子天王圖〉。唐僧鑑真開始東渡日本。 |
| 754 | 唐玄宗天寶 13 載 | 唐僧鑑真經 6 次努力抵日本，傳布律宗。 |
| 755 年 | 唐玄宗天寶 14 載 | 「安史之亂」爆發，為唐朝由盛轉衰的轉捩點。 |
| 758 年 | 唐肅宗乾元元年 | 鹽的專賣制度確立。 |
| 761 年 | 唐肅宗上元 2 年 | 王維卒，傳〈輞川圖〉是其畫作，他被尊為山水畫南宗開創者。 |
| 762 年 | 唐肅宗寶應元年 | 詩仙李白卒。 |
| 767 年 | 唐代宗大曆 2 年 | 周昉在章明寺畫壁畫。他的佛教畫成為長期流行的標準，稱為「周家樣」。〈執扇仕女圖〉、〈簪花仕女圖〉是他的代表作。 |
| 770 年 | 唐代宗大曆 5 年 | 詩聖杜甫卒。 |
| 780 年 | 唐德宗建中元年 | 均田制和租庸調制崩壞，施行兩稅法。 |
| 782 年 | 唐德宗建中 3 年 | 山西五台山南禪寺建成，為中國現存最早的木構建築。藩鎮大亂。 |
| 801 年 | 唐德宗貞元 17 年 | 杜佑《通典》成書，為中國第 1 部典章制度通史。 |
| 806 年 | 唐憲宗元和元年 | 白居易寫成〈長恨歌〉。<br>日僧空海回國，並帶走周昉弟子李真畫的不空三藏像。 |
| 818 年 | 唐憲宗元和 13 年 | 憲宗遣使率僧迎佛骨。次年，佛骨至京師，韓愈諫迎佛骨，並作〈原道〉。 |
| 819 年 | 唐憲宗元和 14 年 | 柳宗元卒；韓愈諫迎佛骨。韓、柳提倡古文運動，文起 8 代之衰。 |
| 821 年 | 唐穆宗長慶元年 | 牛李黨爭起。 |
| 823 年 | 唐穆宗長慶 3 年 | 「唐蕃會盟碑」刻成，結束唐、蕃之爭。 |
| 837 年 | 唐文宗開成 2 年 | 鄭覃以宰相召眾儒生校正經籍訛謬，乃刻碑列於太學，成石壁九經。 |
| 845 年 | 唐武宗會昌 5 年 | 唐武宗篤信道教，大肆滅佛，是為佛教史上「會昌法難」。 |
| 847 年 | 唐宣宗大中元年 | 張彥遠寫成〈歷代名畫記〉，是中國繪畫理論和繪畫史開創性的著作。 |
| 851 年 | 唐宣宗大中 5 年 | 張義潮為唐政府收復河湟 11 州。 |
| 865 年 | 唐懿宗咸通 6 年 | 書法家顏真卿、懷素卒。顏氏名蹟有〈祭姪文稿〉、懷素有〈自敘帖〉。 |
| 868 年 | 唐懿宗咸通 9 年 | 用雕版印刷的《金剛經》面世，是迄今發現最早的印刷品。 |
| 873 年 | 唐懿宗咸通 14 年 | 懿宗命人廣造浮圖以迎佛骨，使京師至法門寺一段，車馬畫夜不絕。 |
| 880 年 | 唐僖宗廣明元年 | 黃巢兵入據長安，並提出「平均」口號，唐朝名存實亡。 |
| 904 年 | 唐哀帝天祐元年 | 地方割據勢力互相攻伐，曾使用「飛火」攻城，為中國最早使用火藥武器的記載。<br>唐室遷都洛陽。 |
| 907 年 | 唐哀帝天祐 4 年 | 朱溫（全忠）篡唐，改國號為梁，五代開始。<br>山西平順縣天台庵落成，為中國現存的 5 座木構建築之一。 |

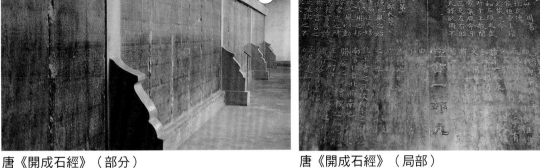

唐《開成石經》（部分）　　　　　　　　　　　唐《開成石經》（局部）

《開成石經》原放務本坊的國子監，北宋哲宗元佑 2 年（1087 年）與《石臺孝經》移今址。西安，碑林博物館。

濟寧太白樓　傳為李白遊任城（即今山東濟寧市）時的飲酒處，後人建樓以紀念。

▼鞏義杜甫故里　公元 712 年杜甫誕生於此，為一孔磚砌窰洞，杜甫的少年時代即在此度過，此地山川壯麗，哺育了詩人的成長。

# 隋唐長安城

函谷關　據崤函之險的東口，其西口為潼關，長約100公里「邃岸天高，空谷幽深，澗道之狹，車不方軌，號曰天險。」

　　隋唐仍西魏、北周之舊，屬行「關中本位」政策，建政治首都於長安（隋唐另立經濟首都於洛陽），加上大運河漕運東南物資，使長安具有東亞大帝國首都的條件，成為當時中西文化交流中心，甚至長安的布局為東亞地區首都所仿效，如日本的奈良、京都，渤海國諸京。

　　隋唐長安為長方形，面積84.1平方公里，為古代世界第1的城廓城市，都市計畫嚴整，為棋盤式，大城有14條東西向大街，11條南北向大街，25條大街筆直寬敞，相互交錯，中央最北部為宮城、宮城之南為皇城（百僚廨署，朝廷行政機構所在），另有東市、西市、大明宮、興慶宮之外，其餘為里坊，里坊為民居、寺觀所在，與宋、元、明、清都市為長條型街道有很大不同。

潼關城牆遺址　照片中的先生為與謝敏聰一同考察的蕭慧權老師。

隋唐長安城順義門遺址　今西安城西門。唐皇城順義門址在西門稍北處。順義門北距安福門860餘公尺，門址被今城門及馬路所壓，其形制未探清，與皇城西面的東西大街直對。

隋唐皇城西垣今景　即今西安城牆西垣

參考文獻：　1.陳寅恪：《隋唐制度淵源略論稿》
　　　　　　2.宋肅懿：《唐代長安之研究》，台北，大立出版社，1983年。
　　　　　　3.宋肅懿：〈風華絕代長安城〉，台北，《藝術家》，323期，202年4月。
　　　　　　4.宋肅懿：〈唐代長安城的都市生活風采〉，台北，《藝術家》，324期，2002年5月。

唐大明宮含元殿遺址　九天閶闔開宮殿，萬國衣冠拜冕旒。

興慶宮公園內復原的彩雲間　興慶宮以華麗的樓式建築著稱

興慶宮勤政務本樓遺址

今西安市南大街　地點在唐長安皇城內

唐天壇遺址　在今陝西師範大學校園內

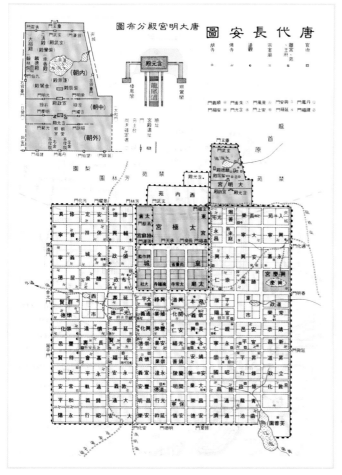

小雁塔　在薦福寺內，唐代另一位高僧義淨曾於公元 671 年從海路前往印度，到 695 年返國，並曾在薦福寺翻譯佛經。

圖引自張其昀監修，程光裕、徐聖謨主編，謝敏聰等編輯委員：《中國歷史地圖》，台北，文化大學出版社，1984 年。

# 隋唐洛陽城遺址

隋唐洛陽宮城的發掘（2010 年 1 月 30 日攝）

　　隋唐東都洛陽城，位於今洛陽市區及東郊和南郊。北依邙山，南對龍門，東逾瀍水，西至澗河，洛水橫貫其間。城分宮城、皇城、曜儀城、圓璧城、東城、含嘉倉城和外郭城。

　　外郭城周長約 27.52 公里，城址面積達 47 平方公里，共設 8 個城門。在洛河以南，已找到南北向縱街 12 條，東西向橫街 6 條；在洛河以北找到南北向縱街 4 條，東西向橫街 3 條。這縱橫街道交叉，組成 3 市和 109 坊。

　　宮城位於外郭城西北隅高地上，城垣夯築，內外砌磚，已經探測出 5 座城門和城內的陶光園、徽猷殿、九洲池和東宮。發掘出明堂（含元殿）基址。皇城圍繞在宮城外圍的東、南、西三側，已找到 3 座城門。宮城北為曜儀城，再北為圓璧城。宮城和皇城東側有東城，東城北面為含嘉倉城。含嘉倉是一處貯藏糧食的大型國家糧倉，已探出 287 座倉窖，發掘過 12 座。不少倉窖出有帶字的銘磚，記錄有與運糧、貯糧有關的宮吏職稱和姓名、倉窖的方位、糧食品種和來源，以及入窖的年月等。

　　隋唐洛陽城是當時僅次於長安的大城市，這樣巨大的規模，居然不到一年就基本建成，外郭城內的里坊大都設有十字街，這種作法又影響唐代地方州縣的布局，也為鄰近的一些國家所仿效。

復原的應天門遺址
應天門是隋唐東都城中規模最大的門址，現存東、西 2 個夯土門闕。東闕遺址被評為 1991 年中國 10 大考古新發現之一。

洛河夕照　外郭城以洛河為界，形成南北 2 區，洛河北岸 28 坊 1 市，南岸 81 坊 2 市，總計為 109 坊 3 市，里坊區為市民的居所。3 市市內店肆林立，珍貨山居，外商濟濟，漕渠上「天下舟船之所集，常萬餘艘，填滿河路」，「商販貿易，車馬填塞」。

復原的定鼎門　定鼎門為隋唐東都洛陽外郭城南垣的中門，寬約 28 公尺，有 3 個門道。定鼎門及遺址博物館於 2009 年 10 月底開幕。照片攝於 2010 年 1 月 30 日。定鼎門大街北起皇城正南門—端門，南經天津橋直至定鼎門，又稱天門街、天津街、或天街，它是隋唐東都城南北中軸線上的主幹大街，現存長度約 3,000 公尺，路土寬度為 100 公尺左右。

含嘉倉遺址現景　含嘉倉是中國古代史上最大的一處糧倉，該倉創建於隋，唐代繼續使用的官倉，應有400多座倉窖，1次可儲糧2億斤以上。隋唐時期無論在修窖技術、防潮處理、管理制度都已相當完善。地下儲糧，既無風雨水火之患，也無蟲啄鳥食之災，而且建造方便。

含嘉倉遺址現景　從發掘出的倉窖來看，均是由地面向下挖成的口大底小如缸形的圓坑，口徑一般為10～16公尺，深7～9公尺。

隋唐洛陽城復原圖　地圖採自張其昀監修、程光裕、徐聖謨主編、謝敏聰等編輯委員《中國歷史地圖》，台北，文化大學出版部，1984年。

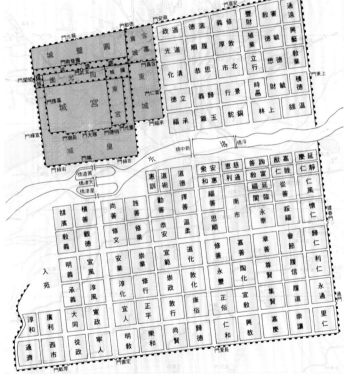

參考文獻：

1. 葉萬松、李德芳、李國恩：〈略論隋唐東都城遺址的考古收穫與文物保護〉，《考古與文物》，1996年第3期。

2. 余扶危、葉萬松：〈洛陽發現唐代窖穴建築遺址〉，《考古》，1983年第6期。

# 趙縣
## ——千年古縣

　　北齊天保 2 年（551 年），文宣皇帝高洋冊立皇子高殷為太子，為避太子名諱，遂改殷州為趙州。即今趙州之名自此始。其治所仍在廣阿（今河北隆堯東舊城）。

　　隋大業年間，趙州州治平棘（今趙縣），有唐一代，也州治平棘，轄平棘、高邑、柏鄉、臨城、贊皇、元氏、欒城、昭慶（今隆堯縣東半部）8 縣。

　　北宋宣和元年（1119 年），升趙州為慶源府，領 7 縣（原轄 8 縣，後將元氏劃出），這是趙州歷史上第一次升為府級的規格。

　　金朝天會 7 年（1129 年），降慶源府復為趙州。後核查地名，因趙州之名與金朝統治者女真族的「龍興之地」肇州（今黑龍江省肇源西南）同音，屬於犯諱，遂於天德 3 年（1151 年）降旨改趙州為「沃州」。取「以水沃火」和「肥沃膏腴」之意。

　　蒙古太宗 7 年（1235 年），蒙古滅金。於當年復沃州為趙州。仍治平棘，領原來 7 縣。世祖 8 年（1271 年），定國號為元。趙州建制未變。

　　明洪武元年（1368 年），將平棘縣併入趙州，其轄地由趙州直接管理，原州治平棘城即為趙州城。趙州直屬京師中書省，領高邑、贊皇、柏鄉、臨城、隆平、寧晉 6 縣和趙州本州。洪武 19 年（1386 年），趙州改由真定府所轄，其屬邑未變，稱為「股肱上郡，中原鎖鑰」。

　　清雍正 2 年（1724 年），升趙州為直隸州，規格略低於府級，直接隸屬於直隸省，領本州及柏鄉、高邑、臨城、隆平、寧晉 5 縣（贊皇縣劃出）。趙州被譽為「京輦屏蔽，河朔咽喉，畿輔首善之區」。

　　1913 年（中華民國 2 年），撤州改縣，更名為趙縣至今。

　　自北齊天保 2 年（551 年）改殷州為趙州以來，至 1913 年撤州改縣為止，趙州之名沿用了 1,362 年，其中做為州治所在地的時間也長達了 1,306 年。

大清乾隆皇帝御碑

趙州橋饕餮鎮洨欄板

趙州橋雙龍歡水欄板

柏林寺山門　寺始建於東漢獻帝建安年間（196～219 年）。大唐高僧玄奘於唐武德 6 年（623 年）來趙州從道深法師學習《成實論》，清乾隆帝亦曾 3 次駐蹕柏林寺。

小石橋欄板

趙州橋（即安濟橋）橫跨在河北省趙縣境內的洨河之上，是世界上著名的古代石拱橋，也是自造橋後一直使用到現在的最古老的石橋。它由總設計師李春等眾工匠建於隋文帝開皇11至19年（591～599年），至今已有1,400多年的歷史。

趙州橋雄偉而壯闊。全長50.82公尺，兩端寬9.6公尺，中部略窄，寬9公尺。橋的設計完全符合科學原理，施工技術巧妙絕倫。中外橋樑專家讚歎不已，譽之為人間奇蹟。唐中書令張嘉貞在他的《石橋序》，說它「製造奇特，人不知其所以為。」

小石橋　在趙縣，為趙州橋的「姊妹橋」，正式名稱為「永通橋」。位於趙縣城西門外清水河上，金明昌年間（1190—1195年）建，橋長32公尺，寬7.7公尺，跨度26公尺。

柏林寺真際千秋塔　建於元天曆3年（1330年），磚木結構，呈8角形，共7級，高約40公尺。是為紀念晚唐高僧從諗禪師而建。

趙州陀羅尼經幢　為中國現存最高的石經幢，建於北宋景祐5年（1038年），共7級，高約18公尺。

參考文獻：

1. 李生田、施維剛主編：《中國趙州橋志》，河北技術出版社，1994年。

2. 張煥瑞：《趙州攬勝》，河北人民出版社，2008年。

# 商邱古城

## ——唐之睢陽，宋之南京，明之歸德府城

商邱古城南門

商邱古城城池（南城牆東部）

睢陽城舊址　在商邱縣城南門外。睢陽因位於睢水之陽（北岸）而得名。周武王滅殷後，封殷紂王庶兄微子啟於宋，都宋城（即睢陽城）。宋襄公在春秋時期曾是五霸之一，到了戰國，兼併了淮泗流域的一些諸侯小國，號稱 5,000 乘之國。睢陽分內、外城。內城東有揚門，東北有蒙門，南有盧門，東南有埕澤門，西北有曹門，北有桐門；外城又有桑林門。顧炎武《日知錄》：「凡宋城之門皆以所向之邑名也。」宋被齊滅後，宋城曾經一度蕭條。至漢文帝前 12 年（前 168 年）封少子劉武為梁孝王，又在宋城之上建都。梁孝王築梁苑 300 餘里，並對睢陽城進行了大規模的擴建，宮觀樓閣，屏榭林立，這時的睢陽城已達 70 里。西漢以後，梁國被廢，雖城市繼續沿用，但因為由都變郡，區域已縮小。至唐安史之亂前，因睢陽城為「南控江淮，北臨大河」咽喉之地，仍不失為重鎮，相當繁華。安史之亂時，叛將尹子奇率 10 萬大軍，圍攻睢陽 10 個月才陷。南宋時，曾作為南京城。城周 15 里 40 步，外有外城，內有宮城。宮城周 2 里 360 步。四面環水，東西各二門，南北各一門。京城東還有關城。明初，由於郡再降為府，一次「少裁四分之一」。至弘治 15 年（1502 年），睢陽古城被黃水所淹，便往北遷一城之遠，睢陽古城的北城牆即改為明代歸德府城的南城牆。

張巡祠山門

張巡祠大殿

張巡墓

張巡祠座落在商邱古城南門外，是為紀念「安史之亂」中為保衛睢陽城而殉難的張巡、許遠等人所建。
安史之亂時，叛將圍攻睢陽，張巡率領將士保衛睢陽，並和叛軍展開了激烈的戰鬥，使敵軍遭受重創。可惜最終因沒有後援，城破殉難，但是他為平息叛亂，保護江淮黎民立下了不朽的功勳。為了紀念張巡，1990 年重建了張巡祠。

參考文獻：

中華人民共和國國家文物局主編：《中國歷史文化名城詞典・續編》，上海，辭書出版社，1997 年。

# 無錫 張巡廟古建築群

張中丞廟古建築群在錫山北麓，面向惠山鎮直街，是一組恢宏的古建築群。張中丞廟在宋代建炎2年（1127年）附設在惠山東嶽廟的右廡。明成化9年（1496年）無錫知縣李恭在清微庵舊址（即現址）建立了專祠。現建築為清同治8年（1869年）重建。祠廟內有一副古聯：

國士無雙，雙國士；
忠臣不二，二忠臣

張中丞廟

這副工整的對聯明確表彰了張巡、許遠這兩位唐代的國士忠臣，同時也點出了建立這所祠廟的宗旨。1995年請書畫家吳蓬重書此聯，懸於門樓。近800年來，此廟屢毀屢建，規模越建越大，現存的建築是清同治年間重修的。在無錫來講，是保存較為完好的宏偉的古建築群。它以古樸巍峨之姿態，屹立於錫山北麓。大門向北，兩只雄健的石獅守衛左右，拾級而上，為面寬3間2層的儀門。上置一匾書「錫麓勝境」，門前有廊。門廳樓下東西兩壁間嵌有明代成化、弘治年間記載建廟經過的古碑4通。門樓之後緊接著建有一座古戲台，面向大殿。這座是無錫市現存最為古老的戲台。

御史中丞張巡和睢陽太守許遠這兩位在安史之亂中率先保衛大唐江山的英雄塑像，威武地立在大殿正中。這組塑像再現了唐代至德2年（757年）睢陽（今河南省商邱市）城頭肅穆的一幕。當時安祿山派10萬叛軍攻打睢陽，張巡應許遠之請，相會於睢陽城樓，張巡身穿盔甲全副武裝，左手按劍，怒目蔑視陣前之敵；許遠穿文官服飾，緊按張巡右手，以信任和懇切的神情，表示把睢陽軍政大權交給張巡，自己

張中丞廟正殿張巡（右）、許遠（左）塑像。王木東先生藝術作品。

甘居其下，共同保衛睢陽，擊潰叛軍。這種不居名位，同仇敵愾，可歌可泣的歷史場面，生動地呈現在遊人之前。人們進入大殿，很自然的為這二位歷史人物英勇不屈的高風亮節所感染。這組塑像是由中國工藝美術大師王木東先生根據史實塑造的。

參考文獻：
陸行執筆：《錫惠勝景》，西安，陝西旅遊出版社，1996年。

# 泉州
# 靈山伊斯蘭聖墓

　　明代著名的史學家何喬遠的《閩書》（1629 年）記載，泉州東郊靈山，「有默德那國二人葬焉，回回之祖也。回回家言：『默德那國有嗎喊叭德〔注：即穆罕默德〕聖人，⋯⋯門徒有大賢四人，唐武德〔注：公元 618—626 年〕中來朝，遂傳教中國，一賢傳教廣州，二賢傳教揚州，三賢、四賢傳教泉州，卒，葬此山』。然則二人唐時人也。二人自葬是山，夜光顯發，人異而靈之，名曰聖墓。⋯⋯」4 位伊斯蘭教傳教士來華，因為他們生前有善行，當時中國人民尊稱他們為「賢者」。來泉州的被稱為「三賢」、「四賢」的這兩位穆斯林，其確切姓名已難考證。但是，千百年來習慣於這個尊稱，2 位賢者卒後即葬此。

　　現存係兩墓並列，墓蓋用花崗石雕刻，面積 2 平方公尺。墓覆以石亭，墓後依山砌作半圓形石岸，高 3 公尺。又依岸建石迴廊半周，廊內有歷代石碑 5 方，正中有 1 方立於元至治 3 年（1323 年）的阿拉伯文石碑。右側 1 方為明永樂 15 年（1417 年）鄭和下西洋路經泉州，來此墓祭告行香所立的中文石碑。聖墓是泉州海外交通史及伊斯蘭教傳播史的重要古蹟。

三賢、四賢墓蓋石

參考文獻：

1. 泉州伊斯蘭史蹟保護委員會、中國文化史蹟研究中心編：《泉州伊斯蘭史蹟》，福州，福建人民出版社，1985 年。

2. 中國文化部文物局編：《中國名勝辭典》，上海辭書出版社，1986 年第 2 版。

聖墓全景

元代重修聖墓阿拉伯文石碑

鄭和行香碑

嘉慶年間重修碑

**玄奘三藏像** 日本東京國立博物館藏。日本重要文化財，絹本著色 135.1×59.9 公分，鎌倉時代（14 世紀）

玄奘（600—664 年）本名陳褘，號稱三藏法師，為唐朝的高僧、佛教學者、旅行家和翻譯家。他是中國佛教史上劃時代的人物，他對中國、韓國、日本的佛教哲學影響是巨大的，他所創立的唯識法相宗派是佛教思想中最具思辨邏輯的宗派，他依據印度「大乘瑜伽唯識學說」而創立。因為剖析一切事物（法）的相對真實（相）和絕對真實（性），所以稱為「唯識宗」。

# 玄奘史蹟

大唐大遍覺玄奘三藏大菩薩

玄奘的人生充實與豐富多彩，
現附其生、卒、行錄年大事略表

| 時間 | 年齡 | 生平大事 |
| --- | --- | --- |
| 隋文帝開皇 20 年（公元 600 年） | 1 歲 | 生於洛州緱氏（今洛陽偃師縣緱氏鎮陳河村） |
| 隋煬帝大業 3 年（公元 607 年） | 8 歲 | 聽父陳惠口授《孝經》而效曾子避席 |
| 隋煬帝大業 8 年（公元 612 年） | 13 歲 | 出家洛陽淨土寺 |
| 隋煬帝大業 14 年（公元 618 年） | 19 歲 | 與兄陳素（法名長捷）進關中、入成都 |
| 唐高祖武德 5 年（公元 622 年） | 23 歲 | 在成都受戒 |
| 唐高祖武德 6 年（公元 623 年） | 24 歲 | 遊歷荊州、相州、趙州等地 |
| 唐高祖武德 9 年（公元 626 年） | 27 歲 | 在長安，產生西行求法思想 |
| 唐太宗貞觀元年（公元 627 年） | 28 歲 | 西行印度求法，年底到達高昌 |
| 唐太宗貞觀 2 年（公元 628 年） | 29 歲 | 在迦濕彌遢學習 |
| 唐太宗貞觀 5 年（公元 631 年） | 32 歲 | 在那爛陀寺跟隨戒賢學習《瑜伽師地論》等 |
| 唐太宗貞觀 10 年（公元 636 年） | 37 歲 | 遊歷 5 印，前後 5 年 |
| 唐太宗貞觀 14 年（公元 640 年） | 41 歲 | 會晤戒日王 |
| 唐太宗貞觀 15 年（公元 641 年） | 42 歲 | 曲女城論辯大會上，玄奘獲得「大乘天」、「解脫天」稱號 |
| 唐太宗貞觀 17 年（公元 643 年） | 44 歲 | 到達于闐，上表朝廷 |
| 唐太宗貞觀 19 年（公元 645 年） | 46 歲 | 回到長安。帶回佛經 520 篋，657 部。開始譯經 |
| 唐太宗貞觀 20 年（公元 646 年） | 47 歲 | 在辯機配合下，撰成《大唐西域記》12 卷 |
| 唐太宗貞觀 21 年（公元 647 年） | 48 歲 | 譯出《因明入正理論》1 卷。又將老子《道德經》以及《大乘起信論》從漢語譯成梵語，傳布印土 |
| 唐太宗貞觀 22 年（公元 648 年） | 49 歲 | 移住大慈恩寺，譯出《瑜伽師地論》100 卷；《唯識三十頌》1 卷。唐太宗作《大唐三藏聖教序》 |
| 唐太宗貞觀 23 年（公元 649 年） | 50 歲 | 譯出《因明正理門論》1 卷 |
| 唐高宗顯慶 4 年（公元 659 年） | 60 歲 | 在窺基配合下，糅譯《成唯識論》10 卷 |
| 唐高宗龍朔 3 年（公元 663 年） | 64 歲 | 譯出《大般若經》600 卷 |
| 唐高宗麟德元年（公元 664 年） | 65 歲 | 病逝於玉華宮，葬長安白鹿原 |
| 唐高宗總章 2 年（公元 669 年） | | 改葬樊川北原（即現今興教寺） |

玄奘故里山門　在河南省偃師市緱氏鎮。後人為紀念玄奘大師的卓越成就，在此建永慶寺。寺內大殿為清德宗光緒 30 年（1904 年）重修。四周山川秀麗，景色宜人。

河北趙州柏林寺　玄奘曾研習佛法於此寺

玄奘當年曾往來於趙州橋

參考文獻：

1.馬佩主編：《玄奘研究》，開封，河南大學出版社，1997 年。

2.《藥師寺　玄奘三藏院》，日本，奈良，藥師寺發行。

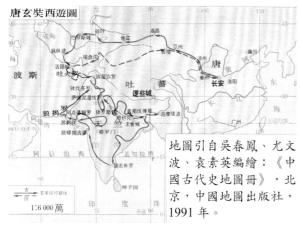

唐玄奘西遊圖

地圖引自吳春鳳、尤文波、袁素英編繪：《中國古代史地圖冊》，北京，中國地圖出版社，1991 年。

西安市大慈恩寺大雁塔　大慈恩寺是漢傳佛教「法相宗」的發源地，大慈恩寺的首任上座住持即由玄奘法師出任。

印度　那爛陀寺遺址
吉岡榮二郎攝影：《佛教シルクロード》，日本，東京，圣教新聞社，1987 年。

日本奈良藥師寺　金堂（正中）奈良時代創建，昭和時代再建。為日本法相宗（玄奘大師創立的宗派，漢傳佛教）的大本山。右邊的塔為東塔，係日本國寶，奈良時代天平 2 年（730 年）建，1998 年聯合國教科文組織將藥師寺列為世界文化遺產。

# 玄奘大學與作者

## 玄奘大學校景與上課情形

幽雅漂亮的玄奘大學校園　　後方為教學大樓

氣勢莊嚴宏偉的台灣新竹玄奘大學行政大樓，4樓三藏館供奉玄奘大師的頂骨舍利。

謝敏聰於玄奘大學主講《玄奘與絲路文化》課程
　　2001 年，作者應玄奘大學第 2 任校長何福田教授（何校長在屏東教育大學校長任內曾榮獲公立大學最績優校長獎）之聘，有幸榮任玄奘大學通識教育中心專任副教授，並主講《玄奘與絲路文化》課程，照片為上課情形。

## 玄奘大學長官、同事與作者互動

玄奘大學創校校長張凱元教授賀謝敏聰攝影展　　2006 年為慶祝清華大學在台設校 50 週年，謝敏聰（右）應清華大學人文社會學院院長黃一農院士之請，舉辦「歷史旅遊攝影展」，榮蒙張校長（左）親來致賀。

謝敏聰賀藝術大師顧炳星教授（右三）畫展　　顧炳星教授（歷任台灣師範大學美術研究所所長、系主任，玄奘大學視覺傳達系主任、台北城市科技大學教授等要職）於 2004 年 9 月在台北市歷史博物館舉辦畫展，本書作者（右一）到場致賀。

# 隋唐時期中韓關係與文化交流史蹟

## 慶州

### ——新羅千年之都

新羅於公元前 57 年，由赫居世王建國，歷第 19 代的訥祗王（公元 417～458 年）佛教傳入、公元 508 年第 23 代法興王時創建佛國寺、634 年第 27 代善德女王創建芬皇寺、築瞻星台、674 年第 30 代文武王築造雁鴨池、676 年文武王完成統一、751 年第 35 代景德王創建石窟庵等大事、935 年第 56 代敬順王時新羅被高麗兼併，朝鮮半島再次統一，合計新羅王朝有 56 任王，992 年。

◀瞻星台　東亞最古的天文台

▲半月城遺址　新羅王宮舊址

▲雁鴨池　新羅王朝離宮

▲大陵苑　為新羅王陵公園

▲天馬塚　為味鄒王墓的別稱，為慶州 100 多座陵墓中，唯一開放參觀的王陵。

▲芬皇寺塔

▲韓國國立慶州博物館室外一景

▲石窟庵　資料照片

# 佛國寺──韓國史蹟‧名勝：第 1 號

　　佛國寺是新羅時代景德王 10 年（751 年）由宰相金大成提議創建的，惠恭王 10 年（774 年）竣工。

　　1593 年（朝鮮宣祖 26 年）壬辰倭亂時由於把這裡用作義兵的駐紮地而被日本軍燒毀，後來重建了大雄殿第一部分建築。1969—1973 年發掘調查出了建立初的房身地，復原成了現在的樣子。

　　佛國寺周圍有東西長 90 餘公尺的石築和青雲橋、白雲橋，上側有向著南北方向的紫霞門、大雄殿、無說殿和釋迦塔、多寶塔。其西側有蓮華橋、七寶橋、安養門和供奉如來坐像-金銅阿彌陀佛的極樂殿。無說殿後側有安置金銅毗盧遮那佛坐像的毗盧殿和觀音殿。佛國寺是象徵人間的華麗而莊嚴的佛國，是修道者修煉佛道的地方。在這裡凝聚著新羅人高度的想像力和藝術技巧，表現了新羅佛教美術的最高境界。1995 年佛國寺和石窟庵共同被登錄在聯合國教科文組織（UNESCO）世界文化遺產名錄。

▲**多寶塔** 韓國國寶 第 20 號
多寶塔高 10.4 公尺，它的正式名稱是「多寶如來常住證明塔」。據法華經記載此名稱由多寶如來常住證明釋迦如來的真理而來的。像這樣包含其體內容的塔在其他佛教國家是從未有過的。估計此塔應該是景德王 10 年（751 年）的作品。

▲佛國寺紫霞門 石造結構部分為創建初期的原物。

▲佛國寺觀音殿

▲佛國寺大雄殿 1963 年在新羅時期的石基基礎重建的建築。

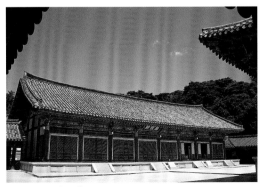

▲佛國寺無說殿

# 泗沘（今韓國忠清南道扶餘郡）
## ——百濟首都

公元 538 年，武寧王之子聖王在位的 16 年期間，百濟將國都由熊津（今公州）遷至泗沘（今扶餘），此後直至百濟滅亡的 123 年期間，扶餘一直是百濟文化的中心，有輝煌燦爛的佛教文化。扶餘位於白馬江（錦江，又稱白江，日本稱為白村江）東岸，距公州約 30 公里，其市區內外至今仍保留著很多的百濟文化遺跡。中國與日本歷史上的第 1 次戰爭即在唐高宗龍朔 3 年（663 年）於此間的白馬江渡口（或說錦江出海口）發生的「白江口之戰」日本戰船被焚 400 艘。676 年唐朝薛仁貴的艦隊，與新羅水軍在錦江河口的伎伐浦（群山）大戰，唐軍戰敗，8 年的唐羅戰爭結束。群山成為朝鮮半島第 1 次統一的最後戰鬥地。

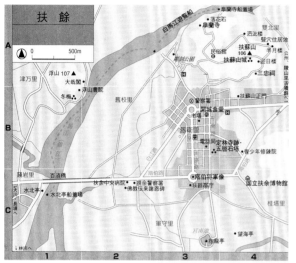

大百濟王出征場景（扶餘汽車總站畫作）

大百濟王與王后（韓國國立扶餘博物館復原圖）

百濟人民作坊㈠（韓國國立扶餘博物館復原圖）

百濟人民作坊㈡（韓國國立扶餘博物館復原圖）

百濟民居（韓國國立扶餘博物館復原圖）

百濟船出航（韓國國立扶餘博物館復原圖）

扶蘇山城入口—泗沘門

◀迎日樓
百濟王每天日出，在此拜日

◀三忠祠
奉祀護衛百濟王朝末期的階伯將軍、興首公、成忠三大英雄

◀落花岩
公元 660 年，唐朝與新羅聯軍攻下泗沘城，3,000 名百濟宮女，由此岩投白馬江殉節。（韓國文化財資料第 110 號）

◀白馬江（或稱白江，白村江，今錦江）

◀皇蘭寺
百濟最後的一任國王義慈王為投江的 3,000 名宮女祭祀所建的佛寺

◀皇蘭寺大殿後外牆，宮女投江壁畫

◀定林寺塔
又稱唐平百濟塔，是一座高 5 層的石塔，為百濟後期的代表建築物，塔底層四壁刻唐·蘇定方平百濟事蹟。

◀定林寺石佛
為高麗時代的石雕

參考文獻：1. 王小甫：〈白江口之戰相關史地考論〉，收入王小甫主編：《時代與東北亞政局》，上海，辭書出版社，2003 年。
2. 拜根典：《七世紀中葉唐與新羅關係研究》，北京，中國社會出版社，2003 年。

# 隋唐時期中日文化交流日本相關地點

## ㈠難波（今大阪府）

**難波宮遺跡公園**　在大阪市中央區法圓坂。日本皇室都大和（今奈良）前，傳統上均以難波為都，應神天皇的大隅宮、仁德天皇的高津宮、難波宮均設於難波。

**難波宮大極殿遺址**　難波宮為公元7～8世紀，孝德（公元645—655年使用）、天武（早期難波宮，672—683年使用）、聖武（後期難波宮，744～745年使用，後又作為陪都約70年），三位天皇的宮殿。

**大阪四天王寺**　建於593年，是聖德太子修建的第一座寺院，也是日本第一座官寺，曾多次毀於戰火。1963年按原貌重建。寺內收藏的法華經扇面，被定為日本國寶。

**大阪港**　自古以來，大阪與中國有著密切的文化和經濟往來，日本歷史上著名的遺隋使、遺唐使，就從難波（大阪）啟航，608年中國隋煬帝派出的使臣裴世清也在難波登陸。

**俯瞰大阪市區**　大阪是古日本對中國和朝鮮的水路交通要道，也是奈良和京都的門戶。

# ㈡平城京（今奈良市）

平城京在和銅 3 年（710 年）營造，使用到延曆 3 年（784 年），當時居住有 10 萬人，昭和 30 年（1955 年）開始發掘。1998 年復原朱雀門，門前的廣場為奈良時代元旦及重要儀式的場所。

復原的朱雀門

平城宮第二次大極殿基址　大極殿為平城宮最大的建築物，東西長 38 公尺，進深 16 公尺，高 21 公尺。

法隆寺金堂（右）與五重塔（左）　日本國寶。飛鳥時代──6 世紀中期～8 世紀初。法隆寺現存有世界上最古老的木造建築，推古 15 年（607 年）由聖德太子創建。1993 年 12 月，在日本首次被登錄為聯合國教科文組織（UNESCO）的世界文化遺產。

日本奈良東大寺金堂　奈良東大寺大佛殿（金堂）日本國寶，原建於 743 年至 760 年，寶永 6 年（1709 年）再建，為初建時規模的 3 分之 2，間口 57 公尺，奧行 50 公尺，棟高 47 公尺，為世界現存最大的木造建築物。

法隆寺東院夢殿　日本國寶　奈良時代，天平 11 年（739 年）。

奈良東大寺大佛
　　奈良東大寺大殿內的盧舍那佛（大佛）日本國寶，為世界最大的金銅佛像，天平勝寶 4 年（752 年）大佛開眼。高 16 公尺多，重約 5 噸。

# ㈢平安京（今京都府）

日本自延曆 13 年（794 年），直至明治 2 年（1869 年）遷都於東京，其間 1075 年，經 28 代，平安京皆為帝都。自延曆 13 年至建久 3 年（1192 年）源賴朝建立鎌倉幕府，其間約 400 年日本政令皆由平安發佈，此期稱為平安時代。

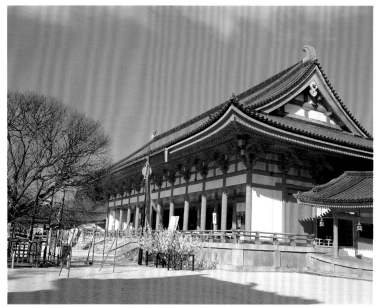

**仿唐式宮殿建築平安神宮大極殿**　1895 年為了慶祝京都建都 1,100 年，仿唐式宮殿建築，朱柱、綠瓦、白牆建平安神宮以紀念桓武、孝明兩位天皇，神宮總面積 3.3 公頃。

**仿唐式宮殿建築平安神宮應天門**　平安京的都市建設悉仿唐朝的長安與洛陽，應天門原為唐洛陽宮城南牆正門，是最為尊崇的一座門。唐開元 21 年（733 年）唐玄宗在洛陽應天門接見日本第 8 次遣唐使，所以應天門在中日關係史上具有重要歷史意義。

京都御所紫宸殿　安政2年(1855)，江戶時代依平安時代的樣式重建。平安時代平安京大內裏的正殿為紫宸殿，是內廷正殿，為朝賀、節會儀式舉行之所，天皇日常起居於清涼殿。另有外朝（八省院）之正殿大極殿，為即位或國家行事舉行之所。現在京都御所裡的殿宇，是鎌倉時代以來的建築，不是平安時代的建築。

京都御所清涼殿

# 廣州 懷聖寺

## ——中國第一座清真寺

伊斯蘭教相傳在隋時傳入中國，廣州懷聖寺，相傳建於唐太宗貞觀元年（627 年），它是中國沿海地區最早建立的幾所伊斯蘭教清真寺之一。懷聖寺據傳是中國最古的伊斯蘭教寺院，也是中華民族和阿拉伯民族友好往來的重要史蹟。

懷聖寺以懷念伊斯蘭教創始人穆罕默德（聖人）而得名，相傳是早期來華的阿拉伯著名傳教士阿布‧宛葛素所建，距今已有 1,000 多年歷史。

秦漢以來，廣州是中國對外貿易的繁榮口岸，也是世界著名的港市，唐代的廣州相當繁榮，外商聚居城西。

懷聖寺現存主要建築有光塔、看月樓和大殿。光塔在寺內西南角，高 36 公尺，當年光塔下就是珠江岸邊，每年 5、6 月間，商船進港，塔成為導航標誌。那時，每天早晨，穆斯林信教徒登塔呼號，以祈風信，所以光塔又是廣州古代對外交通史上的重要古蹟。

**參考文獻：**

1. 廣州博物館編：《廣州文物與古蹟》，北京，文物出版社，1987 年。
2. 謝敏聰：〈廣州的歷史與名勝〉，台北，《經緯》第 7 期，1991 年 10 月。

懷聖寺光塔

看月樓

教崇西域匾額

# 唐朝皇陵

**河北隆堯縣唐祖陵石雕**

唐祖陵在隆堯縣魏家莊鎮王尹村北。為唐高祖李淵的第4代祖宣帝李熙的建初陵和3代祖光皇帝李天賜的啟運陵，2陵共墓，始建貞觀20年（646年），完成於麟德元年（664年）。
該陵經歷1,300多年滄桑之變，如今封土無存，陵區南北長250公尺，東西寬40公尺，占地面積1萬平方公尺。現存有石柱、石馬、石人、石獅和《大唐帝陵光業寺大佛堂之碑》一通。光業寺建於唐總章間。

　　唐代國勢強盛，盛行厚葬，帝王大都以山體為陵墓，不像漢代用土硬堆成。因此唐陵外部「民力省，而形勢雄」，特專注重於內部的裝飾。

　　唐陵規建時，長安附近及渭水北岸，漢陵已滿。長安南邊的終南山（又稱秦嶺）為石山，開鑿困難，故唐陵均建於漢陵更北的崇山峻嶺之上，以其環山築陵，故景色自然。

　　唐陵有上宮、下宮的制度，也就是皇帝祭陵當天不能回到都城。所以，在長安與陵寢的途中，設置下宮，作為遙祭之地，上宮則設有皇帝的寢殿。這一制度從唐代到宋代，流傳達600年之久。另外，陵前的石人、石獸漢代已有，而唐代特別多，陵前立望柱，望柱之後石人、石馬、石羊虎等成左右兩列，往往達1,000多公尺，直到明清還講究這種風氣。

　　在唐朝強盛的時候，皇帝陵內的玄宮大致是石料建造或至少以石料為主，到衰微的時候，由於人力、財力之不足，可能全用磚或以磚為主，這種情形到五代亦然，可由已發掘的五代時期南唐2陵（烈祖、元宗，在南京近郊祖堂山）得到證實。

　　墓室的對稱佈局法，為唐代陵墓規定的格式。根據馬令《南唐書・鄭元素傳》的記載，唐太宗昭陵「宮室制度閎麗，不異人間。」「中為正寢，東西廂（即側室）列石床，床上石函，中有鐵匣，悉藏前世圖書。」

　　太宗昭陵在唐陵中最為偉壯。昭陵位於西安以西，距離醴泉縣22.5公里，佔地2萬公頃，海拔1,000公尺，陵北向。

　　昭陵共有5個石門，一條長達250公尺的通道通往墓室，內部有如皇宮一般的富麗堂皇。

　　昭陵大門內部前方，是14個少數民族首領的石像（如今只剩3尊）。在大門的東方和西方原來陳列著舉世聞名的「昭陵六駿」。其中以颯露紫最為有名。唐太宗以不出世的英資，完成其建國的大業之際，為紀念其共艱苦的6頭陣亡愛馬，特詔刻像於石，列於昭陵寢殿前的東西兩廡壁間（現有兩駿存放於美國費城大學博物館）。

　　乾陵在西安西北約75公里處。以南面的兩峰為朱雀門，以北面的梁山為陵塚，形勢天成。唐陵中的石雕亦以乾陵為最精工。

　　南由朱雀門起，北到享殿前的300公尺間，其間華表一對，雕刻精美；飛馬一對，構想極巧；朱雀一對，形似火雞；石馬5對，如實物大；石人10對，高約6.5公尺，文武大臣服裝可為唐代衣冠的代表。異民族首領像東西分排，東24位，西29位，均高約2公尺多，可惜頭部均被破壞。

　　其他唐朝的陵寢均在關中的「關中十八陵」內，各陵建置大同小異，茲不詳述。

**參考文獻：**

1. 謝敏聰：《中國歷代帝王陵寢考略》，台北，正中書局，1976年。
2. 謝敏聰：〈追懷漢唐話陵寢〉，載台北《時報雜誌》，84期，《時報周刊海外版》，189期，1981年3月。

唐高祖獻陵石虎 唐貞觀 9 年（635年）刻陝西三原縣。

　　這虎軀體壯實，眼神凝注，好像逼視著前面獵物的動靜，雙腮鼓起，似將發出吼聲，生動地雕出虎的凶悍本性和機敏的姿態。

昭陵六駿之一　颯露紫（模型）長204、高172公分。

　　颯露紫是昭陵六駿西側第一匹馬，是唐武德4年（621年）李世民於洛陽北邙山會戰王世充時的坐騎。這匹紫紅色馬，跑起來像疾風捲動，在征戰中前胸中一箭，畫面上刻有將軍丘行恭為李世民中箭駿馬拔箭的場面。是昭陵六駿中唯一的一件帶人的雕像。原石雕現藏美國費城大學博物館。

唐高宗乾陵（後）及標石（前）

參加唐高宗喪禮的外國首長石像

▶唐乾陵陪葬墓——永泰公主墓地宮

▼武則天母楊氏順陵獬豸（獨角獸）石雕　陝西咸陽市，陵墓石刻約30多件。陵墓南門走獅和獨角獸各1對，不但體型龐大、雄偉，而且雕刻異常生動、有力。

唐恭陵　又稱太子陵，為唐太子李弘的墳墓。李弘（651－675年）為高宗的第 5 子，武則天的長子，因與武則天政見不合，被賜死，追諡孝敬皇帝。

# 廣州　光孝寺

## ──禪宗六祖慧能剃渡之地

光孝寺位於廣州市區光孝路。

光孝寺的歷史源遠流長。俗話說「未有省城，先有光孝」。寺址原是西漢初年南越王趙佗的玄孫趙建德故宅。三國時吳國官員虞翻謫徙居此講學，闢為苑圃多植訶子樹，因名虞苑，又名訶林。虞翻死後，其家人布施為制旨寺（又稱制止寺）。以後寺的名稱幾經更改：東晉隆安 5 年（401 年）稱王園寺；唐代稱乾明法性寺；五代南漢時稱乾亨寺；北宋時稱萬壽禪寺；南宋時稱報恩廣孝禪寺，紹興 21 年（1151年）才改名光孝寺。此後，歷代相傳，成為一方名勝。「光孝菩提」是宋代羊城八景之一。

自東晉至唐，外國名僧先後來寺，東晉隆安 5 年（401 年），罽賓國（今克什米爾）的三藏法師曇摩耶舍最先到這裡奉敕譯經。南朝劉宋永初元年（420 年），印度梵僧求那跋陀羅又在這裡設戒壇、立道場，為僧徒傳律授戒。梁天監元年（502 年），印度和尚智藥三藏來此講演經法，還把帶來的菩提樹植於寺內。梁普通 8 年（527 年），印度僧人達摩攜帶釋迦的衣缽到廣州，也曾在此傳授禪宗學說。陳永定元年（557 年），西印度僧人波羅陀在寺內譯經 40 部。唐朝神龍元年（705 年），西域僧人般剌密諦三藏於此譯《楞嚴經》，相國房融並為之筆授。

光孝寺規制宏大，建築雄偉壯觀，文物史蹟眾多。現寺內保存有大雄寶殿、瘞髮塔、六祖殿、達摩井、睡佛樓等古建築和東西鐵塔、大悲幢及大批碑刻等。

六祖慧能瘞髮塔　瘞髮塔形制精緻，是瘞埋六祖慧能戒髮的地方。塔呈八角形，高 7.8 公尺，分 7 層，每層各面的小佛龕內都有佛像。塔周有石欄杆繞護。

六祖破經圖　梁楷繪

大雄寶殿，是寺的主體建築。東晉隆安 5 年曇摩耶舍始建此殿；清順治 11 年（1654年）擴建為 7 開間，面寬35.36 公尺，進深 24.8 公尺。此殿雖經多次修建，但仍保留著唐、宋的建築風格。殿中的梭形柱很有特色。

南漢鐵塔銘文

孝寺大雄寶殿斗栱　　南漢國西鐵塔

# 《六祖慧能傳》電影與 謝敏聰

**謝敏聰榮任《六祖慧能傳》電影顧問**
1986 年，謝敏聰應台北，七賢、大地電影公司之聘請，出任電影《一代禪宗大師——六祖慧能傳》歷史場景顧問，照片為當年 11 月 30 日開鏡典禮時，謝敏聰（左起第 1 人）向主持開鏡典禮的監察院長（中華台北）余俊賢先生（左起第 4 人）簡報唐代宮殿復原的情形。

**復原的唐代宮殿內景**　謝敏聰根據實物資料——五台山，唐·南禪寺、唐·佛光寺、廣州，唐宋光孝寺等大殿；及繪畫資料——敦煌石窟的唐大殿壁畫，尤其是盛唐，172 窟，〈觀無量壽經變相圖〉的唐代建築群；與石刻資料——西安，唐·慈恩寺塔（大雁塔）門楣石刻〈佛殿圖〉（公元 704 年）復原大唐皇宮。照片為開鏡典禮時一景，坐在寶座飾演女皇武則天的為香港鉅星、亞洲影后凌波小姐。

**電影大唐文官彩排**　背景為大唐皇宮建築內景，特點為朱柱、白牆、直窗櫺。

**參考文獻：**

1. 廣州博物館編：《廣州文物與古蹟》，北京，文物出版社，1987 年。
2. 謝敏聰：〈廣州的歷史與名勝〉，《經緯》第 7 期，1991 年 10 月。

# 泉州 開元寺

## ─唐代古剎，桑蓮法界
## ─福建省內規模最大的佛教寺院

宋代石塔

　　開元寺始建於唐垂拱 2 年（686 年），長壽元年（692 年），蓮花道場升為興教寺，神龍元年（705 年）再改名龍興寺，唐玄宗開元 26 年（738 年），詔天下諸州各建一寺，以年號為名，遂又改稱開元。迨至兩宋，泉州開元寺不斷發展，香火更盛，周圍設有不相統屬的支院 120 所。到元代至元 22 年（1285 年），僧錄劉鑒義向福建行省平章伯顏申請，經朝廷批准，合併為一寺，賜名「大開元萬壽禪寺」。其後 40 年中，是泉州開元寺最鼎盛的時期，據《溫陵開元寺志》云，其時「禪風遠播，衲子競集」，「食常萬指」。那時寺內有 1,000 多名僧人，成為泉州 3 大業林之一，也是全國少有的大寺廟。迨至元末，泉州兵荒馬亂，「饑饉荐臻，盜賊並起，」寺因之衰落不振。明洪武 31 年（1398 年），朱元璋命僧正映為寺住持、修舉廢墜，才漸次中興。成化、弘治（1465─1505 年）間，再度衰落，「禪林規制，日就陵夷，」佛寺和僧舍廢為民居，甚至戒壇為火藥匠所據，並侵及法堂。至萬曆 22 年（1594 年），才由檀樾黃文炳出面，向當局申請，盡驅諸匠，「始獲青 歸物，然亦僅存十一於千百之間而已。」從此之後，祇有維修而無擴充。

　　現寺占地約 50 畝，規模宏大。主要建築有大雄寶殿、甘露戒壇、東西 2 塔等。大雄寶殿建於垂拱 2 年，相傳建殿時有紫雲蓋地，因名紫雲大殿。屢圮屢修，現存係明代重檐歇山式建築，高 20 公尺，面寬 9 間，進深 6 間，原應立石柱百根（實減柱 6 根），故別稱百柱殿。殿內斗栱附刻飛天樂伎 24 尊，殿前石台砌有人面獅身青石浮雕 72 幅，庭中有南宋紹興 15 年（1145 年）建造的金塗式小石塔一對；殿後廊有婆羅門式浮雕青石柱兩根。甘露戒壇在大殿之後，北宋天禧 2 年（1018 年）建，歷代重修。現存清初修建的重檐八角攢尖式建築，為壇 5 級，仍仿宋制。壇頂藻井結構複雜，斗栱也附刻飛天樂伎，別具風格。

大雄寶殿後廊石柱的婆羅門教雕刻飾品

大雄寶殿前廊及石柱

大雄寶殿石臺基的人面獅身像，此非佛教遺物。

開元寺大雄寶殿全景

大雄寶殿前青石匾一方,刻「御賜佛像」,其左右的天仙頭有螺髮,非佛教裝飾,可能為婆羅門教的裝飾。

大雄寶殿內斗栱飛天樂伎手持樂器　甘露戒壇壇頂斗栱飛天樂伎

泉州開元寺有石塔2座,此為東塔

參考文獻:

莊為璣:《古刺桐港》,廈門大學出版社,1989 年。

# 五座現存唐代的木

　　木造建築保存不易，在大陸仍保存有 5 座唐代迄今的木結構建築，在中國建築史上是彌足珍貴的。其中 4 座位於山西省，一座位於河北省正定縣。

**南禪寺大殿**　位於山西省五台縣陽白鄉李家莊村西。創建年代不詳，唐建中 3 年（782 年）重建，現存大殿為唐代原構，是大陸已發現最早的唐代木結構建築。

　　寺座北朝南，主要建築有山門、大殿、東西配殿、地藏殿。大殿面闊、進深各 3 間，單檐歇山頂，殿內西縫平樑下保存有唐建中 3 年重修墨書題記。殿周檐柱微向內傾，角柱增高，生起顯著，柱間施欄額聯繫，無普柏枋，轉角處闌額不出頭，具有顯著的唐代特徵。殿內樑架構造簡潔，平樑上用大叉手承托脊槫，樑栿形制為月樑式，保存著漢唐時期的古制。柱頭斗栱和栱頭上施有栱瓣，每瓣微向內凹，這種作法曾見於齊隋間石窟窟檐和墓葬雕刻斗栱，建築實物中此為僅見之例。殿內保存有唐代彩塑 17 尊，比例適度，面形豐滿，是大陸現存唐塑中的精品。1954 年發現其為中國現存最早的木構建築。

**廣仁王廟正殿**　位於山西省芮城縣城北 4 公里的龍泉村土崗上。俗稱五龍廟，因廟內供奉水神，封號「廣仁王」，故又稱廣仁王廟。創建年代不詳，唐大和 5 年（831 年）建正殿。

　　廟座北朝南，中軸線建有戲台、正殿。正殿面闊 5 間，進深 4 椽，單檐歇山頂，平面呈長方形。四椽栿通達前後檐外製成華栱。檐柱上僅施欄額，不設普柏枋，轉角處闌額不出頭。柱頭斗栱五鋪作雙抄偷心造，設柱頭斗栱而不施補間斗栱，屋頂舉折平緩，殿內無柱，樑架全部露明，結構簡練，是國內現存唐代木結構建築之一。廟內正殿現存唐碑 2 通。

廣仁王廟大殿轉角斗栱結構

廣仁王廟唐《龍泉之記碑》

# 建築遺珍

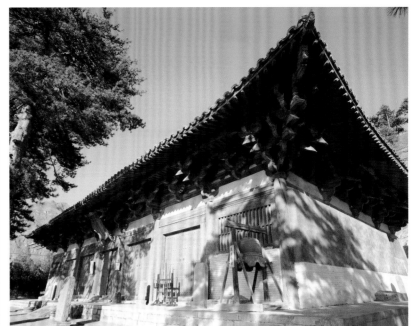

佛光寺東大殿外檐斗栱及門前的唐
代經幢

**佛光寺東大殿**　位於山西省五台縣豆村鎮佛光山腰。創建於北魏孝文帝時期（471 年—499 年），唐武宗會昌 5 年（845 年）滅佛時被毀，大中 11 年（857 年）重建，現存東大殿保留了唐代原貌，是中國早期殿堂式木構建築的典範。

寺座東朝西，建築依山而建，共有殿、堂、樓、閣 120 餘間。東大殿面闊 7 間，進深 8 椽，單檐廡殿頂。殿身施檐柱和內柱各一周，檐下斗栱龐大肥碩。殿內上部設平闇，樑架分為明栿和草栿 2 種。全部結構是以材分為基本模數建造的，是唐代木構建築發展成熟的標誌。殿內佛壇分列彩塑 30 餘尊，與栱眼壁及明間佛座保存的壁畫，均為唐代原物。寺內保存有北朝時建造的祖師塔 1 座，唐代經幢 2 座，金建文殊殿 1 座及殿內金代彩塑 6 尊。寺外存有唐至金代墓塔 7 座。

**天臺庵正殿全景**　山西省長治市平順縣。建於唐哀帝天祐 4 年（907 年）

**參考文獻：**

1. 梁思成、林徽因：《中國建築史》，北京：百花文藝出版社，1985 年。
2. 梁思成：《圖像中國建築史》，北京，三聯書店，2011 年。

河北省正定縣開元寺鐘樓（左）及須彌塔（右）

183

# 廣州 南海神廟

## ——海上絲路的重要史蹟

廣州南海神廟內的南海神兼南嶽神祝融神像

南海神廟是中國古代帝王祭海的場所,是中國唯一完整保存的一座四海神廟。

中國南海海上交通始於西漢,盛於唐宋,東起廣州,西至東非;明清以降,遠達歐美。今廣州東郊黃埔廟頭村前,乃古之扶胥口黃木灣,地處珠江出海口,水域深廣,環境優良,為唐宋時期世界著名之東方大港。隋開皇14年(594年)於此建南海神廟,奉祀南海神祝融,祈求波澄萬里,庇佑海事平安。

南海神廟一景

南海神廟的建立,是與南北朝以來,廣州地區相對穩定,經濟發展較快,海上交通貿易頻繁有密切關係。當時,中國和西方各國的交往,除了西北陸上絲綢之路外,海上交通急劇發展,不少海外商賈、僧人等乘舟從海上來華,中國海舶亦出洋到南洋諸國。由於海上風雲變幻莫測,祈求海神保護的願望也與日俱增,隋文帝楊堅下詔建南海神廟,可以說是水到渠成,適應了當時民間和官府的需要。

清初嶺南三大家之一的屈大均在《廣東新語》中說:「南海之帝實祝融。祝融火帝也,帝以南嶽,又帝以南海……故祝融兼為火水之帝。其都南嶽,故南嶽主峰名祝融,其離宮在扶胥。(廣州珠江口的扶胥鎮(今黃埔島廟頭村))」所以,著名的韓愈《南海神廣利王廟碑》云:「南海陰墟,祝融之宅。」

南海神廟康熙皇帝御筆的「海不揚波」坊

參考文獻:

1.編寫組:《南海神廟》,廣州,廣東地圖出版社,1992年。
2.《重修南海神廟碑記》,1991年1月。

# 南嶽衡山

## ——天下南嶽

南嶽衡山最高峰——祝融峰

杜甫〈望嶽〉詩
「南嶽配朱鳥　秩祀自百王
祝融五峰尊　峰峰次低昂」

衡山，有 72 座山峰，散布在衡陽、衡山、衡東、長沙、湘潭諸縣，方圓 800 里，南以衡陽回雁峰為首，北以長沙嶽麓山為足。以祝融峰為中心，分布在祝融峰前者 16 峰，峰後者 13 峰，峰左者 12 峰，峰右者 19 峰，峰東者 6 峰，峰北 4峰，峰南 1 峰。其中高峰有 5 座（祝融峰、紫蓋峰、芙蓉峰、石廩峰、天柱峰），以祝融峰最高，海拔 1,290 公尺。

上古時代在中華民族建國始祖黃帝的身邊，有一位很有才幹的大臣祝融氏，因為他能「以火施化」，黃帝命他為「火正」官，主管火務，又因他熟悉南方情況，黃帝又委以「司徒」重任，派他主管南方事務。他在主事期間，曾以衡山為「棲息之所」，並祭過南嶽。祝融死後，人們把他葬於衡山最高峰，峰以他的名字命名，從此就有了祝融峰。並以它為中心，周圍環拱 72 峰，統稱南嶽衡山。虞舜南巡，會諸侯於此，舉行過望祭之禮，在紫蓋峰上留有一個寶露壇。夏禹南下治水，奠定河川，駐蹕衡山並登臨南嶽數峰。

南嶽廟欞星門

南嶽，遍布寺、廟、庵、觀，是中國佛教叢林和東南亞的佛教聖地。在南嶽鎮就有宮殿式大廟，供奉嶽神。鎮東南方有祝聖寺。半山密林深處有號稱「六朝古剎，七祖道場」的福嚴寺。有日本佛教曹洞宗的祖庭南台寺。有晉代被封為「南嶽夫人」的道姑魏華存誦經成仙的黃庭觀。有被道家稱為第 22 福地的光天觀。還有山高、石奇、泉清、樹古的高台寺。有坐落在深山幽谷、月明風清的方廣寺。藏有明太祖所賜《大藏經》而得名、風景清雅的藏經殿。有杉、松、楓、柏交相掩映的廣濟寺。有虯枝巨幹、玉蘭芳香數里的鐵佛寺等等。

**南嶽廟正殿**　南嶽大廟位於湖南衡陽市衡山腳下的南嶽鎮北。為奉祀衡山之神南嶽大帝之廟宇。始建年代不詳。據唐·李沖昭《南嶽小錄》記載，衡山原有祝融廟，在祝融峰頂，隋代移於山下。據《南嶽志》記載，唐初，在廟內建了 1 座霍王殿；開元 9 年（721 年），玄宗為南嶽神加「司天王」封號，13 年（725 年），廟內再建一座真君祠，宋大中祥符 5 年（1012 年）建造後殿，後屢經重建和擴修，規模漸大。南嶽現存建築係清光緒 8 年（1882 年）重修，由南至北共有殿宇 9 進。

參考文獻：

1. 王俞編著《天下南嶽》，北京，中國旅遊出版社，1984 年。
2.〈衡山南嶽大廟〉，蓬瀛仙館道教文化中心資料庫。

# 蘇州

**楓橋夜泊**

張繼

月落烏啼霜滿天，
江楓漁火對愁眠。
姑蘇城外寒山寺，
夜半鐘聲到客船。

寒山寺，在現在的江蘇蘇州市西楓橋頭，始建於梁天監年間（502—519 年）初名妙利普明塔院。相傳唐貞觀年間（627—649 年）高僧寒山拾得曾在此住持，遂更名寒山寺，屢建屢毀。清咸豐 10 年（1860 年）全寺再燬於戰火，現存建築均為清末重建。

鐘樓

大鐘 光緒 30 年（1904 年）寒山寺重建時，仿舊寺鐘式樣，新鑄一口大鐘

寒山寺附近的古橋

現代新建的寒山寺塔 仿唐式塔

# 長安 大興善寺
## ——漢傳密宗（唐密）祖庭

　　大興善寺在西安市南門外 2.5 公里的長安北路西側，相傳建於晉武帝泰始至太康年間（265—289 年），是西安市現存歷史最悠久的佛寺之一。隋文帝楊堅開皇年間擴建，並改名為大興善寺。寺內殿宇高大，僧徒眾多，為長安城內皇室寺院規模之最，被稱為「國寺」，佛殿制度與皇城的太廟相同。國外傳法的僧侶，也多在寺內翻譯佛教經典，如印度高僧那連提黎耶舍、闍那崛多、達摩笈多等人，都曾在寺內翻譯佛經，總計譯經 59 部，278 卷。大興善寺也就成了當時長安翻譯佛經的 3 大譯場之一。唐玄宗開元年間，印度僧人善無畏（637—735 年）、金剛智（669—741 年）、不空，即「開元三大士」先後在該寺傳授佛教密宗教義。特別是不空和尚在這裡廣傳法戒，並譯成《密嚴仁王》等經 77 部，成為著名的密宗大師。當時日本學問僧空海來大唐求法，師從不空大師的弟子惠果大師，學成回國之後在日本平安京（今京都）建立東大寺，開創了日本佛教的密宗，並創造日本文字，號稱弘法大師。這一個宗派至今依然鼎盛；因此，大興善寺也被認為是日本密宗祖庭。而善無畏、金剛智仰慕洛陽龍門山水，善無畏圓寂後葬龍門西山北廣化寺，金剛智圓寂，後葬於龍門西山南崗。

大興善寺山門

大興善寺大雄寶殿

# 長安
## 青龍寺

惠果像

青龍寺位於唐長安城新昌坊東南隅的樂遊原上（今西安城東南3公里的鐵爐廟村），北對興慶宮與大明宮，南望千峰堆翠的終南山，俯視煙火明媚，林木蔥鬱的曲江、杏園、慈恩寺等，京師勝景名蹟，盡收眼底。是登高遠眺的好地方。李商隱的「向晚意不適，驅車登古原。夕陽無限好，只是近黃昏」，就是吟詠這裡的。詩人白居易、舒元輿等都曾在青龍寺北居住過。白居易的〈青龍寺早夏〉詩裡，便有「丹鳳樓當後，青龍寺在前。市街塵不到，宮樹影相連」的句子，對青龍寺的地勢和風景都作了形象的描繪。

空海像

青龍寺始建於隋開皇2年（582年），初名靈感寺。當時隋在興建大興城（今西安市）之前先清理新址，遷葬原有墳墓，又為超渡這些亡靈，於是建此寺。唐景雲2年（711年）改名青龍寺。唐時高僧惠果主持該寺，在得到不空傳授的基礎上，創立了與印度密宗有別、具有中國特點的唐密體系。惠果在唐代宗、德宗、順宗3朝被尊為國師，他的弟子遍及海內外，其中日本弟子空海受教回國後，成為日本東密（真言宗）的創始人，訶陵國（今印尼爪哇島）僧人辨弘，新羅僧人惠日、悟真也曾師從惠果法師，學習密宗教法。因此，青龍寺盛名遠播海外。青龍寺在北宋至明中期被毀廢。中國科學院考古研究所唐城工作隊於1963年代進行勘察，確定了青龍寺遺址的位置，於1974年1979年進行發掘，發現了大量文物。1982年遺址區先後建立了惠果空海紀念堂、空海紀念碑。

青龍寺　惠果、空海紀念堂

◀▶青龍寺考古出土文物

青龍寺空海紀念碑

日本京都東寺講堂

▼日本京都東寺（教王護國寺）金堂　日本國寶　1603 年（桃山時代）重建。東寺是 8 世紀桓武天皇遷都平安京（京都）時所建，823 年嵯峨天皇將東寺賜予從中國歸來的弘法大師空海。寺內有南北朝時代的御影堂、安土桃山時代的南大門和金堂，江戶時代的五重塔，以其 56.4 公尺的高度不僅在日本首屈一指，而且成了京都的象徵。

# 泰山

## ——中國歷代帝王東封祭天地

作者謝敏聰攝於泰山絕頂　1995 年 4 月

　　泰山又名岱宗，是中國的聖山，古代皇帝祭天舉行「封禪」的地方。古稱東嶽，聳立在山東省泰安市北邊 2.5 公里的雲外。自古與華山、恆山、衡山、嵩山合稱五嶽，而東嶽最受重視。

　　泰山總面積達 426 平方公里，主峰海拔 1,545 公尺，巍然立於山東中部，有「擎天捧日」之姿，形勢雄偉，氣象萬千。孟子曾說：「孔子登東山而小魯，登泰山而小天下。」（《孟子·盡心 上》）

　　《史記·封禪書》引《管子·封禪篇》記載，傳說古史上曾有 72 君到泰山燔柴祭天。根據可靠的記載，首次封禪的應為秦始皇。以後的秦二世、漢武帝乃至唐玄宗、宋真宗，封禪典禮都極為隆重。南宋時代，因疆土未達山東，封禪典禮停止。元朝蒙古族對漢人的典章制度不甚熟悉；明代初年洪武、永樂二帝忙於軍事、政務，無暇封禪，以後遂相沿成制。清代康熙帝 2 次登泰山；乾隆帝 11 次御駕泰安，6 次登上泰山，祭廟但沒封禪。

　　歷代在泰山的封禪地點：祭天，秦始皇、漢武帝登封於玉皇頂；唐、宋則傳在日觀峰西的登封壇。祭地則秦始皇禪梁父山；漢武帝禪蒿里山、石閭山；唐玄宗、宋真宗均禪社首山。

　　「封禪」的文物曾數度出土於後代，如：

由泰山南天門下望

　　明洪武元年（1368 年），居民於泰山頂日觀峰得一玉匣，內裝玉簡 16 片，刻文記載宋真宗祭祀泰山之事。明成化 18 年（1482 年）秋，大雨曾沖出過玉簡。清乾隆 12 年（1774 年）12 月 14 日，有人於此鑿石，又得玉匣 2 只，內裝玉簡，金繩封閉，其一為宋真宗登封玉冊，共 17 簡，每簡字一行。

　　民國 20 年（1931 年），在蒿里山與社首山之間清理戰場時，在一座被燬的閻王廟（又稱蒿里山神祠，即森羅殿，內祀酆都大帝及冥府 75 司）下掘地時，發現了唐玄宗及宋真宗禪地祇用的石函及玉冊，今珍藏於台北故宮博物院。

## 泰山神靈

　　泰山一地不但是仙界，而且也是鬼界，泰安城則是人界，顧炎武《日知錄》卷 30，即有「泰山治鬼」專章討論。顧炎武說：「泰山的仙論起源於周朝末年，而鬼論起源於東漢末年」。另宋、明以後泰山主祀天仙玉女──碧霞元君。《博物志》說：「泰山又名天孫，即為天帝之孫，主召人魂魄。」又《後漢書・方術傳》：「中國人死者魂神歸泰山。」又《三國志・管輅傳》：「泰山治鬼。」

　　2,000 多年來，泰山成了儒、釋、道三教的天下。泰山頂上有孔子廟；經石峪有大字鼻祖之稱的《金剛般若經文》石刻；岱頂有玉皇殿、碧霞元君祠，泰山山麓「岱宗坊」東邊有酆都廟（即鬼城廟，內祀酆都大帝配以冥府十王，此廟今已拆除），禪地祇所在的蒿里山，山的名稱「蒿里」即漢代的輓歌（送葬曲）。

**泰山南天門**　由天街看南天門。泰山的山頂上象徵「天上之城」，有東、西、南、北 4 天門。南天門海拔 1,460 公尺。石砌拱形門洞，上覆樓閣 3 間，重檐歇山頂，黃琉璃瓦覆蓋，氣勢雄偉。元代中統 5 年（1264 年）道士張志純創建，門額題「摩空閣」3 個大字。

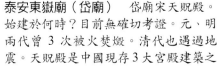

**泰安東嶽廟（岱廟）**　岱廟宋天貺殿。始建於何時？目前無確切考證。元、明兩代曾 3 次被火焚燬。清代也遇過地震。天貺殿是中國現存 3 大宮殿建築之一。

▲泰山大觀峰石刻　大觀峰削壁為碑，題刻遍布，字體各異，洋洋大觀。圖最右邊為唐玄宗御書《紀泰山銘碑》古人評論：「蓋自漢以來碑碣之雄壯未有及者」。史載：「舊填金泥，元時錯落。每當晴朗時，自南數10步望之，字裡行間光彩照灼。」左邊「雲峰」2字為清康熙皇帝御筆。

一天門　入盤道的大門──「一天門」，門北有一石坊，刻著「孔子登臨處」，石坊北邊又有一懸崖，壁上有兩個朱紅大字「紅門」。紅門北邊為「萬仙樓」，樓中奉祀王母，配以列仙。

經石峪　此乃1,400年前古人在崖壁上所刻的《金剛經》文。《金剛經》就是《金剛般若波羅蜜經》，經石峪原刻了2,000多字，現僅存1,067字，每字大約50公分見方，篆隸兼備，書法遒勁，無年款與刻書者姓名，一般認為出自北齊人之手，這些刻經有大字鼻祖之稱。

《東嶽大帝啟蹕回鑾圖》（部分）應為封禪大典歷史場景的寫實紀錄。（資料照片）。（取自美乃美《中國佛教の旅》）。

　　「封」是在泰山頂上築土為壇以祭天，岱頂的登封壇有兩處，一在今玉皇頂，另一在日觀峰附近；「禪」是在泰山下附近的小山梁父山（或在社首山、蒿里山，按：梁父山在大汶口東南 15 公里，平衍突出。蒿里山在泰安市西南，山坡不平坦，高 198 公尺，面積27.7 公頃，南向。梁父山則為東向。）的山上，除土為禪以祭地，用以報答天地的勳功。

泰安市區及泰山、渿河。泰安市在泰山南麓，已發展成現代化的大城市。泰山不但是仙界，也是鬼界，泰安城則為人界。圖中可見流經泰安的渿河。今僧道作法事，常有渿河橋。

泰山學權威李繼生教授（右）與作者（左）攝於蒿里山唐玄宗、宋真宗禪地祇玉冊出土地點。2011 年1 月 19 日

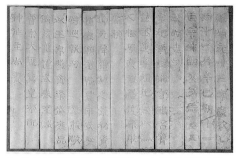

台北故宮博物院珍藏唐玄宗禪地祇玉冊

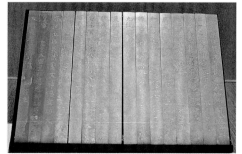

台北故宮博物院珍藏宋真宗禪地祇玉冊

參考文獻：

1. 李繼生：〈蒿里山今昔〉，《故宮文物月刊》，1992 年 1 月。

2. 謝敏聰：〈泰山〉，台北，《牛頓雜誌》180 期，1998 年5 月號。

# 第 9 章

# 五代、宋朝

## ——中國本位文化的成熟

五代　公元 907 年—960 年

宋朝　公元 960—1279 年

**開封鐵塔**　為中國現存最高大的琉璃塔。它是開封的象徵。設計科學，樣式美觀，結構嚴謹，裝飾華美。

　　北宋仁宗於皇佑元年（1049 年）下詔重建開寶寺塔（即今鐵塔），針對原木塔不易防火和不耐風雨侵蝕的缺點，設計出仿木結構的琉璃磚瓦構件，近似鐵色，故名鐵塔。平面呈 8 角形，13 層，高 55.08 公尺。

　　鐵塔建成至今已超過 960 年，經歷地震 43 次，冰雹 10 次，暴風 19 次，水患 6 次均安然無恙。

　　1938 年 5 月，中日戰爭，日軍攻擊開封，鐵塔中彈數百發，飛機俯附塔頂，寶瓶中彈 62 發，鐵塔仍巍然屹立。

　　英國的史學家湯恩比：「如果讓我選擇，我願意活在中國的宋朝。」宋朝是中國近世的開始，也是現代化的開始；舉凡活字版印刷、指南針、火藥、紙鈔流通、國際貿易、長條街道的現代都市形狀、夜市、……，均在宋代發明、形成、廣泛運用。當時汴京居民約 100 萬人，這時的羅馬城約有 5 萬居民。

# 五代大事編年

| 公元紀年 | 王朝紀年 | 大事記 |
|---|---|---|

## (一)後梁

| | | |
|---|---|---|
| 907 年 | 太祖開平元年 | 朱全忠篡唐。前蜀建國。 |
| 909 年 | 太祖開平 3 年 | 閩建國。 |
| 910 年 | 太祖開平 4 年 | 吳建國。 |
| 916 年 | 末帝貞明 2 年 | 契丹耶律阿保機稱帝。 |
| 917 年 | 末帝貞明 3 年 | 南漢建國。 |

## (二)後唐

| | | |
|---|---|---|
| 923 年 | 莊宗同光元年 | 李存勗滅後梁。 |
| 925 年 | 莊宗同光 3 年 | 滅前蜀。 |
| 927 年 | 明宗天成 2 年 | 楚建國。 |
| 933 年 | 明宗長興 4 年 | 後蜀建國。 |

唐莊宗像　台北，故宮博物院藏

福州閩王祠山門

福州閩王祠正殿

閩王王審知（862—925 年），五代時閩國的建立者。公元 909—925 年在位。字信通，光州固始（今屬河南）人。唐末，從其兄王潮起兵，入據福建。王潮死後，他繼任威武軍節度使，盡有今福建之地。後梁開平 3 年（909 年）封為閩王。

## ㈢後晉

| | | |
|---|---|---|
| 936 年 | 高祖天福元年 | 契丹立石敬瑭為晉帝，晉割燕雲 16 州予契丹。 |
| 937 年 | 高祖天福 2 年 | 南唐建國。吳亡。 |
| 938 年 | 高祖天福 3 年 | 契丹定今北京市為南京，為近世建都北京之始。 |
| 945 年 | 出帝開運 2 年 | 南唐滅蜀。 |
| 946 年 | 出帝開運 3 年 | 遼陷大梁。 |

## ㈣後漢

| | | |
|---|---|---|
| 947 年 | 高祖天福元年 | 劉知遠稱帝。契丹改國號為遼。 |
| 950 年 | 隱帝乾祐 3 年 | 郭威篡漢。 |

## ㈤後周

| | | |
|---|---|---|
| 951 年 | 太祖廣順元年 | 北漢建國。南唐滅楚。 |
| 951 年 | 太祖廣順 3 年 | 《九經》雕版成。 |
| 954 年 | 世宗顯德元年 | 破北漢及遼於高平（今山西高平市） |
| 959 年 | 世宗顯德 6 年 | 伐遼。帝卒，子恭帝立。 |

**河南安陽天寧寺塔**　始建於五代後周廣順 2 年（952 年），此塔係磚木結構，高 38.65 公尺，共分 5 層，上大下小呈傘狀，塔體為八角形，塔身八面為磚雕佛傳故事。

▲後周太祖郭威墓（河南新鄭市）

**山西平順縣大雲院大佛殿**　五代後晉天福 5 年（940 年）建，照片中的人物為蕭慧權老師。

南唐二陵之一烈祖李昇欽陵外景　南京市江寧縣

**南唐欽陵地宮**　前中 2 室用磚造，後室用石造，有石刻浮雕。

# 兩宋大事編年

| 公元紀年 | 王朝紀年 | 大事記 |
|---|---|---|
| 960 年 | 宋太祖建隆元年 | 趙匡胤在陳橋驛發動兵變，廢周恭帝自立，建立宋朝。媽祖林默娘生。 |
| 963 年 | 宋太祖建隆 4 年 | 《宋刑統》頒行天下。它是中國歷史上第一部朝廷鏤板印刷的法典，反映宋朝雕版印刷業的繁盛。石恪繪《二祖調心圖》。 |
| 964 年 | 宋太祖乾德 2 年 | 宋朝實行茶葉專賣，為政府帶來龐大收入。茶在宋朝已成為生活必需品。 |
| 965 年 | 宋太祖乾德 3 年 | 滅後蜀。 |
| 969 年 | 宋太祖開寶 2 年 | 馮繼昇向朝廷獻「火藥箭」法。 |
| 971 年 | 宋太祖開寶 4 年 | 擴建河北正定隆興寺，鑄造大悲閣巨型千手千眼觀音銅像。在廣州設立市舶司。 |
| 973 年 | 宋太祖開寶 6 年 | 《開寶本草》成書。 |
| 975 年 | 宋太祖開寶 8 年 | 滅南唐。 |
| 976 年 | 宋太祖開寶 9 年 | 朱洞創立嶽麓書院。北宋私人書院勃興，成為辦學的重要方式。 |

宋太祖趙匡胤（927—976 年） 宋王朝的建立者。公元 960—976 年在位。涿州（今河北涿縣）人。後周時任殿前都點檢，公元 960 年發動陳橋兵變，即帝位，國號宋。先後攻滅荊南、湖南、後蜀、南漢、南唐諸國，加強對契丹的防禦。同時，削奪禁軍將領和藩鎮兵權；陸續派文臣帶京官銜外出，代軍人掌握地方行政；並另遣使臣分掌地方財政，加強中央集權。設副相（參知政事），並以樞密使掌兵，三司使理財，分散宰相的權力。又興修水利，鼓勵開墾荒地，整治以汴梁為中心的運河，以增加賦稅收入和轉輸能力。他的政治措施，加強了專制主義中央集權的統治。其重文輕武、偏重防內的方針，對形成宋朝積弱的局面。

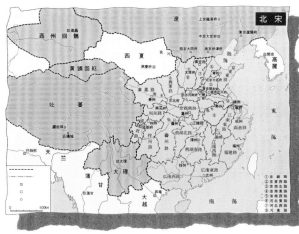

北宋疆域圖（地圖引自陳舜臣監修：《中國歷史紀行 宋・元》東京，學習研究社。）

五代、北宋故宮遺址 開封市龍亭

| 977 年 | 宋太宗太平興國 2 年 | 郭忠恕卒。恕擅畫界畫，傳世名蹟有〈雪霽江行圖〉。 |
| 978 年 | 宋太宗太平興國 3 年 | 宋建崇文院以貯圖書；翌年再建太清樓藏御製及四部群書。陳洪進獻泉州、漳州。吳越王納土歸宋。 |
| 979 年 | 宋太宗太平興國 4 年 | 宋滅北漢，中國再次統一。<br>宋軍攻遼，在幽州高梁河（今北京西直門外）慘敗。<br>保生大帝吳本生。 |
| 986 年 | 宋太宗雍熙 3 年 | 宋軍伐遼大敗，名將楊業陣亡。宋朝從此在軍事上採取守勢。 |
| 992 年 | 宋太宗淳化 3 年 | 翰林醫官院成立。 |
| 1000 年 | 宋真宗咸平 3 年 | 范寬繪〈谿山行旅圖〉。 |
| 1001 年 | 宋真宗咸平 4 年 | 夏趙保吉（李繼遷）反。 |
| 1004 年 | 宋真宗景德元年 | 遼大舉攻宋，1005 年 1 月雙方訂立《澶淵之盟》，宋朝開始向北方民族政權交付歲幣。 |
| 1006 年 | 宋真宗景德 3 年 | 宋史記載豺狼座超新星爆發。 |
| 1007 年 | 宋真宗景德 4 年 | 宋廷命畫工分詣諸道繪山川形勢圖，2 年後完成，計 1,566 卷。燒製影青瓷器的昌南鎮，改名為景德鎮。 |
| 1012 年 | 宋真宗大中祥符 5 年 | 宋朝把福建的占城稻，推廣到江淮、兩浙種植。 |
| 1015 年 | 宋真宗大中祥符 8 年 | 宋廷下詔修崇文院秘閣藏書目錄，費時 25 年乃成，即《崇文總目》凡 30,669 卷。 |
| 1023 年 | 宋仁宗天聖元年 | 益州設立交子務，發行世界上最早的紙幣——交子。 |

漳州白礁慈濟宮保生大帝廟

江西廬山蓮花峰下的愛蓮池　周敦頤（1017—1073 年），為宋代理學之開山祖師。以所居名濂溪，學者稱為濂溪先生。當時不少著名之理學家，或出其門下，或受其影響，輾轉相傳，理學遂大盛。著有太極圖說及通書等。頤曾知南康軍，因家廬山蓮花峰下，頤對蓮花特別愛好，〈愛蓮說〉一篇，尤為後世所傳誦。論者以濂溪先生所作〈愛蓮說〉，乃能在哲理中顯出逸趣，更能寫出心境澄澈空明。所謂貧賤不能移，富貴不能淫，處世靜虛通順，心不窒，行不邪，則終將獲譽也。誠可作後學明德洗心之助。

河北定州市開元寺塔　為中國現存最高的磚塔，建於北宋咸平 4 年（1001年），至和 2 年（1055 年）始成，高 84 公尺，因定州在北宋時為抗遼的最前線，此塔又稱斜敵塔。

199

| 1038 年 | 宋仁宗寶元元年 | 夏趙元昊稱帝。 |
|---|---|---|
| 1043 年 | 宋仁宗慶曆 3 年 | 宋立經、史、子、集 4 門學。 |
| 1045 年 | 宋仁宗慶曆 5 年 | 平民畢昇發明膠泥活字版。 |
| 1049 年 | 宋仁宗皇祐元年 | 開封「鐵塔」建成，它是中國現存最早的琉璃磚塔。 |
| 1051 年 | 宋仁宗皇祐 3 年 | 程頤入太學講學，理學從此大盛。 |
| 1057 年 | 宋仁宗嘉祐 2 年 | 宋朝設立校正醫書局，它是世界上最早的國家衛生出版局。 |
| 1061 年 | 宋仁宗嘉祐 6 年 | 崔白繪〈雙喜圖〉。 |
| 1069 年 | 宋神宗熙寧 2 年 | 宋神宗任用王安石進行變法。 |
| 1072 年 | 宋神宗熙寧 5 年 | 郭熙繪〈早春圖〉。 |
| 1074 年 | 宋神宗熙寧 7 年 | 沈括提舉司天監，製渾儀、浮漏成，有《夢溪筆談》傳世。 |
| 1082 年 | 宋神宗元豐 5 年 | 蘇軾寫〈黃州寒食詩卷〉。 |
| 1084 年 | 宋神宗元豐 7 年 | 司馬光的史學名著《資治通鑑》編撰完成。 |
| 1086 年 | 宋哲宗元祐元年 | 蘇頌開始建造水運儀象台，這是世界上最早的綜合性天文台。 |
| 1088 年 | 宋哲宗元祐 3 年 | 米芾寫〈蜀素帖〉。 |
| 1100 年 | 宋哲宗元符 3 年 | 李誡（字明仲）完成建築學名著《營造法式》。 |
| 1101 年 | 宋哲宗元符 4 年 | 宋徽宗設翰林圖書院，大修宮觀，令蘇、湖二州採太湖石。 |
| 1115 年 | 宋徽宗政和 5 年 | 女真族完顏阿骨打稱帝，建國號金。 |
| 1120 年 | 宋徽宗宣和 2 年 | 《宣和畫譜》成書。 |
| 1125 年 | 宋徽宗宣和 7 年 | 金滅遼。金侵宋，攻占燕山府。 |
| 1127 年 | 宋欽宗靖康 2 年 | 金兵攻陷開封，北宋滅亡，是為「靖康之難」。 |

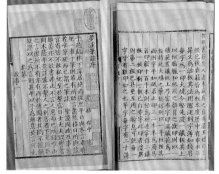

科學家沈括的鉅著《夢溪筆談》 右頁為書中有關畢昇發明膠泥活字版的記載。國家圖書館藏。

廣州市中心的六榕寺花塔　北宋紹聖 4 年（1097 年）重建，高 57 公尺，8 角 9 級，保留了宋代建築的形式和風格。

李誡（字明仲）中國古建築的鉅著《營造法式》書影

揚州平山堂 揚州平山堂。平山堂是北宋慶曆8年（1048年）文學家歐陽修任揚州太守時所建，坐在堂內，南望江南遠山正與堂欄相平。歐陽修常在這裡宴客、賞景、作詩。歷代加以重修，現在的堂屋是清朝同治年間（1862—1874年）重建。

臺中市自然科學博物館複製的水運儀象臺
照片為局部

濟南大明湖漱玉泉

濟南大明湖南豐祠

曾鞏像 曾鞏為唐宋八大家之一。山東濟南大明湖南豐祠。

李清照像 李清照紀念堂在山東濟南市趵突泉公園內漱玉泉北。李清照（1084—約1151年）號易安居士，濟南人，宋代著名女詞人。工詩文，善書畫，還協助其夫趙明誠編著《金石錄》；尤以詞的成就最大，為婉約派之宗。所作詞6卷、文集7卷，多已散佚。今傳後人輯錄的《漱玉詞》。傳說她的故宅在漱玉泉、柳絮泉附近，常對泉梳妝。清田雯〈柳絮泉訪李易安故宅〉詩云：「跳波濺客衣，演漾回塘路。清照昔年人，門外垂楊樹。沙禽一隻飛，獨向前洲去」。

| | | |
|---|---|---|
| 1127 年 | 宋高宗建炎元年 | 金擄宋徽宗、欽宗,宋高宗即位於南京(今河南商邱市)。金分路南侵。 |
| 1127 年 | 宋高宗建炎元年 | 李唐卒,傳世畫蹟有〈萬壑松風圖〉、〈採薇圖〉等。 |
| 1130 年 | 宋高宗建炎 4 年 | 楊么起事時,運用了巨型車船與宋軍在洞庭湖激戰。 |
| 1134 年 | 宋高宗紹興 4 年 | 韓世宗敗金兵於大儀。 |
| 1135 年 | 宋高宗紹興 5 年 | 米友仁繪〈瀟湘奇觀圖卷〉。 |
| 1137 年 | 宋高宗紹興 7 年 | 金廢偽齊帝劉豫。 |
| 1138 年 | 宋高宗紹興 8 年 | 南宋正式定都臨安,促進了杭州的發展。 |
| 1140 年 | 宋高宗紹興 10 年 | 岳飛破金兵於郾城。 |
| 1141 年 | 宋高宗紹興 11 年 | 岳飛被誣下獄。<br>南宋與金達成〈紹興和議〉,兩國東以淮水,西以大散關為界,以後宋軍憑秦嶺布防,藉西北以屏障東南。 |
| 1147 年 | 宋高宗紹興 17 年 | 孟元老撰《東京夢華錄》,書中詳述北宋開封的風貌。 |
| 1153 年 | 宋高宗紹興 23 年 | 金遷都燕京。 |
| 1161 年 | 宋高宗紹興 31 年 | 盧允文敗金兵於采石。鄭樵著成《通志》。 |

南宋、金的國界▲東以淮水、▼西以大散關為界

宋高宗像　台北故宮博物院藏。宋高宗(1107—1187年)趙構　南宋皇帝。徽宗子。1127—1162 年在位。初封康王。徽欽二宗被俘後在南京(今河南商邱)即位,南遷揚州;繼又渡江而南,建都臨安(今浙江杭州)。他以全力鎮壓鍾相、楊么等農民軍,曾用岳飛、韓世忠等抗金,而終以求和為主。後用秦檜設計收大將兵權,殺害岳飛,割棄秦嶺、淮河以北土地,向金稱臣納貢。紹興 32 年(1162 年)傳位於趙昚(孝宗)。

浙江紹興市宋六陵遺址

浙江紹興市宋六陵遺址

| 1164 年 | 宋孝宗隆興 2 年 | 宋伐金敗績。宋金議和，仍以淮水為界。 |
| 1175 年 | 宋孝宗淳熙 2 年 | 朱熹、陸九淵相會於信州鵝湖寺，進行了哲學史上著名的論爭——鵝湖之會。 |
| 1176 年 | 宋孝宗淳熙 3 年 | 袁樞撰《通鑑紀事本末》，創史學紀事本末體。 |
| 1179 年 | 宋孝宗淳熙 6 年 | 朱熹重建白鹿洞書院，制訂《白鹿洞書院學規》，對後世教育產生深遠影響。白鹿洞書院亦成為傳播理學的中心。 |
| 1183 年 | 宋孝宗淳熙 10 年 | 李燾撰《續資治通鑑長編》，此書詳細記載了北宋的歷史。 |
| 1190 年 | 宋光宗紹熙元年 | 朱熹的《四書集注》首次刊行。<br>黃裳向朝廷進獻〈天文圖〉。此圖在 1247 年刻在蘇州的石碑上。 |
| 1199 年 | 宋寧宗慶元 5 年 | 楊忠輔制訂《統天曆》定回歸年長度為 365.2425 日，這是當時世界上最準確的數值。 |
| 1210 年 | 宋寧宗嘉定 3 年 | 愛國詩人陸游卒。 |
| 1235 年 | 宋理宗端平 2 年 | 蒙古軍首次大規模攻宋。 |
| 1237 年 | 宋理宗嘉熙元年 | 陳自明編成婦科專著《婦人良方大全》。 |
| 1247 年 | 宋理宗淳祐 7 年 | 宋慈的法醫學名著《洗冤集錄》頒行全國。 |
| 1249 年 | 宋理宗淳祐 9 年 | 始於 1179 年的大足寶頂山摩崖造像工程，在此年完工。 |
| 1259 年 | 宋理宗開慶元年 | 宋軍發明新式管狀兵器突火槍，它是後世槍枝的雛型。 |
| 1273 年 | 宋度宗咸淳 9 年 | 元兵陷襄陽。 |
| 1276 年 | 宋端宗景炎元年 | 元兵陷臨安，虜宋恭帝。 |
| 1279 年 | 宋帝昺祥興 2 年 | 元兵陷厓山，宋亡。 |

作者恩師錢穆院士的墨寶

金門浯江書院大門

金門浯江書院內的朱子祠

金門浯江書院內的講堂

文天祥石刻像 北京文天祥祠內

203

# 正定

## ——千年古縣

東晉穆帝永和 8 年（352 年），前燕大將慕容恪為討伐魏冉閔，在滹沱河北岸建立起一座軍事城堡，起名為安樂壘，是為正定城的起源。

唐開元 22～24 年（734～736 年）期間，邊塞詩人高適遊歷燕趙，來正定謁見本地官員韋使君，在《真定即事奉贈韋使君二十八韻》詩中，就驚嘆正定「城邑推雄鎮」了，「安史之亂」平息後，正定成為成德節度使的治所，此後 158 年間，這裡成為藩鎮勢力和唐朝中央政府分庭抗禮的割據地區。首任節度使李寶臣擴展了城池，至今矗立在正定城內的《大唐清河郡王紀功載政之頌碑》——俗稱風動碑，即記載此事。

到元代，正定城進一步繁榮。義大利著名旅行家馬可·波羅遊歷正定，盛讚正定「是一貴城。居民……使用紙幣，恃工商為生，饒有絲，以織金錦絲羅，其額甚巨。」

明正統 14 年（1419 年），都御史陸矩會、御史陳金增為加強正定城的防禦能力，開始疏濬護城河，修整城牆。他們將城池規模穩定在了周圍 24 里，牆高 3 丈、上寬 2 丈的形制上；隆慶 5 年（1571 年），知縣顧綬開始給城牆砌以磚石，歷時 6 年，到萬曆 4 年（1576 年）經知縣周應中的努力才全部完成。直到今天，我們看到的正定古城牆還保持著那時周圍 12 公里的規模，殘存的磚牆還是明代的遺物。正定的 4 座城門十分獨特，城門之外有甕城，連接甕城又有月城，出入正定城要過 3 道門。

正定古城南門——長樂門

南門甕城東部

趙雲廟　1997 年新建。清人徐珂所著《清稗類抄》云：「正定為漢南越王趙佗及順平侯故里」。

正定縣文廟大殿　梁思成先生考證為五代時期的建築，其形制與同時期的敦煌壁畫中建築同。正定縣文廟大成殿為中國現存文廟中最早的一座。

開元寺須彌塔（唐代）（左）、鐘樓（唐代）　其佈局體現了佛寺從早期以塔為中心，向後期以樓閣為中心的典型實例。

凌霄塔（唐至宋）　塔剎原為鐵鑄，塔身為磚木構架，為古代建築史提供研究獨特實例。

臨濟寺澄靈塔　唐咸通8年（867年）慧能第6代傳人義玄大師住此寺，塔為其葬處，為中、外佛教界視為臨濟宗的祖庭。

廣惠寺華塔　塔高40.5公尺，造型獨特，金代遺物。

隆興寺前照壁

日本京都金閣寺　臨濟宗的寺院。臨濟宗於南宋時傳入日本，信徒眾多。

參考文獻：

1. 中華人民共和國國家文物局主編：《中國歷史文化名城・三編》，上海，辭書出版社，2000年。
2. 郭開興編著：《正定大觀》，呼和浩特，內蒙古人民出版社，1999年。

# 正定 隆興寺

## 河北三寶之一（河北三寶為：滄州獅子、定州塔、正定縣裡的大菩薩）

　　隆興寺位於正定縣城內東門里街。隋開皇 6 年（586 年）創建，時稱龍藏寺。唐改龍興寺。寺內原有 4 丈 9 尺的銅鑄大悲菩薩，毀於五代。北宋開寶 2 年（969 年），宋太祖趙匡胤敕令於龍興寺重鑄大悲菩薩金身，開寶 4 年 7 月動工，8 年 11 月落成，而後修建大悲閣，並以此為主體，中軸線布局，形成一個規模宏大、南北縱深的長方形格局，成為「河朔名寺」。元代朝廷曾多次賜金重修，僧徒增多，規制完善，日漸隆盛。明代在原基礎上進行擴建，增建彌陀殿、藥師殿、淨業堂、祖師殿、伽藍殿和龍泉井亭等，清康、乾盛世，兩度奉敕大規模重修。康熙 47 年（1708 年）於寺之西側修建了行宮，52 年賜額「隆興寺」。寺占地 8.25 萬平方公尺，主要建築分布在南北中軸線及其兩側。南面迎門為琉璃照壁，自三路單孔石橋向北分別為天王殿，大覺六師殿（遺址），摩尼殿，戒壇，慈氏閣，轉輪藏閣，康熙、乾隆碑亭，大悲閣，御書樓（遺址），集慶閣（遺址），彌陀殿，龍泉井亭，毗盧殿。院落主次分明，錯落有致，為宋代佛寺建築總體布局的重要實例。寺內還薈集自隋唐以來的石刻、雕塑、壁畫等藝術珍品，均有較高歷史、藝術、科學價值。其中高 7 丈 3 尺的宋代銅鑄千手千眼觀音和明代懸塑五彩觀音、銅鑄毗盧佛像及隋龍藏寺碑等則為聞名中外的稀世珍寶。

▲隆興寺山門（即天王殿）　保存著宋代建築的風格和特點

▲摩尼（牟尼）殿　位於隆興寺中軸線前半部。是該寺主要建築之一。始建於北宋皇祐 4 年（1052 年），明、清大修，1977—1980 年進行落架復原性重修。殿平面為十字形，面闊 7 間，進深 7 間，前出寬大的月台，建築面積 1,400 平方公尺。殿身正中為重檐歇山頂，四面中間設山花向前的歇山式抱廈，以山面向前，建築主體富於變化，主次分明，形制頗為特殊，在中國宋代建築中，是僅有的一例。斗栱分布疏朗，數量多達 127 攢，式樣在五鋪作偷心造的總設計意圖指導下，富於變化。其中補間鋪作（除上檐當心間外）均用 45 度斜栱，是已知宋代建築中使用斜栱的最早實例。樑架採用八架椽屋前後乳栿用四柱的結構形式，柱有卷剎、側腳和生起，並運用金箱斗底槽的柱網布局。殿內佛壇上供 5 尊金裝彩塑像，正中釋迦牟尼坐像和侍立兩旁的迦葉、阿難為宋塑，兩旁為明塑文殊、普賢坐於蓮臺上。內槽背面通壁塑一五彩懸山，自在觀音踞坐正中。殿內四壁滿繪西方勝境、四十八願等以佛教故事為題材的壁畫，色彩絢麗，線條流暢。

▲隋代龍藏寺（今隆興寺）碑額　龍藏寺碑對後代書法、尤其是對唐代書法的影響十分巨大，起到了承前啟後的作用。碑自然保存了六朝碑刻的氣度，長橫平穩，末端略見隸書筆意，字形方整而稍扁。楊守敬論隋代書法「上承魏齊、下開唐代，合南北派為一」龍藏寺碑可為代表。康有為在《廣藝舟雙楫》中盛讚為「此六朝集成之碑，非獨為隋碑第一也。」其書體端莊與靈秀相結合，凝重而不板滯；蘊藉之中有俊逸，寬博與緊約相結合，疏朗而不鬆散；剛柔相濟，貌若溫和寧靜，行筆則剛勁放縱、翩翩有致。

▲隆興寺大悲閣　又名佛香閣、天寧閣。位於隆興寺中部。是寺內主體建築。北宋開寶 4 年（971 年）創建，歷代均有重修。現存大悲閣為 1944 年重修後規模。現閣高 32.2 公尺，為五重簷三層樓閣歇山頂式建築。閣內寬大的石須彌座上矗立一尊高 21.3 公尺的銅鑄千手千眼觀音像，共有 42 臂，除當胸合十兩臂外，餘均後換木質，手執日、月、淨瓶、寶鏡、金剛杵等物。像體纖細頎長，比例勻稱，衣紋流暢，富有宋代藝術風格。觀音及其下面的石須彌座均為樓閣創建時的重要遺物。閣內有樓梯直達頂層，可縱覽正定古城風光。

▲▼隆興寺一景

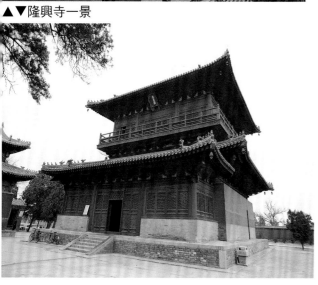

▲隆興寺毘盧殿　建於明代

參考文獻：

1.中國國家文物局編：《中國名勝辭典》，上海，辭書出版社，1986 年第 2 版。

2.《正定隆興寺》，北京，文物出版社，年。1986 年第 2 版。

# 莆田古城

福建省莆田市為一座千年古城,至今留有多項古代建築。

大陸很多古城因為城建的關係,很多未保存下來,即以河南登封縣城為例,先建新城區,然後將舊城居民、機關、單位、整體遷到新城,然後再將舊城平毀,莆田舊城區為比較少見較完整的明清城區。

現代化的莆田市中心

**古譙樓** 福建莆田市鼓樓。北宋太平興國 8 年(983 年)興化軍治移設莆田縣時創建,南宋紹興 6 年(1136 年)焚毀,同年重建,置更鼓刻漏於樓上,因稱鼓樓。以後幾建幾毀。現存建築是清康熙 36 年(1697 年)重建、嘉慶 8 年(1803 年)重修。樓 3 層,長約 50 公尺,高約 25 公尺,重檐歇山造,基台石構,門洞中部上置橫樑,不作券式,保存宋代形式。台上為木構 2 層樓,面闊 7 間,進深 4 間,8 架椽,第 3 層斗栱宏大,柱頭華栱二跳偷心造,部分用材保存明末清初原物。前後有迴廊,設磚石花欄杆。

莆田古街一景

莆田古街建築局部

# 莆田

# 玄妙觀三清殿

## ——北宋時代江南的珍貴木建築

　　玄妙觀三清殿位於莆田市城關梅園路兼濟河畔（原北河邊觀橋），是道教玄妙觀建築群遺存下來的一座宋代古建築。

　　據史志記載：玄妙觀創建於唐貞觀2年（628年），以三門、三清殿、通明殿、九御殿、四宮殿等為中軸線，以東嶽殿、五帝廟和西嶽殿、五顯廟為兩翼，排列有序，雄偉壯觀。近1,400年的滄桑變化，許多原來的建築物都已毀圮，只殘存了三清殿、三門、東嶽殿、五帝廟、西嶽殿、五顯廟、文昌三代祠、福神殿等，占地面積6,168平方公尺，建築面積3,587平方公尺，為福建省至今保存規模最大的道教建築。

三清殿內柱頭栱及樑

　　三清殿古建築係重檐歇山頂，座北朝南。原先面闊五間，明代擴建為七間，進深五間。殿內原有的三座須彌座上塑有三清神像，今已無存。殿的當心間脊槫下題有「唐貞觀二年敕建」、「宋大中祥符八年重修」、「明崇禎十三年歲次庚辰募緣修建」等遺留的墨跡，足見其幾經修葺。但考證現存其基本構架的風格，尚多存宋構手法。其結構簡樸嚴謹，柱頭鋪作係華栱兩跳用單材挑出，與三根大昂結合，呈雙杪三下昂重栱偷心造。斗栱宏大，斗底有皿板形，且斗敧有顣，斗栱呈凹卷瓣形式。補間鋪作前後檐各一朵，櫨頭下作駝峰形，由很多尺度精密、結構複雜的構件組成，保存著隋唐時代北方古建築的遺風。殿內有20根柱子，以木石疊接布成，直徑均為54公分，上有捐金助建者的姓名題刻，多已風化剝蝕。柱頭微具卷殺，柱礎為覆盆式蓮瓣紋。兩柱之間只施闌額，不用普柏枋，用材少而堅固。前後檐之闌額皆作長方形。斗栱和橡檁之間，彩繪有飛鳳、蝙蝠、鯉魚、麟麟、八寶等道教圖案。

三清殿全景　宋代原構

三清殿內斗栱

參考文獻：

莆田市三清殿文物保護管理所：〈元妙觀三清殿簡介〉，2010年1月。

▶三清殿前廊

長沙

嶽麓書院是中國古代四大書院之一。北宋太祖開寶 9 年（976 年）潭州太守朱洞在唐末僧人智璿辦學基礎上擴建而成。歷經宋、元、明、清各代，直到清末書院改制，清德宗光緒 29 年（1903 年）改為湖南高等學堂，辛亥革命後，又相繼改為湖南高等師範學校、民國 7 年（1918 年）湖南工業專門學校遷此，民國 15 年（1926 年）工專、商專與法政專校合併，改為湖南大學。1000 多年來在此興學不輟，堪稱舉世罕見的「千年學府」。

宋真宗大中祥符 8 年（1015 年），宋真宗召見山長（即院長）周式，頒發經書，親書門額「嶽麓書院」。南宋時，著名理學家教育家張栻主持書院，朱熹曾兩次來此講學，當時學生多達千人，故有「瀟湘洙泗」之譽。

嶽麓書院不僅是湖湘學派的搖籃，而且歷代著名學者和不同學派的代表人物，如宋代的陳傅良、陸九淵、歐陽守道，明代的王守仁、王喬齡、張元忭，清代的王文清、羅典、歐陽厚均、王先謙等都曾來此講學或主持書院。不少重要歷史人物如王夫之、魏源、左宗棠、曾國藩、郭嵩燾、楊昌濟等都曾就讀於書院。近代更有大批愛國志士和革命先輩如唐

**嶽麓書院大門與匾額**　撰書者為趙恆（968—1022 年）　即宋真宗。咸平 4 年（1001 年）為嶽麓書院頒書，詔准創建湘西書院，宋大中祥符 8 年（1015 年），召見山長周式，賜對衣鞍馬、內府經籍，御書「嶽麓書院」門額。明代將御書刻石嵌於牌樓口的牌樓上。原匾早失，現匾係 1984 年拓明代石刻字蹟複製。

才常、黃興、陳天華等都曾求學於此。千年以來，嶽麓書院在中國學術史和教育史上具有重要的地位。

毛澤東先生早年也曾多次寓居書院半學齋。

嶽麓書院講堂、「學達性天」匾　撰書者為愛新覺羅‧玄燁（1654—1722 年），即清康熙皇帝。1686 年（康熙 25 年），湖南巡撫丁思孔兩上疏章，奏請康熙帝為嶽麓書院賜額，1687 年春，賜御書「學達性天」匾及《十三經》、《二十一史》等經書講義。原匾早失，現匾為 1984 年另集康熙字重製。

「道南正脈」匾　撰書者為愛新覺羅‧弘曆（1711—1799 年）　即清乾隆皇帝。1743 年（乾隆 8 年），湖南巡撫蔣溥疏請乾隆帝為嶽麓書院贈匾，御書「道南正脈」匾相贈，褒揚嶽麓書院是理學的正宗之傳。第 2 年正月初 9 日，御書遞送到院，精工製匾懸掛至今。1984 年重新油漆。

濂溪祠　供祀宋代理學家周敦頤之專祠。清嘉慶 17 年（1812 年）山長袁名曜認為書院內既有四箴亭祀二程，又有崇道祠祀朱張，嶽麓「書院為湖南學者萃聚之地，濂溪楚人，雖未至嶽麓，以鄉人祀其鄉先生，何地不宜？尤當建專祠特祀，以彰俎豆先賢之誼」。故建濂溪祠於朱張祠之右，專祀理學開山祖周敦頤。1820 年（嘉慶 25 年），巡撫李堯棟認為「祠居崇道右，位置失序」，遷建今址。今祠為原構，屋樑刻有清嘉慶 25 年字跡。為 3 間單檐硬山建築。

御書樓　宋、清兩代朝廷御賜典籍藏此，原建築在抗日戰爭中被炸毀，現建築為 1987 年重建。

參考文獻：

1. 李曉鐘、陳海波：《嶽麓書院導遊》，長沙，湖南大學出版社，1995 年。
2. 南宋‧張栻：《嶽麓書院記》
3. 唐子畏、陳海波：《嶽麓書院一覽》，長沙，湖南大學嶽麓書院文化研究所，1990 年。

# 登封 嵩陽書院

## ——中國最早的傳播儒家理學、祭祀儒家聖賢和舉行考試的書院

書院學制，在中國有著悠久的歷史，它始於唐朝，興盛於北宋。一直到了清朝末年，興學堂以後，書院學制才被廢除。

嵩陽書院在北宋時期和湖南的嶽麓書院，江西的白鹿洞書院，河南商邱的應天書院，號稱中國「四大書院」。宋代洛派理學家程顥、程頤、司馬光、范仲淹，均在此講學。司馬光著的《資治通鑑》，有一部份就是在崇福宮和嵩陽書院寫的。院內的漢封將軍柏，人稱「稀世之寶」。門外的大唐碑，素有「嵩山碑王」之稱。嵩陽書院在中國歷史上，以理學著稱於世。

### 嵩陽書院的地理位置及形勝

嵩陽書院，位於河南省登封市城北3公里的嵩山南麓，太室山腳下。因為它座落在嵩山之陽，故名。

嵩陽書院的環境，非常幽雅。它面對清澈見底流水潺潺的雙溪河，背靠歷代帝王登臨封禪，嵩山的主峰峻極峰，西依氣勢險峻活潑俊俏的少室山，東臨漢武帝劉徹當年曾登臨飽覽勝景的萬歲峰。院內有漢武帝遊嵩嶽時加封的「將軍柏」鬱蔭，門外有唐天寶3年刻立的巨碑挺峙。山巒環拱，溪水長流，松柏參天，環境古幽。清乾隆皇帝遊嵩嶽時，曾在這裡留有：「嵩陽書院景最清，石幢猶紀故宮銘……」的詩句。

### 嵩陽書院院址的歷史

嵩陽書院，原為嵩陽觀故址。北魏孝文帝太和8年（484年），在此創建嵩陽寺，有僧徒數百

人。隋煬帝大業年間（605—618 年），更名為嵩陽觀。唐高宗弘道元年（683 年）春、冬，高宗兩訪潘師正，都以嵩陽觀為行宮。五代後周（951—965 年），改嵩陽觀為太乙書院，進士龐式在此講學。至道 3 年（997 年），為太室書院。宋仁宗景祐 2 年（1035 年），賜額更名嵩山書院。並設院長掌理院務。宋初洛派理學家程顥、程頤、司馬光、范仲淹等均在此講學。金大定年間（1161—1190 年），廢除書院，更名承天宮。明代知縣候泰重修之後。復改為嵩陽書院。明末書院毀於兵火。清康熙 13 年（1674 年），知縣葉封重新修建了嵩陽書院，不久葉封調任京職。康熙 16 年（1677 年）登封名儒少詹事耿介，繼葉封未成之事，3 年乃成。嵩陽書院至此又復興。耿介親自執教，傳經授業，成績顯著。到清朝末年，學堂興，書院乃廢。

書院內一景

## ✿ 二程學說的理學內涵及影響

程顥、程頤在嵩陽書院講學，主要宣講《論語》、《孟子》、《大學》、《中庸》等篇。通過四書，達於六經。學術思想與孔孟的學說一脈相承，集孔孟學說之大成，並有所發展。

二程學說的核心是「理」，稱之謂「『唯心理』洛派理學」。二程理學，後來被朱熹繼承和發展，世稱「程朱理學」。二程與濂溪的周敦頤，關中的張載和閩中的朱熹，稱為宋代唯心論理學的濂、洛、關、閩四大儒學派系，它們的代表人物，被稱為儒學界的「北宋五子」。

二程在嵩陽書院講學時，各地來此求學者，多達數十百人。程顥在嵩陽書院講學 10 餘年，對學生一團和氣，平易近人，講論解惑，通俗易懂，宣道勸義，循循善誘，學生虛來實歸，皆都獲益，弟子有「如沐春風」之喻。

程朱理學，對後世影響很大。明清時代，在嵩陽書院主持文壇的學者，大多是承受「程朱理學」。特別是清代君儒耿介的學術思想，完全屬於二程和朱熹體系。程氏為學主「涵養須用敬，進學則在致知」。朱熹主張「窮理以致其知，反躬以踐其實」。而耿介學宗亦「以主教為宗，以正心誠意為本，以識天理為要」。

**將軍柏** 嵩陽書院內，有古柏 3 株，西漢武帝元封元年（前 110 年），武帝劉徹遊嵩嶽時，見柏樹身材高大，枝葉茂密，遂封為「大將軍柏」、「二將軍柏」、「三將軍柏」。三將軍柏於明朝末年毀於兵火。現只剩下大將軍柏和二將軍柏了。
二將軍柏高約 30 公尺，圍粗 13 公尺，是中國現存最大最古的柏樹之一。

**參考文獻：**

李振中編著：《嵩陽書院》，嵩陽書院文物保管所，未標明出版年。

**「大唐嵩陽觀紀聖德感應之頌」碑** 碑位於嵩陽書院大門外西側 20 公尺處。唐玄宗天寶 3 年（744 年）刻立，碑高9.02 公尺，寬2.04 公尺，厚1.05 公尺，碑制宏大，為嵩山地區石碑之冠。碑文內容，主要是敘述嵩陽觀道士孫太沖為唐玄宗李隆基煉丹九轉的故事。李林甫撰文，裴迥篆額，字體為徐浩八分隸書。字態端正，一絲不苟，筆法道雅，世狀其法，謂之「怒猊抉石，渴驥奔泉」。碑座浮雕武士像，碑首浮雕雙龍、麒麟、大朵雲氣等圖案，雕刻極為精彩，反映了盛唐時期藝術達練程度。

# 岳陽文廟

湖南省岳陽市文廟　現存建築主要是大成殿。面闊 5 間，進深 3 間，帶前廊，重檐歇山頂。從正立面視之，其左右兩側尚有極狹之盡間。殿的上檐置如意斗栱，下檐則出抱頭樑承托。其屋角起翹，筒瓦脊飾與上下檐時間一致。柱礎在雕寫生花石礎上加木鼓，金柱呈梭形，前後施明栿，其下置枋，兩者之間加如意形木「撐栱」。天花板上的彩畫圖案保持宋、明、清三代手法，若干枋上尚略存墨線鉤白粉如意頭彩畫痕跡。據清光緒《巴陵縣志》記載，文廟為宋慶曆 6 年（1046 年）知州滕宗諒奉敕建。現存建築中的金柱和木櫺柱礎及其間的明栿和枋均作琴面，當為宋代構件，天花以上穿逗式樑架及前廊和梢間應為清代時修建。故文廟應為宋代建築，經明、清兩代重修，部分構件仍保留原物。

岳陽文廟內孔子像

岳陽文廟大成殿　宋代建築，非常珍貴

# 蘇州文廟

蘇州文廟在江蘇蘇州市人民路。北宋景祐元年（1034年）創建，現存建築除大成殿外，大部分為清同治3年（1864年）重建。大成殿重建於明宣德8年（1433年），面闊7間，重檐廡殿筒瓦頂，內部係木構樑架，檐下有斗栱，殿前有寬敞的月台，宏偉壯觀。廟內以存有4大宋碑——平江圖、天文圖、地理圖、帝王紹運圖出名。

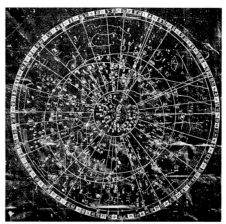

▶宋代天文圖

▲蘇州文廟大成殿

▲蘇州文廟大成殿遠景

▲蘇州文廟櫺星門

▲蘇州文廟泮池

## 代縣

# 楊忠武祠

## ——楊家將祠堂

　　代縣位於山西省北部、滹沱河上游。隸屬於忻州市。縣北雁門關為長城要口,地理位置重要。代縣因山峭塞險,歷史上常為兵爭戎守要地,有「南絳北代」之稱。

　　鬚眉巾幗,幾代英烈。楊家將的故事為人們世代傳揚。

　　代縣為宋將楊業故里。在縣城東北 20 公里的鹿蹄澗村,始建於元代至元 16 年(1279年)、中外聞名的古蹟——楊忠武祠(亦稱楊令公祠)、是楊業後人為祭祀楊業夫妻暨楊氏後代英烈建立的。

　　北宋太平興國 2 年,遼國 10 萬大軍入侵雁門,楊業率數百鐵騎破遼兵,威震中原。楊業殉國後,被追封太尉,諡「忠武」,楊氏後人於此祀之。楊業第 17 世孫奉旨建忠武祠,明清間又予重修,祠南對面樓台之間為祭台,題名:「頌德樓」。樓前有古槐兩株,粗壯挺拔。祠門台階的石獅一對,旗桿一雙。祠門之間各懸金字橫匾額,分書「奕世將略」、「一堂忠義」、「三晉良將」。祠堂門楣上懸蟠龍藍底豎匾,上書「忠武祠」。祠堂內建築及塑像大都為明代遺物,前院奉祀楊業後裔,後院東西廂舍 3 間,正殿插廊,內塑楊業與佘太君坐像,八子彩塑則在兩側東西廂舍,楊家男女名將 38 尊塑像規模嚴整,氣宇軒昂。

代縣鼓樓　原名邊靖樓,為代縣的象徵。位於代縣城內十字街心。創建於明洪武 7 年(1374 年)。成化 7 年(1471 年)被焚,12 年重建。清代屢有修葺。座北向南,通高 40 公尺。券洞南北貫通。樓身高 26.7 公尺,面闊 7 間,進深 5 間。四周圍廊,三層四檐,歇山頂。二層設勾欄,三層於勾欄下加平座。斗栱均五踩雙下昂與單翹兩科。樓上懸「雁門第一樓」、「聲聞四達」、「威鎮三關」巨匾 3 塊。迴廊下有明碑 2 通,清碑 3 通,唐代石燈台 1 尊,保存完整。

楊業夫婦塑像 民間稱為老令公和佘太君，楊業為宋代鎮守代縣西北邊的雁門關名將。

楊家將之一

楊家將之二

楊忠武祠堂正殿

# 湄洲、泉州 媽祖廟

天后俗稱媽祖，姓林名默，又稱默娘。北宋清源軍（後改為泉州）莆田縣湄洲嶼人，生于建隆元年（960年）3月23日。

默娘幼時十分聰穎。8歲那年，默娘讀私塾，先生講授的文章，她都能很快領會貫通。10歲始，默娘信佛誦經，悟力極強，能悉解《金剛經》。年及13，老道士玄通往來其家，授予道典秘法，默娘依法修持2年後，盡得要領。時常扶危濟險，救人於水厄海難。

中國沿海地區多有媽祖廟如天津天后宮、澳門媽祖廟，台灣也有800多座媽祖廟。

湄洲島媽祖廟神龕媽祖像

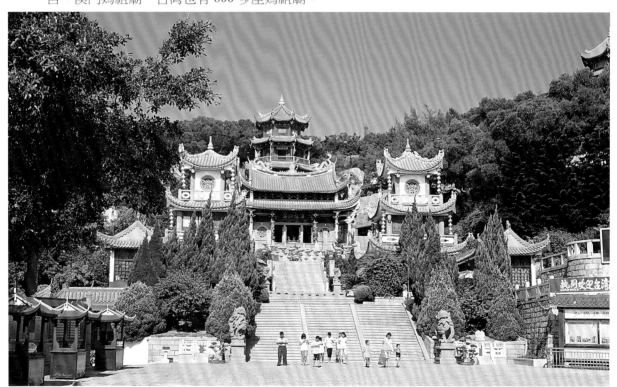

湄洲島媽祖廟全景

參考文獻：

黃炳元主編：《泉州天后宮》泉州，閩台關係史博物館、泉州天后宮修繕基金董事會，1990年。

媽祖廟大殿近景

媽祖廟大殿局部

湄洲媽祖廟古蹟

由渡輪望湄州島　湄州島面積 16.6 平方公里，隔台
灣海峽與台灣相望，距台中僅 70 餘浬。

泉州媽祖廟正殿全景　泉州天后宮始建於宋慶元 2 年（1196 年）。傳說其年，「泉州浯浦海潮庵僧覺全夢
神命作宮，乃推里人徐世昌倡建。實當浯江巽水二流之匯，外舶客航聚集之地。時，羅城尚在鎮南橋內，
而是宮適臨浯浦之上。」當時建的這座媽祖宮規模已經很大，有三殿、山門、兩廊、兩亭。以宋徽宗宣和
4 年（1122 年）賜額「順濟」，稱為順濟宮。「順濟」者，即順風以濟之意。宋元時期，泉州是世界上最
大的貿易商港之一，與亞洲 58 個國家和地區有貿易往來。同時，泉州的造船業也著稱於世，中國出海貿
易的船舶「多廣州、泉州所造。」宋代，泉州地方長官和市舶司官員，每年春秋兩季都舉行「祈風」、
「祭海」儀式，祈求風浪平靜，航海平安，以鼓勵發展對外貿易。最初祭海在晉江邊的真武廟，祈風儀式
在南安縣的九日山，但到了南宋末年，取而代之的是順濟宮的祭儀。宋元明歷朝經常遣官致祭，清康熙 59
年（1720 年）欽定春秋兩祭，此後，順濟宮官祭便成定例。

司馬光畫像

# 司馬光祠墓

　　司馬光祠墓及其祖塋在山西夏縣城西北 12 公里鳴條岡的峨嵋嶺小晁村，總面積 10 公頃。司馬光（1019 年—1086 年），字君實，祖籍山西夏縣涑水鄉（今夏縣水頭鄉）。世稱涑水先生。宋真宗天禧 3 年（1019 年），司馬光的父親司馬池，在河南光山縣當縣吏，生了司馬光，為了紀念孩子的誕生地，取名「光」，司馬光的童年就是在光山縣度過的。寶元進士。著有《資治通鑑》、《涑水紀聞》等。墳園占地近 5.5 萬平方公尺，東倚太嶽餘脈，西臨同蒲鐵路，司馬光祖族多人群葬於此。墓側翁仲分列。宋哲宗御筆篆書「忠清粹德之碑」額；碑文為蘇軾撰並書，曾沒於土中，後於杏樹下掘出，遂名杏花碑，惜已剝蝕難辨。金代摹刻四石嵌壁，今仍完好。明嘉靖間，特選巨石，依宋碑複製，並建碑亭。東有守墳祠，再東為北宋元豐元年（1078 年）敕牒建香火寺餘慶禪院，牒文刻石仍在寺後。寺內有大殿 5 間，殿內現存大佛 3 尊，西壁羅漢 8 尊，為宋塑風格。歷代碑石 20 通，記載墳園沿革。

司馬光祠門

忠清粹德碑樓　神道碑樓

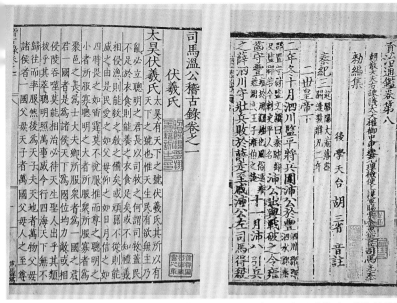

明·天一閣版《司馬溫公稽古錄》　　元興文署刊明遞修本《資治通鑑》

《資治通鑑》元至正二十六年魏天祐刻

重立溫公神道碑　金（拓本）

司馬光墓　墓地現存封土 13 座，正中 3 座高大，略呈「品」字形排列，埋葬司馬光與其父兄。現存石像生 28 尊，其中司馬光墓前存 8 尊。

## 司馬光格言

（一）

| 謹言語 | 以寡過 | 節飲食 | 以養心 |
|---|---|---|---|
| 省嗜欲 | 以尊生 | 戒喜怒 | 以平氣 |
| 崇退讓 | 以敦禮 | 耐煩勞 | 以盡職 |
| 重然諾 | 以全信 | 減耗費 | 以惜福 |

（二）

聰明壯勇之謂才　　忠信孝友之謂行

正直忠和之謂德　　謙遠高大之謂道

（三）

非聖不師　非仁不友

聞善而遷　觀過而改

〰〰〰〰〰〰〰〰〰

參考文獻：

1. 楊明珠編：《司馬光塋祠碑誌》，北京，文物出版社，2004 年。
2. 李筠霞、王在京編著：《司馬光墓》，太原，山西經濟出版社，2005 年。

# 岳飛史蹟
## ——南宋文武全才抗金的中興元帥

岳飛畫像（清代）

岳飛（1103—1142 年）是南宋抗金中興武將。字鵬舉，相州（今屬河南安陽市湯陰縣）人。年輕時尤喜歡讀《孫吳兵法》、《春秋左氏傳》。北宋末年 20 歲從軍，任下級軍官。宋室南渡，曾上書高宗反對南遷，被革職。不久隨宗澤守衛開封，任統制。宗澤死，從杜充南下。宋高宗建炎 3 年（1129 年）金兀朮渡長江南進，他移師廣德、宜興，堅持抵抗，成為南宋朝廷主戰派的代表人物。次年，金軍在江南義軍的反擊下，被迫北撤，他攻擊金軍後隊，收復建康（今江蘇南京市）。宋高宗紹興 3 年（1133 年），因平定江西地區的農民起事，宋高宗傳旨獎製「精忠岳飛」的錦旗。次年大破金傀儡偽齊軍，收復襄陽、信陽等 6 郡，任清遠軍節度使。5 年，又從張浚平定洞庭湖地區楊么領導的農民起事。後駐軍鄂州（今湖北武昌），派人渡河連絡太行義軍，屢次建議大舉北進。紹興 9 年（1139 年），上表反對議和。次年，兀朮進兵河南。他出兵反擊，在郾城大敗兀朮部的金軍主力，收復鄭州、洛陽等地。兩河義軍紛起響應。這時高宗、秦檜一心求和，以 12 道金牌下令退兵，他回臨安後，被解除兵權，任樞密副使。不久即被投降派誣陷入獄。紹興 11 年 12 月 29 日（1142 年 1 月 27 日）以「莫須有」（可能有）的罪名與義子岳雲同時被冤殺。寧宗時追封鄂王。有《岳武穆遺文》（一作《岳忠武王文集》）。

河南安陽市湯陰縣縣城內的岳飛廟廟門

岳飛北伐中原圖　採自張其昀監修，程光裕、徐聖謨主編，謝敏聰等編輯委員：《中國歷史地圖》，台北，文化大學出版部，1984 年。

參考文獻：

1. 王春慶、陶濤：《湯陰岳飛廟》，中州古籍出版社，1991 年。
2. 王恩主編：《岳飛墓廟》，杭州出版社，2005 年。
3. 鄧廣銘：《岳飛傳》，三聯書店，1956 年。

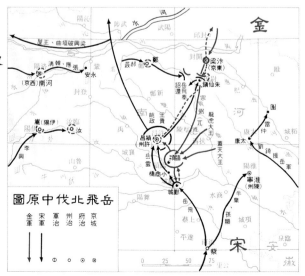

湯陰岳飛廟正殿

岳飛手書「還我河山」

岳飛書法　岳武穆王書諸葛亮〈前出師表〉，右2碑（局部）；〈後出師表〉，左
3碑（局部）。

223

浙江杭州西湖的岳王廟門

杭州岳王廟門內側　「氣壯山河」為北京大學歷史系研究岳飛的大師鄧廣銘教授於 1979 年所書題

杭州西湖岳王廟正殿

杭州西湖岳王墓、岳雲墓

岳飛《滿江紅‧登黃鶴樓有感》詞，作於紹興 4 年（1134 年）岳飛首次北伐結束後回屯鄂州時，詞中傾注了岳飛對故國山河的無限熱愛和懷念，表現了他要求長驅北伐、收復故土的愛國精神。此碑原在杭州眾安橋忠顯廟。忠顯廟原址為岳飛忠骸初瘞之地，1162 年衛皇命改葬忠骸於杭州西湖今址。

滿江紅

怒髮衝冠憑闌處瀟瀟，雨歇擡望眼仰天長嘯，壯懷激烈三十功名塵與土八千里路雲和月，莫等閒白了少年頭空悲切　靖康恥猶未雪臣子恨何時滅駕長車踏破賀蘭山缺壯志飢餐胡虜肉笑談渴飲匈奴血待從頭收拾舊山河朝天闕

阿壽穆王祠

謝敏聰於 1995 年 3 月，展謁杭州武穆墓廟，攝於廟門前。（杭州西湖）

**鄭樵像** 范曾先生作品

## 莆田 鄭樵史蹟

——中國史學理論與實踐的大師
——中國圖像史學理論的鼻祖
——史學思想上承劉知幾，下啟章學誠

鄭樵（1104—1162年），字漁仲，號夾漈。是中國古代傑出的歷史學家。他在宋崇寧3年（1104年）生於廣業里下溪（今福建省莆田市白沙鎮霞溪村）。宋紹興27年（1157年），鄭樵已修書50種，獻給皇帝，被授右迪功郎，但沒有接受，回家後，築草堂於夾漈山，編纂《通志》叢稿。紹興31年（1161年），《通志》書成，鄭樵到臨安獻書。適逢高宗赴建康（今南京市），戒嚴，未得見。第2年春，高宗還臨安，詔命鄭樵將《通志》繳進，高宗授他樞密院編修官，是時，他已病逝，終年58歲。

夾漈草堂在莆田市新縣鄉鞏溪村的夾漈山上，離市區北面約30公里，海拔600多公尺，夾漈山山勢連綿，5條支脈像5條巨龍騰雲駕霧昂首向上，在草堂週邊形成5座蔥翠欲滴的山峰，主峰書亭寨海拔662公尺。夾漈草堂正處在5峰簇擁的山坳裡，當地人美其名為「五龍聚」。鄭樵的《草堂記》對這裡清幽絕塵的環境有過生動的描述：「斯堂也，本幽泉、怪石、長松、修竹、榛橡所叢會，與時風、夜雨、輕煙、浮雲、飛禽、走獸、樵薪所往來之地。溪西之逸民，於其間為堂三間，覆茅以居焉。」

草堂原為名符其實的草屋。宋乾道5年（1169年），興化軍知軍鍾離松把草屋改建為瓦房，題額「夾漈草堂」，供後人瞻仰。

鄭樵墓在白沙鄉。墳堆為三合土築造，清代重修，墓碑刻楷書「宋樞密院編修夾漈鄭先生之墓」。附近的白沙街旁，建有墓碑亭，豎有宋代墓道碑和清代重修碑記。

**鄭樵故居** 現為莆田市涵江區白沙鎮廣山村村民委員會所在地

**鄭樵後人居住的莆田市白沙鎮山溝村附近**

**參考文獻：**

1. http://www.ptlyw.com.cn/thread-27-1-1.html
2. 《夾漈遺稿》卷一
3. http://baike.baidu.com/view/43224.htm
4. 鄭樵《通志》
5. 杜維運：《中國史學史》，台北，三民書局總經銷，2004年。

# 鄭樵大著《通志》簡介

## ——中國古代史學理論三大論著之一

　　《通志》，南宋鄭樵撰。是一部以人物為中心的紀傳體通史。是自《史記》之後，現存的又一部紀傳體通史性著作。自三皇五帝到隋。因為在典章制度方面的突出，與《通典》、《文獻通考》並稱「三通」。

　　《通志》全書 200 卷，有帝紀 18 卷、世家 3 卷、后妃傳 2 卷、年譜 4 卷、略 52 卷、列傳 106 卷、載記 8 卷。四夷傳 7 卷，500 多萬字。

　　《通志》為紀傳體，在體例上也做了一些修正。把「年表」改稱「年譜」，把「志」改稱「略」，保存了《晉書》的「載記」部分。

　　《通志》卷帙浩繁，規模宏大。其記事斷限，大抵本紀從三皇到隋，列傳從周到隋，二十略從遠古到唐。他刻意模仿《史記》，講求會通。說「自《春秋》之後，惟《史記》擅著作之規模，不幸班固非其人，遂失會通之旨，司馬氏之門戶自此衰矣」。他推崇劉知幾，自覺實踐其史學主張，但反對劉知幾尊班固抑司馬遷的觀點。立志續寫一部通史。希望能貫徹「會通」的原則。他說：「天下之理，不可以不通。史家據一代之史，不能通前代之史；本一書而修，不能會天下之書；散落人間，靡所底定，安得謂成書。」主張修通史，強調史事、典章制度相依因的連繫，主張史書應「極古今之變」。反對割斷史事連繫寫斷代史。其實，通史、斷代史，各有其利弊。正確的態度是彼此並存，互相補充，不可

夾漈草堂

以偏廢。其紀傳部分也多是襲用舊史，在史料上沒有太多補充。但因為他注重選擇史料，融會貫通，也能自成體系。其基本方法是儘可能全面地匯總各種史料，按照年代先後予以整理、編排，探其源流，理出各種事物從古到今的發展過程。最後把這些綜合整理研究成果，歸納入紀、傳、譜、略、載記之中。

「總序」和「二十略」是全書的精華。特別是其中氏族、六書、七音、都邑、昆蟲草木五略，是鄭樵獨創，前史所無，實屬珍貴。

《通志‧總序》是一篇非同一般的史學論文，是對其史學思想的系統闡發。

《二十略》是《通志》一書的精華，為世所公認。也是鄭樵用心之所在。在《通志‧總序》中他在二十略部分也是寫得最為詳盡。他說：「今總天下之大學術而條其綱目，名之『略』，凡二十略，百代之憲章，學者之能事，盡於此矣。其五略，漢唐諸儒所得而聞；其十五略，漢唐諸儒所不得而聞也。」、「夫學術超詣，本乎心識，如人入海，一入一深。臣之二十略，皆臣自有所得，不用舊史之文。」

二十略中《氏族略》、《都邑略》、《昆蟲草木略》是對劉知幾增 3 志主張的發展。《六書略》、《七音略》是創造。《藝文略》、《校讎略》、《圖譜略》、《金石略》對正史《藝文志》有所創新。除禮、器服、選舉、刑等略外，其餘各略也有新意。

金石之學創建於宋，鄭樵對此也非常關注，專門設了《金石略》，收集整理從宋代以來在這方面取得的成績，具有很高的價值。

中國自古以來就有「圖經書緯」的說法，認為**書和圖是相輔相成**的，但後人往往專注於書面忽略了圖。鄭樵在《圖譜略》中，用《索象》、《原學》、《明用》3 個標題，說明了圖與書的關係。用《記有》著錄了當時尚存的圖譜。用《記無》著錄了當時已經亡佚的圖譜。

## 歷來名家稱讚鄭樵

元‧馬端臨說：「考訂詳明，議論精到，所謂『出臣胸臆非諸儒所得聞者』，誠是也。」

清‧紀昀說：「自班固以後，斷代為史，而會通之義不著。宋臣鄭樵《通志》，乃始搜纂綴輯，上下數千載，綜其行事，燦爛成一家之言，厥功偉矣！」

清代史學理論大師章學誠在其《文史通義》書中寫了《申鄭》、《答客問》等篇章指出鄭樵的主要成就在發凡起例，非一般人所能及。章學誠說：「鄭樵無考索之功，而《通志》足以明獨斷之學，君子於斯有取焉。」又說：「鄭樵千載之後，慨然有見古人著述之源，而知作者之旨，不以詞采為文，考據為學也。於是遂欲匡正史遷，益于博雅；貶損班固，譏其因襲，獨取三千年來遺文故冊，運以別識心裁，蓋承通史家風，而自為經緯，成一家之言也。」章學誠又說：「鄭氏《通志》，卓識明理，獨見別裁！古人不能任其聲，後世不能出其規範，雖事實無殊舊錄。而辨名正物，諸子之意，寓于史載，終為不朽之業矣！」現代著名史學家顧頡剛先生對鄭樵也相當看重，著有《鄭樵傳》與《鄭樵著述考》，論述了鄭樵的重要學術貢獻。顧頡剛說：「鄭樵的真學問，原不在精上，也不在博上，乃在『部伍』和『核實』的兩個方法上。」「部伍」是指鄭樵主張用治軍那樣嚴整的「類例」方法來治學，認為史家修史要有獨到的見識；「核實」是指鄭樵逢古人不合適處不肯留一點餘地。顧頡剛又說：「社會上用很冷酷的面目對他（鄭樵），但他在很艱苦的境界裡，已經把自己的天才儘量發展了！我們現在看著他，只覺得一團飽滿的精神，他的精神不死！」梁啟超先生說：「宋‧鄭樵生，左（左丘明）、司（司馬遷）千歲之後，奮高掌，邁遠蹠，以作《通志》，可謂豪傑之士也。……史界之有樵，若光芒竟天一彗星焉。」魯迅先生說：「漁仲、亭林（顧炎武）諸公，我認為今人已無從企及。」英國李約瑟博士「鄭樵是世界文化有影響名人。他的《通志‧七音圖》的帶有了數學的座標的觀念」。台灣當代的知名學人、史學理論研究大師、中國史學史權威學者杜維運教授：「鄭樵相當注重實學，與田夫野老往來，與夜鶴曉猿雜處，通鳥獸之情狀，察草木之精神，並凝目星斗，靜觀圖冊，其學遂實際，不涉空虛。二十略在典章制度史上的地位，乃與通典、文獻通考鼎足而三，千古光芒閃爍」。

鄭樵墓享堂

鄭樵墓墓碑

鄭樵墓

# 平順 龍門寺

## ——集五代至明清的 6 個時代的殿堂於 1 寺

位於平順縣城西北 65 公里的石城鎮源頭村北 1 公里的龍門山腰。北齊天保年間（550-559 年）法聰建寺，初名法華寺五代後唐及宋金時期擴建，規模達到極盛，元、明、清歷代均有修葺、增建、現存建築主院西配殿建於五代後唐同光 3 年（925 年），大雄寶殿為北宋紹聖 5 年（1098 年）建，山門為金代遺構，餘皆為元、明清建築。是集五代至明清建築於一寺的大型寺院。

寺坐北朝南，建築布局分東、中、西三路軸線，中軸對稱，主次分明。西配殿面闊 3 間，進深 4 椽，單檐懸山頂，柱頭僅設闌額，形制簡潔。殿內梁架四椽栿通達前後檐，並於平梁上增置駝峰及侏儒柱，是現存古代木結構建築中在平梁上置駝峰、侏儒柱的最早實例，在中國建築技術史上占有重要地位。

天王殿（山門）　懸山式屋頂，明間補間出 45°斜栱，為金代風格。

觀音殿（西配殿）　建於五代後唐同光 3 年（925 年）三開間懸山頂，殿內無金柱，梁枋簡潔規整，柱頭鋪作出華栱一跳，無補間鋪作，呈唐代風格，中國五代時期現有的獨此一例。

大雄寶殿　位於寺中軸線中央，建於北宋，是寺內最高等級的一座單體建築。廣深各 3 間，平面近方形，斗栱 5 鋪作單抄單下昂，單檐九脊頂，殿頂琉璃脊獸色澤渾厚，為元代燒製。

燃燈佛殿　元代建築

東配殿　明代建築

清代建築

參考文獻：

1. 《中國文物地圖集·山西分冊》，北京，中國地圖出版社，2006 年。
2. 太原市政協編：《三晉名勝》，太原，山西古籍出版社，1998 年。

# 寧波保國寺

在浙江省寧波市靈山。中軸線上有天王殿、大雄寶殿、觀音堂、藏經樓，兩側為僧房、客堂和鐘鼓樓，高低起伏，依山勢而建，大雄寶殿建於北宋真宗大中祥符6年（1013年），雖經歷代重修，未失宋代的原貌，為浙江現存最早、也是江南罕有的宋代木構建築物。其特點為進深大於面闊，柱作瓜棱形，樑栿成月樑狀，斗栱粗大，補間鋪作當心間2朵，次間1朵，重抄雙下昂單栱造。

保國寺大雄寶殿

保國寺大雄寶殿內斗栱

保國寺大雄寶殿內藻井

參考文獻：

中國文化部文物局主編：《中國名勝辭典‧寧波保國寺條》，上海辭書出版社，1986年第2版。

# 各種版本《清明上河圖》虹橋部分

　　在唐、宋之間，描繪社會風俗的長卷畫，都不曾以都市生活為素材，自從北宋末年張擇端的〈清明上河圖〉一出，摹仿他的作品和借用這個畫題（但所繪景色不同）的風俗畫紛紛出現。南宋時代仿此畫已很盛行，到了明代摹繪此圖更蔚然成風。此種以寫實手法繪出繁榮的都市街景與市民生活的情形，可以說是宋代才開其先河的，這也是以世族為中心的唐代人所未曾有的構想，自從武后特重科考，提拔平民後，平民地位提高，宋都開封市民活躍，都能享受都市化的生活，才有創造力繪此極品。

　　「清明上河圖」，「清明」是指 24 個節氣之一的清明時節，即由冬至算起第 107 日就是清明節。「上河」原是宋代民間在清明祭掃祖墳之謂（明・李東陽〈清明上河圖真跡〉跋語：「上河云者，蓋其俗所尚，若今之上塚然」）。

　　原跡畫的是宋徽宗宣和年間（1111—1125 年），首都汴京（現在的河南省開封市），在清明時節的繁榮狀況。宋室南遷以後，南渡臣民常有故國之思，因此這一幅代表北宋首都市民生活景象的畫軸，就開始被珍視起來。而且後世摹仿的卷子很多，現在世界各大博物館藏有將近 50 軸。僅台北故宮博物院就藏有 7 軸，一般以北京故宮博物院所藏《石渠寶笈》三編本為真跡，而台北故宮所藏以清乾隆年間，陳枚等合繪的清院本是最為工緻完美的精品。

▲汴繡《石渠寶笈》三編本《清明上河圖》　　虹橋部分　　北京　人民大會堂典藏

參考文獻：

謝敏聰：〈去看 800 年前的中國——《清明上河圖特展》〉，載台北《時報雜誌》，218、
　　219 期，1984 年 2 月。

▲《清明上河圖》虹橋部分　元代繪畫，美國大都會博物館藏

▲《清明上河圖》虹橋部分

▲《清明上河圖》虹橋部分　明·趙浙繪，日本，大倉集古館藏

▲《清明上河圖》虹橋部分　明·仇英繪，遼寧省博物館藏

▲《清明上河圖》虹橋部分　（清院本）台北故宮博物院藏

233

# 泉州 清淨寺

## ——中國現存最早的伊斯蘭建築之一

　　泉州，是中世紀海外交通的重要港口，歷史學家們讚譽她為「海上絲瓷之路的起點」。早在伊斯蘭教創立初期，已有阿拉伯穆斯林航海至此經商貿易，並把伊斯蘭教傳入中國。公元9至14世紀，是泉州港的黃金時代，定居於此的阿拉伯穆斯林數以萬計，他們稱泉州為「宰桐城」，阿拉伯文意思為「和平」、「安寧」之城。著名的阿拉伯穆斯林旅行家伊本‧白圖泰稱讚宰桐港是「世界上最大的港口」。據碑文記載，當時阿拉伯穆斯林在泉州建築的清真寺達6、7座之多。

　　清淨寺是阿拉伯穆斯林在中國創建的、現存最古的、具有阿拉伯伊斯蘭建築風格的清真寺。

　　清淨寺創建於伊斯蘭曆400年（1009年），後於伊斯蘭曆710年（1310年）由艾哈默德‧本‧穆罕默德‧古德西重修，現存主體建築就是當年的建物。寺現有的平面呈方形，占地約2500平方公尺。寺門朝南。

　　現存建築有大門、奉天壇和明善堂。大門高20公尺，寬4.5公尺，用輝綠岩和花崗石砌築，分外、中、內3重，皆圓形穹頂尖拱門，巍峨壯觀。屋頂作平台，是伊斯蘭教徒望月決定齋月起齋日期之處。台三側圍築「回」字形垛子，有如城堞。奉天壇屋蓋早塌，僅存四圍石牆。東牆闢一尖拱形正門。西牆中部向外牆凸出，形成一壇，稱講經壇。壇中有一尖拱形的大壁龕，左右闢2門，南北對峙。壇左右相間並列小壁龕6，長方形門4。南牆開大窗8，北牆開門1，均長方形。南牆外壁及壇內大小壁龕皆嵌有古阿拉伯文的《古蘭經》石刻經句，保存完好。

清淨寺大門及南牆8大長窗

清淨寺大門圓形穹頂尖拱門

參考文獻：
1. 泉州伊斯蘭史蹟保護委員會、中國文化史蹟研究中心編：《泉州伊斯蘭史蹟》，福州，福建人民出版社，1985年。
2. 中國文化部文物局編：《中國名勝辭典》上海辭書出版社，1986年第2版。

清淨寺禮拜殿西牆龕壁

清淨寺內的碑刻

明成祖敕諭　公元 1407 年，明成祖頒發保護穆斯林和
清淨寺的〈敕諭〉碑刻。

# 泉州的宋代橋樑

## ——閩中橋樑甲天下　王世懋〈閩都疏〉

　　文獻記載和考古資料表明，泉州地區現存最古老的橋樑建於唐代。

　　兩宋時期，福建地區的橋樑建設飛速發展，建造了數以百計的橋樑。《讀史方輿記要》稱：「郡境之橋，以十百丈計者不可勝紀。」不僅造橋數量之多，而且速度之快，工程規模之大，中國乃至世界歷史上都是空前的，後人有「閩中橋樑甲天下」（王世懋：〈閩都疏〉）之譽，當不為過。僅在泉州一帶，兩宋時所建，至今可考的大中型橋樑就有 139 座，其中包括聞名海內外的洛陽橋和安平橋等。

　　泉州的宋代大中型橋樑，僅有洛陽、安平二橋較好地保存至今，另有幾座經改建已面目全非，但仍在發揮著橋樑的作用。如：

　　石筍橋，在泉州城西南，晉江下游的筍江之上，北宋皇祐（1049—1054 年）初，郡守陸廣造舟為樑，俗稱「浮橋」。南宋紹興 20 年（1150 年），提刑陳革等與僧文會改建石橋，16 間，長 75 丈 5 尺，廣 1 丈 7 尺，翼以護欄，鎮以浮奢，用了近 20 年的時間建成。慶元間（1195—1200 年）僧了性於橋東低洼處再修 3 座小石橋，連接到府城西南的臨漳門。這些石橋在 50、60 年代還能看到殘跡，後或經改建，或已湮沒，或僅存遺址了。

**古順濟橋**（攝於 1996 年 8 月）　位於泉州古城南門外晉江下游的浯江之上，俗稱「新橋」，是福建歷史名橋之一。

道光《縣誌》載：「順濟橋，在德濟門外，筍江下流，舊以舟渡。南宋・嘉定 4 年（1211 年）郡守鄒應龍造石橋，長 150 丈餘，翼以扶欄。以近順濟宮（即天后宮），因名順濟。」

原結構基礎採用全河床拋填塊石和條石，橋墩為幹砌條石，上部結構為石樑。該橋全長 338 公尺，共 31 墩，跨徑 154 公尺至 76 公尺不等。

橋北原特設段木樑橋，有警即吊起，以禦敵寇。築有橋頭堡，置戟門，晝開，夜有警閉，今皆不存。南端橋堡上勒「雄鎮天南」4 個大字。

橋歷代有修葺。民國 21 年（1932 年），地方軍閥陳國輝派款徵工，將石樑橋改為四樑式變截面鋼筋混凝土連續樑橋。60 年代又進行修補，將損壞的九孔改為簡支組合樑，即在工字鋼樑上澆注鋼筋混凝土橋面板。1993.9—1994.3 又進行加固、加寬和修繕。現有橋長 500 公尺，寬 4.6 公尺，橋墩水下部分仍然保留宋代石船型橋墩的基礎，橋面仍基本保留本世紀 30 年代的舊貌。2001 年 7 月 15 號橋墩毀壞，失去支撐功能，交通被封閉。2006 年的碧利斯颱風的襲擊，7 月 23 日下午 3 時 50 分左右，隨著「轟」的一聲巨響，建於南宋・嘉定 4 年（1211 年）的舊順濟橋 4 個橋墩幾乎在同一時間垮塌，導致兩處橋面坍塌，有著近 800 年歷史的舊順濟橋被分割成三截。8 月 10 日晚颱風再次襲擊，再次發生嚴重坍塌，整座橋像一條臥龍橫臥在晉江上。

泉州大橋未建成前，順濟橋是福廈公路線上的重要橋樑。

**洛陽橋──中國古代第一座海港大石橋** 原名萬安橋。在泉州市以東約 10 公里、與惠安縣分界的洛陽江上。橋以江為名。建於北宋皇祐五年至嘉祐 4 年（1053—1059 年），郡守蔡襄主持建造。原長約 1,200 公尺，寬約 5 公尺，有 46 座橋墩，500 個扶欄，28 個石獅，7 座石亭，9 座石塔，規模宏大，是中國古代著名的樑式石橋。歷經修築，以明宣德間、萬曆 35 年（1607 年）地震重修、1932 年因泉惠公路通車添架鋼筋水泥橋面等 3 次工程為最大。現橋長 834 公尺，寬 7 公尺，尚存船形橋墩 31 座。橋之中亭附近歷代碑刻林立，有「萬古安瀾」等宋代摩崖石刻。另有石塔、武士石像等石雕。橋北有昭惠廟、真身庵遺址，橋南有蔡襄祠，著名的蔡襄〈萬安橋記〉碑，即立於祠內。洛陽江當江海交匯處，江闊水深，當年造橋工程非常艱鉅。首創筏型基礎以造橋墩，種植牡蠣以固橋基，都是中國古代重要的科學創新。此地「潮來直湧千尋雪，日落斜橫百丈虹」，風景頗為壯麗。

**五里橋（安平橋）──中世紀全世界最長的橋樑。**

꧔꧔꧔꧔꧔꧔꧔꧔꧔꧔꧔

## 參考文獻：

1. 程光裕：〈宋元時代泉州之橋樑研究〉，台北，《史學彙刊》，第 2 期。
2. 劉浩然編著：《洛陽萬安橋志》，香港，星華出版社，1993 年。
3. 中國文化部文物局：《中國名勝辭典》，上海，辭書出版社，1986 年第 2 版。
4. http://www.lotour.com/snapshot/2006-7-26/snapshot_43204.shtml

**安平橋** 俗稱五里西橋。在福建晉江縣安海鎮，橫跨晉江、南安二縣交界的海灣上。南宋紹興 8 年（1138 年）建，歷代有修葺。碑載：「安平橋……釃水三百六十二道，長八百十有一丈，寬一丈六尺。」全橋原長 2,255 公尺，現長 2,070 公尺，以巨型石板鋪架，橋墩以條石砌成，或四方形，或單邊、雙邊船形。結構嚴謹，工程浩大，為中古時代世界最長之樑式石橋，馳名中外，故有「天下無橋長此橋」之譽。橋上築水心亭、中亭、宮亭、雨亭、樓亭，並有護欄、石將軍、獅子及蟾蜍欄杆等雕刻。雨側水中築有對稱四方石塔 4 座、圓塔 1 座。橋頭白塔高 22 公尺，築於橋之入口處，為五層六角空心建築，風貌古樸。此橋雄偉壯觀，狀若長虹。臨橋遠眺，水天一色，情景交融。宋元時代，此處甚為繁華，為古泉州海外交通要港。

# 蘇州 玄妙觀

　　玄妙觀是江南著名的正一道觀，座落在蘇州市區中心，始建於西晉咸寧 2 年（276 年），初名真慶道院，唐改名開元宮，宋改為天慶觀，元朝元貞元年（1295 年）才改稱玄妙觀。清康熙時為避諱改稱圓妙觀，民國元年以後恢復玄妙觀之稱。

　　玄妙觀是整座道觀的總稱，至清末民初，全部建築包括大門（正山門），主殿（三清殿），副殿（彌羅寶閣），以及配殿 24 座。該觀自建成以來，歷經變故，屢有毀建，至 1950 年代初，除正山門、三清殿外，尚存配殿 16 座，全觀占地面積計 52 畝弱。

　　現存三清殿，重建於南宋淳熙 6 年（1179年），是蘇州僅存的一座南宋殿宇建築。三清殿重檐複宇，巍峨莊嚴，面寬 9 開間，46 公尺，進深六間，高 23.5 公尺，用 30 根青石大柱子支撐著，石柱呈六面型，與殿後的彌羅寶閣四周石柱數目、型式相同，合起來共 360面，每面刻有一名值日天尊聖號，以示 360 天主帝君。殿內高懸乾隆所題「太初闡教」4 字

三清殿殿額及匾

**道教始祖老子像碑**　蘇州玄妙觀三清殿內西側石刻碑。像為唐代著名畫家吳道子所繪。像上部有唐玄宗的題贊，顏真卿書，張允迪摹刻，碑成於南宋寶慶元年（1225 年）。

匾額。大殿頂部繪有精美的藻井，畫面有鶴、鹿、雲彩和「暗八仙」。殿正中供奉著玉清元始天尊、上清靈寶天尊、太清道德天尊三清法身塑像。東西兩側分列 12 天將，殿後供奉 60 星宿神像。大殿前面有青石駁砌露臺，臺的三面有雕刻精緻的釘釘石欄杆，內容有封侯掛帥、蛟龍戲珠、麒麟祝壽、雷公騰雲、金猴蟠桃等，相傳是五代（有說宋代）時的遺物。

蘇州最熱鬧的觀前街（左）及玄妙觀正山門（右）正山門是一座 5 開間的殿宇，係清乾隆時所建，內有清末通州名士沙映所書「圓妙觀」3 個大字，筆力渾厚，字態端莊。殿內左右兩側分列著「辟非」、「禁壇」2 將軍及馬、趙、溫、王 4 大天君塑像，冠盔披甲，威武高大。

玄妙觀三清殿　重建於南宋淳熙6年（1179年）

三清殿石欄柱

三清殿石欄板

三清殿東側外牆窗及石碑

彌羅寶閣（已毀）　玄妙觀在極盛時期共有殿宇26座，是個規模巨大的建築群體，正中為三清殿，後面為副殿彌羅寶閣，兩邊是配殿。彌羅寶閣建築精美，上下3層，9開間，建於明正統年間，為巡撫周忱和蘇州知府況鐘監造，毀於1912年。這幅彌羅寶閣照片為德國人柏爾斯曼所攝。

福州 華林寺大殿

——中國長江以南最古的木建築

　　華林寺大殿位於福建省福州市區北部，屏山南麓，北宋乾德2年（964年），吳越國王錢氏尚割據福州，其臣下鮑修讓為郡守，在此建寺，初名「越山（屏山）吉祥禪院」，明正統9年（1444年）賜額，改名華林寺。

　　寺幾經興廢，僅存大殿。面闊3間，進深4間，單檐歇山頂，高12.5公尺，面積574平方公尺。用「材」規格超等，三開間殿堂的用「材」與九開間用「材」等量齊觀。構件古樸碩大；作法特殊；結構嚴謹簡潔。

　　經專家、學者研究論證和取樣測定，確認大殿為千年以前原構。保存唐宋建築風格。

　　經中、日專家、學者的考證，日本鎌倉時期的「大佛樣」（「天竺樣」）建築，深受華林寺建築風格的影響。

華林寺大殿

**參考文獻：**

楊秉綸：〈福州華林寺大殿〉，福州華林寺大殿保管所，未標明出版年月。

華林寺大殿內乳栿

華林寺大殿前廊

華林寺大殿前廊左轉角斗栱

華林寺大殿西側外牆柱及門扇

華林寺大殿後廊北牆窗及門扇

241

**宋代賢臣范仲淹像**

（江蘇蘇州文廟石刻）

范仲淹（989 － 1052 年）字希
文。蘇州吳縣人。宋真宗大中
祥符進士。仁宗天聖中任西溪
鹽官，建議在泰州修建捍海
堰。寶元 3 年（1040 年），任
陝西經略安撫招討副使，兼知
延州，加強對西夏的防禦。慶
曆 3 年（1043 年）任參知政
事，聯合富弼、歐陽修等，建
議 10 事，其內容除興修水利
外，都是在原有法制的範圍
內，作一些整頓的措施，包括
限制以「恩蔭」為官，選用幹
練的人員，嚴格執行政令等
項，但未能實現。罷政後出任
陝西四路宣撫使。後在赴潁州
途中病死。所作散文，闡述了
他的政治主張；詞多寫塞上風
光，較為剛健。著有《范文正
公集》。

# 岳陽樓

## ——士以天下為己任
## ——先天下之憂而憂，後天下之樂而樂

### 登岳陽樓　杜甫

昔聞洞庭水
今上岳陽樓

名傳自古的江南 3 大樓閣中，至今保持古建築原貌的惟有岳
陽樓。其前身相傳為東漢末東吳名將魯肅修建的閱軍樓。《三國
志》也有孫權頒詔各郡縣治城修譙樓的記載。明隆慶《岳州府
志》有岳陽樓「肇自漢晉」之說。若從那時算起已有 1,700 多年
歷史。不過，開始不叫岳陽樓。南北朝時稱巴陵城樓，南朝宋金
紫光祿大夫顏延之，有一首登巴陵城樓的五言詩留傳至今。

唐朝開元年間，中令書張說謫守岳州，「……每與才士登樓
賦詩，自爾名著」（宋・范致明《岳陽風土記》）。他所登臨的
「南樓」即今之岳陽樓，因其位置在郡署之南而得名。直到乾元
年間，詩人李白、賈至登樓賦詩，始稱岳陽樓。

岳陽樓在北宋以前，其修葺情況記載不詳。宋慶曆 4 年
（1044 年），原任環慶路都部署兼慶州（今甘肅慶陽）知州的滕
子京，被謫為岳州知州。翌年，「政通人和、百廢具興」。主持
重修岳陽樓。據司馬光《涑水記聞》載：滕子京修樓未動國庫銀
兩，而是憑其政績集資於民，並親自掌管使用。樓成極雄麗，州
人交口稱讚。滕子京重修岳陽樓後，認為「樓觀非有文字稱記者
不為顯，文字非出於雄才巨卿者不成著」（《宗諒求記書》）。
於是致書好友范仲淹，請其撰記。慶曆 6 年 9 月 15 日范仲淹寫了
膾炙人口的《岳陽樓記》這篇文章，熔記事、寫景、抒情、議論
於一爐，尤其是「先天下之憂而
憂，後天下之樂而樂」的憂樂觀流
傳千古，使岳陽樓更加名揚遐邇。

後幾經興廢，清光緒 6 年（1880
年）再建。主樓平面呈長方形，寬
17.24 公尺，深 14.54 公尺，3 層通高
19.72 公尺，重檐盔頂，純木結構，
四周環以明廊，腰檐設有平座，建
築精湛，氣勢雄偉。

岳陽樓記

岳陽樓的屋脊

岳陽樓西向面

岳陽樓東向面

▶《岳陽樓圖》 五代李昇繪。可能李昇當時還可看到范仲淹時代的岳陽樓。台北故宮博物院藏。

八百里洞庭 遠方的島為君山

夕陽時的洞庭湖

參考文獻：

岳陽樓管理所編：《岳陽樓》，1985年。

# 蘇州 滄浪亭

清康熙帝御碑

滄浪亭在蘇州園林中最為古老。五代末年是吳越孫承祐的別墅，北宋詩人蘇舜欽在園中建滄浪亭，南宋時曾是抗金名將韓世忠的寓所「韓蘄王府」，明代廢為寺院。清代著名文人沈三白在此寫出膾炙人口的《浮生六記》一書。現在的規模大部是清乾隆、道光、同治時重建。

此園以山林景色為中心，環山佈置建築，園外水面繚繞。內山外水是它的特點。

園門前有滄浪勝蹟牌坊和石橋，過橋入園後東行至面水軒，軒北臨水，南面假山。自面水軒東行經複廊，可透過廊壁花窗觀賞園內外的山光水色。再向東至一方亭，三面臨水，是觀魚垂釣處，名釣魚台。自此穿複廊循小徑登山即達滄浪亭。亭方形，石柱石樑，造型古樸，有額曰「滄浪」，為清乾隆時建，為中國名亭之冠。亭柱上刻有「清風明月本無價，近水遠山皆有情」聯句。亭立於假山上的東部，萬綠叢中，在此小坐如入深山幽谷。

園林中部的假山分為東、西兩部。東部歷史長久，以黃石堆成，土石相間，有真山意味。山路曲折，樑過溪谷，景色天真自然。西部以湖石堆砌，玲瓏精巧，山腳下立一大石，上刻「流玉」2字。

假山南面有2組庭院建築，東側1組是明道堂、瑤華境界組成的較大庭院，氣氛莊嚴靜穆。西面1組由清香館、五百名賢祠、仰止堂、翠玲瓏、藕花水榭等建築和遊廊組成大小不等、曲折多變的庭院。在園林最南端的看山樓，建於一座假山之上，結構精巧，昔為眺望遠景處。樓下有石屋兩間，屋前假山上刻有林則徐手書「園靈證鑒」4字。園以幽靜曲折見長。

▼滄浪亭內廊　有簷的白牆及漏窗。漏窗造型、圖案精美生動，無一雷同，冠於蘇州名園。

滄浪亭

滄浪亭五百名賢祠門扇

清流潆漣滄浪亭觀魚處

**參考文獻：**

1.蘇州園林管理局編著：《蘇州園林》，上海，同濟大學出版社，1991 年。
2.陳從周：《園林叢談》。

# 筍江古渡

## ——「筍江月色」泉州古八景之一

　　筍江古渡位於泉州臨漳門外的晉江邊，今晉江上有鋼筋水泥橋連接兩岸。

　　古渡旁有石筍，是用五段經過琢製直徑不等的圓形花崗岩壘疊而成的，高約 3 公尺，上尖下粗，石面粗糙，既無花紋雕飾，又非天然造化，完全是由人們經過簡單加工造成的。因為它的造型極似竹筍，故取名石筍。

　　石筍在泉州西側，剛好晉江的水也是從西流經泉州，在這裡縈回曲折，緩緩而過，所以這段江流就叫「筍江」。宋代泉州太守王十朋的詩句：「刺桐為城石為筍，萬壑西來流不盡」，就是指此而言的。

　　石筍附近的江流本無橋渡，北宋皇祐元年（1049 年）泉州太守陸廣造舟為樑，作成便橋以渡人，稱為「筍江渡」，也叫「浮橋」。到南宋紹興 30 年（1160 年）浮橋改為石橋，稱「通濟橋」，又名「石筍橋」，也與此物有關。

　　更有趣的是，那時的泉州人，往往於明月之夜，泛舟筍江，觀賞那裡的月光水色。特別是在「月到中秋分外明」的時節，筍江波平如鏡，月照江心，清源紫帽，二山相崎，倒影並立，真是美極了。

泉州市晉江上石筍新橋（後），舊橋橋墩依在（前）

參考文獻：

1. http://jky.qzedu.cn/zhsj/bei=jing/sjz.htm
2. http://www.ffwb.cn/wiki_lE6lB3l89lE5lB7l9ElE7l9FlB3lE7lACl8B.html
3. 莊為璣：《古刺桐港》，廈門大學出版社，1989 年。

筍江古渡碑

江邊古渡

「筍江月色」浮雕

石筍碑

石筍　乃用五段圓柱體花崗岩雕琢疊疊而成，下段較粗，上段較細，末端略作尖錐狀，其狀如巨筍聳立，故俗稱石筍，據《泉州府志》載：北宋大中祥符4年（1011年）泉州太守高惠連曾經「以私憤擊斷石筍」。由此可推知，北宋之時，此物早已有之。石筍自被高惠連擊斷之後，直至明代成化年間（1465—1487年）才能接復原。據學者專家考證分析，此奇特之石筍，很可能是原始部族圖騰崇拜的遺物，或是婆羅門教、印度教的生殖器崇拜，與開元寺大雄寶殿後廊正中兩根綠岩石柱上的「濕婆圖騰」浮雕同一源流。這度原人製如果此說能夠確立，那麼這枝石筍之雕製諒係唐代石筍係百教傳入居住泉南一帶的古越百的圖騰崇拜物，則石筍之年代更為久遠。

# 黃州 東坡赤壁

　　東坡赤壁位於湖北省古城黃州的西北邊。因斷岸臨江，崖石赭赤，屹立如壁，故稱赤壁。素有「風景如畫」之美譽。晉代以來即為遊覽勝地。古往今來有無數名人遊覽過赤壁。自唐代杜牧、宋初王禹偁貶黃之後，北宋大文學家蘇軾貶黃時寫有赤壁二賦、《念奴嬌‧赤壁懷古》等著名作品，更使赤壁名揚中外。

　　北宋著名作家蘇轍（1039—1112 年）這樣描寫赤壁下的江景，江「至於赤壁之下，波流浸灌，與海相若」，說是這兒江面煙波浩渺，簡直像海那樣壯闊無邊（《黃州快哉亭記》）。

　　南宋愛國詩人陸游（1125—1210 年）曾兩次遊覽赤壁，他的評價是「佳處」兩個字（〈遊黃州東坡諸勝記〉）

　　黃州赤壁現有建築物計有二堂（二賦堂、雪堂）、2 樓（棲霞樓、涵暉樓、挹爽樓）、二閣（碑閣、留仙閣）、一齋（慨然齋）、一像（東坡塑像）、一峰（剪刀峰）、九亭（放龜亭、睡仙亭、坡仙亭、酹江亭、問鶴亭、快哉亭、覽勝亭、望江亭、羽化亭）。這些古建築依山就勢，古樸典雅，具有濃厚的民族風格。赤壁碑刻，聞名全國，有歷代名人書畫碑刻近 200 塊，其中蘇軾書畫碑刻 100 餘塊，居全國個人碑刻之冠。

　　歷史上來黃州遊覽「諸勝」，特別是遊覽赤壁的人，相當多的將黃州赤壁誤認為三國時代赤壁之戰的赤壁。但依據《水經注》、《元和郡縣志》、《通典》等書的記載，肯定三國赤壁為今湖北省嘉魚縣蒲圻赤壁。總之地望雖然有誤，但無損蘇東坡《赤壁賦》的文字價值。

**黃州赤壁景點的蘇東坡像**　1982 年塑，高 6 公尺，底座 2.3 公尺。蘇軾手握書卷，昂首遠望，似正構思新的詩篇。蘇軾（1037—1101 年），字子瞻，號東坡居士，四川眉山人，北宋傑出文學家、書畫家，與父蘇洵、弟蘇轍並稱「三蘇」。21 歲中進士。神宗時，曾在鳳翔、杭州、密州、徐州、湖州等地任職。元豐 3 年（1080 年）因「烏臺詩案」受誣陷被貶黃州任團練副使。在黃州 4 年多，曾於城東之東坡開荒種田，故自號東坡居士。哲宗即位後，曾任翰林學士、侍讀學士、禮部尚書等職，並出知杭州、潁州、揚州、定州等地，晚年被貶惠州、儋州。大赦北還，病死常州，葬於河南郟縣，追諡文忠公。在任地方長官期間，他關心民眾疾苦，做了許多利民的好事，深受民眾擁戴。

　　蘇軾的文學作品標誌著北宋文學創作的最高成就。他博學多才，是著名的散文家，為唐宋八大家之一；為著名詩人，同宋代著名詩人黃庭堅並稱「蘇黃」；為傑出的詞人，開闢了豪放詞風，同傑出詞人辛棄疾並稱「蘇辛」，對後世產生了很大影響；為著名書法家，同黃庭堅、米芾、蔡襄並稱「宋四家」；為著名畫家，工枯木竹石。此外，在農田水利，教育、音樂、醫藥、數學、金石、美學、烹飪等方面都有重要成就。

黃州赤壁全景　東坡赤壁的樓閣始建于西晉，後屢經興廢，現存 20 座樓閣多為清代同治年間所建。

二賦堂　最早建於清代康熙年間，約成於 1674 年，由知府于成龍主持修建，也由他命名。咸豐年間毀於戰火，現在的二賦堂是同治 7 年（1868 年）由劉維楨（1822—1904 年）重建的。因紀念蘇軾赤壁二賦而得名。「二賦堂」的巨幅匾額為清代「洋務派」領導人李鴻章（1823—1901 年）題寫。

二賦堂為赤壁的主要建築之一，雕檐畫閣，精巧美觀，前人定為「赤壁八景」（二賦堂、玩月台、睡仙亭、剪刀峰、放龜亭、白蓮池、坡仙梅）此只有七景之第一景。它，面對長江，背倚懸崖，風景清幽。但它的主要特點，是堂內的二賦巨大木刻。「兩賦蹁躚，宏文偉麗古今傳」（黃有道：《赤壁雜詠·二賦堂》），真是「進門唯聞翰墨香」了。堂正中，上下頂立一巨大木壁，高約兩丈，將堂分為前堂和後堂。木壁正面為《前赤壁賦》木刻，楷書，由程之楨於同治 7 年（1867 年）書寫；背面為《後赤壁賦》木刻，隸、碑交混體，由近代著名書法家李開侁先生書寫。兩幅木刻均字大如拳，前者豪邁俊逸，後者蒼勁有力。

**參考文獻：**

丁永淮編著：《東坡赤壁》，准印證：鄂黃地圖內字（1993）第 45 號。

249

# 鞏義　北宋帝陵

　　北宋帝陵，分布在河南省鞏義市的西村、芝田、孝義和回郭鎮四個陵區。占地約 150 平方公里（南北長約 15 公里，東西寬近 10 公里）。北宋的 9 帝，除徽宗趙佶、欽宗趙桓因被金兵擄去，死於五國城（今吉林省扶餘縣）外，其餘 7 帝都葬在這裡。現存帝陵有：太祖趙匡胤永昌陵、太宗趙炅永熙陵、真宗趙恆永定陵、仁宗趙禎永昭陵、英宗趙曙永厚陵、神宗趙頊永裕陵和哲宗趙煦永泰陵。加上趙匡胤父趙弘殷的永安陵在內，統稱「七帝八陵」。在帝陵旁還祔葬有后妃、皇親、未成年子孫和功臣墓約 300 多座，形成了一個龐大的陵墓群。

　　北宋諸陵建築布局大致相同，陵園都是座北朝南。由「上宮」、「宮城」、「地宮」、「下宮」四部分組成。圍繞陵園還建有寺院和行宮等建築。

　　上宮是陵寢的核心，由鵲台、乳門、神道和石刻群組成。鵲台是上宮的第一道門，又稱闕台，台上建有樓觀。由鵲台往北的第 2 道門，叫乳門。乳門的台上也蓋有樓觀。乳門往北為神道，是進入宮城的通道。神道兩側是對稱排列的石刻造像。自南向北，有望柱、象及馴象人、瑞禽、角端、馬與控馬官、虎、羊、客使、武將、文臣。宮城南神門外有立獅、鎮陵將軍和宮人。總計 58 件。各陵石雕像的內容和數量基本一致，但體積和雕刻技法，則有差異。

宋真宗永定陵全景

　　宮城一般占地 100 多畝。四周築有 10 多公尺高的神牆，有東、南、西、北四神門，門外各有石獅一對。城牆四角築有高台，上有樓閣。宮城的主要建築為獻殿和靈台。獻殿在靈台前，是祭祀的殿堂。靈台就是墓冢，位於宮城正中，分兩層呈複斗梯形。底邊長度都在 60 公尺左右。

永定陵石雕

　　地宮是安放靈柩的地下宮殿，位於靈台下面。宋陵的地宮沒有正式發掘，有人曾由舊盜洞進入過永熙陵北的祔葬后陵的地宮（因被盜者挖開一個盜洞）。地宮規模甚為宏大，深達 30 多公尺。該陵地宮由 14 層青磚砌成 8 角形基室，仿地面宮殿建築結構，極為堅固。頂部繪有天象圖，圖下繪宮殿樓閣，色彩至今仍然十分鮮豔。

　　上宮之北，有后陵和下宮，下宮包括正殿、影殿和齋殿。正殿是臨時停放皇帝靈柩的地方；影殿在正殿北面，內掛皇帝畫像和睡像；齋殿在最後，是祭祀的殿堂。東西廡殿和院落是守陵官員、衛兵和宮人的住房。

　　整個陵園，包括上宮、宮城、地宮、下宮和祔葬的后妃陵墓在內，統稱「兆域」。在宋代，兆域內種植大量的松柏枳橘等樹木為籬，不建牆垣，「兆域」內禁止採樵放牧，警衛十分森嚴。

　　宋陵陵園及其附屬建築，歷經 800 多年的滄桑，屢遭兵火焚毀。現在除了建築遺址和神道兩旁的石雕群外，都已無存。

　　數以千計的宋陵石雕，雖屢經破壞散失，至今尚存 700 餘件，這是在北宋 130 餘年中，先後分 8 次興建完成的。早期的陵墓如永安、永昌陵的石雕，刀法洗煉，粗獷簡練，造型

古樸，有濃厚的晚唐遺風；中期的石雕如永定、永昭等陵，刻功較細膩，比例協調適度；到了晚期的永裕、永泰陵，表現手法則趨向於寫實，有濃厚的生活氣息。可以印證宋代官方頒佈的《營造法式》一書中石雕制度的各種雕刻手法。

宋真宗永定陵的石雕

宋陵石雕是中國現存最完整的古代陵墓造像群之一，也是宋代雕塑藝術的代表作品。它在繼承漢唐陵墓石雕的傳統技法基礎上，又有創新，形成了宋代石雕注重寫實的藝術風格。

宋代陵寢制度規定，皇帝死後 7 個月必須下葬，陵墓工程只能在皇帝死後才能開始營建，工匠們在短短 7 個月內完成的石雕，具有如此高超的水準，反映了北宋中期以後石刻工藝的純熟技巧。

參考文獻：

1. 河南省開封地區文物管理委員會、河南省鞏縣文物管理委員會編著、傅永魁執筆：《宋陵》北京，文物出版社，1982 年。
2. 《建築師》編輯部：《古建築遊覽指南》北京，中國建築工業出版社，1981 年。
3. 河南省文物考古研究所《北宋皇陵》，鄭州，中州古籍出版社，1997 年。

# 第 10 章

# 遼・西夏・金・元

## ——北亞民族入主中國的王朝

| | |
|---|---|
| 遼 | 公元 916～1125 年 |
| 西夏 | 公元 1032～1227 年 |
| 金 | 公元 1115～1234 年 |
| 元 | 公元 1279～1368 年 |

內蒙古赤峰市巴拉他彥草原

# 遼、西夏、金、元大事編年

| 公元紀年 | 王朝紀年 | 大事記 |
|---|---|---|
| 907 年 | | 耶律阿保機被推為契丹八部的可汗；公元 916 年始稱帝建元，建立遼王朝，國號「契丹」。 |
| 918 年 | 契丹太祖神冊 3 年 | 契丹太祖下詔建造孔廟。 |
| 920 年 | 契丹太祖神冊 5 年 | 契丹創制契丹大字，後來進一步創制契丹小字。 |
| 936 年 | 契丹太宗天顯 11 年 | 契丹取得後晉石敬瑭所割讓的燕雲 16 州，漢族失去長城防線，自此年至明太祖於 1368 年光復此區。 |
| 938 年 | 契丹太宗會同元年 | 契丹定今北京市為陪都，是近世建都北京的開始。 |
| 947 年 | 契丹太宗大同元年 | 契丹改國號大遼。 |
| 979 年 | 遼景宗乾亨元年 | 宋伐遼敗於高梁河（今北京市西直門外）。 |
| 982 年 | 遼景宗乾亨 4 年 | 遼景宗死，聖宗立，蕭綽太后攝政，倚重漢人集團實行改革，扭轉中衰的國勢。 |
| 986 年 | 遼景宗雍熙 3 年 | 宋伐遼敗於岐溝關。 |
| 988 年 | 遼聖宗統和 6 年 | 遼聖宗下詔開始正式開科取士，促進了契丹的漢化歷程。 |
| 1004 年 | 遼聖宗統和 22 年 | 宋與契丹訂立澶淵之盟，開始兩國和平交往時期。 |
| 1007 年 | 遼聖宗統和 25 年 | 遼仿宋汴京式樣建中京，採取五京分治之制。 |
| 1036 年 | 西夏景宗廣運 3 年 | 夏頒布西夏文字。 |
| 1038 年 | 西夏景宗天授禮法延祚元年 | 党項趙元昊稱帝，國號「大夏」，史稱「西夏」。 |
| | 遼興宗重熙 7 年 | 遼建大同華嚴寺薄伽教藏殿 |
| 1039 年 | 西夏景宗天授禮法延祚 2 年 | 西夏仿照宋朝建立尚書省。 |
| 1055 年 | 西夏毅宗福聖承道 3 年 | 宋賜西夏《大藏經》。 |
| 1056 年 | 遼道宗清寧 2 年 | 遼佛宮寺塔（即應縣木塔）建成。 |
| 1101 年 | 西夏崇宗永安 3 年 | 西夏趙保吉（李繼遷）叛宋。 |
| 1114 年 | 遼天祚帝天慶 4 年 | 女真完顏阿骨打起兵反遼，建立軍政合一的猛安謀克制度。 |

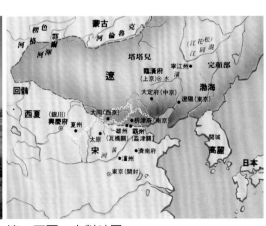

西拉木倫河　為西遼河上源之一，是契丹民族的發源地。為內蒙古東部第一大河，古稱潢水，是東蒙南北天然的分野，北為畜牧區，南為農業區。　遼、西夏、宋對峙圖

遼上京大內宮城址碑

遼上京北塔

遼上京南塔

遼上京天雄寺之觀音像

山西應縣縣城　曾為燕雲十六州州城之一

山西大同遼代華嚴寺薄迦教藏殿

遼‧佛宮寺木塔。在山西省應縣，建於遼清寧2年（1056年），總高67.13公尺，底層直徑30公尺，平面呈等邊8角形。為全世界現存最早、最高大的木結構塔式建築。

遼中京西城牆　中京係仿北宋汴京制度而建。

遼中京大明塔　是全國最具體量的塔。塔建在6公尺高的土台基上，平面呈8角型，共有13層，第1層正面四面鑲嵌磚雕的佛、菩薩、力士和飛天像，背面砌成雙層塔形。塔旁有祭壇遺跡。

255

# 遼代帝陵

祖山（左）及其影壁山（右）　祖陵是遼太祖耶律阿保機的陵寢

祖州城內的石房子　疑與遼太祖陵寢的祭祀有關。祖州是遼太祖陵寢的奉陵邑。

疑遼太祖陵墳丘

遼慶陵壁畫──契丹人

慶雲山遠景　慶雲山又名永安山，為遼慶陵的陵山，這裡是遼聖宗、興宗、道宗三帝及其皇后的陵寢的所在，山峰常有雲繞其間，所以名慶雲山。其他即今巴林右旗瓦爾漫汗山。為遼朝皇帝夏季捺缽（行宮）所在。據沈括：《使虜圖抄》載：「永安，地宜畜牧，畜宜馬牛羊，草宜荔梃、梟耳、穀亦梁麥。」

遼慶陵壁畫──契丹人

慶州塔　遼景福 2 年（1032 年），遼在慶雲山下營建慶陵，同年建慶州於慶陵南為奉陵邑。遼重熙 18 年（1049 年），位於慶州城內的釋迦如來舍利塔竣工落成。8 角 7 級，樓閣式磚木混合建築，塔高 73.27 公尺。

遠望契丹黑山　黑山為遼慶陵的影壁山。遼俗謂契丹人魂魄由黑山神管理，因此冬至日北向拜黑山。該山地處巴林右旗正北，距大板鎮 100 公里，西距遼慶州城 8 公里，南距遼懷州城 10 公里，主峰高 1,950 公尺，山勢雄偉碩大，平坦的主峰上有面積約 1,000 平公尺的湖泊，人稱「天池」。逢夏秋時節，湖邊可見旱金蓮黃光閃爍。

遼代黑山亦稱炭山、黑嶺，與赤山、太保山、饅頭山、老爺嶺、鳳山等。山脈蜿蜒相連。契丹人一直生活於沙漠、草原、山林等複雜地域環境之中，受遊牧狩獵等傳統生活方式影響，形成了對山脈、河流、林木的崇拜與寄託。《遼史》載：「黑山在慶州北十三里，上有池，池中有金蓮。」「冬至日，國俗屠白馬、白羊、白雁，各取血和酒，天子望拜黑山。」

遼道宗哀冊上的契丹文（遼寧省博物館藏）

| 1115 年 | 金太祖收國元年 | 女真阿骨打稱帝，國號「大金」。 |
| 1119 年 | 金太祖天輔 3 年 | 金頒行女真文字。 |
| 1125 年 | 遼天祚帝保大 5 年 | 遼天祚帝被金俘獲，遼亡。 |
| 1127 年 | 金太宗天會 5 年 | 金兵攻陷汴京，北宋滅亡。 |
| 1131 年 | 遼德宗延慶 8 年 | 耶律大石建立西遼，西遼為中國文明的西傳作出很大貢獻。 |
| 1138 年 | 金熙宗天眷元年 | 金三省六部制全面取代國論勃極烈制度。 |
| 1147 年 | 西夏仁宗人慶 4 年 | 西夏正式開科取士。西夏儒學進入鼎盛時期。 |
| 1153 年 | 金海陵王貞元元年 | 金海陵王遷都燕京，金朝政治中心南移。 |
| 1167 年 | 金世宗大定 7 年 | 金道士王喆東遊山東，以「全真」為號，創立新道教。 |
| 1183 年 | 金世宗大定 23 年 | 金頒行女真文本漢文典籍。 |
| 1190 年 | 西夏仁宗乾祐 21 年 | 西夏字與漢字對譯的《番漢合時掌中珠》編成。 |
| 1192 年 | 金章宗明昌 3 年 | 盧溝橋建成。 |
| 1206 年 | 金章宗泰和 6 年 | 鐵木真統一蒙古各部，建立蒙古汗國，稱成吉思汗。 |
| 1214 年 | 金宣宗貞祐 2 年 | 金遷都汴京。 |
| 1215 年 | 金宣宗貞祐 3 年 | 成吉思汗取中都（今北京），召見耶律楚材。 |
| 1219 年 | 金宣宗興定 3 年 | 成吉思汗率軍第一次西征，攻打花剌子模。 |
| 1220 年 | 金宣宗興定 4 年 | 學者耶律楚材撰《庚午元曆》，首次提出地理經度的概念。 |
| 1222 年 | 金宣宗興定 6 年 | 金道士丘處機西行於大雪山觀見成吉思汗。 |
| 1227 年 | 西夏末主寶義 2 年 | 蒙古在 6 次征伐之後，滅西夏。成吉思汗病逝於清水。 |
| 1229 年 | 蒙古太宗元年 | 蒙古太宗窩闊台即大汗位。 |
| 1234 年 | 金哀宗天興 3 年 | 蒙古、南宋聯軍攻陷蔡州，金亡。 |

金中都遺址　北京市

山西絳縣太陰寺
（金代建築）

山西絳縣太陰寺大殿金代臥佛

▶遼寧遼陽市
金代塔

西夏王陵之一　銀川市（資料照片）

西夏佛經　俄國艾爾米當博物館藏

西夏王　敦煌壁畫（資料照片）

元太祖成吉思汗像　台北故宮博物院藏

窩闊台即位圖　《史集》所載，法國巴黎國立圖書館藏

元帝國地圖　引自陳舜臣監修、同　晴夫責任編輯：《中國歷史紀行・宋・元》、第4卷，日本・東京・學習研究社。

| 1235 年 | 蒙古太宗 7 年 | 窩闊台的兒子闊端統兵進攻四川，開始與南宋的戰爭。 |
| | | 蒙古人發動第 2 次西征。 |
| | | 蒙古國都城和林建成。 |
| 1244 年 | 蒙古乃馬真后 3 年 | 蒙古建山西永樂宮。 |
| 1246 年 | 蒙古定宗元年 | 蒙古定宗貴由即大汗位。 |
| 1247 年 | 蒙古定宗 2 年 | 吐蕃宗教領袖薩班發表著名的《薩迦班智達致蕃人書》，號召西藏歸附蒙古。 |
| 1248 年 | 蒙古定宗 3 年 | 元數學家李冶《測圓海鏡》成書，被譽為「中土數學之寶書」。 |
| 1251 年 | 蒙古憲宗元年 | 蒙古憲宗蒙哥即大汗位。 |
| 1252 年 | 蒙古憲宗 2 年 | 蒙古第 3 次西征。 |
| 1253 年 | 蒙古憲宗 3 年 | 忽必烈征服大理，雲南割據 500 年後，重新與內地統一。 |
| 1260 年 | 蒙古世祖中統元年 | 忽必烈即位於開平，元朝最早的紙幣中統元寶交鈔正式頒行，紙幣成為貨幣的主體通行全國。 |
| | | 忽必烈封八思巴為國師。 |
| 1269 年 | 蒙古世祖至元 6 年 | 八思巴創蒙古新字，忽必烈下詔頒行全國。 |
| 1271 年 | 元世祖至元 8 年 | 忽必烈取《周易》：「大哉乾元」，改國號為「元」。 |
| | | 大都聖壽萬安寺白塔由尼泊爾工匠阿尼哥建成。 |
| 1272 年 | 元世祖至元 9 年 | 定都大都，政治中心南移，為明清時期的北京奠定基礎。 |
| 1273 年 | 元世祖至元 10 年 | 元兵陷襄陽，宋將呂文煥堅守 6 年，後投降。 |
| 1275 年 | 元世祖至元 12 年 | 義大利人馬可·波羅（Marco Polo）來華。 |
| | | 大都人列班·掃馬前往耶路撒冷朝聖。 |
| 1276 年 | 元世祖至元 13 年 | 元科學家郭守敬開始設計製造簡儀等 13 種天文儀器。 |
| 1277 年 | 元世祖至元 14 年 | 元朝先後在泉州、慶元、上海、澉浦、廣州、溫州、杭州設立市舶司，促進海運發展。 |
| 1278 年 | 元世祖至元 15 年 | 景德鎮設立浮梁總局，成為全國的製瓷中心。 |
| 1279 年 | 元世祖至元 16 年 | 郭守敬領導大規模的緯度測量，設立 27 個觀測站。 |
| | | 元軍攻克宋軍最後據點厓山，南宋滅亡。 |
| | | 劇作曲家關漢卿卒，傳世作品有《竇娥冤》等。 |
| 1280 年 | 元世祖至元 17 年 | 《授時曆》編成，第 2 年頒行全國，為當時世界上最精確的曆法之一，沿用至清初。 |
| | | 地理學家都實考察黃河河源。 |
| 1281 年 | 元世祖至元 18 年 | 再伐日本敗績。頒郭守敬所製《授時曆》。 |
| 1283 年 | 元世祖至元 20 年 | 元朝設立「斡脫」總管府，讓色目商人經營高利貸。元朝將全國各族分為蒙古人、色目人、漢人、南人 4 個等級。 |
| 1291 年 | 元世祖至元 28 年 | 元朝自訂的第一部法典《至元新格》成書。 |
| | | 元朝確立行省制度，對後世政治體制影響深遠。 |
| 1292 年 | 元世祖至元 29 年 | 郭守敬開鑿通惠河。馬可波羅西返。 |
| | | 劇作家關漢卿作雜劇《竇娥冤》。 |

山西洪趙縣廣勝寺元代戲劇壁畫（資料照片）

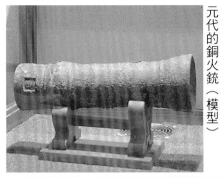

元代的銅火銃（模型）

北京白雲觀　邱處機弘道法的道觀

元・釉裡紅蓮葉盤　高9公分，直徑45公分。
南川三治郎攝影。（資料照片）。

景德鎮傳統型的瓷器成形作坊　俗稱坯房。係由正間、廒間、泥房3座單體建築組合而
成庭院式建築。正間為成形操作之處，廒間為原料倉庫，泥房為泥料陳腐和精製之處。
中部為長方型內院，是作坊自然乾燥的場地。各間均向內院敞開，四周砌圍護牆。

| | | |
|---|---|---|
| | | 元大都歷時 18 年建成。 |
| | | 元朝設立回回藥物院。 |
| 1294 年 | 元世祖至元 31 年 | 教廷使臣孟高維諾到大都。 |
| 1295 年 | 元成宗元貞元年 | 趙孟頫著《鵲華秋色圖》。 |
| 1296 年 | 元成宗元貞 2 年 | 女紡織家黃道婆於本年左右返回故鄉，在松江一帶推廣棉紡織技術。 |
| 1297 年 | 元成宗大德元年 | 地理學家周達觀隨使真臘返回中國，後撰成《真臘風土記》。錢選畫〈山居圖卷〉。 |
| 1302 年 | 元成宗大德 6 年 | 大都建孔廟（即今北京孔廟）。 |
| 1307 年 | 元成宗大德 11 年 | 加諡孔子為「大成至聖文宣王」。程朱理學在元朝思想學術界確立主導地位。李衎畫〈四清圖卷〉、著《竹譜》。 |
| 1310 年 | 元武宗至大 3 年 | 窩闊台汗國亡。 |
| 1313 年 | 元仁宗皇慶 2 年 | 元仁宗恢復科舉考試，只設進士一科。王禎著成《農書》。 |
| 1321 年 | 元英宗至治元年 | 察合台汗國分裂。 |
| 1324 年 | 元泰定帝泰定元年 | 山西洪趙縣廣勝寺水神廟明應王殿壁畫。 |
| 1332 年 | 元寧宗至順 3 年 | 目前發現最早的火銃鑄造於本年，火銃在兵器發展史上具有劃時代的意義。 |
| 1335 年 | 元順帝元統 3 年 | 山西芮城縣永樂宮壁畫完成。 |
| 1337 年 | 元順帝至元 3 年 | 醫學家危亦林著《世醫得效方》，創懸吊復位法。 地理學家汪大淵第 2 次出遊海外，歸國後撰寫《島夷志略》。 伊兒汗國亡。 |
| 1340 年 | 元順帝至元 6 年 | 目前發現最早的套色印本刊印。 |
| 1341 年 | 元順帝至正元年 | 醫學家滑壽撰針灸專著《十四經發揮》，日本醫學界奉為「習醫之根本」。 |
| 1342 年 | 元順帝至正 2 年 | 吳鎮畫〈漁父圖〉。 |
| 1344 年 | 元順帝至正 4 年 | 丞相脫脫修成《遼史》、《金史》。 |
| 1345 年 | 元順帝至正 5 年 | 脫脫修成《宋史》。 |
| 1346 年 | 元順帝至正 6 年 | 現存最早的藏文歷史著作《紅冊》開始撰寫。 |
| 1350 年 | 元順帝至正 10 年 | 黃公望畫〈富春山居圖卷〉。 |
| 1351 年 | 元順帝至正 11 年 | 水利家賈魯率領 17 萬軍民奉命封堵黃河決口。景德鎮開始燒製青花瓷。紅巾軍起義。 |
| 1366 年 | 元順帝至正 26 年 | 王蒙畫〈青卞隱居圖〉。 |
| 1368 年 | 元順帝至正 28 年 | 明軍攻入大都，元朝滅亡。 |
| 14 世紀 | | 中國的木活字、火器、算術傳入阿拉伯。 |

# 元大都

元大都西門　Drawn by T. Allom. Engraved by E. Brandard.

　　元代在遼金燕京故城的東北方，建立了一座新都城，稱為大都，大都始建於至元 4 年（1267 年），至元 9 年正式命名大都，至元 21 年大都城全部完成，格居宏大，規劃整齊，由劉秉忠設計，周圍 60 里（28.6 公里）有 11 座城門，呈長方形。馬可孛羅（Marco polo）曾在《遊紀》中加以敘述，元代與西方交通頻繁，大都聲名遠播，西方人稱之為汗八里（Khanbalik）。皇城居南部中央。以太液池瓊華島為全城中心，有宮城、隆福宮（皇太后正宮），興聖宮（皇太子正宮，至大元年 1380 年建），整座城佔地 50 平方公里。今天的北京城就是元代大都發展起來的。

元大都城垣遺址北城垣東段

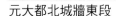

元大都北城牆東段

參考文獻：

1. 陳高華《元大都》，北京出版社，1982 年。
2. 陳學霖（HOK-LAM CHAN）〈元大都城建造傳說探原〉載台北，《漢學研究》，第 5 卷第 1 期。

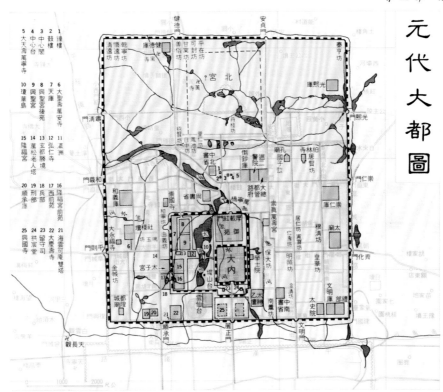

元代大都圖

1 鐘樓
2 鼓樓
3 中心閣
4 中心台
5 大天壽萬寧寺
6 大聖壽萬安寺
7 天庫
8 興聖宮後苑
9 興聖宮
10 瓊華島
11 黑洲
12 弘仁寺
13 玄都勝境
14 青松老人塔
15 隆福宮
16 西前苑
17 西前苑
18 刑部
19 兵部
20 順承庫
21 興國寺
22 大慶壽寺
23 留守司
24 拱衛堂
25 海雲可庵雙塔

元代大都圖　謝敏聰編繪，收入張其昀監修，程光裕、徐聖謨主編《中國歷史地圖》下冊，台北，文化大學出版部，1984 年。

瀆山大玉海　北京團城承光殿前

北京北海公園
元代古物
「鐵影壁」

北京北海瓊華島　太液池瓊華島為元大都全城的中心

元大都和義
門甕城遺址
考古狀況
（資料照
片）

# 北京 盧溝橋

盧溝橋亦作蘆溝橋，位於北京市西南方約 15 公里的永定河上，為北京現存最古老的石造聯拱橋。金朝定都中都（今北京市）以後，為了集運各地的糧稅和財富，於金章宗大定 29 年（1189 年）開始修建聯拱大石橋。金明昌 3 年（1192 年）建成，定名為廣利，即今盧溝橋。

盧溝橋全長 266.5 公尺，寬 7.5 公尺，橋身共 11 個涵孔。橋身構造極為合理。橋身、拱礎、橋礅以腰鐵固牢，以加強石間的小拉結。橋礅平面呈船形，迎水面砌作分水尖，並在每個尖端安裝 1 根三角鐵柱，稱「斬凌劍」，以抗禦洪水和春冰。

橋上兩邊各有 140 根望柱及石雕欄板。每根石柱上都雕刻蹲伏的石獅，神態活潑，殊形各異。有的嬉戲耍鬧，有的相互交頭接耳，活龍活現，栩栩如生。據統計共有石獅 498 個。

在橋的兩頭有兩對石獸，東邊有一對獅子，西邊有一對象，象徵著大橋固若金湯。橋頭的御碑亭裡有清乾隆皇帝所題的「盧溝曉月」漢白玉石碑，為燕京八景之一。

橋的建成距今已 800 多年，但仍完好。義大利人馬可‧波羅（Marco Polo）（1254～1324 年）在《馬可‧波羅紀行》中讚譽盧溝橋為「世界上最好的，獨一無二的橋」。

橋東為宛平縣城，明崇禎 11 年（1638 年）建。1937 年 7 月 7 日，日本軍隊在此發動侵華戰爭，宛平城的中國駐軍 29 軍 37 師（馮治安師）吉星文團以守土有責，奮起抵抗，揭開了抗日的民族戰爭序幕。（吉星文將軍後任金門防衛司令部副司令官，於 1958 年的國共金門砲戰中，在金門殉職）。

盧溝橋全景

清乾隆帝御筆「盧溝曉月」碑

盧溝運筏圖　元代。北京，中國國家博物館藏。

1937 年在盧溝橋，英勇地發出抗日第 1 槍的吉星文團長。

▲▼盧溝橋的石獅子

盧溝橋橋面　遠方的城堡為宛平城，始建於明崇禎 11 年（1638年），初名拱極城，東西長 640 公尺，南北寬 320 公尺，是華北地區唯一保存較完整的一座衛城，城牆上仍保存「七七事變」時日軍炮轟的彈痕。

# 北京孔廟、國子監

國子監牌坊

北京孔廟 在北京市東城區成賢街。元、明、清 3 代祭祀孔子的地方。元大德 6 年（1302 年）建，明永樂 9 年（1411 年）重建，宣德、嘉靖、萬曆年間曾分別修繕大殿，添建崇聖祠，並將殿頂換成青色琉璃瓦。清順治、雍正、乾隆年間重修，除將崇聖祠換成綠琉璃瓦外，各殿全部換成黃琉璃瓦。光緒 30 年（1904 年）升孔子為大祀，將正殿（大成殿）擴建。正門名先師門，雖歷經重修，但其斗栱形式，仍保存元代風格。門內院落 3 進，中軸線上的建築，依次為大成門、大成殿、崇聖門及崇聖祠。先師門前有嵌琉璃磚影壁 1

▲北京孔廟大成門

座，門內東為神廚、省牲亭、井亭，西有神庫、持敬門、致齋所等。院內有碑亭 3 座，東一西二，兩側還有進士題名碑 198 塊。大成門面闊 5 間，為通向大殿的過道門。大成殿為孔廟的正殿，面闊 9 間，進深 5 間，前有月台，四周有石護欄，是祭孔的場所。殿前左右有碑亭 11 座，兩側有東西配廡，放置從祀牌位。院中古柏成林，內有 4、5 百年樹齡的除奸柏。殿後有一獨立院落，即崇聖祠，為供奉並祭祀孔子先人牌位的地方。

▼北京孔廟大成殿

　　**北京國子監**　是元、明、清三代國家設立的最高學府，又稱「太學」。始建於元大德10年（公元1306年），明永樂2年曾修葺、擴建，清乾隆49年增建「辟雍」、琉璃牌坊等建築，成為現在的規制。國子監建築座北朝南，中軸線上分布有集賢門（大門）、太學門（二門）、琉璃牌坊、辟雍、彝倫堂、敬一亭。辟雍為整體建築中心，東西兩廊有六堂四廳，構成傳統的對襯格局。在國子監讀書的學生稱監生，同時國子監還接待各國留學生，對培養國內各民族人才，加強民族團結和中外文化交流，曾起到一定促進作用。

　　國子監左側與「孔廟」相鄰，合乎「左廟右學」之制。右邊通「箭廠」，是監生習武的場所。國子監南邊為「南監」（今方家胡同），是助教官員和學生的住所，俗稱「南學」。

　　國子監建築風格獨特，院內古樹名木繁茂，環境優雅，是學習、旅遊、懷古的好地方。

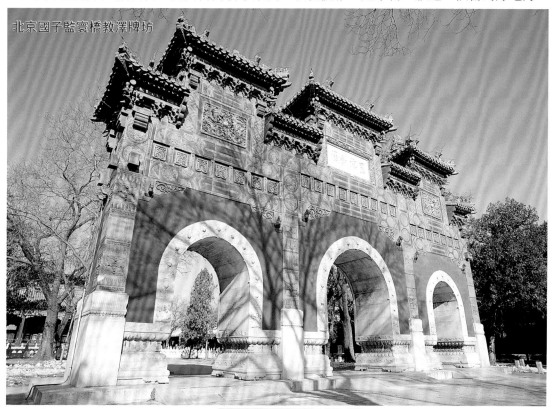

北京國子監寰橋教澤牌坊

國子監　清‧蔣衡書《十三經》刻石

~~~~~~~~~~~~~~~~~~~~~~~~~~~

**參考文獻：**

林麗月：〈明代的國子監生〉，台
　　灣師範大學碩士論文，1974年。

北京國子監辟雍

頤和園

# 耶律楚材祠墓

## ——元朝著名的政治家

**耶律楚材祠堂之耶律楚材像**
耶律楚材（1190—1244 年）

　　蒙古成吉思汗、窩闊台汗時大臣。字晉卿。契丹族，元朝著名的政治家，是遼皇族子孫。成吉思汗（太祖）10 年（1215 年）取燕後，被徵召受到重用。窩闊台汗（太宗）即位後，定策立儀制，勸親王察合台（太宗兄）行君臣禮，以尊君權。次年建議軍民分治，州郡長吏專理民事，萬戶府總軍政；反對以漢地為牧場之說，建立賦稅制度。立十路徵收課稅使，專掌錢穀。破金汴京時，廢屠城舊制，奏封孔子後裔襲爵衍聖公，設立經籍所、編修所，編印儒家典籍。窩闊台汗 9 年（1237 年）以守成必用文臣為理由，開科取士，釋放被俘為奴的漢族地主的知識分子。他在蒙古成吉思汗、窩闊台兩大汗時期任事近 30 年，長期任中書令之職，元朝立國的政教規模多由他制定。死後追封廣寧王，謚文正，著有《湛然居士集》。

**參考文獻：**

1.《中國歷史人物辭典》，香港，朝陽出版社，1979 年。

2.北京市文物局編：《北京名勝古蹟辭典》，北京，燕山出版社，1989 年。

## 耶律楚材墓

　　耶律楚材墓在頤和園昆明湖東岸邊。耶律楚材墓原為北京西郊的著名古蹟，墓前有石翁仲，夏夜流螢集其眼部，故有光，被人視為怪異、推入水中，明代建園時，陵墓被覆蓋，清乾隆年間造清漪園時，於原地恢復了祠墓，並立碑記其沿革並昭世其功德。現存的祠墓是光緒時按原樣重修的。祠堂和墓是一小庭院，門朝西，分兩進，後院有房 3 間，屋內即是耶律楚材的墳墓。前院有 3 間大式硬山箍頭脊的房屋為祠堂，內供耶律楚材像。祠堂前為清乾隆 15 年（1750 年）的石碑，高 3.1 公尺，正面為乾隆題的御製〈耶律楚材墓碑記〉，背面為清大學士汪由敦撰〈元臣耶律楚材墓碑記〉。東側立有從水中找出的石翁仲一，其造型古樸，為元代遺物。

# 薊縣 獨樂寺

獨樂寺觀音閣

獨樂寺座落在薊縣城西門內，創建於唐代，相傳安祿山在此起兵叛唐，思獨樂而不與民同樂，故命名為「獨樂寺」。現存主體建築山門和觀音閣為遼代統和 2 年（984年）重建，是研究中國古代木結構建築的代表作。

山門中間作穿堂，西側站立高大的護衛神像，俗稱「哼、哈」二將，後間兩側為清代繪製的四大天王壁畫。瓦頂坡度和緩，檐角翹起如翼如飛，正脊兩端的鴟尾形象生動優美，是中國現存最早的廡殿頂山門。

觀音閣上下兩層，中間設 1 暗層，通高 23 公尺。樑柱接榫部位因功能、位置而異，共用斗栱 24 種，閣內作長方形和六角形雙層空井，空間運用自如，以建築手法之高超著稱於世，歷經千年風雨和多次強烈地震至今巍然屹立。是中國尚存最古老的木結構高層樓閣。閣內 11 面觀音塑像，通高 16 公尺，是中國最大的彩色泥塑之一，脅侍菩薩亦為遼代泥塑珍品。閣下四壁彩繪壁畫為明代重描的 16 羅漢和 2 明王立像，風格開朗奔放，姿態各異，是研究中國繪畫和佛教史的重要資料。

**遼代彩塑 11 面觀音像**　資料照片，出處如參考文獻

獨樂寺山門　薊縣獨樂寺山門。建於遼統和 2 年（984 年），屋頂為五脊四坡形，古稱四阿大頂出簷深遠曲緩，簷角如飛翼，為中國現存最早的廡殿頂山門。

薊縣獨樂寺觀音閣斗栱。此閣共用斗栱 24 種，建築手法高超。

獨樂寺匾額及斗栱

獨樂寺觀音閣正面

明代塑畫 16 羅漢之 1 （資料照片）

參考文獻：

天津市薊縣文物保管所編：《獨樂寺》，天津人民美術出版社，未標明出版年月，統一書號：8073・70033。

義縣

# 奉國寺

**七佛** 大雄殿內佛壇上的一組大型遼塑，自東而西為迦葉、拘留孫、尸棄、毗婆尸、毗舍浮、拘那含牟尼、釋迦牟尼佛像 7 尊，結跏趺端坐在須彌座上。其中以正中的毗婆尸為最高，合座高達 8.6 公尺，向外依次略低，七佛塑像高大莊嚴，權衡均整，神態慈祥。傳說西方佛地有七姊妹，來此修行，後成正果，遂為七佛，最小的釋迦牟尼，面向稍西，仍留遙望家鄉之意。據《長阿含經》載：釋迦牟尼之前已有六佛，以其成佛先後為序排列，通稱「過去七佛」，在中國早期石窟造像中如雲崗、龍門，均有此題材的雕像，一般是刻在側壁或門楣上，而在現存寺院中以「過去七佛」為主尊供奉的實例尚屬罕見。（資料照片）

奉國寺座落在遼寧省義縣城內東北隅。建於遼聖宗開泰 9 年（1020 年）。初名咸熙寺，金代改稱奉國寺。因大雄殿內塑有 7 尊大佛，故俗稱大佛寺。

奉國寺的歷史資料很少，根據現存碑刻記載得知，從遼到金元之際，是該寺發展的最盛時期，當時全寺的建築規模非常宏大，金明昌 3 年（1192 年）碑記中描述「寶殿穹臨、高堂雙峙，隆樓傑閣、金碧輝煥、潭潭大廈、楹以千計，非獨甲於東營，視佗郡亦為甲」，元大德 7 年（1303 年）重修奉國寺碑也記載著「觀其寶殿崔嵬，儼居七佛，法堂宏敞，可納千僧，飛樓曜日以高撐，危閣倚雲而對峙，至如賓館，僧寮，帑藏，廚舍無一不備，旁架長廊二百間，中塑一百貳拾賢聖……亦可謂天東勝事之甲」，到了元至正 15 年（1355 年）刻立《大奉國寺莊田記》碑時，仍有「7 佛殿 9 間，後法堂 9 間，正觀音閣，東三乘閣，西彌陀閣，賢聖堂 120 間，伽藍堂 1 座，前山門 5 間，東齋堂 7 間，東僧房 10 間，正方丈 3 間，廚房 11 間……」，此時雖然減少了一些建築，但仍不失為宏大的古建築群。元末以後，塞北繁榮景象日漸消沉，加之戰亂影響，奉國寺日趨衰落，到明清兩朝，寺內遼金時期的宏偉建築群中，只有大雄殿仍完整的保存著，其它建築均已不存。現在大雄殿前兩邊的 6 角鐘亭和 7 角碑亭，中軸線上的無量殿、牌坊和小山門以及西院兩棟硬山式的禪堂都是清代續建的。經過清理發掘，發現了遼代的西彌陀閣、東三乘閣、兩側長廊、山門等建築遺址。基本揭示出遼代奉國寺布局，也是中國遼代佛寺建築布局的僅有實例。

**大雄殿**　位於南北中軸線的北端，聳立在高闊的月台上，是寺內唯一保存下來的遼代建築，其形制為 5 脊單檐廡殿式，總高 24 公尺，面闊 9 間，通長 55 公尺，進深 5 間，通寬 33 公尺，建築面積 1,800 多平方公尺，是遼代木構遺蹟中面積最大的雄偉建築。

**大雄殿全景**　支撐整個大殿的是樑、柱、枋、斗栱組成的木結構。為了最大限度的利用空間，在中央 7 間的內槽和外槽採取了減柱法。架樑八縫只用 20 根內柱。角柱有明顯的側角和生起，四周檐柱也依據「側角作法」向內側斜，增加了支柱抗拉的穩固作用。內屋頂為「徹上明造」，全部樑架不加遮掩，顯露可見，這是出於當時對結構構造的欣賞。檐下斗栱用材粗大，工藝狙獷簡練，氣勢渾厚有力，組合形式為 7 鋪作雙抄雙下昂重拱偷心造。分為外檐柱頭鋪作、補間鋪作、轉角鋪作、內檐柱頭鋪作、補間鋪作共 5 種。由於支樑架柱完全符合結構力學原理，雖歷千年仍保持平直挺健，沒有發生彎折扭戾現象。

**大雄殿內的元、明壁畫・羅漢**　（資料照片）

**參考文獻：**
義縣文物保管所編：《奉國寺》，1991 年 7 月 20 日。

# 赤峰 遼‧召廟石窟寺

召廟遼代石刻

　　真寂之寺又稱為召廟石窟寺，為中國保存最好的一處遼代石窟寺。其位於林東鎮西南20公里的群山中，其中桃石山從谷底驟然矗起，桃形巨石就聳立於峰頂崖端。桃石山陡峭雄偉，是攬勝佳境。

　　石窟開道於遼代，在桃石山東壁分南、北、中三窟，中窟規模最大。窟內刻有佛涅槃像、菩薩、天王、供養人像等像，造型豐富，為研究遼代雕塑藝術和佛教的重要實物。窟前是清代所建「善福寺」佛殿，谷口石壁有浮雕金剛力士像。

**遼真寂之寺**　又稱林東召廟。在巴林左旗林東鎮西南約20公里峽谷。石窟開鑿在谷內南向的陡壁上，窟前有大殿，面闊7間，進深3間。窟分中、南、北3窟，均較完整。谷口兩側岩壁上以淺浮雕手法刻有力士像各1。窟上山頂陡壁有巨石1塊，遠望如桃，俗名桃兒石。

林東召廟前谷
口的遼代石刻

釋迦涅槃像

石窟寺內一景

石窟寺內一景

# 宋・金・元古建築遺珍

宋、金、元古建築留存至今彌足珍貴。

作者攝於五臺山延慶寺　（金代建築）現存大殿寬3間，6架椽、歇山頂，總面寬約13公尺，平面略近正方形。張帆同學攝。

五臺山縣城廣濟寺　元代

山西高平市定林寺雷音殿　創建年代不詳，金、元重建，明清屢有修葺。現存雷音殿為元代遺構，餘為明清建築。

參考文獻：山西省政協編：《三晉名勝》，山西古籍出版社，1998年，書內之廉考文：〈代州阿育王塔〉

延慶寺外的石幢　高約7公尺，分為4層，造型別緻，結構緊密，上刻尊勝陀羅尼經，末行刊「景祐二年歲次乙亥拾月辛亥朔十五日⋯⋯時建」字樣，是為北宋所建。

五臺山廣濟寺內元代佛像

山西代縣阿育王塔　興建於元世祖忽必烈至元12年（1275年），在造型上，基台與基座均為圓形，特別寬大，塔肚子又明顯地小於基座，充分反映了五臺山早期大型磚塔的特點。阿育王塔與五臺山明代大白塔，代表了兩個歷史時期的建築風格，是研究承襲關係的代表性實物。

## 朔州 崇福寺

### ——保存最為完整的金代古建築裝修

　　位於山西朔州市城區東街北側。始建於唐高宗麟德2年（665年），由唐代名將尉遲恭奉敕建造，遼時為林太師府署，統和年間（983—1012年）復為僧舍。金皇統3年（1143年）增建，天德2年（1150年）賜額崇福禪寺，後經元代重修，明崇禎4年（1631年）朔州知州翁應祥復題額「林衙古剎」，列為「朔州八景」之首。現存彌陀殿、觀音殿為金代遺構，餘皆明清建築。

　　寺座北朝南，5進院落10大殿宇布局，主要建築有山門、金剛殿、千佛閣、三寶殿、彌陀殿、觀音殿等。

　　**彌陀殿（又稱三聖殿）**　為主殿，金皇統3年（1143年）由開國侯翟昭度建。面闊7間，進深4間8椽，單檐歇山頂，樑架結構和斗栱形制具有顯著金代特徵。前檐格扇和橫披窗上櫺花圖案紋樣達15種之多，形狀近似宋《營造法式》中的「挑白毯紋格眼」，是中國現存古建築中惟一保存最完整的金代裝修。殿內彩塑、壁畫及前檐下牌匾，均為金代原物。

彌陀殿內的阿彌陀佛　金代彩塑，佛像高達9公尺，背光高14公尺，及至脊磚。

金代壁畫
（資料照片）

彌陀殿外檐之
轉角斗栱

彌陀殿殿頂筒板布瓦及前後坡
皆飾以琉璃，是唐宋建築固有
的作法，金代迄今逾 800 年，
光澤不減，是琉璃佳作。

**金代匾額** 總高 4.3 公尺，寬 2.12
公尺，單字直徑 90 公分，是金章
宗大定 24 年（1184 年）的原物，
字體秀潤，筆力雄健，為遼金的
匾額之最。

塔剎現存崇福寺

北魏千佛石塔原存崇福寺 現藏台北，歷史博物館

**觀音殿** 是崇福寺內的最後一座殿宇，建於金
代晚期，殿身面寬 5 間，進深 3 間，單檐歇山
頂，其樑架結構設計採用了「減柱營造法」。
　　殿內佛壇上塑有三大士貼金坐像，觀音菩
薩居中，文殊、普賢二菩薩分列左右，均為明
代原物。

**大雄寶殿** 大雄是釋迦牟尼的德號，是對他的道德法力的尊稱，即偉
大的英雄之意。
　　本殿於明成化 5 年（1469 年）在唐代基址上重建，殿深面寬 5
間，進深 8 椽，殿頂為 9 重歇山式。

**參考文獻：**

1. 柴澤俊、李正雲：《朔州崇福寺彌陀殿修繕工程報告》，北京，文物出版社，1993 年。
2. 蔡靜芬主編：《館藏精品》，台北，歷史博物館，1997 年。

# 居庸關 雲臺

　　居庸關城中心的雲臺，為一過街塔的基座，建於元至正 5 年（1345 年），原雲臺上矗立著三座喇嘛塔，後塔於元末明初先後被毀。明正統 4 年（1439 年）於原址重建泰安寺，寺於清康熙 41 年（1702 年）焚於火。現僅存石臺。

　　雲臺全部用漢白玉石砌成，平面為矩形，底部東西長 26.84 公尺，南北深 17.57 公尺，台身斜收，頂部東西長 24.04 公尺，南北深 14.73 公尺。臺中開一半六角形石券門，寬 6.32 公尺，高 7.27 公尺，券洞長同雲臺底部。門道可通車馬。臺頂有二層出挑石平盤，上刻雲頭，下刻獸面及垂珠。臺頂四周的石欄杆、望柱、欄板和外挑龍頭，均保持元代雕刻的風格。

　　券門和券洞上鑴有極珍貴的元代石刻。券門兩旁有交叉金鋼杵組成的圖案，象、龍、卷葉花和大蟒神，正中刻金翅鳥王。券洞兩壁四端刻四大天王，造型各異，神態如生。這種由石塊拼接成的大幅整浮雕，在古代雕刻中還是少見的，藝術價值很高。在四大天王浮雕之間，有用梵、藏、八思巴、西夏、維吾爾、漢文 6 種文字雕刻成的《陀羅尼經咒》、《造塔功德記》，是研究佛典和古代文字極珍貴的材料。

　　元帝每年由大都到上都（多倫）避暑，一定要經過居庸關，因此刻下這些極具藝術價值與象徵民族大熔爐的 6 種文字。

**居庸關雲臺**

雲臺過街塔內的佛像

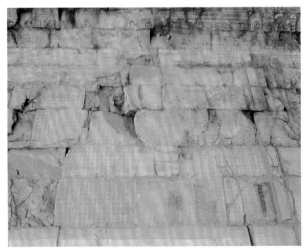

雲臺的各種民族文字題刻

雲臺的四大天王像

參考文獻：

《建築師》編輯部：《古建築遊覽指南》，北京，中國建築工業出版社，1981年。

# 北京 妙應寺

　　妙應寺在元代稱為「大聖壽萬安寺」，是元大都創建時期的一項重要工程，元世祖忽必烈採用「以儒治國，以佛治心」，把喇嘛教（即藏傳佛教）定為國教，因此，忽必烈敕令在新建都城內，修建大型藏式佛塔。

　　白塔的形制，淵源於古印度的窣堵波（Stupa）式佛塔，元世祖中統元年（1260年），「帝師八思巴」推薦尼泊爾工匠阿尼哥給忽必烈，由他主持修建白塔，融合了中尼佛塔的建築藝術。

　　有元一代，大聖壽萬安寺，香火鼎盛，建有「一如內廷之制」的眾多殿堂，工程延續5、60年之久，為皇室在京師進行佛事活動的中心，元順帝至正28年（1368年），寺院殿堂被雷火擊毀。

　　80多年後，明英宗天順元年（1457年），重建後改名為妙應寺，塔前修建了山門、鐘鼓樓、四間殿堂，以及東西配殿及僧房等，基本格局保留到現在。

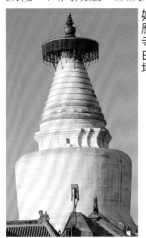

妙應寺白塔

阿尼哥像（現代塑）

妙應寺山門

七佛寶殿藻井

鎏金佛像（明）

密宗綠度母畫像　資料照片

參考文獻：

北京市白塔寺文物保管所編：《妙應寺白塔》，北京，文物出版社，1985年。

# 絳州 元代大堂

　　在山西省新絳縣城的新絳中學校內（原州署衙門內）今仍存有元代絳州州府的正堂，面闊 7 間（東西長 29.20 公尺），進深 8 椽（南北寬 15.40 公尺，佔地面積 311.28 平方公尺），單檐歇山頂。殿內使用減柱法以擴大面積，檐頭用五鋪作單下昂斗栱，內柱縱向施大內額和由額，與橫向大樑疊架承重，牢固有力，樑栿多為原始材料剝皮後稍加砍製而成，無統一規格可循。

　　州衙門正堂通例為 5 間，而絳州獨為 7 間，為大陸少見。

　　古衙後部為絳守居園池，俗稱隋代花園，創建於隋開皇 16 年（596 年），面積 16,594.21 平方公尺。絳守居園池歷經隋、唐、宋、元、明、清各代官衙州牧的添建，內有隋唐時期的「自然山水園林」到宋元時期的「建築山水園林」，直到明清時期的「寫意山水園林」，一脈相承形成中國北方園林的獨特面貌。

元代絳州州府大堂，始建於唐代。

參考文獻：

太原政協編：《三晉名勝》，太原，山西古籍出版社，1998 年。

大堂內的樑柱

大堂前堂外檐斗栱及樑柱

# 永樂宮及其壁畫
## ——元代完整的道教宮觀、壁畫

永樂宮是元代保存至今相當完整雄偉的一組古建築群，它的壁畫也是研究中國美術史及建築史的一個重要環節。其工程約從公元1247年動工，到1358年才全部完成，費時100多年，差不多與元代相始終。

永樂宮原位於山西省芮城縣永樂鎮（舊屬永濟縣），1959年因修三門峽水庫因此將永樂宮的建築及其壁畫整體遷到距離舊址22公里的芮城縣北郊今址。

永樂宮原屬民間傳說「八仙」之一的呂喦（字洞賓，號純陽）的出生地，呂洞賓卒後，唐代就其宅改為「呂公祠」，而發展起來。

宮座北朝南，中軸線現存5大建築除宮門為清代增築外，無極門（又稱龍虎殿）、三清殿（又稱無極殿）、純陽殿、重陽殿均為元代建築。

永樂宮最具藝術價值的地方，應是無極門、三清殿、純陽殿、重陽殿的壁畫，總面積873平方公尺，其中又以三清殿的壁畫《朝元圖》最具氣勢與光彩，可與宋代大畫家武宗元的《朝元仙仗圖》（又稱《八十七神仙卷》）（現藏天津‧徐悲鴻美術館）互相媲美。

**三清殿側景** 三清殿為永樂宮的最大殿宇，供奉道教三清祖像，面寬7間28.44公尺，進深4間8椽15.28公尺，單檐廡殿頂，殿內的三清像為現代重塑，三清即三天，到宋代統一為元始天尊——老子的化身。

無極門（龍虎殿樑架）

無極門全景

純陽殿外景，殿內祀呂洞賓

三清殿西壁南段壁畫　太乙諸神
（資料照片）

純陽殿壁畫　神化赴千道會
（資料照片）

參考文獻：

1.《永樂宮三清殿與純陽殿的壁畫》，運城，永樂宮文物保
　管所，未載明出版年。

2.謝敏聰：〈由《朝元仙仗圖》談永樂宮《朝元圖》——中
　國道教人物畫的極品〉，台北，《時報雜誌》，115 期，
　1982 年 2 月。

# 泉州 草庵

## ——中國僅存完整的摩尼教遺址

草庵外景

　　草庵在福建省泉州南門 13 公里，古因草構，故名。碑載為隋代 18 碩儒讀書處。歷代重修，現為單檐歇山式石構建築。庵內依石崖鐫刻浮雕波斯摩尼佛一尊，成於元初，背雕毫光四射紋飾，通稱摩尼光佛。

　　摩尼教在中世紀曾廣播於亞洲、歐洲和北非，對世界歷史產生過很大影響。摩尼教創教教主為波斯人摩尼（Mani, 215—277 年），他生於中國後漢末年，卒於西晉初年。摩尼教傳來中國後，有音譯，也有意譯。音譯又作牟尼、末尼，意譯又作「明教」、「光明教」、「明尊教」。摩尼是波斯語，意為「明珠」，當稱明珠教主，或稱明教主。公元 215 年生於南巴比倫安息王族家庭。幼年隨父信基督教。年長，改信拜火教，後又摻和佛教的道理，把基督教、拜火教（祆教）、佛教融合為「光明教」。他一生崇拜光明，反對黑暗，故稱「明教」。

　　摩尼教義有 2 宗（明、暗）3 際（過去、現在、未來）之說。摩尼最初頗得波斯王的崇信，四出佈教，後遭祆教僧正的嫉妒，於西晉咸寧 3 年（277 年）被誅死。信徒四散，其教傳播益廣，傳佈的範圍，大致在今地中海東岸及中亞一帶。唐武后延載元年（694 年），波斯人拂多誕攜《二宗經》來朝，摩尼教得到官方承認，從此流行開來。玄宗開元 10 年（722 年），曾一度禁斷，但仍准西域人信奉。其後安史亂起，回鶻入援，回鶻人多信摩尼教，傳教的摩尼師都是中亞昭武九姓的粟特人，其教很盛。代宗大曆 3 年（768 年），敕令置摩尼寺於長安，名大雲光明寺。其後回鶻使者請於荊、揚、洪、越諸州置寺；憲宗時，又請於河南及太原二府置寺；均許之。摩尼教立法，有如下特點：1、嚴行制慾，信徒不嫁娶，男女不交言語。2、不祭祖。3、不茹葷酒。4、白衣白冠。5、屍身裸葬。6、能祈雨。

　　唐室的設置摩尼寺，純為聯絡回紇。武宗初，回紇為黠戛斯所滅，唐室乃敕停江淮諸地的摩尼寺。至排佛事起，摩尼寺也隨之罷廢，摩尼及景、祆教徒，被勒令還俗的有 3,000 餘人。摩尼教在諸新教中實力最強，其教徒也較為頑悍。自遭武宗禁止，各地紛起反抗，以致京城摩尼教徒死者 72 人，諸道死者過半。其後摩尼教與其他秘密宗教，為唐室所特禁，但人民仍私組教會，相互傳習，西北及東南地區，信徒尤多。直至五代初期，仍有動亂發生。而其秘密活動，到宋代仍未止息北宋末，教徒方臘曾起兵於浙江。唐以後的明教的勢力多在閩、皖、浙，朱元璋即以明教起兵，北上討元，足見元末明教的深厚勢力，後因牴觸「明」國號，為明太祖所禁，被併入佛藏，元時避居山下，乃為長遠之計，故造像於此，應非偶然。

參考文獻：

1. 傅樂成：《中國通史》，台北，大中國圖書公司，1984 年版。
2. 莊為璣：《古刺桐港》，廈門大學出版社，1989 年。
3. 黃展岳：〈摩尼教在泉州〉，收入中國航海學會、泉州市人民政府編：《泉州港與海上絲綢之路》，第 2 冊，北京，中國社會出版社，2003 年。

摩尼光佛石雕（元代）

# 中國北方古代文化
# 國際學術研討會

內蒙古自治區赤峰市曾在 1993、1998、2004 年舉辦 3 屆的「中國北方古代文化國際學術研討會」，均由赤峰市人民政府文化局局長于建設教授（現任赤峰學院副校長）負責總規畫、組織，會議均順利成功，收穫宏效。

蘇秉琦教授為 1993 年赤峰「中國北方古代文化國際學術研討會」題辭

這次會議中心議題 3 項：1、以「紅山文化」為主的關於北方原始社會；2、以契丹文化為主的北方地區中世紀社會；3、方法論問題。

三者反映當代中國考古學中至關重要的一個側面。從中國考古學史的角度回顧這 10 多年軌跡，大致如下：⑴ 1981 年正式提出「以長城地帶為中心的北方（北方、東北、西北）區系觀點」；⑵ 1984 年（呼市）提出北方片的界定、界標概念；⑶ 1991 年提出重建中國古史的遠古時代（史前史）、國家形成三部曲論點；⑷ 1992—1993 年間提出有關「世界中的中國」（考古學）論點（石家莊）（北京）。

赤峰市歷史悠久、文化淵源流長。它不僅是遼代文化的發祥地，也是著名的紅山文化的發祥地。赤峰的名勝古蹟較多，其中遼代文物居全中國之首。著名的遼上京及其附近的遼祖州、祖陵、遼慶州、慶陵、召廟、遼中京及其大明塔，塞北元代歷史名城──應昌路魯王城及達理湖，克什克騰旗的慶寧寺，巴林右旗的薈福寺，喀喇沁旗的靈悅寺，元代龍泉寺、清真寺等，都是引人入勝的遊覽地點。

第 3 屆中國北方古代文化國際學術研討會會場入口。（2004 年 8 月）

謝敏聰（前排左三）應赤峰市人民政府文化局局長于建設教授之邀請，出席第 3 屆大會開幕式。（2004 年 8 月）

第 3 屆會議開幕式。

第 3 屆會議代表考察赤峰市附近的遼代缸瓦窯官窯遺址。

珍藏紅山文化、遼文化以及赤峰地區各時代出土文物的赤峰市博物館遠景　左方玉豬龍為赤峰市的標誌。

第 1 屆會議代表們考察赤峰市郊區夏家店村夏家店下層文化城堡。

第 1 屆中國北方文化國際學術研討會浩浩蕩蕩在遼慶陵（慶雲山區）途中壯觀的景象㊀

第 1 屆中國北方文化國際學術研討會浩浩蕩蕩在遼慶陵（慶雲山區）途中壯觀的景象㊁

學者們考察金中都遺址　1993 年 8 月第 1 屆中國北方文化國際學術研討會在赤峰市召集，與會的部分學者們先行考察北京市金中都遺址，左起：江宜華同學（中正大學碩士生）、王燦熾教授（北京市社會科學院研究員）、于善浦教授（清東陵文物管理處副處長）、趙振績教授（台灣科技大學）、宋肅懿講師（明新科技大學）、作者。

# 第 11 章

# 明　朝

## ——漢族復盛的時代（繆鳳林先生語）

### 公元 1368～1644 年

明成祖長陵寶城明樓　北京明十三陵規模最大的陵寢

# 明朝大事編年

明太祖高皇帝像　原藏北京紫禁城南薫殿，現藏台北故宮博物院。

## ㈠明前史

| 公元紀年 | 王朝紀年 | 大事記 |
|---|---|---|
| 1352 年 | 元順帝至正 12 年 | 郭子興起兵濠州，朱元璋附之。 |
| 1353 年 | 元順帝至正 13 年 | 張士誠起兵高郵。 |
| 1355 年 | 元順帝至正 15 年 | 劉福通擁韓林兒為宋帝。 |
| 1356 年 | 元順帝至正 16 年 | 朱元璋取金陵。 |
| 1360 年 | 元順帝至正 20 年 | 陳友諒弒徐壽輝自立。 |
| 1363 年 | 元順帝至正 23 年 | 明玉珍據蜀，朱元璋滅陳友諒。 |
| 1366 年 | 元順帝至正 26 年 | 朱元璋沈小明王韓林兒於江。 |
| 1367 年 | 元順帝至正 27 年 | 朱元璋滅張士誠及方國珍。 |

## ㈡明王朝史

| | | |
|---|---|---|
| 1368 年 | 明太祖洪武元年 | 朱元璋在應天（今南京）稱帝，是為明太祖。 |
| 1370 年 | 明太祖洪武 3 年 | 正式定出科舉形式，初場試《經》義、《四書》之義，即後來的八股。 |
| 1372 年 | 明太祖洪武 5 年 | 在長城最西端營築嘉峪關，防禦設施嚴密，是著名的一大雄關。 |
| 1375 年 | 明太祖洪武 8 年 | 詔行鈔法，發行大明寶鈔，禁止民間以金銀貨物交易。這種由中央強制執行流通的貨幣不斷貶值，到明中期漸受淘汰。 |
| 1380 年 | 明太祖洪武 13 年 | 廢丞相，罷中書省，政事歸六部，直接向皇帝負責，強化了君主集權。 |
| 1381 年 | 明太祖洪武 14 年 | 登記全國戶口，編成《黃冊》，代替自 1370 年推行的戶帖制度。以後每 10 年編訂一次，作為徵收賦役的依據。 |
| 1382 年 | 明太祖洪武 15 年 | 平雲南，全國統一。<br>廢丞相後，設殿閣大學士作為皇帝的顧問。<br>王履畫〈華山圖冊〉，主張心師造化。 |
| 1384 年 | 明太祖洪武 17 年 | 定八股取士制。 |
| 1385 年 | 明太祖洪武 18 年 | 在南京雞鳴山建立觀象台，是為世界上最早、設備最完善的天文台。北京觀象台則建於 1442 年。 |
| 1387 年 | 明太祖洪武 20 年 | 始編《魚鱗圖冊》，量度並登記全國田畝的地形和面積，列出田主姓名，與《黃冊》並行，作為徵稅依據。 |
| 1399 年 | 明惠帝建文元年 | 燕王朱棣起兵。 |
| 1402 年 | 明惠帝建文 4 年 | 朱棣攻陷京師，即位，是為明成祖。惠帝下落不明。<br>命解縉、黃淮入值文淵閣，是內閣預機務之始。 |
| 1405 年 | 明成祖永樂 3 年 | 宦官鄭和受命出使西洋，出訪 30 多個國家和地區，遠達非洲東部，是世界航海史之創舉。鄭和隨員著有《西洋番國志》、《瀛涯勝覽》等，是明初中西交通史的重要著作。 |

北京故宮南薰殿　清乾隆 14 年（1449 年）詔以內府
所藏歷代帝后圖像尊藏於此。自太暤伏羲氏而下有帝
后軸像 68 幅、7 冊、3 卷，先聖名賢圖冊 5 冊。現這
些圖像均珍藏於台北故宮博物院。

明太祖五嶽朝天像　原藏
南京中央博物院

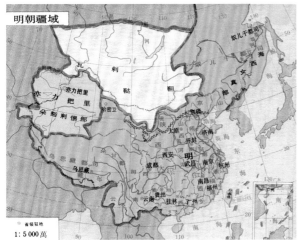

明朝疆域　引自吳春鳳、尤文波、袁素英編繪：《中
國古代史地圖冊》，北京，中國地圖出版社，1991
年。

山西大同九龍壁　建於明洪武 25 年（1392 年），為
明太祖朱元璋第 13 子朱桂代王府前照壁。

濟寧清真寺（東大寺）坊及大門

濟寧清真寺（東大寺）內一景

濟寧是元、明、清時代，大運河沿岸的重要城市。濟寧清真寺（東大寺）始建於明洪武年間，明、清多次
重修。寺院占地面積約 1 萬平方公尺，建築沿東西軸線排列，分序寺、大殿、望月樓 3 部分。

| 1406 年 | 明成祖永樂 4 年 | 明成祖下詔造北京紫禁城。 |
| 1407 年 | 明成祖永樂 5 年 | 官修大型類書《永樂大典》完成，包括經史子集百家內容，由成祖親撰序言。 |
| 1409 年 | 明成祖永樂 7 年 | 設奴兒干都指揮使司於黑龍江口總統各衛。成祖遣使迎宗喀巴入京傳法，宗喀巴遣弟子絳欽卻杰代行，受封為「大慈法王」。宗喀巴是藏傳佛教格魯派的奠基人物。格魯派又稱黃教，是西藏的執政教派。 |
| 1410 年 | 明成祖永樂 8 年 | 成祖親征韃靼。 |
| 1411 年 | 明成祖永樂 9 年 | 開會通河，大運河南北運輸暢通，促進南北經濟及文化交流。此外，疏濬黃河故道，與會通河合，漕運復通，從此河運漕糧漸取代海運。 |
| 1421 年 | 明成祖永樂 19 年 | 紫禁城（1406 年始建，1420 年基本建成）興建完成，成祖遷都北京。紫禁城占地 72 公頃，建築布局對稱，是現存最宏大完整的古建築群。 |
| 1426 年 | 明宣宗宣德元年 | 宣宗設立內書堂，教宦官讀書，成為宦官干預朝政的伏線之一。 |
| 1427 年 | 明宣宗宣德 2 年 | 畫家沈周生，為明代「吳派」的開創者。明廷設鑄冶局，造「宣德爐」。棄交趾。 |
| 1430 年 | 明宣宗宣德 5 年 | 鄭和開始第 7 次西航。 |
| 1439 年 | 明英宗正統 4 年 | 李童督造北京法海寺壁畫。 |
| 1449 年 | 明英宗正統 14 年 | 英宗親征瓦剌被俘，史稱「土木之變」，京軍力量崩潰。 |
| 1450 年 | 明景帝景泰元年 | 于謙當國。 |
| 1452 年 | 明景帝景泰 3 年 | 景泰藍瓷器興起。 |
| 1457 年 | 明英宗天順元年 | 奪門之變，英宗復辟，于謙被殺。 |
| 1477 年 | 明憲宗成化 13 年 | 設置西廠，由宦官汪直控制，可隨意偵訊和捕殺大臣百姓。 |
| 1483 年 | 明憲宗成化 19 年 | 達延汗復興蒙古。 |
| 1505 年 | 明孝宗弘治 18 年 | 吳偉繪〈長江萬里圖卷〉。 |
| 1506 年 | 明武宗正德元年 | 王守仁貶謫貴州龍場驛。 |
| 1507 年 | 明武宗正德 2 年 | 山西新絳縣稷益廟，后稷、伯益傳說壁畫完成。 |
| 1517 年 | 明武宗正德 12 年 | 佛郎機經葡萄牙人傳入中國。1521 年已開始仿製。1522 年，明軍擊敗葡萄牙艦船，繳獲佛郎機 20 門，之後明廷開始大規模的仿製。 |
| 1523 年 | 明世宗嘉靖 2 年 | 畫家唐寅卒，傳世名蹟有〈溪山漁隱圖〉等。 |
| 1529 年 | 明世宗嘉靖 8 年 | 王守仁卒。 |
| 1534 年 | 明世宗嘉靖 13 年 | 建皇史宬，收藏官方典籍，石構建築內以樟木櫃儲存檔案，能有效防火防潮防蟲，稱「石室金匱」。它是現存最古老和最大的檔案庫。 |
| 1547 年 | 明世宗嘉靖 25 年 | 明初已在修築東起鴨綠江、西至嘉峪關的長城，並在長城沿線一帶設九邊。是年再修大同至宣府一段。現今長城的面貌 |

**南京鄭和墓** 鄭和（1371—1433年），原名馬三保（寶），雲南人，是中國最偉大的航海家。他於1405—1433年先後7次率領由27,000多人、200餘艘船組成的龐大船隊，訪問了30多個亞洲與非洲國家和地區。

北京于謙祠

**于謙（1398—1457年）** 明浙江錢塘（今杭州）人。正統14年（1449年）土木堡之變後，從兵部侍郎升任尚書，擁立景帝，反對南遷。調集重兵，在北京城外擊退瓦剌軍。次年（景泰元年），也先以無隙可乘，被迫釋放英宗。天順元年（1457年），英宗發動奪門之變，奪回帝位。他以「謀逆罪」被殺。萬曆間諡忠肅，有《于忠肅集》。

《永樂大典》書影 資料照片。現全世界僅存400多冊，而台北故宮博物院就珍藏有62冊。本資料照片非台北故宮藏品。

**皇史宬大殿** 郭文英與徐杲參與修建的作品。位於皇城內南池子南口（當時的「南內」範圍），建於明嘉靖13年（1534年），為明清兩代保存史冊的檔案庫。殿宇為全部用磚石砌築的無樑殿，室內有高大的石須彌座，其上放置鍍金銅皮樟木櫃152個，其結構具有防火、防潮和避免蟲鼠咬傷的特點。而山牆上有對開的窗，以使空氣對流，設計符合科學原理。

|  |  | 基本上是明朝的遺跡。 |
| --- | --- | --- |
| 1550 年 | 明世宗嘉靖 28 年 | 文徵明繪〈千巖競秀圖〉。 |
| 1553 年 | 明世宗嘉靖 32 年 | 葡萄牙人以海船遇難、借地曬物為由，擴展澳門租地。至 1557 年，葡萄牙人始於澳門設置官吏。 |
| 1555 年 | 明世宗嘉靖 34 年 | 戚繼光受命抗倭。他為抗倭創新戰陣，所著《紀效新書》和《練兵實紀》，表現其練兵治軍的思想。 |
| 1557 年 | 明世宗嘉靖 36 年 | 葡萄牙人入據澳門。 |
| 1561 年 | 明世宗嘉靖 40 年 | 范欽在寧波建天一閣，是現存最古老的私人藏書樓。 畫家仇英卒。傳世名蹟有〈漢宮春曉〉、〈秋江待渡圖〉。 |
| 1564 年 | 明世宗嘉靖 43 年 | 倭寇平。 |
| 1565 年 | 明世宗嘉靖 44 年 | 潘季馴受命總理河道，他築堤束水，以水攻沙，講究防治，修黃通運，效果顯著。 |
| 1571 年 | 明穆宗隆慶 5 年 | 明封俺答為順義王。 |
| 1578 年 | 明神宗萬曆 6 年 | 李時珍所著《本草綱目》完成。現已翻譯成多種文字流傳世界。 |
| 1581 年 | 明神宗萬曆 9 年 | 張居正推行「一條鞭法」，簡化稅制，農民可出錢代役，勞動力便可投入手工業，有助於促進商品經濟發展。 |
| 1592 年 | 明神宗萬曆 20 年 | 日本幕府大將軍豐臣秀吉發兵攻打朝鮮，中日戰起。 |
| 1593 年 | 明神宗萬曆 21 年 | 畫家徐渭卒，傳世名蹟有〈雪壓梅竹圖〉。 |
| 1594 年 | 明神宗萬曆 22 年 | 顧憲成被罷官還家，在無錫設東林書院，聚眾講學，議論朝政，東林黨議始此。明朝曾發生 4 次詔毀書院事件，東林書院在 1626 年被毀。 |
| 1601 年 | 明神宗萬曆 29 年 | 義大利籍傳教士利瑪竇入京傳教。他引入西方天文學、測量經度等知識，在中國完成學術著作 20 餘種。與徐光啟合譯的《幾何原本》，是西方數學傳入中國之始。 |
| 1603 年 | 明神宗萬曆 31 年 | 顧炳刊刻《歷代名公畫譜》。 |
| 1610 年 | 明神宗萬曆 38 年 | 欽天監預測日蝕不準，李之藻等參用利瑪竇等人所傳的曆法修曆，西方曆法從此在中國應用。 |
| 1616 年 | 明神宗萬曆 44 年 | 滿族努爾哈赤建後金國。 劇作家湯顯祖卒，傳世作品有《牡丹亭》。 |
| 1621 年 | 明熹宗天啟元年 | 茅元儀寫成《武備志》，匯集了軍事理論、戰略戰術、軍用物資等史料。 |
| 1623 年 | 明熹宗天啟 3 年 | 荷蘭侵占澎湖、台灣，後被逐出澎湖。 |
| 1626 年 | 明熹宗天啟 6 年 | 後金攻打寧遠（今遼寧興城市），被袁崇煥用大炮擊退，努爾哈赤受重傷而死，兒子皇太極繼位。 |
| 1628 年 | 明思宗崇禎元年 | 陝西飢荒，王嘉胤、王大梁、高迎祥（闖王）等起義。 |
| 1630 年 | 明思宗崇禎 3 年 | 思宗誤信後金反間計，將袁崇煥處死，明朝頓失守關良將。 |
| 1633 年 | 明思宗崇禎 6 年 | 胡正言刊刻《十竹齋畫譜》。 徐光啟逝世，所著《農政全書》以當代農業實驗為基礎，融 |

澳門關閘　明朝中葉，葡萄牙人租借澳門，此圖攝於 1989 年，是由澳門進入大陸的葡方關閘。澳門主權已在 1999 年 12 月 20 日回歸中國。

福建泉州崇武古城　洪武 20 年（1387 年）為防倭寇入侵而建，花崗岩砌築，戚繼光曾在此督師操練。

廣州市鎮海樓　在越秀山頂，建於洪武 13 年（1380 年），高 28 公尺，分為 5 層，「鎮海層樓」為清代羊城 8 景之 1。此樓係防禦倭寇而建。

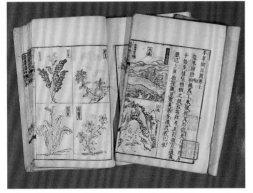

《本草綱目》書影　國家圖書館藏　李時珍（1518—1593 年）蘄州（今湖北蘄春）人。長期上山採藥，深入民間，向農民、漁民、樵民、藥農、鈴醫調查研究，同時參考歷代醫藥及有關書籍 800 餘種，聯繫實際，對藥物進行鑑別考證，糾正了古代本草書籍中藥名、品種、產地等錯誤之處，並收集整理宋元以來民間發現的很多藥物，充實了內容，經 27 年，著成《本草綱目》。收錄原有諸家《本草》所載藥物共 1,518 種，新增藥物 374 種。總結了 16 世紀以前中國藥學家的藥物經驗，他還著有《瀕湖脈學》、《奇經八脈考》，流傳於世。

徐渭墓　浙江紹興市。徐渭（1521—1593 年），字文清，後改字文長，號天池、青藤山人、田水月等。山陽（今浙江紹興）人。中國繪畫史上大寫意畫派成熟期的代表。

泉州李贄故居　李贄（1527—1602 年），明代學者。李贄的思想受王守仁和泰州學派的影響很深。他公開以「異端」自居，畢生以反對禮教、抨擊道學為己任。認為儒家經典六經、《論語》、《孟子》不過是史官臣子對當時政事的讚美之語，或迂闊門徒的隨手筆記，並非「萬世之至論」，反對「咸以孔子之是非為是非」，提出天理、人欲沒有區別的見解，主張「穿衣吃飯，即是倫物理」，不掩飾道德的功利實質。他還認為「趨利避害，人人同心」，公開宣稱自私出於人的天性，「雖大聖人不能無勢利之心」。早年反對程朱理學「理在氣先」、「理能生氣」的觀點，認為世界「惟是陰陽二氣」，「天下萬物，皆生於兩，不生於一」。

中國現存最早的天主堂　北京宣武門教堂史稱南堂，始建於 1650 年，在義大利傳教士利瑪竇 1605 年所建祈禱堂的基礎上，由德國傳教士湯若望主持建成；其間幾次燒毀又重建，最後一次重建是在 1904 年。

上海徐光啟墓　徐光啟（1562—1633 年），他與利瑪竇翻譯《幾何原本》，編纂《農政全書》，是中國近代科學的先驅。

明清以來外國傳教士墓地　在北京行政學院校園內，原在利瑪竇墓南，現將 58 方墓碑安放在墓的東側。

明末的火炮　明崇禎 17 年（1644 年）廣東鑄造的城防大炮，重 2,000 斤明代在廣州設有鑄鐵局。（廣州越秀山廣州博物館前陳列）。

上海豫園　始建於 1559 年，距今已有 400 餘年歷史。它原是明朝一座私人花園，占田 30 餘畝。園內有三穗堂、大假山、鐵獅子、快樓、得月樓、玉玲瓏、積玉水廊、內園靜觀大廳、古戲臺等亭臺樓閣以及假山、池塘等 40 餘處古代建築，設計精巧、布局細膩，以清幽秀麗、玲瓏剔透見長，具有小中見大的特點，體現明清兩代南方園林建築藝術的風格。園內的點春堂是 1853 年上海小刀會起義軍的城北指揮部。

合前人研究和西方科技成果。

| 1634 年 | 明思宗崇禎 7 年 | 宋應星著成《天工開物》。 |
| --- | --- | --- |
| 1635 年 | 明思宗崇禎 8 年 | 《崇禎曆書》完成，全面和系統地介紹歐洲天文學知識，卻因受朝中守舊派阻撓，至明亡仍未頒布。 |
| 1636 年 | 明思宗崇禎 9 年 | 董其昌卒。著有《畫禪室隨筆》，提出畫有南北宗之說。 |
| | | 高迎祥被明軍所殺，李自成被擁為闖王。 |
| 1637 年 | 明思宗崇禎 10 年 | 科學巨著《天工開物》刊行，作者宋應星詳細紀錄及總結歷代農業及兵器、火藥、紙等生產技術。 |
| 1641 年 | 明思宗崇禎 14 年 | 《徐霞客遊記》的作者徐宏祖去世。他自 22 歲起深入考察中國各地的地理及地質，是世界上考察石灰岩岩溶地貌的第一人。 |
| 1644 年 | 明思宗崇禎 17 年 | 李自成攻入北京，思宗於煤山自縊而死，明朝滅亡。 |

寧遠城西門　遼寧省興城市。

潼關東門舊影　明末李自成的農民軍曾與明軍在潼關多次作戰。（資料照片）

祖大壽旌功坊（遼寧省興城市）

北京景山明思宗殉國處

北京袁崇煥墓

# 明代南京城

## ——世界上現存最大的古代磚城

南京是明太祖削平群雄，驅逐蒙元的根據地，也是從洪武初到永樂遷都北京前的 50 餘年間（公元 1368—1420 年）的明朝統治中心。

明代南京城築於洪武前 2 年（元至正 26 年，1366 年），動用了 5 省（江蘇、安徽、江西、湖北、湖南）28 府的 20 萬民工，至洪武 18 年（1385 年）建成了各主要城門。城的範圍東靠鍾山，西接石頭山，南及秦淮河，北至玄武湖，把歷史上的建業、建康城和東府城，以及金陵城（包括了石頭城

▲南京中華門（原聚寶門）券門

和冶城）全部包括進城內，全長 35.267 公里，城的形狀依據自然形勢建造，今城牆仍存，現存 25.091 公里，高 14〜21 公尺，基寬 15 公尺左右，頂寬 4〜9 公尺。有垛口 13,616 個，敵樓 200 餘座。原有城門 13 座，今存聚寶、石城、神策、清涼四門，神策門保存最為完整，甕城及城樓猶在。雄偉壯觀的南京城牆不僅是中國最大的古代磚城，也是世界上現存最大的古代磚城。都城之外，又有一重外廓，周圍 77.4 公里，都是利用天然土坡構成，外廓今多已傾圮。

南京明代的宮殿（包括皇城、宮城），始建於洪武前 2 年，第 2 年初成，規模初具，樸素無華，不為雕飾。洪武元年（1368 年）開始，逐步改建，至 10 年，大內宮殿改建完成，規模宏偉，規制與後來的北京紫禁城相似。國都北遷後，南京仍為陪都。南京明故宮燬於太平天國之役，遺址迄今尚可辨識。

洪武 26 年（1393 年），南京的人口為 119 萬 3,000，終明之世都很繁華。

南京中華門附近的城牆與護城河

**參考文獻：**

謝敏聰：〈明代南京〉條，載《大中華百科全書》，第 4 冊，台北，文化大學出版部，1981 年。

▲南京中華門

▲由南京古台城看玄武湖、南京城牆、三藏塔

▲中華門藏兵洞

▲南京明故宮午門遺址

▲中華門甕城

▲南京明故宮五龍橋

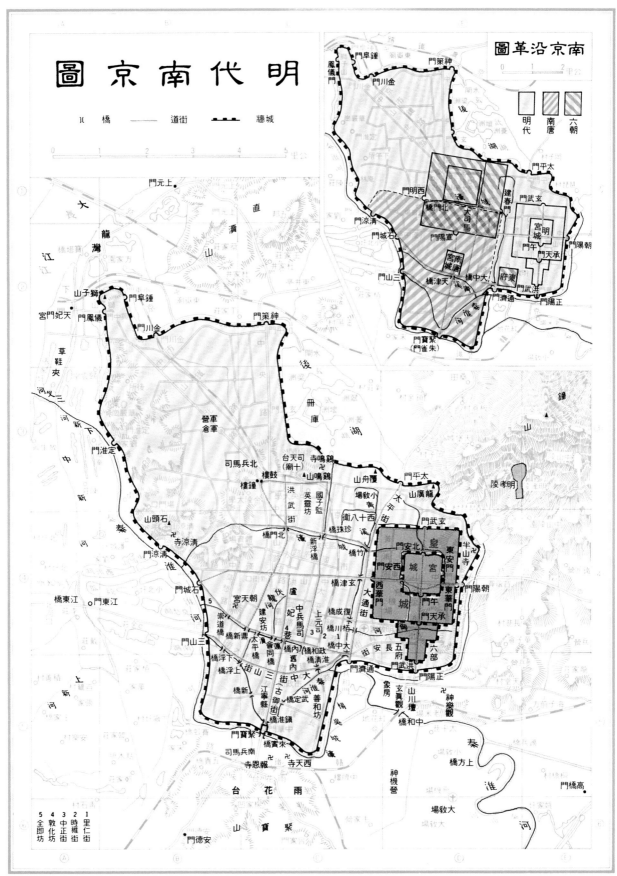

明代南京圖　圖採自張其昀監修，程光裕、徐聖謨主編，謝敏聰等編輯委員：《中國歷史地圖》台北，文化大學出版部，1984年。

# 絳州　明代三樓

　　山西省新絳古稱絳州，隋開皇 3 年（583 年）州治從玉壁遷至今地，距今已有 1,400 多年的歷史，新絳古城南臨汾河，北沿丘陵，據高就低隨地形制勝。

　　古城原為「臥牛城」，只有南北兩個城門，南為嘴背為臀，東西天池為牛眼，角塔為牛犄角，唯一的南北大街為牛脊，左右 62 條巷為牛肋，寶塔為牛尾。古城不同一般州縣城制，拋棄了方城十字，對稱中軸的格局，而是「臨川籠丘」因地制宜，街、樓、塔、園、寺、廟、碑，三關五坊，兩門 62 巷，皆依其自然，穿插其間就地而建，形成整體而活潑的建築群落。雖歷經 1,400 餘年，受到各個時代的沖擊與潛化，**仍然較好地保留了唐代的形制，是一座唐代古州城**。

　　明清時期，州、府、縣城多有市樓（鼓樓）。唯絳州（今新絳縣）3 樓並峙，南北鼎形排列，位於新絳縣城西部高垣之上。鐘樓在南，樂樓（戲台）在東，鼓樓偏北。

**鼓樓**　創建於元至正年間，現存木結構為明代遺構，可供遊人遠觀，南望汾水如帶，北觀呂梁嵐氣氤氳，四周風光盡收眼底。

**參考文獻：**
太原政協編：《三晉名勝》，太原，山西古籍出版社，1998 年。

**樂樓**　創建年代不詳，現為明代遺構，北向數 10 公尺有城隍廟，既為酬神戲台，又是城內歡曲活動的主要場所。

**鐘樓**　最早建於北宋乾德元年（963 年），現存建築為明萬曆年間（1573～1619 年）遺構，內懸萬斤巨鐘，為金天德 3 年北關「天慶觀」所鑄，鐘聲清脆、悅耳、宏亮，夜靜可聲聞 15 公里。

# 明代長城

　　現在的長城是明朝為了防備蒙古人再度南侵而整修的大工事，沿北齊以來的防線而做補築。明長城東起河北省的山海關，西迄甘肅省酒泉縣的嘉峪關，從地圖測為2,700 公里，但是有的長城有 2 重牆、3 重牆，實際長度應有 6,300 公里以上。

　　北齊屢興長城之役，工程的浩大，在秦代以後，明朝以前推為第一。公元555～556 年，北齊築今山海關到居庸關這一段的長城，此即明代長城的前身；另外今存在於河北與山西間省界上的長城，是北齊為防北周的攻擊而築造的長城。

▲山海關東門

▶北京八達嶺長城偉觀

▶山海關寧海城

▲紫荊關　成吉思汗的大軍由此攻入金中都（今北京），明英宗在土木堡之變被俘，瓦剌也先的軍隊也由此進而兵圍北京。

▲古北口長城

▲居庸關長城

▲山西代縣一帶的明長城城堡

▲雁門關的制高點

▲山西代縣一帶的明長城

◀雁門關山川形勢

303

# 京杭大運河

明清時代京杭大運河的迄點──北京東便門外的大通橋。

從北京到杭州的南北大運河，它南起杭州的拱宸橋，北至北京東便門外的大通橋，全長 1,794 公里，是中國歷史上與萬里長城比美的偉大工程之一。也是世界上最長的人工河道。

勤奮、堅毅的中華民族經過 2,000 多年不斷的加工改建，勇敢大膽地沖破中國東西水系自然地理的限制，創造各種壩、堤、閘牐等工程建築物，把海河、黃河、淮河、長江、錢塘江 5 大水系溝通起來。它的歷史價值，不僅解決了幾千年來中國南北大量物資運輸的交通困難問題，特別是對中國古代的政治、經濟和文化發展，有過很大的貢獻。中國許多有悠久歷史的經濟文化城市，和農業生產最富庶的經濟作物區，都是傍河兩岸發展起來的。

最先開鑿大運河的是春秋時代統治著江蘇省的吳王夫差，他為了向北擴展勢力，徵調大批軍民，從瓜州（今江蘇揚州市南 20 公里長江濱，與鎮江斜直）引長江水向北，經過射陽湖、淮安，流入淮河，貫通了長江與淮河之間的裡運河，這條河道當時稱為「邗溝」，自秦漢到南北朝時代，都是江淮之間的水路要道。隋文帝時加以疏通，名為「山陽瀆」，煬帝再加以擴大。

大運河的最大工程在隋代。隋代所開的運河，共有 5 條，即廣通渠、通濟渠、邗溝、江南河、永濟渠。廣通渠是文帝時開鑿的，其他 4 條都於煬帝時完成。其實這些所開的河，大部分是利用自然河道，或是疏濬前代業已乾枯的舊溝，祇有極小一部分纔是真正以人力開鑿的。

從元代開始，將大運河截彎取直，不再繞經洛陽，形成今日的京杭大運河。

最早的大運河──邗溝遺跡　1996 年攝
江蘇省揚州市

今大運河的起點──杭州拱宸橋　1997 年攝

北京通縣大運河上的八里橋　此橋也是 1860 年英法聯軍進軍北京的「八里橋戰役」遺址。1992 年攝。

北京通縣附近的大運河　1988 年攝。

蘇州附近的大運河　1997 年攝

無錫市區的大運河　1997 年攝

揚州市區的大運河與文峰塔　相傳唐朝高僧鑑真由這裡啟航東渡日本，講律學傳佛教。

高郵附近的大運河　由揚州到淮安市清河區的大運河稱為裡運河，是大運河最壯闊的一段，運河水由鄱郵湖、寶應湖接濟。今運河底及各湖底平面均比運河東堤外的裡下河地區要高。此乃在運河東堤上拍攝的。

淮安附近的大運河　淮安是中國古代「南船北馬」的轉換地點，淮安是中國年雨量 750mm 等雨線經過的地方，也是中國自然、人文地理的分野，南北朝、南宋與金均以淮河為國界。

▶山東濟寧市區的大運河冬景

▶元代大運河的迄點──北京積水潭　什剎海元代稱為積水潭，當年漕船可從杭州直接抵達這裡。那時港內「舳艫蔽水」，岸上車水馬龍，酒館菜肆、商賈戲班雲集，盛極一時。到清代德勝橋以西的水面仍稱積水潭。元代的積水潭比今日的什剎海面積大得多。

# 代縣文廟

　　山西代州文廟座北向南，占地面積為 14,400 平方公尺。前後 3 院。中軸線上依次為萬仞坊、欞星門、泮池、戟門、大成殿、敬一亭。東西有名宦、鄉賢二祠及東西廂房、崇聖祠等建築物。大成殿為其主體建築，明代遺物。面寬 7 間，進深 5 間，單檐歇山頂，綠琉璃瓦頂，斗栱施七鋪作單杪三下昂，纏柱造。殿內八卦藻井。代州文廟，堪稱歷史上邊關重鎮的龐大儒學建築群。

代縣文廟欞星門

代縣文廟泮池、戟門

代縣文廟大成殿　明代建。

參考文獻：
廉考文撰：〈代州文廟〉，收入太原市政協編：《三晉名勝》，山西古籍出版社，1998 年。

# 聞喜縣、新絳縣文廟

## (一)聞喜文廟

聞喜文廟大成殿

聞喜孔廟，在山西聞喜縣城內東北角，南北長250公尺，東西寬100公尺，占地2.5萬平方公尺。此廟創建於何時，迄今尚無準確考證，據《聞喜縣志》記載為北宋咸平4年（1001年）重建，距今近千年。元大德7年（1303年），晉南大地震時毀壞，經180餘年，至明弘治4年（1491年）又進行重建，規模宏偉，布局嚴謹。1986年重修，大成殿向後移20公尺。

門前五龍影壁，壁面全用五彩琉璃燒製而成，造形健美，形態生態，光澤純樸。廟內古柏參天，殿宇巍峨。在中軸線上依次為櫺星門、戟門、大成門、泮池、大成殿、明倫堂。中軸線之兩側為學宮、廊廡等建築。共有200餘間。大成殿結構規整，瑰麗莊重，琉璃脊飾光彩奪目，不愧為明代燒製的藝術佳品。

聞喜文廟照壁

## (二)絳州文廟

絳州文廟位於山西新絳縣城內四府街。占地面積10,670平方公尺。創建年代待考。據廟內存宋人集刻晉右軍將軍王羲之書碑〈重修夫子廟碑記〉記載，推斷文廟至遲為宋代所建，以後元、明、清屢經增修。現存建築中軸線依次為照壁、泮池、櫺星門、大成殿、西廂房數間等。

絳州文廟大成殿　明正統13年（1448年）建，面闊5間見方，週有迴廊，重檐歇山頂。

絳州文廟泮池

參考文獻：

1.彭善俊：〈聞喜文廟〉收入山西政協編：《山西名勝》，太原，山西古籍出版社，1998年。

2.http://www.likefar.com/scene/4264/

# 無錫 東林書院

　　東林書院，是中國古代著名書院之一。創建於北宋政和元年（1111 年），當時為北宋理學家程顥、程頤嫡傳高弟、知名學者楊時（號龜山）長期講學之地。後廢。「東林」名稱來歷與楊時遊盧山時所寫《東林道上閑步》這首詩有關。南宋時，邑人建楊時祠堂於此。元至正 10 年（1350 年），僧月秋潭於其上建東林庵。直至明成化 20 年（1484 年），僧人信諒又加重修，百餘年間，其地成為僧區。明萬曆 32 年（1604 年），被罷黜里居的顧憲成，偕弟允成，及高攀龍、安希范、劉元珍、葉茂才、史孟麟、薛敷教、錢一本等人，為繼承楊時講學遺志，共同倡議捐資重建興復。並於左偏同時建道南祠，以祀楊時。因他學成南歸故里將樂（今福建將樂）時，其師程顥親自目送之曰：「吾道南矣！」故取「道南」名祠，以示紀念。

　　明代東林書院，東、南兩邊臨河，河上濟以木橋。院前石坊高聳，左峙城垣，西映惠山，北近市井。沿河岸柳飄拂，水上風帆片片；院內古柏參天，屋宇鱗比，環境幽寂。顧憲成、高攀龍等人先後主盟其中，聚眾講學。年有大會，月有小會。在講習之餘，他們還諷議朝政，裁量人物，指陳時弊，銳意圖新；主張志在世道，躬行實踐，反對空發議論，脫離實際。因此傾動朝野，海內一些抱道忤時的士大夫等都仰慕應和，聞風響附，皆以東林為歸，學舍至不能容，一時盛況空前。東林書院當時成為江南人文薈萃的一大區會，又是議論國事的主要輿論中心。

　　天啟年間，閹人魏忠賢竊權擅政，肆虐枉法，恣意橫行，大批言官諫臣被逐幾盡。又頒示《東林黨人榜》，在全國通緝逮捕。廣大東林黨人慘遭迫害，株連甚眾。同時，詔毀天下書院，東林首罹其難。天啟 5、6 年間，先後兩下矯旨，書院被強令限期拆毀，夷為一片瓦礫。崇禎皇帝即位後，東林黨人冤案得以昭雪。同時下詔修復書院。以後經清代至今，幾百年間，歷朝均有葺建。其建築主要有：書院大門、翼屋、石牌坊、水池、木橋、儀門、麗澤堂、依庸堂、燕居廟、長廊、小辨齋、來復齋、再得草廬、三公祠、道南祠、碑亭、時雨齋、東林報功祠、晚翠山房、陶齋以及學舍數楹等。整個書院占地約 16 畝。雖時代變遷，屢經滄桑，但它廢而復興，沿存至今，依舊保有昔日生機。書院內現存有明、清等碑刻多塊及有關東林黨人手札遺墨數件，彌足珍重。

　　顧憲成曾撰有「風聲雨聲讀書聲聲聲入耳，家事國事天下事事事關心」這副心懷遠大抱負之名聯。後被廣為傳誦，成了許多學人，志士的共同心聲和座右銘。此聯現懸於依庸堂內。東林黨人為官清廉，剛直不阿，關心國事，矢志革除積弊，堅決反對權臣的昏庸腐敗以及閹黨暴政，

高攀龍像（資料圖片）

顧憲成像（資料圖片）

東林書院牌坊

注重學問氣節的無畏鬥爭精神，一直彪炳史冊，受到歷代人們的稱贊。東林書院雖一席片壤，但它因此蜚聲遐邇，名聞中外，在中國政治、思想、文化及教育史上均占有一定地位。東林黨人熱忱的愛國思想和良好學風是中國古代優良文化遺產的一個組成部分。東林書院為中國一處重要的名勝古蹟和文化紀念地，同時又標誌著一種進取精神。

東林書院依庸堂

東林書院麗澤堂

參考文獻：

東林書院文物保管所編：《東林書院》簡介。

江陰
# 徐霞客故居、墓

## 🌸 偉人傳略、偉大的科學考察與所遇奇聞

明代傑出的地理學家、旅行探險家、文學家徐弘祖，字振之，號霞客，公元 1587 年 1 月 5 日（萬曆 14 年 11 月 27 日）生於南直隸江陰南暘岐村。霞客祖上幾代長於詩文。父親徐有勉，冷眼相視明朝的腐敗政治。有勉有 3 個兒子，最喜歡次子霞客。少年徐霞客，「矢口成誦，搦管成章」，厭惡枯燥乏味的《四書五經》，常把愛讀的《古今史籍》和《輿地方志》等放在經書底下，偷偷地看，看到精彩處，「神栩栩動」。

1604 年（萬曆 32 年、霞客 19 歲），父病故。霞客服喪 3 年，22 歲娶妻許氏。他厭棄由科舉入仕途，十分嚮往遍覽名山大川。

1607 年（萬曆 35 年、22 歲）霞客婚後即踏上考察旅遊征途，泛舟太湖旖旎縹緲的湖光山色。

1609 年（萬曆 37 年、24 歲）霞客北上齊魯，遊泰山、嶧山，抵燕冀。他在渡黃河時見河之闊不及長江三分之一，對《禹貢》裡「江源短而河源長」以及「長江源於岷山」的說法產生了疑問。

徐霞客像

1613 年（萬曆 41 年、28 歲）早春，他遊浙江紹興、寧波、普陀洛迦，4 月初冒雪登天台山；南下到雁蕩山，登上雁蕩連雲峰。

1614 年（萬曆 42 年、29 歲），霞客就近遊了江浙等地，「遊秣陵四郡，六朝佳麗地，覽二十四橋明月、卅六曲濁河」。

1616 年（萬曆 44 年、31 歲）霞客雪中遊白嶽和黃山、福建武夷山。秋天，他還遊了紹興蘭亭、禹陵和杭州西湖。

**徐霞客故居**　座落在江陰市馬鎮南暘岐村的東首，現有 3 進、2 廂房，為明代建築。

1617 年（萬曆 45 年、32 歲）妻許氏病故。

1618 年（萬曆 46 年、33 歲）秋，霞客遊廬山，再遊黃山。

1620 年（泰昌元年、35 歲）端午節後，他與叔父徐芳若到浙江，入江西，經福建江郎山，遊了福建仙遊九鯉湖，歷覽九漈獨特風光。

1622 年至 23 年（天啟 2—3 年、37—38 歲），霞客經徐州抵鄭州，經開封登嵩山，西入潼關，東過武英，經龍門石窟到西嶽華山，登仙猿嶺到河南、湖廣交界的郿縣，上火龍

嶺至均州，遊太和山（武當山）。

1625 年（天啟 5 年、40 歲）慈母逝世，享年 81 歲。

1628 年（崇禎元年、43 歲）霞客續遊福建，經浙江仙霞嶺，沿水路從浦溪入福建建溪、南平到漳浦。

1629 年（崇禎 2 年、44 歲）他再到北京，然後到山西雲中大同。遺憾的是，這次北遊和以前遊太湖、宜興、茅山、南京、揚州、泰山、羅浮、普陀洛迦、紹興等記敘，都已散失，迄今不見。

1630 年（崇禎 3 年、45 歲）到常州、丹陽，並再遊福建。

1632 年（崇禎 5 年、47 歲）再遊天台山和雁蕩山。

1633 年（崇禎 6 年、48 歲）盛夏季節，霞客西越太行到五臺山，記下盛夏仍是「風怒起，滴水皆冰」的萬年冰和凍土地貌「龍翻石」。登長城嶺絕頂，四望遠峰，極高者亦伏足下，連聲贊嘆長城的雄偉。他還到了北嶽恆山，觀賞了「層樓高懸，曲榭斜倚」的懸空寺。從恆山返程，在遊記中記述此山「山皆煤炭」。秋天，他又遊漳閩。

1636 年（崇禎 9 年、51 歲）陰曆 9 月 19 日，霞客帶家鄉僧人靜聞、顧僕出發。這是他一生最後 1 次時間和行程最長的萬里遐征。他們從無錫、蘇州、昆山、青浦、松江、吳江、嘉善等地經杭州、金華、越桐廬、過蘭溪，然後入江西玉山到南城麻山。

1637 年（崇禎 10 年、52 歲）年初一，霞客等從永新到了湘贛邊境的武功山。他讓靜聞

**晴山堂**　晴山堂位於江陰市馬鎮沈塘河畔的南暘岐村。明萬曆 48 年，蓋新房，當時正是「四月晴和雨乍晴，南山當戶轉分明」。這樣的時日落成的堂舍，乃命名為「晴山堂」。晴山堂石刻原為紙文，是年，霞客開始請人鐫刻於石，以示紀念。明崇禎 3 年，徐母逝世後，霞客為紀念賢母，又請人鐫刻於石，並把它砌嵌在故居晴山堂內壁，故稱之為《晴山堂石刻》。現在的晴山堂為重建。《晴山堂石刻》具有較高的歷史、科學和書法藝術價值，為後人研究徐霞客的身世和活動，提供了極為寶貴的實物資料。

徐霞客紀念堂

**羅漢松**　羅漢松在徐霞客故居的東側庭院內。這棵桿粗枝禿，新葉繁茂的古羅漢松，為徐霞客親手所植。相傳霞客的父親由京城帶回一株盆松，徐母為鼓勵兒子寄情於山水，獻身於科學事業，而啟發霞客將它移栽在庭院中。至今羅漢松已有近 400 歲高壽了。這棵羅漢松，在研究徐霞客獻身科學事業上提供了珍貴的實物資料。

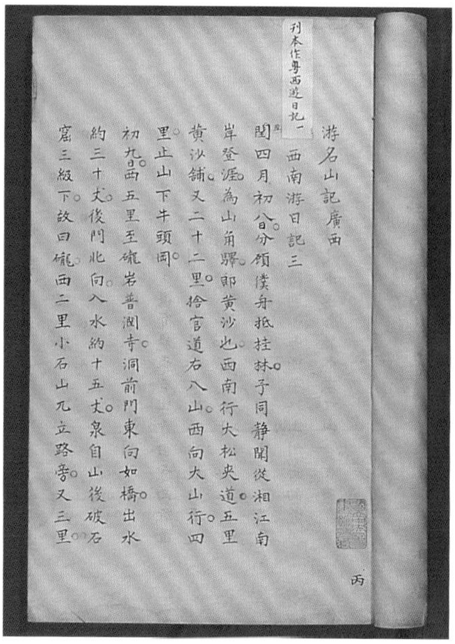
刊本作粵西遊日記一
遊名山記廣西
西南遊日記三
閏四月初八日。分頓僕舟抵拄林。予同靜聞從湘江南
岸登涯。為山角驛。即黃沙也。西南行大松夾道。五里
黃沙舖。又二十二里。捨官道右入山。西向大山行。四
里。止山下牛頭岡。
初九日。西五里至龍岩普潤寺。洞前門東向如橋。出水
約三十丈。後門北向。入水約十五丈。泉自山後破石
竇三級下。故曰龍。西二里小石山兀立路旁。又三里。

《徐霞客遊記》書影　清代寫本，國家圖書館藏

等乘船先走，自己冒雨登觀音崖。初四登武功山千丈崖。2 月初，他倆在衡州會見靜聞，一起乘船溯湘江南行。2 月 11 日晚，月色明朗，他為前番瀟湘夜雨、今夕湘浦月明而自喜。3 月初偕顧僕溯瀟水遊了澹岩和九嶷山。

為了追尋志書上說的三分石和勘查瀟水之源，他登上了三分嶺，終於弄清了三分嶺是瀟水、歸水、淹水的分水處，均下注湘江，從而匡正了人們誤認為「三分石水一出廣東、一出廣西」的傳說。

4 月下旬，他們偕靜聞來到廣西靈渠。靈渠是秦代建造聯繫長江、珠江的運河，他們對這個出色的水利工程十分贊賞。他們到桂林七星岩，觀賞了「弄球之獅、捲鼻之象、長頸盎背駱駝」等景物。他對桂林、陽朔一帶山崖、岩洞的結構和特徵作了詳細考察，「穿棘則身如蜂蝶，緣崖則影共猿鼯」，深感岩洞繁多，岩石村名隨人意所指，「跡其語似多矛盾，循其實各有條理；」「詢之則彼此多錯，陟之則脈絡遞現」。

10 月初，霞客到達生平旅行最南端的廣西崇左縣，記載江州新寧石岸之奇，得出：「江流擊山，山削成壁」的科學結論。

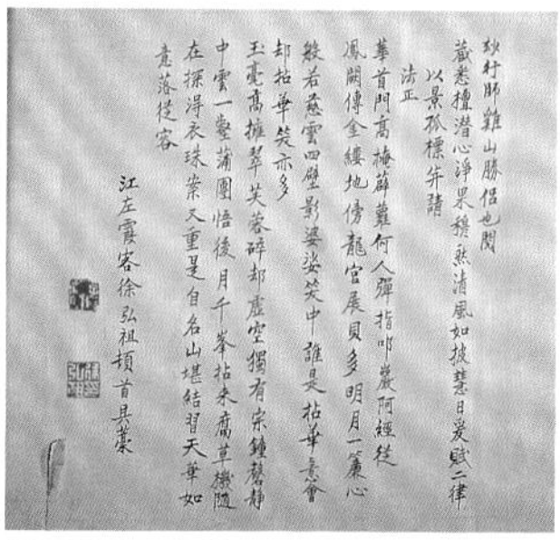
徐霞客手跡

途中靜聞歸天，在折返南寧途中經過壯族居住區，記下許多山川地理民俗資料。

1638 年（崇禎 11 年、53 歲）3 月末，他和顧僕進入貴州。4 月下旬，他和顧僕來到鎮寧白水舖，觀看了著名的黃果樹瀑布。「一溪懸搗，萬練飛空」；「所謂珠簾鉤不捲，匹練掛遙峰，俱不足擬其壯也！」。8 月初到達瀘西（當時的廣西府）。經過艱難反復的考察，他寫下了著名的《盤江考》，還指出了從廣西、貴州、湖南西南至雲南東南純石炭岩，山皆成圓錐形，「磅礴數千里」的西南奇勝。10 月初，霞客到昆明，便和來人渡過「天氣常如二三月，花枝不斷四時春」的滇池。由滇池北去 300 里為金沙江。他在金沙江流域作了實地考察，寫了《溯江紀源》，斷定「推江源者，必當以金沙江為首」，在前人基礎上進一步證實了正確的論斷，糾正了《禹貢》「岷山導江」的訛誤。經過大姚，他到了嚮往已久的雞足山。霞客進入悉檀寺，徵得長老同意，將靜聞骨殖安葬在悉檀寺，供獻了靜聞血寫的《法華經》，替靜聞了卻了遺願。

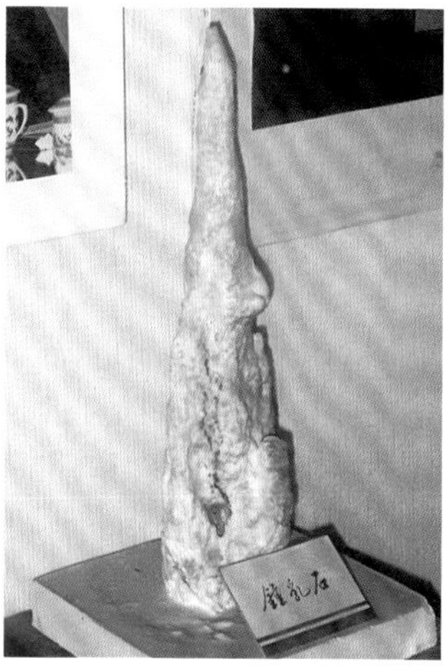

鐘乳石　徐霞客故居陳列。

1639 年（崇禎 12 年、54 歲）初，他到麗江。麗江太守木生白盛情款待，席間有白葡萄、龍眼、荔枝和香脆的大酥汕餅。2 月中，他到了大理附近的洱海。大理附近有「下關風，上關花，蒼山雪，洱海月」4 大景。上關有十里香和蝴蝶花。他採訪了當地人，對蝴蝶泉作了生動的描述：「泉上大樹，當四月初即發花如蛺蝶，鬚翅栩然，與生蝶無異；又有真蝶千萬，連鬚鉤足，自樹顛倒懸而下，

及於泉面，繽紛絡繹，五色煥然，人稱蝴蝶會。」3月半，他趕上了大理的三月街。遊罷大理，繼續向西跨過鐵索橋，再渡怒江，來到騰衝。他形容騰衝之西的疊水瀑布：「中如簾，左如布，右如柱，勢極雄壯」可與黃果樹瀑布相媲美。

騰衝西北打鷹山是多次噴發的火山。他記載，在他去前30多年，山皆大樹，一次「雷震」，死羊數百隻，牧者數人，連日大火，竹樹燒光。他考察「山頂之石，色赭而質輕，狀如蜂房，然其質仍堅，真劫灰之餘也。」

他考察了騰衝東南的硫磺礦和當地人的釀磺手藝。騰衝是霞客生平旅行最西境。他從此東行到產圍棋子的永昌（保山），記下：「棋子出雲南，以永昌者為上」。他在永昌一帶遊覽了滿崖精緻的瑪瑙山，仔細考察了石鐘乳的成因。他對岩溶地貌的研究領先於國外科學家兩個多世紀。

重陽節，他登上雞足山獅子林。霞客在雞足山一邊修志，一邊遊山水林泉，並寫下《雞山十景》詩作。他從9月到翌年正月，奮筆不懈，寫了《雞山志》8卷，身體愈益虛弱，兩足病不能行。他在麗江木太守派人護送下，坐竹輿在途中轉側了5個多月，到湖北黃崗已困苦不堪，於是改乘船順流而下。

1640年（崇禎13年、55歲）夏天，他回到家中，臥床不起，還常和友人談論遊事，「每丙夜不倦」，並將多年來寫的日記文稿托付塾師季會明。他說：「我每天都記，但散亂無緒，請為我理而輯之」。他對人說：「漢張騫等人奉命西行，我以老布衣（百姓）身份而遠遊絕域，死不恨！」

1641年3月8日（崇禎14年正月27日、56歲），他在家臥病半年便與世長辭。次年由後人安葬於江陰馬鎮附近。他的日記、信札、詩文被輯成《徐霞客遊記》。《遊記》雖經歷代多次變故散落，但為許多有識者心愛，手抄、刻印並廣為傳誦，被譽為「世間真文字、大文字、奇文字。」

∿∿∿∿∿∿∿∿∿∿∿∿

**參考文獻：**

1. 明 ・ 徐宏祖撰：《徐霞客遊記》，台北，民主出版社，1983年。

2. 施光華：〈徐霞客生平述略〉，收入無錫徐霞客研究會、無錫教育學院徐霞客研究室主編：《徐霞客和他的故鄉》，蘇錫新准字(91)第56號。

**徐霞客墓**　在晴山堂石刻堂後院，為徐霞客的移葬明式墓，墓碑為清朝制度石原碑，中間直書「明高士霞客徐公之墓」。

# 徐霞客先生遊蹤人文勝景集錦

　　徐霞客先生為中國傑出的地理考察學者、旅行家，一生多數時間在旅行中度過，所撰《徐霞客遊記》是一部嚴謹的科學著作，而徐先生文筆流暢，字字珠璣，也是一部成功的文學作品。徐先生在《遊記》中所記多以自然地理為主，對人文地理部份有失之簡略，1997 年 2 月，謝敏聰與兩位助理，時就讀於南京大學大氣物理系的謝驊、韓玫兩位同學，考察過五臺山後，到北京，與北京史專家王燦熾教授之公子王朝暉醫師歡宴，王醫師讚譽本人為「現代徐霞客」，而本人旅遊考察多以人文景觀為主，自然景觀為輔，恰能與徐霞客先生的學術考察起互補作用，本人學術考察實錄多登載於中文版《牛頓雜誌》，並輯成《中國歷史旅遊文集》由台灣學生書局於 2005 年出版。在此緬懷徐霞客先生，無限景仰之至！

山西省忻州市五臺山台懷鎮全景

**太行山的長城嶺長城**　即龍泉上關，距龍泉關（河北省）還有 10 公里。這裡是五台山（山西省）與阜平縣（河北省）的交界。明清時代由北京到五臺山，多走定州─曲陽─阜平─長城嶺，再沿清水河到台懷鎮。徐霞客先生說：「登長城嶺絕頂，回望遠峰，極高者亦伏足下。兩旁近峰擁護，惟南來一線有山隙，徹目百里，嶺之上，巍樓雄峙，即龍泉上關也」。惟城樓經不起歲月風霜，此為 1997 年初作者所看到的景象。

**參考文獻：**

1. 中華人民共和國文化部文物局編：《中國名勝辭典》，上海辭書出版社，1986 年。
2. 《徐霞客遊記》
3. 褚紹唐主編：《徐霞客旅行路線考察圖集》，北京，中國地圖出版社，1988 年。

五臺山開創寺院的歷史與佛教傳入中國的時間一樣悠久，它也是中國諸多佛山中唯一記載於《佛經》裡面的名山。

五臺山以特殊的山緣地貌，為地質學家所重視；同時它也是著名的避暑勝地。農曆6、7月，全國各地炎多驕陽炎炎，暑氣難耐，這裡卻氣候清涼，爽快宜人。

五臺山保存有唐、宋、金、元、明、清各代的中國古建築及雕塑、壁畫等，其歷史沿革完整，為中國文物的寶庫。

徐霞客於崇禎 6 年（1633 年，48 歲）7 月 28 日出都，8 月 4 日抵阜平縣，自此至 8 日間先後經龍泉關、南台、西台、中台，至北台。8 日自北台經華嚴嶺下山往遊恆山。

他在北臺時，僧人歷指諸山的形勢說：「北臺之下，東臺西，中臺中，南臺北，有塢日臺灣，此諸臺環列之概也。……」

**盧山東林寺山門**

**盧山東林寺大雄寶殿**

**盧山西林寺塔**

東林寺在盧山西北麓。是中國佛教淨土宗（蓮宗）發源地。東晉太元 11 年（386 年），名僧慧遠（俗姓賈，山西樓煩人）在此建寺講學，並創設蓮社（亦稱白蓮社），倡導彌陀淨土法門，後世推尊他為淨土宗始祖。唐時極盛，有「殿廡塔室共三百一十餘間」。揚州高僧鑒真東渡日本前來寺，後和該寺智恩和尚同渡日本傳經講學，慧遠和東林淨土宗的教義也隨之傳入日本，至今日本東林教仍以盧山東林寺慧遠為始祖。

徐霞客於萬曆 46 年（1618 年，33 歲）8 月 18 日至九江，次日登山，經石門至大林寺，以後數日，歷登漢陽，五老等峰，觀三疊泉，過含鄱口，下至白鹿洞及開先寺，登文殊臺。23 日後即離山往遊黃山。

西林寺塔又名唐代千佛塔。在盧山東林寺西。建於唐開元年間，明代曾重修。塔呈 6 面 7 層，均有佛龕。底層南北開門，正門向南。塔南每層門頂皆有題額，底層為「千佛塔」，二層為「羽寶才」，三層為「金剛」，四層為「靈就來」，五層為「天上清」，六層為「聰雨花」，七層為「元明藏」。雖歷盡滄桑，仍完好無損。塔以其側西林寺而得名。

江蘇省揚州市瘦西湖

浙江省杭州市飛來峰　在靈隱寺前，東晉咸和初年（約公元 326 年）印度高僧慧理登此山說：「此乃天竺國靈鷲山之小嶺，不知何以飛來？」因名。峰下的天然岩洞洞壁滿佈五代末到元朝大小石窟造。徐霞客於崇禎 9 年（1636年，51 歲）9 月 19 日自家乘舟出發，經無錫、蘇州、昆山至青浦佘山，訪陳繼儒，請他作書寄雞足山僧，然後乘舟經連市、塘栖於 28 日至杭州，10 月初 1 日遊飛來峰。初 2 日自杭州西行，此後經餘杭、臨安遊洞山，經桐廬、蘭溪於初八日至金華，遊北山三洞及蘭溪諸洞，然後返蘭溪，由衢江上行，經常山於 10 月 17 日入江西境。

河南省登封市觀星臺（又名周公測景臺）建於元代，為中國現存最古老的天文觀測建築。郭守敬曾在此測驗過晷景。徐霞客於天啟 3 年（1623 年，38 歲）2 月初 1 日離家，於 19 日至鄭州之黃宗店。20 日至 24 日間路經告成鎮、嶽廟，登太室絕頂，上天門，探登高岩、真武廟，由西溝滑溜而下，經法王寺，還嶽廟。西行登少室山主峰南寨，返宿少林寺，至初祖庵，經大屯，25 日至伊闕。

山西省渾源縣恆山懸空寺　始建於北魏，後代重修。徐霞客於崇禎6年（1633年、48歲）8月初9日至11日間遊恆山道經沙河堡、土嶺、懸空寺，於11日登恆山，由北嶽殿、會仙台登嶽，然後去渾源州。他在恆山一帶考察說：「山皆煤炭，不深鑿即可得。」

河南省登封市嵩山少林寺初祖庵　宋代建築

浙江省紹興市蘭亭曲水流觴

# 鄭成功史蹟

## ——驅逐荷蘭軍隊，光復台灣的民族英雄

台南市安平古堡前的
鄭成功銅像

鄭成功（1624—1662年），明清之際收復台灣的名將。原名名森，字大木，福建泉州府南安縣石井鎮人。為鄭芝龍兒子。南明弘光帝時為監生。隆武帝賜他姓朱改名成功，號「國姓爺」，西方人稱他為 Koxinga。永曆帝封他為延平郡王。隆武 2 年（1646 年），反對其父降清，曾在南澳（今屬廣東）起兵，從事抗清活動。當時台灣為荷蘭人所侵據，台灣人民不斷反抗。永曆 15 年（1661 年），他率領將士 25,000 人，戰船 400 艘，從金門料羅灣出發，經澎湖，於台灣禾寮港（在今台南市鹿耳門）利用海水漲潮登陸，進兵圍攻荷蘭總督所在地熱蘭遮城（Zeelandia）（今台南市安平），擊潰敵人從巴達維亞（今印尼雅加達）派來的援兵，經過 9 個月的戰鬥，荷蘭殖民者陷入絕境，康熙元年（1662 年）2 月 1 日，荷蘭總督揆一率部屬 900 餘人投降，台灣光復。成功在台灣建立行政機構，推行屯田。由於漢人和原住民共同開墾土地，改進耕作技術，促進了台灣社會經濟的發展。他在收復台灣 5 個月後病逝，子鄭經嗣位。

鄭成功故鄉連接晉江縣安海港與南安縣石井港的跨縣的宋代海港大石橋──安平橋
　　安平橋又稱五里橋，為中世紀全世界最長的橋樑，南宋紹興 8 年（1138 年）建，全橋原長 2,255 公尺，現長 2,070 公尺，有「天下無橋長此橋」的稱譽，宋元時代此處甚為繁榮，鄭成功的故宅離此橋不遠，鄭成功驅逐荷蘭軍隊，光復台灣後，因思念其故鄉安海（舊稱安平），而將原荷蘭總督揆一的駐地熱蘭遮城（Zeelandia）的地方改稱安平，即今台南市安平古堡的地方。今石井港為從金門縣小三通到泉州市的進出港口之一。

崇武古城　在福建惠安縣東南崇武半島上，明洪武 20 年（1387 年）為防禦倭寇而建，花崗岩石砌築，鄭成功曾據此以抗清軍，迄今城廓基本完整。

廈門市鼓浪嶼日光岩　鼓浪嶼全島面積 1.84 平方公里，日光岩為其最高處，高 90 公尺，鄭成功曾在此屯兵，操練水師。1962 年在岩麓建鄭成功紀念館。

鄭成功的練兵場　今廈門大學校園內的操場曾為鄭成功練兵之地。

台南鹿耳門鄭成功大軍登陸地點，現蓋媽姐廟

揆一像　台南市赤嵌樓陳列。揆一 1615 年出生於瑞典斯德哥爾摩貴族世家。當鄭成功包圍熱蘭遮城時，揆一率領軍民歷經斷水、斷糧之苦，後因孤立無援，被迫投降，與國姓爺簽訂〈和談備忘錄〉後，保有尊嚴地離開台灣。

然而，回到印尼後，揆一卻被印蘭東印度公司以「怠忽職守，護產不利」為由，判刑入獄十餘年，並在獄中完成《被遺忘的福爾摩沙》一書，詳述苦戰實況及當局措施失當之處。臨終還留下遺言，希望子孫能重新踏上這片美麗之島，代表他對國姓爺的不殺之恩表達感謝之意。

黃宏成先生說，三百多年過去了，在瑞典知名作家安麗塔及台南市畢黎麗等人的協助下，揆一家族 14 代後人 Michael Coyett 終於在 2006 年 6 月 13 日率妻女踏上台灣，並走訪許多相關的古蹟，他們告訴畢黎麗，鄭成功與揆一的故事已成為瑞典家喻戶曉的童書。

鄭成功（Koxinga）於明永曆 15 年 12 月 22 日（1662 年 2 月 1 日）接受荷蘭總督揆一（Frederick Coyett）的投降，光復台灣，這是中華民族史上最光輝的一頁，今天漢族能立足台灣，應永遠感激鄭成功的功績。

台南市赤嵌樓正面側景

赤嵌樓側面正景

赤嵌樓為荷蘭人建於清順治 10 年（1653 年），稱為普羅民遮城（Provintia）聳立台江之畔，與熱蘭遮城對峙，互為犄角，樓高 11 公尺，以糯米汁、糖水、蜃灰與磚石建築，堅固異常。明永曆 15 年（1661 年）4 月初 1，鄭成功登陸台灣，4 日後收復赤嵌樓，於此置承天府，轄天興、萬年兩縣，鄭成功並暫居這裡。右圖的石碑乃清乾隆 51 年（1786 年）平定林爽文事件的記事碑，有 9 通。

台南市安平古堡　荷蘭人建於明天啟 4 年（1624 年），稱為熱蘭遮城（Zeelandia），為荷蘭人據台時的行政與軍事重鎮。鄭成功於永曆 15 年（1661 年）12 月 13 日收復熱蘭遮城後駐此。甲午戰後，日本據台，古堡被修改，內城被鏟平，旁僅殘有外城斷垣數段。

安平古堡堡壘階梯　圖中可見槍眼

原熱蘭遮城殘牆

原普羅民遮城建築殘部

熱蘭遮城模型　台南市赤嵌樓陳列

台南市延平郡王祠山門                          台南市延平郡王祠正殿

清同治 13 年（1875 年），福建船政大臣沈葆楨奏請清廷敕建鄭成功專祠，清光緒元年（1876 年）在今址將舊開山王廟（原祀鄭成功）拆毀擴建。

**鄭成功墓**　在福建安南縣水頭鎮附近的康店復船山上。鄭成功病逝後原葬台南洲子尾，清康熙 38 年（1699 年）5 月 22 日遷葬今地鄭氏祖塋內。隨同遷葬的有其子鄭經等靈柩。墓係三合土與糖水灰構築，墓碑、墓道為石砌。墓前有華表 1 對、石夾板 9 對。墓分 9 室，列成 3 排。

**參考文獻：**

洪榮志：〈重塑鄭成功，台灣黃宏成赴瑞典取沙〉，台北，《中國時報》，2010 年 11 月 2 日報導。

# 明清王朝與李氏朝鮮王朝關係史蹟

## 首爾 景福宮

### ——李氏朝鮮王朝的第 1 宮闕
### （韓國史蹟第 117 號）

　　景福宮是朝鮮王朝首屈一指的法宮。北依北岳山，正門光化門前延伸有寬闊的六曹大街（現為世宗路），是王都漢陽（首爾）城市規劃的中心。

　　1395 年太祖李成桂創建了景福宮，1592 年壬辰倭亂時被燒毀後，高宗年間（1868 年）得到重建。在興宣大院君主導下重建的景福宮擁有 330 餘座建築，建築群像迷宮般緊湊，非常雄偉壯觀。

　　宮闕裡營造了國王和官吏們的政務設施、王室家族們的生活空間和後花園休息空間。此外，還有王妃的中宮殿、王太子的東宮殿、高宗年間興建的乾清宮等建築。宮闕裡又有若干個小宮殿緊湊在一起，布局較為複雜。但在日帝強占時期絕大部分殿閣被拆除，留下的只有勤政殿等極少數中心建築物，而且勤政門前建造的朝鮮總督府遮掩了整個宮闕的面貌。從 1990 年開始，韓國政府大舉推進了復原事業，拆除了總督府建築，復原了興禮門一帶，國王和王妃的寢殿、東宮、乾清宮、泰元殿一帶已經恢復了原貌。

**勤政殿** 這裡是王朝舉辦國家大典的地方。（韓國國寶第 223 號）

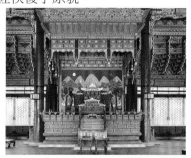

勤政殿寶座

**思政殿** 為國王和大臣們談論國事的便殿，也在此接見外國使臣。

**交泰殿** 位於宮闕的中心，是王妃的寢殿。

**慶會樓** 韓國國寶第 224 號。這是國王舉行盛大宴會的地方，登上高高的樓台，西側仁王山的風景猶如一面屏障展現在眼前。二樓分為三層，地板的中心部分最高，越往外，逐層變低。

**宗廟** 為李氏朝鮮王朝的王室祖廟，按照左祖右社的建築規畫。現為聯合國教科文組織登錄的世界文化遺產。

# 明清王朝與李氏朝鮮王朝關係史蹟

## 首爾 昌德宮

### ——李氏朝鮮王朝最漂亮的離宮
（韓國史蹟第 122 號）

昌德宮是繼正宮景福宮之後，於太宗 5 年（1405 年）修建的朝鮮第 2 座宮殿。壬辰倭亂（1592—1598 年）時，首爾的所有宮殿被焚毀，景福宮以不吉利的理由閒置至高宗 2 年（1865 年）重建時。昌德宮在光海君（1608—1623 年）時得到了重建，並作為朝鮮王朝實際上的正宮長期使用。

興建在平地上的景福宮的主要建築以南北為軸直線排列相比，位於山腳下的昌德宮的建築和後院則依山勢而建。在留存於首爾的朝鮮宮殿中，昌德宮是原型保存最為完整的宮殿，而且與自然渾為一體。

1997 年獲聯合國教科文組織登錄為世界文化遺產理由：

　　昌德宮是東亞宮闕建築史上擁有非定型式造型美的代表性宮殿，與周邊自然環境完美地融為一體，布局獨具匠心。

**敦化門（韓國寶物）** 敦化門是昌德宮的正門，始建於太宗 12 年（1412 年），光海君元年（1609 年）重建，為保留下來的宮闕正門中歷史最為悠久的一座。

**錦川橋** 錦川橋建造於太宗 11 年（1411 年），是首爾現存的石橋中最古老的一座。按照當時的傳統，進入宮闕時必須經過小溪，因為他們相信小溪具有風水學上所謂明堂水的作用。

**仁政殿的正門仁政門（左）** 是在修建仁政殿時蓋建的，現存的建築是火災中被毀後於純祖 3 年（1803 年）重新修建的建築，已被指定為韓國寶物。

**仁政殿（韓國國寶）** 仁政殿是昌德宮首屈一指的建築，國王的登基儀式，大臣的朝禮儀式，以及外國使臣的接見儀式等重大國事活動都在此舉行。仁政殿修建於太宗 5 年（1405 年）建造昌德宮之時，壬辰倭亂時被焚毀，光海君元年（1609 年）得到修復。現在的仁政殿是純祖 3 年（1803 年）因火災被毀後，於次年重建的建築，純宗元年（1908 年）對其內部進行了部分西洋式改造。

**宣政殿（韓國寶物）** 宣政殿是帝王處理朝政的地方。「宣政」就是施政的意思。宣政殿始建於世祖 7 年（1461 年），在包括壬辰倭亂在內的歷次火災中飽受磨難，於仁祖 25 年（1647 年）得到重建，是昌德宮內現存的唯一剩下來的青瓦殿閣。

**大造殿（韓國國寶）** 大造殿是王妃的寢殿。1917 年在火災中燒毀，1920 年將景福宮王后的寢殿交泰殿移至此地重建，重建時對內部進行了部分西洋式改造。

**愛蓮池區域** 愛蓮池的建造年代已無從考證，愛蓮亭修建於肅宗 18 年（1692 年）。「愛蓮」是喜愛象徵君子德行的蓮花之意。愛蓮池旁用石頭砌成的門叫不老門，「不老」的含義為永不衰老，具有祈願國王健康長壽的含義。

**芙蓉池區域** 芙蓉池是按照「天圓地方」這一東方傳統的宇宙觀建造的池塘，四方形池塘象徵大地，中間的圓形小島象徵天空。
兩腳浸泡在池塘中的芙蓉亭，造型獨特，呈屋頂向外突出的十字形。
坐落在芙蓉亭對面山坡上的二層房屋是宙合樓，建於正祖即位年（1776 年），原來在一樓設有奎章閣。宙合樓和奎章閣是研究學問的機構，同時也是保存帝王的書畫及肖像畫的地方。

# 明中都、皇陵

## ㈠中都城

　　洪武 2 年（1369）9 月，明太祖正式下詔以臨濠（今安徽省鳳陽縣淮河中、下游）為中都，置留守司，「命有司建置城池宮闕，如京師之制焉」。這個陪都周長 25 公里，有 9 個城門。中都有裡外三城牆：最外面一道稱「中都城」，中間的一道「皇城」，周長 7,670 公尺，最裡面一道「紫禁城」，周長 3,680 公尺。

　　中都城建築佈局，以對稱為基本特點，中都城有一條南北向的中軸線，中軸線的最南端是中都城洪武門（正南門）。自南而北由如下建築組成一條中軸線：洪武門、洪武街、大明門、弓形廣場、承天門（皇城的南門）、端門、外五龍橋、午門、內五龍橋、奉天門、正殿、後宮、玄武門、苑囿、煤山（鳳凰山主峰）、北安門、中都城的正北門（未建）。這條中心線軸長近 7 公里，中都城的建築物大多以此軸為中心而東西對稱。

　　紫禁城正南是午門，北為玄武門，東稱東華門，西稱西華門。中都宮闕位於臨濠府城西南 9 公里鳳凰山的正南方，在平緩的坡地上「席山建殿」，使宮城高亢向陽，又「枕山築城」，讓皇城禁垣蜿蜒直上。

鳳陽鼓樓（明代）

　　中都宮殿、門闕的設計，和名稱都相沿未改，紫禁城內的主要建築：有奉天殿、文華殿、武英殿、奉天門……等，它和北京宮殿、南京大內在佈局上，基本相同。甚至宮城內的金水河道也完全按照南京的樣子開挖。南京的金水河道，是按地勢最低下的原燕雀湖的西岸邊緣疏濬而成的，受自然地形的約束，沒有別的更為理想的排水通道，中都金水河道，原可以隨心規劃，但卻將南京全照搬過來，北京也是如此。

　　元大都皇城前沒有東西向的大街，南京皇城前也沒有，只有明中都皇城前有雲霽街橫貫。因此北京的東西長安街出現是受明中都影響。元大都南牆位置即今東西長安街。

朱元璋曾出家的龍興寺現景

**參考文獻：**

1. 王劍英：〈明初營建中都及其對改建南京和營建北京的影響〉，載《歷史地理》第 3 輯。
2. 王劍英：《明中都研究》，北京，中國青年出版社，2005 年。

鳳陽明故宮午門遺跡

鳳陽明故宮城垣遺跡

# ㈡皇陵

　　明皇陵位於中都城西南 7 公里處，陵墓中安葬者朱元璋父母及兄嫂、侄兒的遺骨。朱元璋出身貧寒，元至正 4 年（1344 年），其父母、兄嫂相繼去世。朱元璋年僅 10 餘歲，無力大辦喪事，僅以「被體惡裳，浮掩三尺」之禮，安厝親人。20 多年後，朱元璋受封吳王，命故臣汪文等赴濠州修繕父母陵寢。洪武 2 年，他下詔在家鄉興建中都城，同時詔諭因舊陵之地，培土加封。洪武 8 年，罷建中都，又用中都餘材，再次營建父母之陵。到洪武 12 年，皇陵的總體格局基本形式，外有城垣，內有護所、祭祀設施；又在陵前豎起高大的皇陵碑和成雙成對的石像生。朱元璋為了讓子孫後代了解艱辛家世和草創江山的艱難，親自秉筆直書，歷述家世實情與戎馬生涯，一改歷代帝陵碑刻粉飾誇功、諛墓不實的惡習。碑文長達 1,105 字，是研究朱元璋家史與元末明初歷史的珍貴史料。

鳳陽明皇陵石獸

鳳陽明皇陵墳丘

明皇陵碑

明皇陵享殿石柱礎

明皇陵文翁仲

明皇陵武翁仲

# 明朝十三陵

　　十三陵位於北京西北郊 45 公里處的昌平市天壽山系的蒼翠小盆地之中。盆地以北即主峰——天壽山，東西有峰巒聳立，是一個天然的屏障；南有龍山、虎山犄角而立，來自西北的溫榆河流經中部，再從東南的東山口直瀉河北大平原，景色異常雄偉壯觀。此即「背山面水，中間明堂，左青龍、右白虎」的最佳風水地勢。

　　明朝有 16 帝，除明太祖葬於南京明孝陵，明惠帝於「靖難」之變失蹤，無陵寢，明景帝葬於北京西山玉泉山金山口外，其餘 13 帝均葬於此。

明十三陵示意圖引自《明十三陵》香港，商務印書館，1988年。

朝宗橋　明十三陵第 1 座建築

明十三陵參道石獸群

明十三陵參道石翁仲

明十三陵總牌坊

明成祖長陵焚帛爐

明十三陵參道石翁仲

明成祖長陵祾恩門

明成祖長陵祾恩殿

明宣宗景陵寶城城垣 1 景

明宣宗景陵

明世宗永陵碑

明神宗定陵

明熹宗德陵

明思宗思陵

明十三陵大觀

參考文獻：

謝敏聰：《中國歷代帝王陵寢考略》，台北，正中書局，1976 年。

# 南明史蹟

　　明朝滅亡後，南方的群臣擁立福王朱由崧於南京，年號弘光。弘光小朝廷內，馬士英等把持朝政，排斥異己。史可法督師江北，但指揮不了軍隊。左良玉軍盤踞長江中游，各擁兵自重。面臨著清軍南下的威脅，弘光帝沉湎酒色，官僚將領之間傾軋火併。史可法困守揚州，兵少無援。順治 2 年（1645 年），揚州失守，史可法被俘，不屈就義。清軍渡長江，南明的官吏將領紛紛投降，南京失守，弘光帝逃走，後被捕殺。

　　弘光政權覆亡，錢肅樂、張國維等擁魯王朱以海，監國於紹興；黃道周、鄭芝龍等擁唐王朱聿鍵，稱帝於福州，建元隆武。這兩個政權內部矛盾嚴重，兵驕將悍。順治 3 年（1646 年），清軍渡錢塘江，破紹興，魯王逃往舟山。同時，清軍分兵越仙霞嶺，鄭芝龍降清，隆武帝逃到汀州遇害。清軍略定浙閩，進入廣東，又擊潰了剛剛由唐王朱聿鐭建立起來的紹武政權。當時，丁魁楚、瞿式耜等擁立桂王朱由榔，稱帝肇慶，年號永曆。聞清軍來襲，逃往廣西，顛沛流離，處境極為險惡。

　　順治 18 年（1661 年）鄭成功為建立持久的抗清基地，率軍攻打為荷蘭占據的中國領土台灣，康熙元年（1662 年）荷蘭軍力竭投降。鄭成功收復台灣後，不久病死。但南明政權在台灣延續 22 年。

　　永曆帝逃往緬甸。康熙元年（1662 年）吳三桂率軍入緬，俘殺永曆帝，李定國則轉戰雲南邊境，同年病死。

**南京明故宮遺址**　為明初太祖的宮城，明末也曾為福王弘光帝的宮城。

**揚州史可法墓**　明末史可法督師揚州，抵抗清軍，城破，揚州被屠城 10 日，此為衣冠塚。

唐王朱聿鍵即位於福州，圖為福州市區今景。

**金門魯王墓** 南明監國魯王朱以海（1618—1662 年）。崇禎 17 年（1644 年）嗣王位。次年，清兵陷南京，張國維、錢肅樂等起兵浙東，擁他監國。同時，唐王在福建稱帝，兩政權互相傾軋。紹武元年（1646年）清兵攻取浙東，他流亡海上，到永曆 7 年（1653 年）取消監國名義，後在金門病死。

公元 1959 年 8 月 22 日，台灣軍隊在金門舊金城城東，炸山採石之際，發現古墓一座，便發掘之，而發現一塊近於方形的長方石碑，經細詳其文字，確定為南明監國魯王朱以海壙誌。當時一起出土的還有永曆通寶、方磚、瓷碗等。

台南五妃廟

台南五妃廟門額

明永曆 37 年（1683 年），時值南明傾危，寧靖王朱術桂義拒降清，以身殉國，其 5 姬妾袁氏、王氏、秀姑、梅姐、荷姐節烈，遂先冠笄被服，同縊於堂。時人追思景仰，合葬府城桂子山，不封不樹；及清乾隆11 年（1746 年）巡臺滿御史六十七、漢御史范咸，崇仰貞烈，命臺灣海防同知方邦基就墓前建廟，並錄其弔五妃詩，鐫為墓道碑（今存台南市大南門碑林）。廟右一小祠曰義靈君墓，係殉死二侍宦埋骨處。

**參考文獻：**

1.毛一波著：《南明史談‧皇明監國魯王壙誌考釋》，台北，台灣商務印書館，1977 年。

2.何培夫：《台南市古蹟簡介》，台南市政府，1987 年。

東大成坊

台南孔廟　明永曆 19 年（1665 年）參軍陳永華倡議建孔廟，興儒學，聘請敦品勵學之士為教席，清康熙 23 年（1683 年）分巡臺廈道周昌，台灣知府蔣毓英增修擴建，規模稍具，殿中懸康熙御筆「萬世師表」，定名為台灣府學，光緒 15 年（1889 年），改台灣府學為台南府學。其中康熙、乾隆、嘉慶、道光、同治間，增修 12 次。1917 年再大修。

　　文廟的大門是向南的，除祭祀及典禮外，平時是不開的，因此一般人進入文廟就必須走側門，同時其向外的坊楣上，有「全臺首學」4 字橫匾，因此東大成坊變成了今日的大門。大成殿，是文廟的主殿，樑上懸掛有清諸帝御筆匾額，均為珍貴文物；內祀至聖先師孔子神位，兩傍祀四配十二哲神位。東西兩座祀歷代先賢先儒。東廡有禮器庫，西廡有樂器庫。後殿為崇聖祠，祀孔子五代祖先神位，兩傍祀四配五從神位。祠兩旁為典籍庫。再前為大成門。門之外東為禮門，西為義路，再前為泮池。大成門東為名宦祠、鄉賢祠、西為孝子祠、節孝祠。東廡東畔為入德之門，當時由各縣選送的學子均由此門進去，入府門，則行拜師之禮，不但要遵守學規，並且一輩子對府學的教授，均要執弟子之禮。再進為明倫堂，堂上寫大學全章，指示世人立身處世之道，明倫堂東為文昌閣，前為朱公祠（現已無存），旁為宮牆。東大成坊門左立有下馬碑，門外路東立有泮宮石坊。

大成殿

大成殿內孔子牌位

大成門局部

明倫堂

# 萬榮 東嶽廟

飛雲樓　建於明正德年間（1506—1521 年）

位於萬榮縣城內。唐貞觀年間（627—649 年）置汾陽郡時即有此廟，後經宋、元、明、清重修。現存午門、獻殿、東嶽殿為元代遺構，餘皆為明清時期重修。

廟坐北朝南，中軸線主要建築有飛雲樓、午門、獻殿、八卦亭、東嶽殿、閻王殿，建築布局尚存早期建築中樓塔設置於中軸線前端的規制。飛雲樓建於明正德年間（1506—1521 年），通高 23.19 公尺，3 層 4 檐十字歇山頂，2、3 層設有平座，每面各出抱廈，廈頂山花向前。樓體主要荷載由貫穿樓身 3 層的 4 根高 15.45 公尺通天柱支撐，底層 32 根木柱通柱與樓層間以樑枋聯貫，形成井筒式結構。各層飛檐起翹，檐下由不同形制的 345 組斗栱及全樓大小 82 條琉璃屋背和檐頭的 32 個翼角組成，全樓面積 570 平方公尺樓身外觀玲瓏精巧，富有變化。

東嶽殿　元代

獻殿　元代

午門　元代

# 第 12 章

# 清　朝

㈠清入關前史（公元 1616～1643 年）

㈡清入主中原（公元 1644～1911 年）

北京故宮太和殿寶座

## 大清統治中華的意義：

### 1.中國近、現代版圖的確立

東北、內外蒙古、新疆、青海、西藏、台灣、長城以南的前明疆域，均成為大清帝國版圖，以後的中華民國、中華人民共和國均為繼承大清固有的領土。

### 2.中華民族的形成

在大清統治下的各民族如滿族、漢族、壯族、藏族、回族、苗族……等57個民族加進了中華民族，形成今日偉大的中華民族。

### 3.中國傳統學術之發皇

清代考據學的發達，私家撰述對中國傳統學術的闡述積累作了一番總整理與新的詮釋。此期間名家輩出，名著宛若繁星，如：閻若璩的《古文尚書疏證》、胡渭的《禹貢錐指》、戴震的《孟子字義疏證》、錢大昕《二十二史考異》、段玉裁《說文解字注》、崔述《考信錄》、吳大澂《說文古籀補》、王鳴盛《十七史商榷》、趙翼《廿二史箚記》、章學誠《文史通義》、……不勝枚舉；而中央政府對傳統學術的發揚亦不遑多讓，甚至邁越以往的各個朝代，如《康熙字典》、《古今圖書集成》、《四庫全書》為中國古代思想文化遺產作了總彙。

### 4.中西文化的再次大碰撞與調適

中西文化的交流自秦漢以來，一直持續，如張騫通西域、佛教東來、漢廷與羅馬帝國的通使、法顯、玄奘、義淨、……等高僧由海路、陸路西行求法，西方高僧如竺法蘭、攝摩騰、達摩東到中原，陸路、海路絲路交通、商貿暢通，又元帝國版圖跨歐亞二洲，到處有驛站的設立；明朝初年，鄭和下西洋，明末清初西洋傳教士的東來，對中西文化交流起了很多的作用；但影響更大、更全面的為鴉片戰爭以後，近代西方思想與制度全面影響中國，如西方啟蒙運動思想、民主思想與制度、社會思想與制度、學術研究方法，地心引力、天演論……等科學理論、工業革命、Deism 宗教思想，均大大影響近、現代中國。

# 清朝大事編年

## ✿(一)清入關前史

| 公元紀年 | 王朝紀年 | 大事記 |
|---|---|---|
| 1616 年 | 後金太祖天命元年 | 努爾哈赤建後金國,建都興京(今遼寧新賓縣)。 |
| 1619 年 | 後金太祖天命 4 年 | 後金與明薩爾滸(今遼寧撫順東)之戰,明軍大敗。 |
| 1625 年 | 後金太祖天命 10 年 | 後金遷都瀋陽,建盛京皇宮。 |
| 1626 年 | 後金太宗天聰元年 | 袁崇煥痛擊後金軍,明人稱「寧遠大捷」。 |
| 1627 年 | 後金太宗天聰 2 年 | 袁崇煥再次痛擊後金軍,明人稱「寧錦大捷」。 |
| 1636 年 | 清太宗崇德元年 | 後金以《詩經》:「維清緝熙」改國號為清。 |
| 1641 年 | 清太宗崇德 6 年 | 遼西松山之戰,明軍大潰,洪承疇投降清廷。 |

後金太祖努爾哈赤(1559 年生—1626 年卒)像
北京故宮博物院藏

清太宗皇太極(1592 年生—1643 年卒)像
北京故宮博物院藏

大清第 1 京—赫圖阿拉城土垣　遼寧新賓滿族自治縣

薩爾滸古戰場遺址　今已建為大伙房水庫,供給撫順、瀋陽地區居民的用水。部分古址沈入水庫。作者攝影時正值大霧,與當年戰爭的天氣一致。(1994 年 7 月攝)

## 🏵 ㈡清入關後史

| 公元紀年 | 王朝紀年 | 大事記 |
|---|---|---|
| 1644 年 | 清世祖順治元年 | 清廷入關，遷都北京。<br>清廷對漢人採取高壓及懷柔政策，包括在次年所頒布及嚴格執行的剃髮令。 |
| 1645 年 | 清世祖順治 2 年 | 耶穌會教士湯若望以西法修訂的《時憲曆》頒行天下，一直使用至雍正元年（1723 年）。 |
| 1661 年 | 清世祖順治 18 年 | 實行海禁，江、浙、閩、粵沿海居民必須內遷 15～25 公里，商船、漁船不得下海。<br>鄭成功驅逐荷蘭人光復台灣後，以台灣為反清復明的根據地。 |
| 1679 年 | 清聖祖康熙 18 年 | 詔舉博學鴻詞科，以收民心。王概刊刻《芥子園畫傳》。 |
| 1681 年 | 清聖祖康熙 20 年 | 三藩亂平。 |
| 1682 年 | 清聖祖康熙 21 年 | 顧炎武卒。著有《日知錄》等，被尊為清代樸學的開創宗師。 |
| 1683 年 | 清聖祖康熙 22 年 | 清軍攻下台灣。 |
| 1684 年 | 清聖祖康熙 23 年 | 撤銷海禁，在連雲港、寧波、漳州、澳門 4 地設海關。 |
| 1689 年 | 清聖祖康熙 28 年 | 中俄訂〈尼希楚條約〉。 |
| 1697 年 | 清聖祖康熙 36 年 | 平外蒙古。 |
| 1710 年 | 清聖祖康熙 49 年 | 清廷下詔修《康熙字典》。 |
| 1715 年 | 清聖祖康熙 54 年 | 義大利畫師郎世寧入宮，傳世名蹟有〈百駿圖〉等。 |
| 1717 年 | 清聖祖康熙 56 年 | 重頒禁海令，不許商船往南洋、呂宋等地貿易。 |
| 1719 年 | 清聖祖康熙 58 年 | 以新法測繪的地圖集《皇輿全覽圖》印刷成冊。 |

清世祖順治帝福臨（1638 年生—1661 年卒）像　北京故宮博物院藏

清聖祖康熙帝玄燁（1654 年生—1722 年卒）像　北京故宮博物院藏

清高宗乾隆帝弘曆（1711 年生—1799 年卒）像　北京故宮博物院藏

北京景山壽皇殿　供奉大清皇帝影像的影堂

| | | |
|---|---|---|
| 1720 年 | 清聖祖康熙 59 年 | 平西藏。 |
| 1721 年 | 清聖祖康熙 60 年 | 台灣朱一貴民變事件。 |
| 1723 年 | 清世宗雍正元年 | 禁天主教。 |
| 1724 年 | 清世宗雍正 2 年 | 平青海。 |
| 1725 年 | 清世宗雍正 3 年 | 大型類書《古今圖書集成》成書。 |
| 1726 年 | 清世宗雍正 4 年 | 雲貴改土歸流。 |
| 1727 年 | 清世宗雍正 5 年 | 中俄訂〈恰克圖條約〉。 |
| 1757 年 | 清高宗乾隆 22 年 | 開放廣州海關，作一口通商。 |
| 1761 年 | 清高宗乾隆 26 年 | 宮廷畫家按邊疆督撫送呈軍機處的苗、瑤、黎、僮等族的衣冠圖，花 10 年時間繪製的《皇清職貢圖》完成。 |
| 1762 年 | 清高宗乾隆 27 年 | 1759 年平定大、小和卓之變後，清廷在天山南北設治，全面加強對新疆的治理。 |
| 1765 年 | 清高宗乾隆 30 年 | 鄭燮卒。燮以畫竹聞名於世，與羅聘、金農、華嵒等並稱「揚州八怪」。 |
| 1773 年 | 清高宗乾隆 38 年 | 開設四庫館，編修《四庫全書》，至 1787 年繕寫完成，歷時 15 年。 |
| 1777 年 | 清高宗乾隆 42 年 | 戴震卒。震著有《孟子字義疏證》等，為乾嘉考證學大家。 |
| 1786 年 | 清高宗乾隆 51 年 | 台灣林爽文民變事件。 |
| 1787 年 | 清高宗乾隆 52 年 | 王鳴盛《十七史商榷》纂成。 |
| 1790 年 | 清高宗乾隆 55 年 | 承德避暑山莊完成主要工程。 |
| 1791 年 | 清高宗乾隆 56 年 | 曹雪芹遺著《紅樓夢》刊行。 |
| 1793 年 | 清高宗乾隆 58 年 | 清廷與西藏大喇嘛及官員共同議定〈欽定西藏章程〉，重整西藏的地方制度。 |

土爾扈特部歸順記碑（滿文）　承德普陀宗乘廟碑亭

土爾扈特部歸順記碑（漢文）　承德普陀宗乘廟碑亭

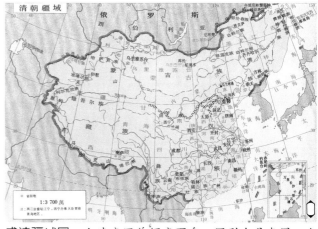

盛清疆域圖　大清帝國兼領庫頁島。圖引自吳春鳳、尤文波、袁素英編繪：《中國古代史地圖冊》，北京，中國地圖出版社，1991 年。

保定清直隸總督府

　　〈土爾扈特部歸順記碑〉是乾隆 36 年（1771 年）6 月，乾隆皇帝為了紀念土爾扈特部歸來，特命在仿西藏布達拉宮而建的普陀宗乘廟前，豎立〈御製土爾扈特全部歸順記〉、〈優恤土爾扈特部眾記〉兩石碑，並以此歌頌清廷的政績。土爾扈特在明崇禎年間移居中亞後，因不堪俄國沙皇（Tsar）推行的沙化政策及徵兵，10 多萬人乃於乾隆朝重返中國，途中遭哥薩克部狙擊，但土部族堅毅不拔，終返祖國。

| | | |
|---|---|---|
| 1796 年 | 清仁宗嘉慶元年 | 白蓮教民變起。錢大昕纂成《廿二史考異》；章學誠《文史通義》成書。 |
| 1804 年 | 清仁宗嘉慶 9 年 | 白蓮教民變平。 |
| 1805 年 | 清仁宗嘉慶 10 年 | 清廷禁西洋人刻書傳教。 |
| 1813 年 | 清仁宗嘉慶 18 年 | 天理教民變。 |
| 1816 年 | 清仁宗嘉慶 21 年 | 英使再到北京被拒。 |
| 1839 年 | 清宣宗道光 19 年 | 林則徐驅逐英國煙販出境，在虎門銷毀鴉片。 |
| 1840 年 | 清宣宗道光 20 年 | 英國發動侵略中國的鴉片戰爭。 |
| 1842 年 | 清宣宗道光 22 年 | 中英簽訂〈南京條約〉，是中國近代史上第一個不平等條約，中國割讓香港島給英國。<br>魏源編著《海國圖志》介紹世界各國史地政情，提出「師夷長技以制夷」。 |
| 1843 年 | 清宣宗道光 23 年 | 洪秀全創立拜上帝會，1851 年於廣西永安建立「太平天國」，發動起義，波及大半個中國。 |
| 1844 年 | 清宣宗道光 24 年 | 中美訂約、中法訂約。 |
| 1845 年 | 清宣宗道光 25 年 | 美國長老會在寧波建美華書館印刷所，編譯自然科學教科書，傳播西方科技知識。 |
| 1850 年 | 清宣宗道光 30 年 | 英文週報《北華捷報》於上海創辦，至 1864 年改出《字林西報》。 |
| 1852 年 | 清文宗咸豐 2 年 | 魏源著《海國圖志》。 |
| 1853 年 | 清文宗咸豐 3 年 | 太平軍佔南京。 |
| 1856 年 | 清文宗咸豐 6 年 | 英法聯軍之役爆發，並在 1860 年進入北京搶掠，又焚毀圓明園。 |

福州林則徐紀念館

福州林則徐紀念館內庭園

〈南京條約〉簽約地　1842 年清政府在英軍船堅砲利的威脅下，中英雙方在南京靜海寺簽訂，中國近代史上第一個不平等條約〈南京條約〉。

香港九龍夜景　香港島於 1842 年中英南京條約割讓給英國，九龍半島於 1860 年中英北京條約割給英國，新界則於 1898 年租借給英國。全部香港總面積 1,070 平方公里，其中港九占 8%，新界占 92%。香港全部主權已於 1997 年回歸中國。（本照片攝於 1989 年，港英政府管轄香港的時代）。

| 1857 年 | 清文宗咸豐 7 年 | 赴英學醫的黃寬回國，在廣州行醫，並培養中國第1代西醫。 |
| 1858 年 | 清文宗咸豐 8 年 | 中俄訂〈璦琿條約〉，中國失去黑龍江以北之地 |
| 1860 年 | 清文宗咸豐 10 年 | 中、英、法、俄訂〈北京條約〉，中國失去九龍、烏蘇里江以東之地。 |
| 1861 年 | 清文宗咸豐 11 年 | 清廷在京師設立總理各國事務衙門，命恭親王奕訢等管理各國通商事宜。<br>慈禧聽政。上海徐家匯天主堂在中國建立第 1 個博物館。 |
| 1862 年 | 清穆宗同治元年 | 在北京建京師同文館，先後設英文、法文、日文館，是培育翻譯人員的「洋務學堂」。 |
| 1863 | 清穆宗同治 2 年 | 仿京師同文館於上海設立廣方言館，招收 14 歲以下學童學習外語及自然科學。次年，廣州亦設立廣方言館。 |
| 1864 年 | 清穆宗同治 3 年 | 新疆回變起，太平天国滅亡。 |
| 1865 年 | 清穆宗同治 4 年 | 江南機器製造總局於上海建立，製造槍炮、修造兵輪，是最大的官辦軍事企業。<br>設金陵機器製造局，製造槍、炮、彈藥。<br>英資的匯豐銀行在上海成立，並在中國發行紙幣、壟斷外匯市場。 |
| 1866 年 | 清穆宗同治 5 年 | 設立福州船政局，至 1874 年共造大小輪船 15 艘，次年編成南洋水師。 |
| 1867 年 | 清穆宗同治 6 年 | 英國向清廷租借台灣淡水紅毛城（主樓）為領事館。 |
| 1868 年 | 清穆宗同治 7 年 | 平捻軍。 |
| 1871 年 | 清穆宗同治 10 年 | 外國大北電報公司鋪設由香港到上海的電報水線，是中國有國際電報之始。 |
| 1872 年 | 清穆宗同治 11 年 | 派第一批幼童赴美留學，為洋務運動培育人才。 |

慈禧太后像

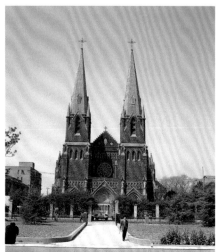

◀台灣淡水紅毛城　原名聖多明哥（San Domingo）城，本為西班牙人所建，後為荷蘭人所據。明天啟 6 年（1626 年），西班牙人據臺灣北部之雞籠（今基隆市），至崇禎 2 年（1629 年）復侵略淡水，遂於該地築聖多明哥城，和雞籠的聖薩爾瓦多（San Salvador）城互為犄角，作為西人傳教化民之所。崇禎 15 年（1642 年），盤據南部之荷蘭人北上驅逐西班牙人而據有北部，此城乃為荷蘭人所有。及至永曆 15 年（1661 年），鄭成功驅荷人，此城為明鄭所有。永曆 35 年（1681 年）明鄭曾重修，並駐軍於此。越兩年，臺灣入清版圖，以安平水師 10 餘人，歲一巡視，日久荒廢，至康熙末年城遂傾圮。雍正 2 年（1724 年），淡水廳同知王汧重修此城，因而殘蹟得以保存。咸豐 10 年（1860 年），淡水開港，次年，英人設領事館於淡水，同治 7 年（1868 年）遷館於此。現此館歸台灣新北市府管轄。

◀上海徐家匯天主堂

| | | 設輪船招商局，承運漕糧，兼攬商貨，總局在上海，在天津、廣州、香港以及橫濱、新加坡等設分局。 |
|---|---|---|
| 1874 年 | 清穆宗同治 13 年 | 王韜主編的《循環日報》於香港創刊，是中國第一份公開宣傳變法的報章。 |
| 1877 年 | 清德宗光緒 3 年 | 左宗棠收復新疆。 |
| 1884 年 | 清德宗光緒 10 年 | 中法福州海戰。<br>新疆建省。 |
| 1885 年 | 清德宗光緒 11 年 | 中法戰爭結束。<br>台灣建省，以劉銘傳為首任巡撫。 |
| 1886 年 | 清德宗光緒 12 年 | 劉銘傳在基隆、淡水修西式砲台。淡水砲台正門由劉巡撫親題「北門鎖鑰」。 |
| 1887 年 | 清德宗光緒 13 年 | 新教傳教士在上海創立廣學會，發行《萬國公報》，對維新派影響很大。<br>天津鐵路公司成立，又名中國鐵路公司，為官督商辦的企業。 |
| 1888 年 | 清德宗光緒 14 年 | 北洋海軍成軍，任用英、德籍人員為教習。<br>張之洞在廣東設立銀元局，鑄造銀幣。 |
| 1891 年 | 清德宗光緒 17 年 | 淡水英國領事館增建一棟雙層紅磚洋樓。 |
| 1894 年 | 清德宗光緒 20 年 | 中日甲午戰起。<br>孫中山先生在檀香山建立興中會，以「驅除韃虜，恢復中華，創立合眾政府」為綱領。 |
| 1895 年 | 清德宗光緒 21 年 | 中國在甲午戰爭戰敗，中日簽訂《馬關條約》。<br>台灣人民反對清廷割台，抗日激烈。<br>康有為聯合舉人上書，維新思潮興起。<br>在天津設中西學堂，有工程、採礦、機械、法律等科目，1903 年改名為「北洋大學」（今天津大學）。 |
| 1896 年 | 清德宗光緒 22 年 | 汪康年、梁啟超等人在上海創辦《時務報》，以「變法圖存」為宗旨。<br>大清郵政設立，次年由洋人在華各通商口岸設置的商埠郵局全部停辦。<br>嚴復譯《天演論》。 |

山東威海劉公島北洋海軍衙門

淡水英國領事館紅磚洋樓

台灣鹽寮抗日紀念碑　此地為日軍登陸地點

台灣彰化八卦山抗日紀念公園大門

| 1897 年 | 清德宗光緒 23 年 | 商務印書館在上海創立，先設印刷廠，後由張元濟主持出版工作，是近代歷史最悠久的出版機構。 |
| | | 德佔膠州灣，俄佔旅順。 |
| 1898 年 | 清德宗光緒 24 年 | 中英簽訂〈展拓香港界址專條〉，新界「租借」予英國 99 年。香港全部主權已於 1997 年回歸中國。 |
| | | 京師大學堂（今北京大學）創校，為中國近代史上第 1 所國立綜合性的大學。 |
| | | 東吳大學創校。 |
| | | 康有為、梁啟超等人倡導新政，稱「百日維新」。 |
| 1899 年 | 清德宗光緒 25 年 | 美國提出中國門戶開放政策。 |
| 1900 年 | 清德宗光緒 26 年 | 義和團運動爆發，八國聯軍侵入北京，再燒圓明園。 |
| 1901 年 | 清德宗光緒 27 年 | 〈辛丑和約〉訂立，巨額賠款之外還要以海關及鹽政進款作抵押，外國軍隊又進駐北京等重要地區，中國的領土完整受到嚴重威脅。 |
| 1905 年 | 清德宗光緒 31 年 | 日俄戰爭結束。 |
| | | 同盟會在日本東京成立，以「驅除韃虜，恢復中華，建立民國，平均地權」為會綱。 |
| 1911 年 | 清宣統 3 年 | 革命黨起事於廣州，是為辛亥 329 之役。 |
| | | 清華學堂（今清華大學）創校。 |
| | | 同盟會發動武昌起義，辛亥革命爆發，君主政體結束。 |

德國佔膠州灣時的總督府

德國在青島的總督官邸

俄國租借旅順、大連時所建的俄國街。

蘇州東吳大學舊校門　在江蘇蘇州大學校內

現在的北京大學校門

未名湖　現在的北京大學校景之一

# 瀋陽 盛京皇宮

　　瀋陽清故宮（清代稱奉天行宮）在瀋陽城內的中央。這是除了北京故宮而外，中國僅有的一座保存規制完整的宮殿，它對研究清初的宮殿建築及地方與民族特點均有極大的價值。後金太祖天命 10 年（1625 年），宮室草創，建築材料都取於附近地區，木材伐自遼寧省的桓仁縣和新賓縣的老山中。後來經後金太宗於天聰 6 年（明崇禎 4 年，1631 年），開始大修宮殿，至清太宗崇德元年（明崇禎 9 年，1636 年）基本完成。順治元年（1644 年），清朝入關，遷都北京，從此盛京成為其留都，聖祖從康熙 10 年蒞臨奉天巡幸和祭祖，一直到道光 9 年（1829 年）成為清代歷朝皇帝皆應東巡謁陵的定制。康熙、雍正、乾隆、嘉慶、道光 5 朝約 160 年間，先後有 11 次巡幸，每次巡幸，皇帝均居故宮，朝政於崇政殿（寢於清寧宮）。因此故宮在康熙、乾隆朝又曾修建過一些，這便是我們目前所看到的規模。

1998 年瀋陽民俗節大政殿前，演清宮儀典。

參考文獻：

謝敏聰：〈瀋陽故宮〉，《牛頓雜誌》196 期，1999 年 9 月號。

崇政殿──皇宮正殿

▲清寧宮－帝后寢宮

◀崇政殿御座

# 莊嚴雄偉，富麗堂皇的明清北京皇都

## ——中國傳統都城制度唯一現存實例

　　中國古代著名的國都如長安、洛陽、開封、杭州古址大多已夷為丘墟，園林亦盡摧於樵木，**唯有北京千餘年來莊嚴巍煥，至今宮殿依舊**，到處紅牆黃瓦，金碧掩映，鬱鬱蒼蒼，堪稱世界現存古代都城中的第 1 位。

　　明永樂 4 年（1406 年），明成祖朱棣以 10 萬工匠及 100 萬民夫，鼎建北京城。中國傳統的政治理論，皇帝是寰宇的共主，因此，就根據天上 3 垣 28 宿的星座布列，將北京建設成為宇宙中心的象徵；至於城區的設計也按照《周禮·考工記》「前朝後市，左祖右社」的規制。城市座北朝南，皇宮於永樂 18 年（1420 年）竣工，永樂 19 年（1421 年）明朝由南京遷都北京。

　　城制初分內城、皇城、紫禁城；外城則增築於明嘉靖年間。內城有 9 門，外城 7 門。外城呈長方形，周 12 公里，在內城之南；內城呈正方形，周 17 公里，其內有皇城（有 4 門）；皇城之內再有紫禁城（4 門）。

　　皇城前為千步廊，千步廊左右為中央官署，天安門是皇城的正門，其後有端門；再後有午門，午門為紫禁城（宮城）的正門，均在御道中軸線上。皇城內，南左有太廟，南右有社稷壇。紫禁城西有北海、中海、南海等御苑。紫禁城後有景山。其他壇廟則座落城內外。清廷入關，沿襲明代體制，北京城無大變更。

　　西郊清代建有圓明園、暢春園、清漪園（頤和園），靜宜園等園囿。西北郊有明十三陵，東北方 125 公里處有清東陵、西南方 125 公里有清西陵。明清兩代，北京是中國第一大都市，同時也是世界最大的城市之一。明萬曆 6 年（1578 年），北京的人口為 70 萬 6,800 人，清代中期以後當超過百萬。

**參考文獻：**

1. 鄭欣淼：〈清史研究與故宮學〉，《故宮博物院 80 華誕暨國際清史學術研討會論文集》，北京，紫禁城出版社，2006 年。
2. 晉宏逵、黃希明：《明清故宮》，北京，中國水力電力出版社，2004 年。
3. 章宏偉製片：《故宮 DVD》，北京，中央電視台、故宮博物院，2005 年。
4. 謝敏聰：《明清北京的城垣與宮闕之研究》，台北，台灣學生書局，1980 年。

▼北京明清內城城牆，崇文門迤東一段

# 城門

明清北京正陽門箭樓（左）與門樓（右）

正陽門門樓正景

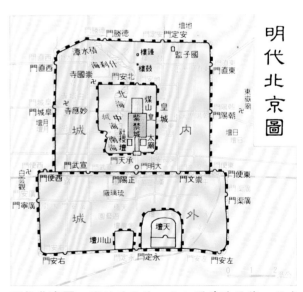

明代北京圖　謝敏聰編繪，收入張其昀監修，程光裕、徐聖謨主編：《中國歷史地圖》，台北，文化大學出版部，1984年。

# 皇宮大門

天安門　始建於明永樂 15 年（1417 年），明代為紫禁城的正門，是傑出的建築師蒯祥設計的。城門五闕，紅色整台高 10 多公尺，台上重樓九楹，立於 2,000 多平方公尺的須彌基座上，繪有中國傳統的金龍和璽與紅草和璽彩畫。

天安門為皇帝頒詔，冬至到天壇祭天，夏至到地壇祭地，孟春祈穀到先農壇耕耤田，以及大婚、親征等典禮儀式進行或經過的地方。

1949 年 10 月 1 日，毛澤東主席在天安門城樓宣告：中華人民共和國中央人民政府成立。天安門暨廣場是中華人民共和國的象徵。

端門　在天安門後，制與天安門同，為清代紫禁城的前門。

午門　為清代紫禁城的正門，重簷廡殿黃琉璃瓦頂，為每年頒朔及戰爭凱旋舉行獻俘禮的地方。

▲左祖（宗廟）

▼右社（社稷）

宮殿

**太和門全景**　太和門為太和殿的正門，建於白石崇基之上，9間4間，重簷廡殿頂，為宮廷最高大的門座，造型頗為壯麗。明清兩代皇帝有御宮門聽政之制，即古代的常朝。明代御奉天門（清代的太和門），順治時御太和門，康熙以後改御乾清門。

太和殿正景　太和殿為故宮等級最高，規模最大的單體建築，在 3 層丹墀之上，殿前東設日晷，西置嘉量，也置有銅龜、銅鶴與兩旁放有金缸。左右排列 18 座寶鼎，明清兩代每歲元旦、冬至、萬壽及國家有大慶典之際，皇帝御此受百官朝賀。

太和殿側景

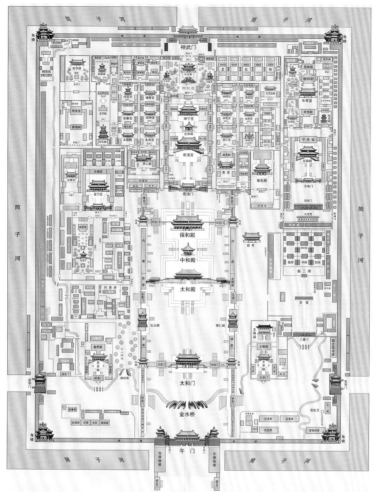

紫禁城平面圖　故宮
博物院發行

**中和殿（右）與保和殿（左）**　太和殿、中和殿與保和殿為外朝三大殿，中和殿是皇帝到
太和殿大朝會時的休息之處，保和殿原建築為明代遺構，清乾隆以後成為科舉殿試的試場。

乾清宮　內廷正殿，明清皇帝的寢宮。

乾清宮寶座

養心門

養心殿　自雍正以迄宣統，這裡是皇帝寢殿。

寧壽門銅獅

奉先殿　皇宮內供奉皇帝祖先牌位之地。國家有太廟以象徵外朝，有奉先殿以象內廷。

皇極殿藻井

故宮的琉璃門

# 故宮深處

　　這裡所說的故宮深處，係指沒有對遊客開放參觀的地方，這些地方或為辦公區，或為庫房，或因維修上的安全顧慮而沒有開放的條件，或因人力資源、守衛調度的種種原因。故宮對學者非常尊重，因研究的需要，筆者多年來徵得在故宮高層的審批同意下，也在故宮同仁們的帶領下，有幸多次進入深處，但只能在拍攝建築外部，至於資料未公布的內景，是不被允准拍攝的。

重華宮區

**崇敬殿**　為重華宮正殿，重華宮舊為乾清宮西二所，乾隆當皇子時的潛底，當賜居時，成大婚於此，登極後升為重華宮。

重華宮

漱芳齋戲台

慈寧門　皇太后居所慈寧宮大門

傳心殿

南三所　為小皇子們所居的區域

箭亭

清國史館原址　現為宮廷部的辦公區域

慶壽堂

## 重建的建福宮花園

　　乾隆登極後，漸次將乾清宮西四、五所構為建福宮、敬勝齋等處，以為幾餘遊憩之地。1923 年建福宮花園燬於火，2000 年重建。

重建後的延春閣

重建後的吉雲樓

# 壇廟

北京天壇祈年殿。祈年殿建於祈穀壇上，為一座覆蓋琉璃瓦，飛檐三層的圓亭，乃天壇最雄偉的建築。
每年正月上辛日皇帝御此恭祀平日置於其後皇乾殿內昊天上帝以下之各神位，面北行三跪九叩首之禮，
祈禱年內農穀豐收。明朝舊殿於光緒 15 年（1889 年）遭雷火焚毀，今殿為光緒 22 年（1896 年）依照
舊制重修。

▶天壇祈年殿正景

▼天壇皇穹宇

▲明清北京天壇圜丘　為天壇主體建築，俗呼祭天台，為一石面 3 層的圜壇，建於明朝中葉，清乾隆 14 年（1749）重修。

昔年冬至日天尚未明之際，皇帝齋戒後御此祭昊天上帝，向北行三跪九叩首之禮，壇上除奉祀昊天上帝外並配祀皇祖皇宗之神位，第 2 層從祀日、月、星、辰、風、雲、雷、雨諸神位。

壇制取圜，乃取天圜地方之義，南向三層，每層四出陛，皆白石 9 級，上層石欄 72，2 層為 108，3 層為 180，合 360 週天之度。

◀地壇

〜〜〜〜〜〜〜〜〜

參考文獻：

王仲奮：《地壇》，北京，中國旅遊出
　　版社，未標明出版年月。

頤和園冬景

頤和園仁壽殿

頤和園萬壽山排雲殿（右）與佛香閣（最上）

頤和園萬壽山佛香閣後之智慧海

頤和園樂壽堂　慈禧太后寢宮

承德

避暑山莊

熱河泉　即使在嚴冬也湧出熱溫泉，它也是世界最短的河流之一。

承德避暑山莊興建於康熙42年（1703年），到康熙47年基本落成，作為「木蘭秋獮」時期，皇帝的行宮，承德在康熙、乾隆、嘉慶年間為僅次於皇都北京的全國第2個政治中心。

避暑山莊正門後額乾隆御筆題字

避暑山莊正門——麗正門　為乾隆36景的第1景。這是避暑期間，全國的行政樞紐和外使朝覲的場所。

烟波致爽殿——避暑山莊皇帝寢殿

澹泊敬誠殿內寶座

水心榭——具有北國江南的色彩

煙雨樓　仿嘉興南湖煙雨樓

獅子林　仿蘇州獅子林

永佑寺　塔仿杭州六和塔

月色江聲島一隅

避暑山莊一景

萬樹園

文津閣　藏《四庫全書》處

避暑山莊宮牆　北牆東段

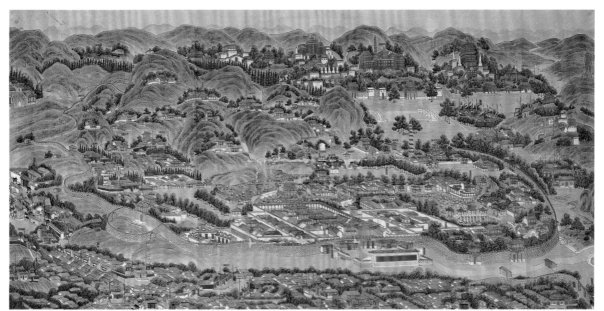

清人繪熱河避暑山莊圖

# 外八廟

　　康熙與乾隆為了籠絡蒙、藏各族部落，當然就要崇敬蒙藏兩族所信奉的喇嘛教，因此山莊外圍就有外 8 廟（北京以外）的興建，每座廟宇規模宏大，風格獨到。

普寧寺大乘之閣側面

普寧寺大乘之閣內的千手觀音

　　乾隆 20 年（1755 年）因平定準噶爾頭目達瓦齊的叛亂，因建此寺，佔地 23,000 平方公尺，綜合了漢、藏寺廟的建築形式。大乘之閣是全寺的主體建築，為仿照西藏山南扎囊縣的桑鳶寺的主殿烏策殿的形式修建，高 36 公尺有餘，是中國比較高的木結構樓閣建築之 1。普寧寺大乘之閣內的千手觀音，高 22.23 公尺，重約 120 噸，是中國、也是世界上現存最大的木雕佛像。

普寧寺內建築一景

普樂寺。建於乾隆 31 年（1766 年），佔地 24,000 平方公尺，為漢族寺廟「伽藍七堂」式，主體建築「旭光閣」仿北京天壇祈年殿。

安遠廟，又稱伊犁廟，建於乾隆 29 年（1764 年），仿新疆伊犁固爾扎廟的形式興建。佔地面積 26,000 平方公尺，正中為 3 層黑琉璃瓦頂的普渡殿。

普陀宗乘廟五小佛塔

普陀宗乘廟紅宮白宮遠景

　　普陀宗乘廟，又稱小布達拉宮，為乾隆 60 壽辰
（乾隆 35 年）、皇太后 80 壽辰（乾隆 36 年）接待國
內各少數民族王公貴族而建。乾隆 32 年動工，歷時 4
年。仿西藏布達拉宮建造。

普陀宗乘廟紅宮近景

普陀宗乘廟紅宮內一景

須彌福壽廟琉璃牌坊

須彌福壽廟內　金頂

須彌福壽廟內的琉璃塔

　　須彌福壽廟，於乾隆 45 年（1780 年）仿日喀則札什倫布寺而建，以作為在乾隆帝 7 旬壽辰，
班禪額爾德尼來承德覲見皇帝的居住和講經之地。

# 北京 圓明園遺址

　　圓明園坐落在北京西郊海淀區北部。它是清朝雍正、乾隆、嘉慶、道光、咸豐5代皇帝傾心營造的皇家宮苑，被世人冠以「萬園之園」、「世界園林的典範」、「東方凡爾賽宮」等諸多美名。

　　圓明園由圓明園、長春園、綺春園3園組成，占地約350公頃，是人工創造的一處規模宏偉、景色秀麗的大型山水園林。平地疊山理水，精製園林建築，廣植樹木花卉，以斷續的山丘，曲折的水面及亭台、曲廊、洲島、橋堤等，將廣闊的空間分割成大小百餘處山水環抱、意趣各不相同的風景群。園內水面占3園總面積4/10，大中小水面由環流的溪水串聯成一個完整的河湖水系。園內又綴疊大小土山、假石山250餘座，與水系相結合，水隨山轉、山因水活，使整個園林比煙水迷離的江南更加迷人。真可謂：「雖由人做，宛自天開」。

　　圓明園不僅以園林著稱，而且也是一座收藏相當豐富的皇家博物館。法國大作家雨果曾說：「即使把我國所有聖母院的全部寶物加在一起，也不能同這個規模宏大而富麗堂皇的東方博物館媲

**遠瀛觀殘柱**

美」。園內各殿堂內裝飾有難以計數的紫檀木家具，陳列有許多國內外稀世文物。園中文源閣是全國4大皇家藏書樓之一。園中各處藏有《四庫全書》、《古今圖書集成》、《四庫全書薈要》等珍貴圖書文物。

　　然而這座享譽世界的歷史名園，於1860年10月被英法聯軍焚劫一空，之後又連遭八國聯軍和軍閥、土匪的破壞。煙水迷離的美景已不復存在，留給後人的只是一片廢墟。

　　北京市文物研究所已在2002年完成圓明園四十景中的28處，以及長春園西洋樓東半部遺址的勘察。考古工作者對照1933年的勘測圖，以及清同治年間繪製的盛時平面示意圖，在不少遺址中有新發現，為現有的史料補漏。

　　北京日報報導，在圓明園百餘處景點中，乾隆欽點的圓明園四十景，是其中最好、也最負盛名的景觀。但歷經百年滄桑，它們的地面建築早已無一倖存。自2001年4月起，北京市文物研究所對長春園宮門區遺址和含經堂遺址正式進行科學考古發掘，2002年又開始對圓明園遺址各個景區中最有代表性景點進行考古勘察。

　　目前，文物部門已經對「正大光明」、「九洲清宴」、「鏤月開雲」、「碧桐書院」等廿八景有了全面清晰的了解，而且還有不少新發現。

綺春園新宮門。1987年在原址修復內、外兩道宮門及宮牆、角門。今為遺址公園大門。

**正大光明殿** 圓明園盛期寫景圖，1744年（乾隆9年）宮廷畫師沈源、唐岱繪《圓明園四十景圖》之一。原圖僅一套，今藏法國巴黎國家圖書館。圓明園大宮門內七間大殿題額「正大光明」，是皇帝在園內舉行朝會、接見外使的正衙。功能類似故宮太和殿、保和殿。建成於1725年（雍正3年）。1793年（乾隆58年），英使馬戛爾尼（George Macartney, 1737-1806）訪華，所帶英王向乾隆帝祝壽的禮品陳列於此殿。1860年10月英法聯軍蹂躪圓明園時，此殿是侵華頭目的臨時指揮部，隨後被縱火燒燬。

清代畫家郎世寧繪畫《圓明園勝景》──大水法正面
台北，鴻禧美術館藏

大水法（右）與遠瀛觀（左）現景

觀水法遺址今貌。觀水法圍屏的 5 塊石雕屏風和兩座
漢白玉方塔，均於 20 世紀 20 年代散失於北京大學朗
潤園，1977 年運回原址復位。

觀水法正面《圓明園勝景》　清代畫家郎世寧繪。
台北，鴻禧美術館藏

圓明園海晏堂一角

正覺寺　位於綺春園新宮門之西，俗稱喇嘛廟。建於
1773 年（乾隆 38 年），廟內有喇嘛住持，負責長春
園梵香樓等處誦經梵修。現為圓明園被燬後，唯一殘
存較完整的一組建築，如今只殘存八角文殊亭和幾座
配殿。

參考文獻：

張恩蔭、劉繼文等：《圓明園遺址公園》，北京，新世界出版社，2002 年。

# 上海 外灘建築群
## ——萬國建築博覽會

　　外灘建築群在上海市黃浦區。瀕臨黃浦江，從中山東一路延安東路口到外白渡橋旁的上海大廈。建於 1873 年至 1937 年，是上海近百年城市發展歷史和近代建築文化的縮影。它匯集了銀行、海關、洋行、總會、旅館等高樓大廈，大部分具有顯著的歐洲古典復興和折衷主義建築風格。其立面構圖具有明顯的古典建築 3 段式劃分，下段是以粗獷毛石砌築的基座層，中段採用貫通 2—3 層的柱廊，上段則是檐部層，建築頂部具有特殊的處理作為明顯的標誌，如匯豐銀行巨大半球式的穹頂，沙遜大廈金字塔狀尖頂，海關的方形鐘樓及中國銀行方攢坡頂等。這一組濱江高層建築群的豎向輪廓，與黃浦江相映成趣。

▲上海外灘　攝於 1995

▲匯豐銀行大廈　1921 年興建，1923 年建成。鋼框架結構，呈新古典氣派，是上海第一幢使用冷暖氣設備的建築。整個建築造型為古希臘式，並有一圓頂裝在大樓中央，就像古羅馬的萬神殿。漂亮的外型和內部採用的是英國古典磚石結構，顯得頗為壯觀，當時英國人自詡為：「自蘇伊士運河到遠東白令海峽的一座最講究的建築。」（攝於 2007 年）

▶海關大樓　於 1925 年興建，1927 年建成。由英商公和洋行設計，新仁記營造廠承建。頂部設有亞洲第 1 大鐘。鐘面直徑 5.4 公尺，其中分針長 3.17 公尺，時針長 2.3 公尺。外型總體呈 19 世紀西方新古典主義建築。沿外灘大門前為希臘多立克神廟式柱廊。（攝於 2007 年）

▶怡和洋行大樓

▲和平飯店　攝於 2007 年

▶中國銀行大樓

▲長江保險公司（右）橫濱正金銀行（左）

▶怡和洋行大樓

# 《四庫全書》及其《薈要》
# 現存的原藏書閣、堂

文淵閣御碑亭

　　中國的書籍用甲、乙、丙、丁，分別經、史、子、集，列為四庫，始於唐代，以「全書」為名，自宋至明，相沿成風；至於《四庫全書》之名，則是清乾隆皇帝欽定的，其中乃包涵著經、史、子、集四大類。自乾隆 37 年（1772 年）命編《四庫全書》，38 年（1773 年）開始將《永樂大典》繕寫成書者，列入《四庫》，至乾隆 47 年（1782 年），全書告成。同時又命繕寫 7 部，分存在 7 個地方，建築了 7 個專館貯藏。今舉文淵閣為例，所藏的一部《四庫全書》，共收經、史、子、集 3,457 部，79,070 卷。又據《四庫全書學典》所統計，文淵閣的一部，共有 103 架，3,459 種，6,144 函，36,078 冊。其餘 6 閣，大致相同，分訂冊數，微有出入。前後 10 年之間（1773 年—1782 年），全館動員了 4,300 餘人，任總裁的 16 人，任副總裁的 14 人，謄錄繕寫的 1,000 餘人。這每部 30,000 多冊的大書，鈔寫得非常工整。7 部大致一樣。

　　文淵閣位於北京紫禁城的外朝兩翼的文華殿後東南隅，清乾隆年間以最先完成的一部《四庫全書》貯藏於此。文源閣則在北京城外的圓明園內，咸豐時英法聯軍入京，文源閣的建築隨圓明園俱燬，書僅少數留存。文津閣在今河北承德市的清避暑山莊，宣統年間已將閣藏全部圖書移置京師圖書館，即今之中國國家圖書館。文溯閣在今遼寧瀋陽市清故宮之西部，其書今藏甘肅省圖書館。文瀾閣在今浙江省杭州市西湖孤山，原清帝行宮內，太平天國之役，燬於兵火，書亦散失。後經丁丙、丁申兩兄弟搜集補鈔，得 2/3，請於官重建閣以貯藏之。民國以來，又依文津閣本補鈔，始復舊觀，其書今存於浙江圖書館。文宗閣在今江蘇鎮江市金山寺，咸豐中因太平天國之役被燬。文匯閣在今江蘇揚州市大觀堂，亦在咸豐中燬於太平天國之役。

四庫七閣的祖型——寧波天一閣

乾隆 39 年（1774 年），上諭：「浙江寧波府范懋柱家……聞其家藏書處曰天一閣，純用甎瓲，不畏火燭，自前明相傳至今，並無損壞，其法甚精。若傳諭寅著親往該處，看其房間製造之法，若何？……燙成準樣，開明丈尺，呈覽」。因此四庫七閣均仿天一閣形式建造而成。

《四庫全書薈要》書影
原藏北京紫禁城摛藻堂，今藏台北故宮博物院。

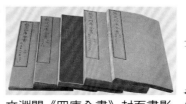

文淵閣《四庫全書》封面書影
台北故宮博物院藏

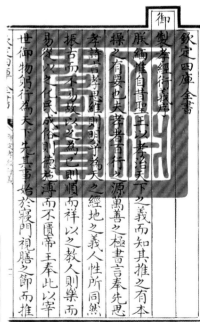

《四庫全書》內頁書影　台北故宮博物院藏

**承德避暑山莊文津閣**
內原存放一套 36,000 冊的《四庫全書》及一部《古今圖書集成》。文津閣《四庫全書》現藏北京，中國國家圖書館。

**瀋陽清故宮文溯閣**
原藏《四庫全書》6,752 函，文溯閣《四庫全書》現藏蘭州，甘肅省圖書館。

**文溯閣寶座**

**杭州西湖文瀾閣**

**北京紫禁城摛藻堂**
在北京紫禁城御花園中，一向為宮廷藏秘笈之所，有額曰「摛藻抒華」，乾隆 38 年（1773 年），下詔四庫全書館，先選《四庫全書》中重要書籍，抄成《四庫全書薈要》兩部，一部存宮中摛藻堂，另一部存圓明園味腴書室。摛藻堂《四庫全書薈要》，現藏台北，故宮博物院。

**摛藻堂堂額**

**參考文獻：**

1. 章宏偉：〈清宮文淵閣與寧波天一閣關係探析〉，明清宮廷建築文化學術研討會會議論文，瀋陽，2009 年。
2. 章宏偉：〈四庫學與故宮學〉，《雲夢學刊》，2011 年第 6 期。
3. 謝敏聰：〈記北京故宮的書室〉，台北，《文藝復興月刊》，136 期，1982 年 10 期。

北京紫禁城文淵閣

# 廣州 陳氏書院

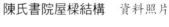

　　廣州陳氏書院（俗稱陳家祠），位於廣州中山七路。始建於清光緒 16 年，建成於光緒 20 年（1890—1894 年）。主體建築 6,400 平方公尺，是一組「廣五間、深三進」、由大小 19 座建築組成的藝術建築群；布局嚴謹、虛實相間、廳堂軒昂、庭院寬敞；體現了中國古代建築的傳統風格。

　　陳氏書院以其巧奪天工的藝術裝飾馳名中外。建築群內的廣東石灣陶塑瓦脊、石雕、磚雕、木雕、灰塑和鐵鑄工藝，形象傳神，題材廣泛，既有古代人物故事，圖案花紋，珍禽瑞獸；又有嶺南山川風物，樓台勝景，佳果名花。琳瑯滿目，風格獨具，有濃厚的地方特色。

陳氏書院大門　　資料照片

陳氏書院屋樑結構　　資料照片

　陳氏書院正門外景

陳氏書院灰塑藝術　資料照片

陳氏書院屋頂雕塑群　資料照片

陳氏書院木雕屏門　資料照片

陳氏書院磚雕藝術

參考文獻：
廣東民間工藝館編：《陳氏書院》，嶺南美術出版社。

# 清華大學百歲
# 兩岸同慶

 兩岸清華大學校景

清咸豐皇帝御筆清華園

## ❀ 北京清華大學校景

北京清華大學二校門

　　清廷在八聯軍之役慘敗，須繳交賠款，清光緒 30 年（1904 年）間，中國駐美公使梁誠因美國國務卿海‧約翰提到「美國所收庚子賠款過多」，一方面向美國勸請減少，一方面上書清廷，利用這筆款項設學育才，其間雖因粵漢鐵路廢約受阻，但梁誠努力不懈，終於獲得美國國會同意，並將賠款處置權，交給羅斯福總統。

　　清華前身是「清華學堂」，後改名為「清華學校」，於 1911 年 4 月初 1 日（陽曆 4 月 29 日）開學，這一天也成為清華校慶日。

北京清華大學禮堂

清代園林清華園入門

水木清華校景

北京清華大學西校門

# 新竹清華大學校景

1955 年清華大學在台灣設校，新竹清華大學不但是台灣校園最漂亮的大學之一，2010 年並獲英國《泰晤士報·教育特刊 THE》評比為台灣辦學績優第 1 名的大學。

新竹清華大學校長、中央研究院院士陳力俊教授稱：「從北京到新竹，清華見證大時代的故事。清華在大陸時，教師包括胡適、林語堂、梁啟超、王國維及趙元任等人，都是社會有影響力的人，台灣清華人在政治、經濟、學術與教育各方面，同樣有卓越貢獻。百年來，兩岸清華培育優秀人才無數，知名者如諾貝爾獎得主李政道、楊振寧、李遠哲及有數學諾貝爾獎美譽的沃爾夫獎得主陳省身，其他校友們在各行各業亦表現傑出。」

新竹清華大學校門

校園的頭腦——行政大樓等建築

音樂家林昭亮先生幼年時就住這裡
林昭亮先生故居 傑出的小提琴

漂亮的成功湖

校園一景

幽雅的校園小憩

作者任教的人文社會學院大樓

參考文獻：《聯合報》駐新竹記者李青霖先生 2011 年 4 月 20 日及 25 日報導〈清華百歲　兩岸同慶〉。

**蒲松齡 74 歲時畫像** 江南朱湘鱗繪

# 淄博 蒲松齡故居

## ——中國著名的傑出文學家

　　蒲松齡生於明崇禎 13 年（1640 年）卒於清康熙 54 年（1715 年），字留仙，別號柳泉，後世因他寫了一部《聊齋誌異》，都稱他「聊齋先生」。他誕生於山東淄川城東 8 里（現為淄博市）的蒲家莊，莊東有井，水常常滿，溢流為溪。當時有很大的柳樹百餘棵，環合籠蓋，隨溪透迤，即稱為柳泉，也就是他取號柳泉的由來。

　　蒲松齡是出身於貧苦知識份子的家庭。他自幼從父親讀書，很聰明，經史看一遍就能了解，他父親很愛他。至 19 歲（1658 年）縣、府、道考試，皆是第一名，取中了秀才。當時的考試官施閏章，是清初有名的文學家，「延譽後進」，「四方學士多歸之」。稱讚他的文章是：「觀書如月，運筆如風」。蒲松齡得到施的稱譽，可知他的文章在當時的價值。後來他又與同縣的名士李希梅、張篤慶等，結了一個郢中詩社，以文學相切磨。至 1670 年，他已經 31 歲，因同鄉進士孫蕙做了江南寶應縣的縣官，聘他到縣衙作幕賓，經常代孫氏寫書札、告示等工作。過了一個年頭，因生活不合乎他的要求，隨回到故鄉淄川。

　　他在同縣鄉宦畢姓家當塾師計有 30 年之久，至暮年才辭館回家。在這 30 年課蒙童賦詩作文、日夜攻苦中，曾應考了幾次舉人場試，終是「名落孫山」，到 71 歲才援例成為貢生。自己雖是滿腹的牢騷，但抱著「豈為功名始讀書」的態度，畢生對文學開闊了廣闊的道路，作了最大的努力。40 歲左右他寫成了最著名的《聊齋誌異》，這一本書就是透過鬼狐故事，透露清初政治、社會黑暗面的優秀短篇小說集。他另外又把《誌異》中和社會上流傳的警世勸俗故事寫成白話文，演成多種通俗的俚曲。如《姑婦曲》（演珊瑚的故事）、《慈悲曲》（演張誠故事）、《翻魔殃》（演仇大娘故事）、《寒森曲》（演商三官故事）、《蓬萊宴》（演吳彩鸞寫韻故事）、《俊夜叉》（演一個賭博兒回頭的故事）、《禳妒咒》（演江城故事）、《富貴神仙後變磨難曲》（演張鴻漸故事）、《增補幸雲曲》（演明朝正德皇帝嫖院故事）、《快曲》（演曹操敗走華容道故事）。

**故居** 在淄川縣城東 8 里蒲家莊北巷內，東向大門 1 間，北堂屋 3 間，相傳即聊齋。

**聊齋內景** （資料照片）

蒲松齡先生墨寶

**參考文獻：**

1.路大荒：《蒲松齡年譜》（收於《聊齋全集》），上海，世界書局，1936 年。

2.羅敬之：《蒲松齡及其聊齋誌異》，台北，編譯館，1986 年。

3.袁世碩：《蒲松齡事跡著述新考》，齊魯書社，1988 年。

嚴復像

# 福州 嚴復故居

　　嚴復（1854—1921 年），譜名傳初，又名宗光，字又陵，後改名復，字幾道，福建侯官（今福州）人。中國近代傑出的啟蒙思想家、教育家、翻譯家，偉大的愛國者，開啟民智的一代宗師；是最早向西方尋找真理的先進人物代表。嚴復譯著《天演論》等西方 8 大名著，震聾發聵，給中國知識界帶來全新的世界觀，極大地鼓舞了中國人民救亡圖存、參與國際競爭的勇氣，為促進當時世界先進科學文化在中國的傳播作出了開拓性的偉大貢獻。

## 嚴復譯著簡表

《論世變之亟》《原強》《辟韓》《救亡決論》《直報》，1895 年
《天演論》，赫胥黎，1896 年—1898 年
《原富》（即《國富論》），亞當‧斯密，1901 年
《群學肄言》斯賓塞，《群己權界論》《穆勒名學》，約翰‧穆勒，《社會通詮》，甄克斯 1903 年
《法意》（即《論法的精神》），孟德斯鳩，《名學淺說》，耶方斯 1904 年—1909 年
《嚴幾道詩文鈔》《愈野堂詩集》《嚴幾道文集》
《嚴譯名著叢刊》《侯官嚴氏叢刊》《侯官嚴氏叢刻》《嚴侯官先生全集》
《嚴復集》，中華書局，王栻主編，北京，1986 年

參考文獻：
1. 嚴復譯：《天演論》、《原富》、《群己權界論》、《法意》、《穆勒名學》、《名學淺說》、《社會通詮》，台北，台灣商務印書館，2009—2010 年。
2. 張志建：《嚴復學術思想研究》，北京，商務印書館，1998 年。
3. 皮后鋒：《嚴復評傳》，南京大學出版社，2006 年。

嚴復故居大門　　1859 年，英國博物學家麥爾斯‧達爾文發表了《物種起源》，以大量材料闡明物種的演化是通過自然選擇和人工選擇的方式實現的。
　　1894 年赫胥黎的《進化論與倫理學》是宣傳達爾文主義的重要著作。原為英國牛津大學羅馬尼斯講座之邀所作的講演，後來增加了導論與其他論文一起發表，名為《進化論與倫理學》。

嚴復故居客廳　　1896 年嚴復譯著《天演論》出版發行，其核心：首次提出「合群保種」的概念。「合群」即利用群體的力量一致應對外侮，認為只有增強群體的凝聚力與生存能力，中國才有希望，否則必然「亡國滅種」，回答了甲午戰敗後國人普遍關注的種族存亡問題。

台南億載金城內側鑴有沈葆楨先賢「萬流砥柱」的墨寶

# 沈葆楨史蹟

## ——晚清洋務運動與開發台灣的萬流砥柱

**沈葆楨像**　中國首任船政大臣

沈葆楨，字幼丹，生於 1820 年，卒於 1879 年 12 月 18 日。道光進士，翰林院編修，擔任過監察御史、知府、巡撫、船政大臣、兩江總督兼南洋通商大臣等要職。創辦船廠與船政學堂，為國家造就了大量的科技人才。

沈葆楨是清朝末期中國洋務派運動的扛鼎主將，曾任奉命巡視台灣等處海防兼理各國事務大臣，後調任兩江總督兼辦南洋海軍事宜。

公元 1874 年（同治 13 年），日本藉口牡丹社事件，發兵侵占台灣，沈葆楨以欽差大臣的身份率兵船抵台，他 2 次（1874、1875 年）巡台勘察，興建台南的「億載金城」（炮台）和台灣最南端的恆春城，開山撫番，建設蘇花公路前身、新中橫公路前身、南迴公路前身和八通關古道等，並且廢除渡台禁令，鼓勵民眾到台灣開墾，又整頓軍政。在北路設台北府，建請福建巡撫駐台，促成台灣政治經濟中心由南部向北部轉移。又引進西式機器，開採基隆煤礦等洋務建設，為台灣的建設發展作出了不朽的貢獻。

**沈葆楨故居**　在福州市三坊七巷宮巷 26 號，故居是一幢明代建築，門左側是大片的水泥牆，牆基座裸露，現出大大小小凹凸不平的灰石，與周邊平整的牆體相比顯得突兀。故居總面積 2,700 多平方公尺，前後共 4 進，第 1 進為前廳，第 2、3 進均為 7 柱 5 間排的大廳，第 4 進為雙層樓閣，係藏書樓。每進均有分隔牆，自成院落，構成塊狀建築群。現居住的沈家後裔有 100 多人。

**福建福州馬尾船政局**　福建船政是清末自強運動的先驅

**參考文獻：**

李守孔：《中國近代史》，台北，台灣學生書局，1958 年。

▲福建船政局輪機廠　福建船政創辦於清同治5年（1866年），是中國歷史上最早的機器造船廠，在近代中國艦船製造、海軍建設、飛機製造、以及科技人才培養等很多領域，都做出突出貢獻。

福建船政規模宏大，設施完整，是中國近代工業的重要源頭。現仍保留有輪機廠、繪事院、青洲船塢、法式鐘樓等建築物，對於研究中國近代工業發展史、海軍建設史、科技發展史和近代教育等很多方面，具有很高的實物佐證價值。

▲福州船政局法式鐘樓
（復原）

福州船政局的海防大炮

台南億載金城的海防大炮

▲台南億載金城外景

台南億載金城內景　　　381

太平天国天王洪秀全像

# 太平天国革命運動

　　清朝入關後，歧視漢人，反清的民族革命，一直沒有中止。乾隆以後：一、全國人口激增，耕地不足；二、政治腐敗，官吏貪污無能；三、軍備落伍，對外戰爭失敗；四、金錢外流，銀價高漲。國計、民生都發生嚴重問題，道光末年的太平軍革命，於是爆發了。

　　洪秀全出生於廣東農家，少時，參加考試，屢試不中，失望憤恨。他讀了一本基督教的書《勸世良言》，發生幻想，自稱是上帝的兒子，耶穌的弟弟，應作中國的真主。他創立上帝會，在廣西活動，適逢荒年，民生困苦，參加上帝會的人愈來愈多，聲勢日大。

　　道光30年底（1851年），洪秀全和他的同伙，在廣西桂平縣金田村起義，以驅逐滿清為號召，他們建號太平天國，從廣西攻打湖南、湖北，順長江而下，咸豐3年（1853年）占領南京，正式定都，稱為天京。一面派兵北伐，一面再行西征，腐敗的清兵，根本無法抗禦。

　　曾國藩出生湖南農村，他讀書、應考、做官，以一個書生，挽救了清朝的命運。當太平軍攻打湖南時，咸豐皇帝令曾國藩在故鄉辦團練，組織人民，保衛地方。曾國藩的學問、道德都從孔孟思想得來，也代表了中國的讀書人。洪秀全信奉上市排棄孔孟，焚廟宇。曾國藩所領導的湘軍，乃以維護孔孟之道為號召，和太平軍作戰。湘軍守紀律，不畏死，士氣高昂，戰鬥力很強。

　　湘軍和太平軍對抗10餘年，初期湘軍失利，後來太平天國發生內訌，自相殘殺，力量削弱，湘軍穩紮穩打，採四面包圍的戰略，同治3年（1864年）天京城破，太平天國滅亡。

長沙天心閣　西王蕭朝貴戰死於此

武漢九女墩　為紀念攻打武漢時戰死的9名太平天國女兵所建的紀念碑

太平軍所使用的鐵炮　南京，瞻園，太平天国歷史博物館。

江西湖口石鐘山形勢　石鐘山扼鄱陽湖與長江的交叉口，因其險要，素為兵家重地。東漢末年，周瑜以此為雄關壁壘，屯水軍於鄱陽湖；唐代魏徵討伐武則天，敗隱於鞋山；明代朱元璋在這裡水陸結營，擊潰陳友諒；清代太平軍名將石達開以誘敵深入而後截江堵湖，大殲曾國藩的湘軍水師。

天京太平天国天王府
的不繫舟

太平天国東王楊秀清府第　南京

忠王府禮拜堂

忠王府軍事會議室

太平天国忠王李秀成府第　蘇州

南京紫金山太平天
国天京天堡城遺址
在懸崖用石壘成，
在城上可俯瞰江南
大營、孝陵衛、天
京城。

江西湖口石鐘山清軍
忠烈祠　此處原有太
平軍駐山抗清的營房
堡壘，戰後，曾國
藩、彭玉麟等奏經清
廷旨諭，於同治 8 年
（1858）在原基上建
祠，奉祀湘軍水師陣
亡將士。

參考文獻：

1. 羅爾綱：《太平天
　　国史》，北京，中
　　華 書 局，1991
　　年。

2. 樂炳南：〈忠王李秀成年譜〉，台北，文化大學
　　史學研究所碩士論文，1964 年。

# 旅順口

# 日俄戰爭遺址

　　1904 年至 1905 年，日、俄兩列強為爭奪在中國東北的勢力範圍發生戰爭，旅順是主要戰場。現存的旅順口日俄戰爭遺址包括電岩砲台、203 高地、東雞冠山北堡壘和望台砲台。

　　旅順口，位於遼東半島最南端，三面環海，與山東半島隔海相望。旅順歷史悠久，東晉稱馬石津，唐稱都里鎮，遼金以後民間稱獅子口等。明洪武 4 年（1371 年），為收復遼東，明將馬雲、葉旺率領軍隊從山東渡海，於獅子口登陸。為紀念安抵遼東，取「旅途平順」之意，遂將獅子口改稱旅順口。

日俄戰爭前的旅順口。資料照片

　　旅順扼渤海咽喉，戰略地位重要。1880 年，清政府興辦北洋水師，在旅順建軍港、修炮台、築船塢。在 1894 年中日甲午戰爭中，日軍進攻旅順，愛國將領徐幫道率軍奮戰。由於孤軍無援，旅順失陷。日軍侵占旅順之後，進行野蠻的大屠殺，中國軍民 2 萬多人慘死。戰後，清政府被迫割遼東半島給日本。沙俄為向中國東北擴張侵略勢力，糾合法、德兩國出面干涉，迫使日本把遼東半島歸還中國。1897 年 12 月，在帝國主義瓜分中國的狂潮中，沙俄軍艦闖進旅順。翌年 3 月，沙俄強租旅順為軍港。

　　1904 年，日木、沙俄爭奪殖民地的日俄戰爭，首先在旅順爆發。經過 1 年多的爭奪，沙俄戰敗，旅順又淪為日本的殖民地。

　　1945 年抗日戰爭勝利，東北光復，旅順重回中國。

## 203 高地爭奪戰

**203 高地**　1904 年 9 月至 12 月，日軍對俄軍發起數次進攻。12 月 6 日攻占此高地。日軍傷亡慘重，司令乃木希典之子乃木保典也喪命於此。現山頂立著一座 10.3 公尺的砲彈形石碑砲彈外殼上鑲著日軍第 3 軍司令乃木希典寫的「爾靈山」立體銅字。1904 年 5 月俄軍在 203 高地一帶構築工事，裝設野砲，並布置了 4 個連的兵力。日軍第 1 師集中兵力多次發動猛攻，均告失敗，只得將第 7 師投入戰鬥。12 月 5 日，日軍再度向 203 高地發動猛烈攻擊，在付出 1.7 萬人的慘重代價之後，終於將高地占領。

日軍占領前看俄軍側面的 203 高地　203 高地是攻打旅順港的最佳炮擊據點。資料照片

　　203 高地，標高 203 公尺，是日俄戰爭旅順要塞爭奪戰的主戰場之一。1904 年 8 月，日俄在這裡火拼廝殺。爭奪 203 高地是日俄戰爭勝負的關鍵戰役。日本影片《明治天皇與日露戰爭》、《二〇三高地》、《日本海大海戰》均詳述了當年的戰況。

1904 年 12 月 17 日佔領 203 高地的日軍從姜家屯北方以 28 英吋榴彈炮向旅順主要要塞攻擊。資料照片

由 203 高地下望旅順口（拍攝時天氣有霧，遠望不甚清楚）

## 二龍山堡壘爭奪戰

　　二龍山堡壘位於旅順水師營街道小南村，先後經歷了中日甲午戰爭和日俄戰爭的戰火。堡壘是俄軍在旅順修建的諸堡中占地面積最大的一座，東西、南北各長 120 公尺，周長約 630 公尺，總面積約 3 公頃。堡壘呈 5 角型，分南北 2 部分，炮台位於中間，南北二堡都有隧道和暗道通往前沿，堡壘用水泥、卵石、石塊灌注而成（沒有鋼筋），俄軍在這裡設 150 毫米加農炮 5 門，以及其它各種火炮 47 門，守備兵 340 多名，並有海軍參雜在裡面。1904 年 12 月 29 日晨，日軍最終占領了整個二龍山堡壘，在二龍山堡壘爭奪戰中，日軍投入兵力 3,000 人，戰死 1,023 人，俄軍死傷 1,300 人，日軍向堡壘傾瀉了 2,270 多發 280 毫米榴彈砲彈重達 500 噸。

二龍山俄軍炮台外部

二龍山俄軍炮台內部

## 望台炮台爭奪戰

　　這座山頭是日俄旅順爭奪戰的最後一個戰場，1905 年 1 月 1 日被日軍占領，俄軍投降，第 2 天雙方簽署投降書，旅順爭奪戰歷時 128 天至此結束。日軍死傷約 6 萬人，俄軍死傷約 3 萬 2 千人。

1905 年 1 月 1 日下午 3 時 25 分，日軍第 3 軍第 9 師團攻打望台炮台山的情形。資料照片

同日，下午 4 時，俄軍投降後，日軍登上望台炮台山的情形。資料照片

東雞冠山　望台炮台山　望台炮山海拔 185 公尺，因為山頂有兩門日俄戰爭時遺留下來的殘炮，當地群眾稱它為「兩杆炮」山。這兩門炮是沙俄 1899 年鑄造的 150 毫米艦用加農炮，日俄戰爭時，臨時運到這裡。

參考文獻：

1. 潘茂忠編著：《日俄戰爭在旅順》，大連，遼寧師範大學出版社，1997 年。
2. 椎野八束：《秘藏寫真　日露戰爭》東京，新人物往來社，1999 年。

# 清代台灣史蹟

　　從康熙 22 年（1683 年）到光緒 21 年（1895 年）的乙未割讓，為清朝統治台灣時期，計 212 年。此期間閩、粵大量移民來台，奠定漢文化在台灣的基礎，所留存至今史蹟多有漢式風格。

台南清台灣府城大南門　乾隆元年（1736 年）築府城石門 7 座，釘鐵皮，建樓其上，護以女牆。日據時期，拆毀城垣，唯留大東門、大南門與小西門。

▲台南清台灣府城小東門　在成功大學校園內

▲台中清台灣府城大北城門樓　清朝於 1885 年將台灣設為行省，首任巡撫劉銘傳欲將省城由彰化縣署遷至大墩（今台中），並作為台灣省府城，故於 1889 年開始，派台灣知縣黃承乙建城，分為 8 門、4 樓，其中大北門位於今日自由路台中公園入口處附近，名為坎孚，樓名為明遠。台中建府城工程因劉銘傳的去職而中止荒廢，至日據時代，台中因實施都市改正計畫，為了修築街道，所以動工拆除城垣，只剩下大北門上層的明遠樓。1903 年，為了慶祝台中公園落成，當時的台灣地方士紳想留個城門的紀念，便將門樓移到公園內的小丘間現址。

▲竹塹城（淡水廳城）（今新竹）東門城（迎曦門）　磚石城池，為淡水廳治所在，完成於 1829 年。

嘉義六腳鄉王得祿墓　王得祿生於乾隆 35 年（1770 年），平定林爽文有功，後任浙江提督，中英鴉片戰起，駐軍澎湖，不幸病逝，清廷追贈伯爵。

參考文獻：

1. 王啓宗：《台灣的書院》，台中，台灣省政府新聞處，1987 年。
2. 李乾朗圖片說明：《台灣地區古蹟巡禮》，台北，文建會，1985 年。
3. 何培夫：《台南市古蹟簡介》，台南市政府，1987 年。
4. 關山情：《台灣古蹟全集》，台北，戶外生活出版社。

台灣布政使衙門側景　現移至台北植物園內

台灣布政使衙門正景　現移至台北植物園內

鹿港文廟泮池及文開書院

鹿港海岸　與福建多個港口對航

鹿港清龍山寺正殿

鹿港龍山寺山門之八卦藻井

左營清代城牆　道光5年（1825年）擴大工事

左營清代鳳山縣城南門

劉銘傳在基隆興建的砲台

劉銘傳在淡水修建的砲台

387

北京

　　雍和宮在北京東城區雍和宮大街東側。清康熙 33 年（1694 年）建，原為雍正帝即位前的府第，雍正 3 年（1725 年）改稱今名。13 年因停放雍正帝靈柩，將宮內永佑殿、法輪殿等主要建築改易黃瓦。後奉雍正帝影像於永佑殿，並改名神御殿。從此雍和宮成為清帝供奉祖先的影堂，大部殿宇為喇嘛誦經之所。乾隆 9 年（1744 年）改為喇嘛廟。建築占地廣大，規模宏麗，院落 5 進，主要建築有影壁、牌坊、碑亭、天王殿、正殿、永佑殿、法輪殿、萬福閣等。其中法輪殿建築雄偉，平面呈十字形，殿內供銅質宗喀巴大師像，像後有 500 羅漢山；黃琉璃瓦頂上設 5 個小閣，閣上各有小型喇嘛塔一座，具有典型的喇嘛寺建築風格。萬福閣為宮內最大建築，黃瓦歇山頂 3 層樓閣，閣內有著名的檀香木彌勒站像，高 26 公尺（地面上 18 公尺），比例勻稱，體態雄偉。閣左右並列永康閣和延綏閣，以懸空閣道相通，將 3 閣聯成一體，成為一組宏麗軒昂的建築群。雍和宮的建築布局，前半部疏朗開闊，後半部密集而有起伏，殿閣錯落，飛檐宇脊縱橫，是北京地區現存最大的喇嘛廟。

昭泰門

雍和門（天王殿）

**雍和宮正殿** 位於四體碑亭之北,相當於一般佛寺的大雄寶殿,殿內供有三尊青銅質泥金佛像:過去佛燃燈、現世佛釋迦、來佛彌勒,以及蒙麻瀝金的大型彩塑 18 羅漢像。

永佑殿

法輪殿

**萬福閣** 位於法輪殿北,是雍和宮寺廟建築群中北端的最高建築,閣內供奉一尊總高 26 公尺的木雕邁達拉佛(彌勒站像)相傳是由一根白檀香木雕成的。

# 北鎮　醫巫閭山

　　醫巫閭山位於遼寧省北鎮縣城西北 5 公里處，自東北向西南走向，長 45 公里，寬 14 公里，面積為 630 平方公里。屬陰山山系松嶺山脈，主峰望海山海拔 866.6 公尺。岩石主要為花崗岩。

　　醫巫閭山的名稱係東胡族語音釋，意為「大山」。金代在北鎮縣地方設廣寧府、元代設廣寧府路、明代設廣寧衛、清初設府後改廣寧縣。因之，又有「廣寧大山」之稱。簡稱為「閭山」。

　　閭山歷史悠久。先秦文獻已有記載：「東北曰幽州，其山鎮為醫巫閭」（《周禮・職方氏》）。「東方之美者，有醫巫閭之珣玕琪焉」（《爾雅・釋地》）。「西漢遼東郡有無慮縣，唐・顏師古曰：即所謂醫巫閭」（《漢書・地理志》注）。「舜即位分冀醫巫閭之地為幽州，於時分州十二，各封一山，以為一州之鎮，醫巫閭山即幽州之鎮也」（《古今圖書集成・職方典》第 178 卷）。據《周禮・夏官職方氏》記載：全國名山有五嶽五鎮。五鎮是：東鎮青州沂山，西鎮雍州吳山，中鎮冀州霍山，南鎮揚州會稽山、北鎮幽州醫巫閭山。古代也有稱四鎮的，也以醫巫閭山為北鎮（見《周禮・春官大司樂》注）。「隋文帝開皇 14 年閏 10 月詔北鎮醫無閭山，並就山立祠」（《隋書・禮儀二》卷 7）。歷代封建帝王對醫巫閭山皆有封爵。唐玄宗天寶 10 年（751 年）封醫巫閭山為廣寧公；金世宗大定年間封廣寧王；元成宗大德 2 年（1298 年）《加封五鎮詔》，封醫巫閭山為貞德廣寧王；明太祖洪武 3 年（1370 年）「詔定嶽鎮海瀆神號，北鎮曰醫巫閭山之神」；清代仍沿用神號。據史料記載，從北魏文成帝和平元年（460 年）起，隋、唐、宋、遼、金、元、明、清歷代朝廷，凡遇大典，如皇帝即位，或「天時不順」，「地道欠寧」，都要親自或派遣官員來閭山告祭。遼興宗耶律宗貞、道宗耶律洪基都曾多次親自來閭山告祭；清聖祖、世宗、高宗、仁宗和宣宗也相次來閭山祭遊。

　　閭山自古以來，就以風景優美見稱。據《讀史方輿紀要》記載：「醫巫閭山，掩抱六

由北鎮廟望醫巫閭山

醫巫閭山入門　最高處的山頭為望海寺

北鎮廟碑林

重，岩洞泉壑，種種奇勝。岩壑窈窕，峰巒迴合」。「煙霧出壑，縈繞重巒，名勝莫可殫述」（《遼海叢書‧廣寧縣志》）。宋朝許亢宗在《奉使行程錄》中也記載著：「出渝關以東南行瀕海，忽峭拔摩空，蒼翠萬仞，乃醫巫閭山也」。《遼海叢書‧全遼志》一書的《山川志》中，稱閭山為「遼境內，山以醫巫閭為靈秀之最。」

現存建築多為清代所重建，著名的風景區在觀音閣一帶，有大石棚、聖水盆、曠觀亭、望海寺、老爺閣、古佛龕、萬年松等。據《遼史》記載，山中有遼東丹王讀書處「望海堂」和他死後埋葬的顯陵，遼景宗的乾陵，以及遼世宗和天祚帝的陵墓等，近年在龍崗一帶發現有陪葬墓冢。

醫巫閭山大閣、玉泉寺遊覽區景點分佈示意圖

北鎮廟牌坊山門

參考文獻：

1.蕭廣普編著：《閭山》，瀋陽，遼寧人民出版社，1985 年。
2.中華人民共和國文化部文物局主編：《中國名勝辭典》，上海辭書出版社，1986 年。

# 蘇州　網師園

　　網師園原為南宋時代史正志的萬卷堂故址，清乾隆時光祿寺少卿宋宗元年未 50 即以母老乞歸退隱返蘇，購得此地重建，改名網師園。

　　園林位於住宅的西側，以中部的水池為構圖的中心。池北有看松讀畫軒、集虛齋等建築，高低錯落、前後參差，形成北岸的景觀。西側為一幽靜精美的小院，主要建築是北面的殿春簃。池南有小山叢桂軒、濯纓水閣、蹈和館、琴室等建築，組成幾個曲折幽深的小型院落。主要建築小山叢桂軒與水池之間疊有較高假山以為屏障，手法別緻。中部水池略呈方形，面積較大。環池有亭廊、水閣、石橋、山石，組成豐富的景色。池岸用黃石疊砌，構成奇巧的洞穴，是中國山水畫技法在造園中的運用。

　　清代著名文人沈德潛作〈網師園圖記〉，描述該園「幽崖聳峙，修竹檀梨，碧琉渺彌，芙蕖娟靚，疏梧蔽炎，叢掛招隱，凡名花奇卉無不萊勝於園中。」

　　網師園佈局疏朗，建築、橋廊、院落空間處理和諧，尺度適宜，極具匠心，在蘇州古典園林中以小而美著稱，為蘇州保有最好的住宅花園，是江南園林中很有藝術特點的一處。

網師園風到月來亭（左）

網師園漏窗

窗景意境

鋪碎石路　　　　　「真意」磚匾及八橋

由風到月來亭附近望
竹外一枝軒、射鴨廊、半山亭

網師園一景　　　　　　　　沈德潛故居

# 蘇州 怡園

　　怡園原為明朝尚書吳寬的舊宅，清穆宗同治 13 年（1874 年）由顧文彬（1810—1889年）擴建，並用複廊將全園分隔為東、西兩部，西為顧氏新建，東為吳氏舊園，廊壁漏窗，圖樣各異，面積僅 8 畝餘。

　　怡園在蘇州園林中建造最晚，故能仿各園妙景而築，饒有情趣。複廊採取了滄浪亭手法，假山參照了環秀山莊，荷池效仿網師園，所以佔地不多而園景十分豐富。全園廊壁鑲嵌歷代名家書法藝術珍品石刻數 10 方，稱為「怡園法帖」，故極富清雅氣氛。

　　西部是怡園的主要景區，中央有自然曲折的水池。池北為湖石假山，山上有一六面亭，名小滄浪。亭後有石如屏，名屏風三疊，是園中奇石之一。池南有主要廳堂一處，其平台伸入池中。此廳為鴛鴦廳形式，北半廳名藕香榭（即荷花廳），宜於夏日在此賞荷；南半廳名鋤月軒（即梅花廳），宜於早春看梅花、牡丹，這裏是全園精華所在。藕香榭內陳設黃楊、楠木樹根傢具，造型古樸奇特。藕香榭西有小屋碧梧棲鳳，環境幽靜。池西港岔盡端有旱船畫舫齋（松籟閣），造型玲瓏可愛。畫舫齋西有一獨立的庭院名湛露堂（牡丹廳）。

　　東部以建築庭院為主，有玉延亭、四時瀟灑亭、坡仙琴館、石舫、玉虹亭等建築，形成大小不同的院落，以曲廊相接。

　　怡園佈局精巧，曲折多變，山池花木，台榭亭廊，玲瓏雅致，疏朗宜人，園內湖石多而美，隨意點綴，頗得自然之趣。

怡園全景

怡園春曉

怡園月洞門

怡園藕香榭

怡園盆景

怡園一景

# 清朝皇帝陵大觀

　　清朝興起於東北地方，是由滿族建立的，後入主中原，因此皇陵可分為關外與關內兩個系統。

### 關外陵寢
　　1.永陵：在遼寧省新賓滿族自治縣，叢葬清朝先世遠祖。
　　2.福陵：在瀋陽市東郊，葬清太祖努爾哈赤。
　　3.昭陵：在瀋陽市北郊，葬清太宗皇太極。

### 關內陵寢
　　1.東陵：在河北省遵化市，葬順治（孝陵）、康熙（景陵）、乾隆（裕陵）、咸豐（定陵）、同治（惠陵）5帝。
　　2.西陵：在河北省易縣，葬雍正（泰陵）、嘉慶（昌陵）、道光（慕陵）、光緒（崇陵）4帝。1990年代，遜帝溥儀骨灰亦由八寶山公墓移此，完成清朝皇帝陵寢全部體制。

**永陵4碑亭**　永陵是清室第1座皇陵，4座橫排碑亭為其特徵，其地點在遼寧省新賓滿族自治縣。

**永陵寶城**　叢葬清肇祖、興祖、景祖、顯組。

**福陵明樓**　明樓為陵寢最高的建築。福陵在瀋陽市東郊，為清太祖努爾哈赤的陵寢。

**福陵石5供（局部）**　據說石5供是用來鎮地宮門的，下面有隧道直通地宮。

昭陵石牌坊　昭陵為清太宗陵寢，在瀋陽北郊。

昭陵碑亭（前）與隆恩門（後）

大玉兒皇后（孝莊）昭西陵

清東陵石牌坊　東陵在河北省遵化市

清東陵大紅門

大清康熙帝景陵神道

清西陵神道的石象

大清乾隆帝裕陵二柱門及明樓

大清聖母皇太后慈禧定東陵
普陀峪隆恩殿

世紀的會面　自 1949 年至 1987 年，近 40 年間，台灣海峽兩岸人民因政治因素不能往來。兩位研究中國皇帝陵的學者于善浦教授（右）時任清東陵文物管理處副處長）、謝敏聰（左），於 1988 年 8 月 4 日首度會面進行學術交流。（宋肅懿女士攝）

# 第 13 章

# 中華民國
## ——亞洲第 1 個民主共和國

南京，中華民國開國總統府——孫中山先生辦公室

1911 年 12 月 29 日孫中山先生當選開國大總統，1912 年 1 月 1 日在總統府就任中華民國臨時大總統，亞洲第 1 個民主共和國——中華民國誕生。

# 中華民國大事編年

## （年表編至　孫中山先生靈櫬奉安典禮）

### ㈠民國前史

| 公元紀年 | 中國紀年 | 大事記 |
|---|---|---|
| 1894 年 | 清德宗光緒 20 年 | 孫中山先生創立興中會於檀香山，發表宣言。 |
| 1895 年 | 清德宗光緒 21 年 | 中山先生設興中會總機關於香港，以「驅除韃虜，恢復中華，創立合眾政府」為誓詞。 |
| | | 香港興中會決攻取廣州為根據地，並採用陸皓東所製青天白日旗為革命軍旗。 |
| | | 廣州起義失敗，陸皓東等被捕，慷慨赴義。 |
| 1896 年 | 清德宗光緒 22 年 | 中山先生被誘禁於倫敦清使館，後獲釋。 |
| 1897 年 | 清德宗光緒 23 年 | 中山先生繼續留英研究，並考察歐洲政治風俗，完成三民主義之主張。 |
| 1899 年 | 清德宗光緒 25 年 | 中山先生令陳少白創辦《中國日報》於香港。 |
| 1900 年 | 清德宗光緒 26 年 | 鄭士良等舉義於廣東惠州三州田失敗。 |
| | | 史堅如炸清署兩廣總督德壽不成，被捕慷慨赴義。 |
| 1903 年 | 清德宗光緒 29 年 | 鄒容「革命軍」出版。 |

孫中山先生於檀香山創立興中會　資料畫作

中山先生肄業香港西醫書院期間，常於課餘鼓吹革命。這是當時朝夕相處倡言革命的幾位同學合影，人戲稱為「四大寇」。

**參考文獻：** 秦孝儀主編：《史畫史話》，台北，近代中國出版社，1990 年增訂初版。

| 1904 年 | 清德宗光緒 30 年 | 黃興、馬福益謀舉義於湖南，不成。 |
| 1905 年 | | 鄒容卒於上海獄中，得年 21 歲。 |
| 1905 年 | 清德宗光緒 31 年 | 興中會與華興會、光復會等革命團體合併改組為「中國革命同盟會」，以「驅除韃虜，恢復中華，創立民國，平均地權」為誓詞，舉中山先生為總理。（自是海外各地陸續設立分會） |
| | | 吳樾炸清廷派遣出洋考察憲政之五大臣於北京正陽門車站。 |
| | | 同盟會之《民報》在東京發刊，中山先生為撰發刊詞，正式揭出民族、民權、民生主義。 |
| 1906 年 | 清德宗光緒 32 年 | 龔春臺等率洪門會舉事於江西萍鄉、湖南醴陵、瀏陽失敗。 |
| 1907 年 | 清德宗光緒 33 年 | 余丑等起義於潮州黃岡，失敗。 |
| | | 中山先生令鄧子瑜起義於惠州七女湖，失敗。 |
| | | 徐錫麟起義於安慶，槍殺安徽巡撫恩銘，被執遇害。 |
| | | 秋瑾在浙江紹興密謀起義，事洩被捕，遇害。 |
| | | 同盟會之《中興日報》，在新加坡發刊。 |
| | | 中山先生令王和順起義於廣東欽州之王光山。 |
| | | 黃明堂舉兵攻佔廣西鎮南關，中山先生率黃興、胡漢民等到鎮南關督師，失敗。 |

徐錫麟像 （1873—1907 年），浙江山陰（今紹興縣）人。1907 年徐錫麟在安慶發動反清起義，失敗被捕，壯烈犧牲。

**浙江紹興市大通學堂**　大通學堂和徐錫麟故居分別位於紹興市越城區勝利西路和東浦鎮孫家漊村。1905 年 9 月，光復會領導成員徐錫麟、陶成章為聯絡、訓練各地會黨，培養軍事幹部而創立大通學堂，1907 年起義失敗被查封。大通學堂分 3 條縱向軸線布置，占地面積 5,020 平方公尺，建築面積 1,645 平方公尺，西側為操場，中軸為五開間三進，即門廳、禮堂、「徐社」。東西兩軸分別是學堂教室和辦公室，其中東軸 4 進、西軸為 5 進，整體保存完整。故居建築坐北朝南，占地面積 1,100 平方公尺，建築面積 575 平方公尺，建築 3 開間 3 進，由門屋、大廳、座樓和藏書樓、桐映書屋等組成，是一處典型的江南清代民居。1873 年 12 月，徐錫麟出生於此，並在此度過了童年和青少年時期。

| 1908 年 | 清德宗光緒 34 年 | 黃興自安南進攻欽州。（旋轉戰欽廉 40 餘日，失敗。） |
| | | 中山先生令黃明堂舉事於雲南河口，失敗。 |
| | | 熊成基起義於安慶，失敗。 |
| 1909 年 | 清宣統元年 | 于右任在滬發刊《民呼報》，被封。旋出版《民吁報》，又被封。 |
| 1910 年 | 清宣統 2 年 | 熊成基在哈爾濱刺清廷遣派出洋考察海軍大臣貝勒載洵不成，被執遇害。 |
| | | 廣州新軍起義，失敗，倪映典死之。 |
| | | 汪兆銘、黃復生等謀炸清攝政王，不成。 |
| | | 于右任之《民立報》，在上海發刊。 |
| 1911 年 | 清宣統 3 年 | 溫生才刺殺清廣州副都統孚琦。 |
| | | 黃興率各省同志起義於廣州，進攻兩廣總督署。 |
| | | 清廷決定將鐵路幹線收歸國有。 |
| | | 中國同盟會中部總會在上海成立。 |
| | | 林冠慈、陳敬岳炸清廣東水師提督李準，未中，死之。 |
| | | 武昌革命黨人起義。 |
| | | 中山先生在芝加哥開預祝中華民國成立大會。 |
| | | 長沙、西安、九州、太原、雲南、上海、杭州、貴州、蘇州、廣西、安慶、福州、廣州、山東、成都、南京，相繼光復。 |
| | | 中山先生自美抵倫敦，與英、法、德、美 4 國銀行團磋商，停止清廷借款。 |
| | | 光復各省代表議決《中華民國臨時政府組織大綱》。 |
| | | 中山先生當選中華民國臨時大總統。 |

武昌首義門（原稱中和門）

杭州西湖秋瑾烈士墓園　秋瑾（1879—1907 年），別署鑒湖女俠，浙江山陰（今紹興）人。留學日本，1905 年先後加入光復會與同盟會。1907 年與徐錫麟共謀起義，失敗被捕，7 月 15 日就義於紹興軒亭口。

林覺民烈士故居　在福州市南後街楊橋路口。故居座西朝東，為風火牆式居民，林覺民的住房在後宅西南隅，並列有一廳一房；房前有一叢蠟梅正對著窗口，在其《與妻訣別書》中，曾寫到：「意映卿卿如晤：……初婚三四月，適冬之望日前後，窗外疏梅篩月影，吾與你並肩攜手，低低切切，何事不語？何情不訴？及今思之，空餘淚行。」

武昌革命軍政府舊址

## ㈡中華民國史

中山先生在南京就任臨時大總統，改用陽曆。

彭家珍在北京炸宗社黨首要良弼，斃之。

臨時參議院成立。

清帝溥儀退位。

中山先生向參議院辭臨時大總統職，並舉袁世凱。

同盟會移在南京開會。

中山先生公布《中華民國臨時約法》。

中山先生解臨時大總統職。

同盟會改組為國民黨，在北京成立，中山先生被推為理事長。（旋委宋教仁代理）

中山先生受任督辦全國鐵路。

袁世凱遣人刺宋教仁於上海車站，中山先生因以策劃討伐袁世凱。

國會開幕。

共和黨、民主黨、統一黨合組為進步黨對抗國民黨。

二次革命（討袁）失敗。

袁世凱威迫國會，選其為正式總統。

袁世凱解散國民黨，取消國民黨籍之國會議員。

1912 年　　中華民國元年

中華民國開國之日（1912年1月1日）《民立報》所刊登臨時大總統孫中山先生肖像

1913 年　　中華民國 2 年

◀中華民國大總統孫文宣言書

孫中山先生就任中華民國臨時大總統後，1912 年 1 月 28 日，臨時參議院成立，孫中山先生率各部總、次長出席大會後，與全體參議員合影。

台北，孫中山先生史蹟紀念館　孫中山先生第2次旅行來台灣的居所。孫中山先生曾3次蒞臨台灣。1913年，二次革命失敗後，孫中山先生第2次來台，下榻台北御成町，即今館。1986年因鐵路地下化工程，館舍向北方遷移50公尺重建，這是孫中山先生在台灣唯一的史蹟。

袁世凱與其幕僚們合影

袁「帝制」寶座

袁世凱像

| 1914 年 | 中華民國 3 年 | 中華革命黨在東京舉行選舉大會，中山先生被推為總理。 |

1914 年　　中華民國 3 年　　中華革命黨在東京舉行選舉大會，中山先生被推為總理。

第一次世界大戰在歐洲爆發。

中山先生制定中華革命黨革命方略。

1915 年　　中華民國 4 年　　袁世凱承認日本二十一條要求之最後通牒「籌安會」出現，帝制運動揭幕。

陳其美在上海策動肇和兵艦起義失敗。

袁世凱接受「籌安會」發動之勸進，允僭帝位。

雲南起義，成立護國軍，分兩路向四川及廣西進兵。

袁世凱改明年為「洪憲」元年。

1916 年　　中華民國 5 年　　廣東革命軍舉事惠州、革命軍占領江陰炮台。

中山先生發表宣言，與各方一致討袁，尊重《約法》。

袁世凱卒。

黎元洪以副總統地位繼任總統。

中山先生發表規復《約法》宣言。

1917 年　　中華民國 6 年　　中山先生著《民權初步》告成。

俄國革命，推翻沙皇。

中山先生發表英文《實業計畫》之第一計畫。

安徽督軍擁清廢帝溥儀復辟，後失敗。

中山先生自上海到廣州倡導護法。

海軍總司令程璧光率艦隊到粵，贊助護法。

國會議員在廣州開非常會議，通過《中華民國軍政府組織大綱》。

國會非常會議選舉中山先生為中華民國軍政府陸海軍大元帥。

中山先生就任大元帥，宣言戡亂，恢復約法。

中山先生通電全國，堅持以恢復約法及舊國會為和議條件。

**袁世凱墓**　*河南安陽市*　　405

| | | |
|---|---|---|
| 1918 年 | 中華民國 7 年 | 中山先生辭大元帥職，並發表宣言。 |
| | | 國會非常會議選舉中山先生及岑春煊等 7 人為軍政府總裁。3 個月後，中山先生向國會請辭。 |
| | | 中山先生自廣州抵上海，決定從事著述，啟發國人。 |
| | | 北京新國會選舉徐世昌為總統。 |
| | | 第一次世界大戰告終。 |
| 1919 年 | 中華民國 8 年 | 北京大學等校學生為爭山東問題，反對巴黎和會允日本繼承德國在山東權利之決定，舉行示威運動（各省市學生次第響應，是為「五四」運動。） |
| | | 中山先生將英文原著《實業計劃》譯成國文，在上海《建設》雜誌分期發表。 |
| | | 中華革命黨改組為中國國民黨，公布總章。 |
| | | 中山先生完成《孫文學說》。 |

教育家蔡元培先生

胡適先生

五四運動

北京大學紅樓

上海中國共產黨第 1 次全國代表大會會址

嘉興南湖煙雨樓

煙雨樓前碼頭停泊一艘仿製 1921 年當年中共 1 大會議的紀念遊船，長 16 公尺，寬 3 公尺。

1921 年 7 月，各地共產黨早期組織推派毛澤東先生等 13 名黨員，在上海舉行中國共產黨第 1 次全國代表大會，後因受法租界巡捕房干擾，最後 1 天移嘉興南湖的 1 艘遊船上舉行。

| | | |
|---|---|---|
| 1920 年 | 中華民國 9 年 | 中山先生著《地方自治開始實行法》。 |
| | | 中國加入國際聯盟。 |
| | | 粵軍自閩回師克廣州，驅逐桂系岑春煊、陸榮廷等。 |
| | | 中山先生偕伍廷芳、唐紹儀自上海返抵廣州。 |
| 1921 年 | 中華民國 10 年 | 中山先生當選為非常大總統。 |
| | | 中山先生就任非常大總統，並發表對內對外宣言。 |
| | | 中國共產黨成立於上海。 |
| | | 中山先生發表英文宣言，指責日本對華侵略政策，要求派遣代表參加華盛頓會議。 |
| | | 蔣中正先生赴粵商北伐。 |
| | | 中山先生向國會提出北伐案。 |
| 1922 年 | 中華民國 11 年 | 中山先生與胡漢民先生、蔣中正先生商決大本營自桂林移設韶州。 |
| | | 中山先生下令北伐，李烈鈞攻江西，許崇智出湖南。 |
| | | 中日山東問題協定在華盛頓簽字。 |
| | | 九國公約簽字。 |
| | | 中山先生在韶關誓師北伐。 |
| | | 陳炯明叛變，圍攻總統府，中山先生脫險抵海珠海軍司令部。 |
| | | 蔣中正先生自浙抵粵赴難。 |
| | | 北伐軍與陳炯明部戰於韶關。 |
| | | 中山先生以北伐軍回師失利，自廣州抵上海。 |
| 1923 年 | 中華民國 12 年 | 中國國民黨發表宣言，宣布時局主張，及民族、民權、民生政策。 |
| | | 第三國際決議中國共產黨留於國民黨內，仍保持自身組織。 |
| | | 滇、桂軍克廣州，陳炯明敗走惠州。 |
| | | 中山先生發表和平統一宣言。 |
| | | 中山先生自上海抵廣州，設大元帥府。大本營成立。 |
| | | 蔣中正先生就任大本營參謀長。 |
| | | 中山先生任蔣中正先生為行營參謀長。 |
| 1924 年 | 中華民國 13 年 | 中國國民黨第 1 次全國代表大會在廣州舉行。 |
| | | 中山先生在廣東高等師範開始講《三民主義》。（每週一次，計講民族主義 6 講，民權主義 6 講，民生主義 4 講。嗣因赴韶關指揮北伐軍事，未及講完）1950 年代，蔣中正先生在台灣補述中山先生遺著〈民生主義〉中的育、樂兩篇，完成《三民主義》的全部體系。 |
| | | 中山先生決定督師北伐，令胡漢民留守廣州，代行大元 |

帥職權，並發表討代曹（錕）吳（佩孚）文告。

國民黨發表宣言，勸民眾與國民黨合作打倒帝國主義。

中山先生赴韶關督師北伐。

中山先生發表宣言，宣布北伐目的不僅推倒曹吳軍閥，尤在推倒軍閥所賴以生存之帝國主義。

馮玉祥、胡景翼、孫岳聯合發動北京政變，迫曹錕下野。

中山先生發表宣言，主速開國民會議及廢除不平等條約。

中山先生轉滬北上，發表宣言。

張作霖、馮玉祥等推段祺瑞為臨時執政。

中山先生取道日本抵天津，受盛大歡迎。

中山先生自天津扶病至北京，受民眾熱烈歡迎。

1923 年，中山先生親自發炮，轟擊陳炯明的叛軍

1924 年 9 月中山先生再度督師北伐於韶關閱兵

中山先生北上在上海招待記者

中國國民黨第 1 次全國代表大會在廣州召開

中山先生於國民黨一大會後，走出會場

中山先生主持中國國民黨第 1 次全國代表大會

陸軍軍官學校開學典禮後，中山先生與部屬們合影

原段祺瑞執政府址　北京市

中山先生在日本演講〈大亞洲主義〉

| 1925 年 | 中華民國 14 年 | 陳炯明西犯，滇、桂、湘、粵軍動員東征，蔣中正先生率軍校學生會同粵軍任右翼，滇軍任左翼，與桂軍進攻惠州城。 |

中山先生病逝於北京，享年 60 歲。

中山先生靈柩移北京西山碧雲寺。

國民黨中央任蔣中正先生為黨軍總司令。

中國國民黨中央執行委員會敬謹接受總理孫中山先生遺囑。

國民政府成立於廣州。

國民黨中央任蔣中正先生為東征總指揮，再次東征。

東征軍克復惠州、瓊州，肅清南路。

**廣州黃埔島東征陣亡將士紀念坊** 在黃埔軍校舊址西南。民國 14 年（1925 年）黃埔校軍從廣州兩次出發東征，打垮了軍閥陳炯明，收復東路惠州、潮州、梅縣一帶，是統一廣東的重要戰役。翌年在此建大型墓園，安葬捐軀的師生。

蔣總司令統率北伐軍之英姿

**北伐誓師典禮** 1926 年 7 月 9 日廣州東校場

| 1926 年 | 中華民國 15 年 | 中國國民黨舉行第 2 次全國代表大會於廣州。 |
| | | 廣州發生中山艦事變。 |
| | | 蔣中正先生就任國民革命總司令，誓師北伐。 |
| 1927 年 | 中華民國 16 年 | 陸續收回漢口、九江、鎮江英租界。 |
| | | 中國國民黨實行清黨。 |
| | | 國民政府奠都南京。 |
| | | 國民黨政府宣布關稅自主。 |
| 1928 年 | 中華民國 17 年 | 日軍阻撓北伐，攻濟南。 |
| | | 北伐軍克北京。 |
| | | 國民政府發表對外宣言。 |
| | | 蔣中正總司令赴西山，舉行祭告中山先生典禮。 |
| | | 公布《國民政府組織法》，設 5 院。 |
| | | 蔣中正先生就任國民政府主席。 |
| | | 東三省易幟，全國統一。 |
| 1929 年 | 中華民國 18 年 | 中國國民黨第 3 次全國代表大會在南京召開。 |
| | | 中山先生靈櫬奉安於南京紫金山中山陵。 |

漢口江漢街，原英租界。

南京靈谷寺無樑殿內　國民革命烈士之靈位

南京靈谷寺　國民革命陣亡將士紀念塔

中山先生靈櫬奉移中山陵　1929 年 6 月 1 日

參加中山先生靈櫬奉安典禮的國民政府要員們

# 浩氣長存，締造民國
## 黃花崗七十二烈士墓

——革命澎湃，黨旗飛揚；
有七十二烈士的慷慨赴義，
才有中華民國的誕生

黃花崗七十二烈士墓碑

1911 年 4 月 27 日（農曆 3 月 29 日），孫中山先生領導的同盟會為推翻清王朝的統治，在廣州起義失敗，戰役犧牲的烈士營葬於此。

公園位於廣州市北郊，白雲山南麓，面積 16 萬平方公尺。正門牌坊高 13 公尺，鐫刻著孫中山先生親筆題字「浩氣長存」。入門是寬敞的墓道，長 200 公尺。烈士墓構築在崗陵之上，居於墓台當中。紀功坊峙立墓後，坊上的金字形疊石上端，自由神像高擎火炬，象徵烈士爭自由、建共和，精神崇高。墓道兩旁蒼松翠柏，滿園黃花，輝映碧血，莊嚴肅穆，氣魄宏偉。墓東孫中山先生於 1912 年手栽的松樹依然蒼勁挺立。南墓道碑群林立，「自由魂」、「精神不死」……語重千鈞。特別是兩條 3 公尺多高的連州青石透雕龍柱，夾道相對，玲瓏瑰麗。園內還建有黃花井、八角亭、四方池、石橋、接待室。以及潘達微先生及鄧仲元、楊仙逸、馮如、史堅如……等革命烈士也安葬在此。

辛亥年 3 月 29 日起義是孫中山先生領導的 11 次革命武裝戰爭中的第 10 次。這次戰役由黃興、趙聲指揮，進攻兩廣總督署，因敵我力量懸殊等原因而失敗，但革命黨人在起義中英勇戰鬥，與 86 位烈士的壯烈殉難，「草木為之含悲，風雲因而變色。驚天地，泣鬼神。」（孫中山先生：〈黃花崗七十二烈士事略序〉），給清政府沉重打擊，為同年 10 月 10 日武昌起義成功奠下了基礎。在戰鬥中和失敗後，被慘殺的志士，遺體血肉模糊、被陳屍街頭示眾，慘不忍睹，同盟會人潘達微先生不顧清政府的禁令，冒著生命危險，把散落的 72 位烈士遺骸收殮安葬此地，土名二望崗，潘達微先生收葬地命名為「黃花崗」。黃花即菊花，它的傲霜節操，千古同賞，比喻節烈。

黃花崗墓園始建於 1912 年，後因討袁戰爭而停建。1918 年滇軍師長方聲濤募款修道，

得到曾經為 3、29 起義捐財、出力，浴血戰鬥的美洲、南洋等地愛國華僑捐款的熱誠贊助，加以 1920 年孫中山先生在廣州重建中華民國軍政府的積極支持，1921 年烈士墓和紀功坊先後落成。以後又訪查證實實際為 86 位烈士，其中華僑 30 位。一代英烈的事績彰炳史冊，永垂不朽。

黃花崗七十二烈士墓近景

七十二烈士墓遠景

七十二烈士墓一景

恭謁黃花崗七十二烈士墓　1992年5月，本書作者謝
敏聰陪侍師長程光裕教授（左一，台灣省政府教育廳
前主任秘書）、宋晞教授（左二，台北文化大學前校
長）、李守孔教授（左三，台灣大學名譽教授）恭謁
黃花崗七十二烈士墓。

參考文獻：

1. 李守孔：《中國近代史》（簡明本），台北，三民書局，1974年。

2. 李守孔：《中國近代史》（論著本），台北，台灣學生書局，1958年。

3. 李守孔、程光裕總監修，謝敏聰、宋肅懿主編，黃建淳撰稿：《中國史大觀 DVD》第9
   集，台北，新仁教材行發行，1993年。

# 孫中山先生行誼、史蹟

### ——體現天下為公、天地正氣的古今完人
### ——立德、立功、立言三不朽典範永存
### ——中華民族精神的象徵

### 孫中山先生（1866—1925 年）

　　先生名文，字逸仙，在革命時期稱中山。廣東香山縣（今中山市）人。曾隨母至檀香山依賴大哥孫德彰先生。回國後，入香港西醫書院就讀。目睹清廷喪權辱國，乃生革命之心。奔走各地，鼓吹風潮，組織「興中會」、「同盟會」團體，從事革命運動。前仆後繼的起義行動，終於促成辛亥革命成功，創立了中華民國。民國成立，軍閥橫行，先生再舉革命旗幟，討袁護法。並改進黨務，建立黃埔軍校，來強化革命力量。著作有《三民主義》、《五權憲法》、《民權初步》、《實業計劃》、《建國大綱》、《建國方略》等書。

孫中山先生像

南京，中華民國開國總統府——臨時大總統孫中山先生辦公室

# 孫中山先生革命建國史年表

1866 11 月 12 日（清同治 5 年，丙寅 10 月初 6 日）誕生於廣東省香山縣（今中山市）翠亨村一個貧苦農民家庭

1879 5 月 2 日（清光緒 5 年，己卯 4 月初 1 日），隨母赴檀香山，秋，入意奧蘭尼書院（Iolani College）

1885 中法戰敗，始有傾覆清廷，創建民國之志

1887 9 月入香港西醫書院就讀，鼓吹革命

1894 6 月抵天津上書李鴻章、陳救國大計　11 月 24 日（清光緒 20 年，甲午 10 月 27 日）在檀香山創立興中會

1895 3 月 16 日（清光緒 21 年，乙未 2 月 20 日）採用青天白日旗為革命軍旗　10 月 26 日（9 月初 9 日）廣州起義（第 1 次起義）事漏，脫險後經香港逃往日本

1896 自日本經檀香山、舊金山、赴英國　10 月 11 日（清光緒 22 年，丙申 9 月初 5 日）被誘禁於倫敦　10 月 23 日脫險

1897 在大英博物館研究，考察歐洲政治，完成三民主義之思想體系

1900 9 月 28 日（清光緒 26 年，庚子閏 8 月初 5 日）抵台灣基隆　10 月 22 日（閏 8 月 28 日）鄭士良舉兵惠州失敗（第 2 次起義）

1905 赴歐美遊說，號召留學生組織革命團體
8 月 20 日（清光緒 31 年，乙巳 7 月 20 日）中國同盟會成立於東京，推舉先生為總理　11 月 26 日（11 月初 3 日）同盟會機關報《民報》在東京創刊，孫先生撰《發刊詞》，公開提出民族、民權、民生「三大主義」

1907 先後起義於潮州黃岡（第 3 次起義），惠州七女湖（第 4 次起義）
欽州（第 5 次起義），廣西鎮南關（第 6 次起義）

1908 3 月 27 日（清光緒 34 年，戊申 2 月 25 日）命黃興、趙聲由安南率革命軍進攻欽州是為欽廉上思之役（第 7 次起義）
4 月 29 日（3 月 29 日）命黃明堂起義於雲南河口（第 8 次起義）

1910 2 月 12 日（清宣統 2 年，庚戌正月初 3 日）倪映典以廣州新軍起義（第 9 次起義）

1911 3 月 29 日（清宣統 3 年，辛亥 4 月 27 日）黃興等起義於廣州，死難者 86 人（第 10 次起義）　10 月 10 日武昌起義

1912 1 月 1 日於南京就任中華民國臨時大總統——中華民國開國
4 月 1 日卸臨時大總統，袁世凱就任第 2 任臨時大總統

1913 討袁 2 次革命失敗，赴日本

1914 7 月 8 日中華革命黨在東京正式成立

1915 5 月 9 日袁世凱承認日本「21 條要求」舉國恥之

1917 7 月 17 日抵廣州，倡導護法　10 月 10 日改組中華革命黨為中國國民黨

1922 陳炯明擁兵叛變，蔣中正先生自浙來粵赴難

1924 1 月 20 日召開中國國民黨第 1 次全國代表大會　1 月 24 日蔣中正先生籌組陸軍軍官學校
5 月 3 日特任蔣中正先生為校長

1925 3 月 12 日因肝癌逝世於北京

1929 6 月 1 日安葬於南京紫金山

1940 4 月 1 日國民政府明令尊稱為中華民國國父

**參考文獻：**

1.李守孔：《國民革命史》，台北，國父百年誕辰紀念籌委會，1968 年。

2.陳錫祺主編：《孫中山先生年譜長編》，北京，中華書局，1991 年。

3.茅家琦等著：《孫中山先生評傳》，南京大學出版社，2001 年。

▲孫中山先生手書〈自傳〉

▲翠亨村孫中山先生故居遠景

◀孫中山先生約30歲時肖像

▼翠亨村孫中山先生故居近景　故居在廣東省中山市。1866年，孫中山先生誕生於此。現為中西結合的赭色磚二層樓房，樓房的圖樣及庭院中的水井均是孫中山先生在1892年親自設計，費用由其兄孫壽屏先生支付。

孫中山先生在東京成立中華革命黨

澳門　國父紀念館　孫中山先生在 1918 年興建，1923 年中山先生哲嗣孫科先生奉養母親盧太夫人（盧慕貞女士）於此。

孫中山先生在廣州就任中華民國軍政府海陸軍大元帥　1917 年 9 月 1 日，孫中山先生被國會非常會議選舉為中華民國軍政府大元帥，即日接受大元帥印，發布就職宣言。

廣州中山紀念堂　原址為清代撫標箭道、督練公所。辛亥革命後為督軍衙署。1921 年孫中山先生在此就任非常大總統。為紀念孫中山先生的事蹟，於 1929 年奠基，建為中山紀念堂。

廣州孫中山先生紀念碑　在越秀山頂，為紀念孫中山先生而建。由建築師呂彥直設計。1929 年動工，當年完成。碑身全部用花崗石砌築，高 37 公尺。外呈方形，有梯級廻旋而上，碑的正面以巨塊花崗石刻孫中山先生遺囑全文，金光燦爛。碑下建登山石級數百步，與中山紀念堂聯成一體，氣勢雄偉，是廣州著名的革命紀念建築。

上海孫中山先生故居　1918 年 7 月初，孫中山先生和夫人宋慶齡住入這裡，一直居住到 1924 年 11 月 22 日。其間，孫先生和夫人宋慶齡女士曾在 1920 年 11 月 25 日至 1922 年 8 月 13 日和 1923 年 2 月 15 日至 1924 年 11 月 17 日，兩度到廣州去領導北伐革命。孫中山先生的重要著作《民權初步》、《實業計劃》即在此居所完成。

孫中山先生與夫人宋慶齡女士賢伉儷合影

孫中山先生創辦的黃埔軍校　1924 年，孫中山先生創辦黃埔軍校，建立黨軍，以蔣中正先生任校長，周恩來先生任政治部主任。到 1927 年，國民政府定都南京，軍校 1 至 4 期畢業生 4,981 名，校軍參加了統一廣東與北伐的戰爭。

謝敏聰陪侍師長瞻仰黃埔軍校內孫中山先生故居　左起：宋晞教授（文化大學前校長）、程光裕教授（台灣省政府教育廳前主任秘書、文化大學名譽教授）、李守孔教授（台灣大學名譽教授）。

北京孫中山先生逝世紀念地　1924 年底，孫中山先生抱病來到北京商議國是，發出對內召開國民會議，對外廢除不平等條約 2 大號召，對帝國主義和北洋軍閥展開鬥爭，臨時寓於此處，1925 年 3 月 12 日上午 9 時 25 分，孫中山先生於此不幸病逝，舉國同哀、敬悼。

北京中山公園內的孫中山先生銅像

北京中山公園　原為明清兩代的社稷壇，孫中山先生逝世後，靈柩曾暫厝於此拜殿。

孫中山先生衣冠塚　北京香山碧雲寺金剛寶座塔內曾暫厝孫中山先生靈柩，今改為孫中山先生衣冠塚。

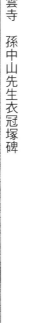

碧雲寺　孫中山先生衣冠塚碑

上海萬國墓園內　宋慶齡女士墓

# 南京 中山陵

中山陵祭堂內莊嚴的孫中山先生像
大理石像為法國學院派代表藝術家
保羅・隆德夫斯基（Paul Landow-
ski）先生所雕。謝敏聰恭攝。

中山陵在江蘇南京市東郊鍾山中
部第 2 峰南麓。孫中山的陵墓。1926
年 1 月興建，在這一年的 3 月 12 日
孫中山先生逝世一週年之際，隆重舉
行了奠基典禮。1929 年春落成，同年
6 月 1 日孫中山遺體由北京西郊碧雲
寺移此安葬。陵墓呈木鐸式，傍山而
築，由南往北逐級升高，依次為牌
坊、墓道、陵門、碑亭、平台，最後
是祭堂和墓室。墓室海拔 158 公尺，
從墓道入口至墓室距離 700 多公尺，
共有石階 392 級。祭堂中為孫中山石
雕全身坐像，四周有孫中山革命事蹟
浮雕，祭堂四壁刻有他的遺著《建國
大綱》，祭堂後面是墓室，球狀結
構，正中是圓形大理石壙，中間是長
方形墓穴，棺上鐫有孫中山長眠仰臥
像。陵園總面積 45,000 多畝，其中林
木面積 32,000 畝，蒼松翠柏，漫山碧
綠。陵墓附近有音樂台、光華亭、水
榭等輔助建築。中山陵前臨開闊平
原，背靠巍峨山峰，布局嚴整，氣象
雄偉，具有中國傳統的民族風格。

中山陵全景

中山陵石牌坊側景

陵門側景

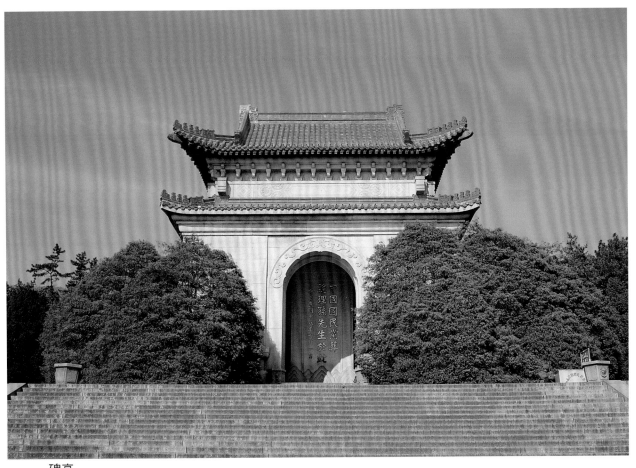

碑亭

由陵寢祭堂前的大平台舉目遠眺

由碑亭北眺祭堂

遠眺祭堂

魯迅像

# 魯迅史蹟

　　魯迅（1881—1936年）　現代文學家、思想家。原名周樹人，字豫才。1881年9月25日（清光緒7年8月初3）出生於浙江紹興。父親周伯宜是秀才。魯迅從小受傳統私塾教育。1898年到南京入江南水師學堂。次年轉入礦務鐵路學堂，開始接受〈進化論〉。1902年赴日本留學，先後入學東京弘文學院普通科、仙台醫學專門學校。1906年棄醫學文，返東京從事文藝活動，並加入反清革命組織光復會。1909年回國，在杭州、紹興任教。辛亥革命後，任紹興師範學校校長。1912年中華民國南京臨時政府成立後，任教育部部員，後隨政府遷往北京，任教育部科長、僉事等職。

　　1918年初，魯迅任《新青年》編輯。5月首次用魯迅筆名在該刊發表第一篇白話小說《狂人日記》，他借狂人的話，以13篇日記運用象徵和隱喻等現代手法揭露傳統中國家族制度與禮教的黑暗面。與後寫的《孔乙己》、《阿Q正傳》等名篇編成第一個小說集《吶喊》，同時寫了許多雜文收入《熱風》、《墳》，成為中國現代文學的奠基人。在「五四」新文化運動中，魯迅站在反帝反封建的最前列。1920年起先後在北京大學、北京女子師範大學講授中國小說史。1921年五四新文化統一戰線發生分化後，在彷徨探索中創作與編成了第二個小說集《彷徨》、散文詩《野草》、雜文集《華蓋集》等，並組織了莽原社等文學團體，出版了《莽原》等刊物。在此時期，他開始接觸了馬克思列寧主義。

　　1926年8月，魯迅南下廈門大學任教。1927年1月赴廣州中山大學任教，開始同中國共產黨建立密切聯繫。1927年4月12日蔣介石公開反共後，憤而辭職，轉赴上海編輯《語絲》、《奔流》等刊物。1930年起主編《萌芽月刊》（後為左聯機關刊物），並發起成立中國自由運動大同盟和中國左翼作家聯盟，與「新月派」、「民族主義文學」、「自由人」、「第三種人」進行論戰。

　　1931年日本占領東北後，魯迅寫了《二心集》、《南腔北調集》、《偽自由書》、《準風月談》等8個雜文集，揭發了日本侵略中國的罪行，也反對國民黨「攘外必先安內」的政策。

　　魯迅於1936年10月19日在上海逝世。廣大群眾爭相奔赴萬國殯儀館瞻仰遺容。送葬群眾達數萬人。魯迅一生著作極為豐富，並有許多翻譯作品，編為《魯迅全集》16卷。

浙江紹興市魯迅故居一景

浙江紹興市魯迅故居內的轎子

紹興市魯迅故居後花園──百草園

紹興市魯迅故居書房──三味書屋　　魯迅少年時
（1892—1897 年）求學的地方

魯迅於 1932 年 11 月 27 日，在北京師範大學運動
場演講

福建廈門大學內的魯迅紀念館

上海市魯迅墓園

~~~~~~~~~~~~~~~~~~~~

參考文獻：

1. 曾業英：〈魯迅〉條，載《中
國大百科全書》，1992 年。
2. 朱正：《魯迅傳略》，北京，
人民文學出版社，1982 年。
3. 李宗英、張夢陽編：《六十年
來魯迅研究論文選》，北京，
中國社會科學出版社，1982
年。
4. 魯迅博物館魯迅研究室編：
《魯迅年譜》，北京，人民文
學出版社，1981 年。
5. 李新宇主編：《魯迅大全
集》，長江文藝出版社，2011
年。

**年輕時期的蔣中正先生像** 蔣中正先生，字介石，學名志清。浙江奉化人，1887 年 10 月 31 日（清光緒 13 年 9 月 15 日）生。父蔣肇聰先生繼承祖業經營鹽舖，1895 年病歿。蔣中正先生由母親王采玉女士撫養成人，幼年入塾，誦讀經史。肄業於龍津中學堂，後東渡日本，入東京清華學校，結識陳其美等人，受到反清思想的影響。年末回國，1907 年考入保定全國陸軍速成學堂，習炮兵。1908 年赴日，入東京振武學校。其間由陳其美引入同盟會。1917 年孫中山先生南下護法，建立中華民國軍政府，1918 年蔣中正先生任粵軍總司令部作戰科主任，1922 年粵軍總司令陳炯明叛變，孫中山先生避難於永豐艦，蔣中正先生去廣州登艦侍護 40 餘日，1924 年孫中山先生創辦黃埔軍校，任命蔣中正先生為校長。蔣中正先生在 1925 年東征討伐陳炯明，戰果卓著，並於 1926 年率師北伐，1928 年完成統一後，就任國民政主席，1929 年主持孫中山先生靈櫬奉安典禮。

浙江奉化市溪口鎮為蔣中正先生的故鄉。蔣先生故居包括豐鎬房、小洋房、玉泰鹽舖等。

豐鎬房位於溪口中街，是一幢 2 層小樓，原名「素居」。占地面積 4,800 平方公尺。大門、素居、報本堂、獨立小樓等係清代建築，其餘為 1930 年蔣中正擴建。豐鎬房的建築格局是「前廳後堂」，「兩廂四廊」，共有大小樓房 49 間。用材講究。大門磚構，拱券頂。入內為天井，其後是前廳，即「素居」，木構建築，硬山頂。內有佛堂，為蔣母及其原配毛福梅誦經處。後堂是「報本堂」，前有軒廊，卷棚頂，軒梁和牛腿雕刻華麗。室內供蔣氏祖宗牌位。兩廂為居室。

小洋房建於 1930 年，西式，為 3 間 2 層樓房，前臨剡溪，後依武山，建築面積 310 平方公尺。

玉泰鹽舖位於溪口中街篾匠弄口，蔣中正先生即出生於此，前後兩進，前進 3 間 1 弄樓房，後進為平房，建築面積 600 平方公尺。清末以來，鹽舖曾兩次失火，現建築為 1946 年所建。

溪口鎮建築群包括蔣母墓、摩訶殿、蔣氏宗祠、文昌閣（遺址）、武山廟 5 處。

蔣母墓位於奉化市溪口鎮西 1 公里。建於 1921 年，由石牌樓、轎亭、墓廬、水池、墓塋組成。

玉泰鹽舖外景

玉泰鹽舖內景　右上方的房間即為蔣中正先生出生的地方

浙江省奉化市溪口鎮的玉泰鹽舖原址是蔣中正先生的出生地。這裡也是蔣中正先生的祖父蔣玉表先生、父親蔣肇聰先生開設鹽舖的地方。

武嶺門　溪口鎮的入門

溪口鎮一景　有剡溪流經鎮區

蔣母王采玉太夫人墓　墓碑為孫中山先生親書

豐鎬房一景

文昌閣　建於清雍正9年（1731年），為蔣中正先生在溪口的別墅，1939年底，被侵華日機炸毀，1988年按原樣原址重建。

小洋房

溪口鎮雪竇山千丈巖飛瀑

保定陸軍軍官學校校門　蔣中正先生在1907年曾在此就讀全國陸軍速成學堂留學生預備班（當時學校名稱），1912年始有陸軍軍官學校第1期學生。

# 毛澤東先生
# 早年史蹟

**毛澤東先生年輕時期照片**

毛澤東先生（1893—1976年）戰略家和理論家。字潤之。1893年12月26日（清光緒19年11月19日）生於湖南省湘潭縣韶山冲一個農民家庭。8歲開始在家鄉韶山的私塾讀書。13歲至15歲停學在家，參加田間耕作。1910年秋到湘鄉東山高等小學堂讀書。1911年入長沙湘鄉駐省中學學習，擁護同盟會「驅除韃虜，恢復中華，建立民國，平均地權」的政治綱領。

辛亥革命爆發後，毛澤東先生參加響應武昌起義的湖南新軍。1913年春考入湖南省立第4師範（1914年春併入第一師範）。第一師範畢業後到北京，同蔡和森等組織湖南青年赴法勒工儉學，主張青年學習西方先進的科技文化。10月，到李大釗任主任的北京大學圖書館工作，並參加北京大學哲學研究會和新聞研究會的活動，廣泛地接觸包括馬克思主義在內的各種新思潮。1919年4月回到長沙。五四運動爆發後，積極參與領導湖南學生的愛國運動。7月，由他主編的以宣傳新思潮為宗旨的《湘江評論》創刊。1921年7月，代表湖南共產主義小組出席在上海召開的中國共產黨第一次全國代表大會。

**韶山毛澤東先生故居**　在湖南省湘潭縣韶山冲。土木結構，泥磚牆，小青瓦，為南方常見的農家住房形制。1893年12月26日，毛澤東先生誕生於此。1929年，故居被國民黨政府沒收破壞，1950年按原貌修復。

韶山毛氏宗祠　毛澤東先生家族始祖毛太華原籍今江西省吉水縣。後來從軍南遷到今雲南省瀾滄拉祜族自治縣。明洪武 13 年（1380 年）因軍功調湖南，到湘潭韶山定居。

1913 年，毛澤東先生曾就讀的湖南省立第一師範（長沙市）

長沙嶽麓書院　五四運動爆發後，毛澤東先生於 1919 年 7 月在嶽麓書院內的半學齋主編《湘江評論》，以宣傳新思潮為宗旨。同年秋天，《湘江評論》被湖南軍閥查封，毛澤東先生又在半學齋主編《新湖南》，繼續進行反帝國主義及反封建體制的活動。

廣州農民運動講習所舊址　在廣州市中山四路，所址原為番禺學宮。1926 年 5 月，毛澤東先生、周恩來先生等在此培養共產黨幹部。當時講授有關農運的各種課程，還進行軍事訓練，並到農村實習。

# 主要參考文獻

大致依文獻性質、所敘的時代排列

## 一、專書、製片

漢‧司馬遷：《史記》

漢‧班固：《漢書》

宋‧司馬光：《資治通鑑》

宋‧鄭樵：《通志》

宋‧袁樞：《通鑑記事本末》

清‧章學誠：《文史通義》

錢穆：《國史大綱》，台北，台灣商務印書館，1995 年，修訂 3 版。

錢穆《古史地理論叢》，北京，九州出版社，2011 年。

張其昀：《中華五千年史》，台北，文化大學出版部，1981 年。

張其昀監修，程光裕、徐聖謨主編，謝敏聰等編輯委員：《中國歷史地圖》，台北，文化大學出版部，1984 年。

傅樂成：《中國通史》，台北，大中國圖書公司，1973 年增訂 8 版。

林瑞翰：《中國通史》，台北，三民書局，1973 年。

韓復智：《錢穆先生學術年譜》，台北，編譯館，2005 年。

沈起煒編著：《中國歷史大事年表‧古代卷》，上海，辭書出版社，2001 年。

劉煒主編：《中華文明傳真》，上海，辭書出版社、香港，商務印書館，2001 年。

《中華文物通史年表》，台北，歷史博物館。

臧雲浦、王雲度、朱崇業、何振東、葉青編：《中國大事紀年》，濟南，山東教育出版社，1984 年。

賈虎臣編著：《中國歷代帝王譜系彙編》，台北，正中書局，1966 年。

編輯部：《中國歷史人物辭典》，香港，朝陽出版社，1979 年。

侯外廬主編：《中國大百科全書‧中國歷史本》，北京，中國大百科全書出版社，1992 年。

杜維運：《中國史學史》，作者自印，台北，三民書局總經銷，2004 年。

余英時：《士與中國文化》，上海，人民出版社，1987 年。

劉慶柱主編：《二十世紀中國百項考古大發現》，北京，中國社會科學出版社，2002 年。

巫鴻：《武梁祠：中國古代畫像藝術的思想性》，北京，三聯書店，2006 年。

巫鴻著，李清泉、鄭岩等譯，《中國古代藝術與建築中的「紀念碑」性》，世紀出版集團，上海人民出版社，2009 年。

嚴重敏主編：《中國城市辭典》，成都，四川辭書出版社，1992 年。

中國文化部文物局：《中國名勝辭典》，上海辭書出版社，1986 年第 2 版。

吳春鳳、尤文波、袁素英繪：《中國古代史地圖冊》，北京，中國地圖出版社，1991 年。

太原市政協編：《三晉名勝》，太原，山西古籍出版社，1998 年。

中國國家文物局主編：《中國文物地圖集‧山西分冊》，北京，中國地圖出版社，2006 年。

中國國家文物局主編：《中國文物地圖集‧山東分冊》，北京，中國地圖出版社，2007 年。

中國國家文物局主編：《中國文物地圖集‧江蘇分冊》，北京，中國地圖出版社，2008 年。

中國國家文物局主編：《中國文物地圖集‧浙江分冊》，北京，文物出版社，2009 年。

陳靜：《圖說中國文化‧藝術卷》，長春，吉林人民出版社，2007 年。

朱惠良：《中國人的生活》，台北，幼獅文化事業公司，1986 年。

梁思成、林徽因：《中國建築史》，北京：百花文藝出版社，1985 年。

蔡玫芬主編：《精彩一百　國寶總動員》，台北，故宮博物院，2011 年。

于建設等著《紅山文化概論》，赤峰，內蒙古科學技術出版社，2008 年。

王玉哲：《中華遠古史》，上海，人民出版社，2003 年。

田廣林《西遼河流域的古代文明》，天津人民出版社，1989 年。

田廣林：《契丹禮俗考論》，哈爾濱出版社，1995 年。

山西省考古研究所侯馬工作站、山西省侯馬市文物局：《新田——山西侯馬文物精選》，2001 年。

邢義田：《秦漢史論稿》，台北，東大圖書公司，1987 年。

黃進興：《聖賢與聖徒》，北京大學出版社，2005 年。

靳生禾、謝鴻喜：《長平之戰——中國古代最大戰役之研究》，太原，山西人民出版社，1998 年。

王子雲：《漢代陵墓圖考》，西安，太白文藝出版社，2006 年。

朱錫祿：《武氏祠漢畫像石》，濟南，山東美術出版社，1986 年。

李貞德：《公主之死——你所不知道的中國法律史》，台北，三民書局，2001 年。

李貞德：《女人的中國醫療史——漢唐之間的健康照顧與性別》，台北，三民書局，2008 年。

侯旭東：《北朝村民的生活世界：朝廷、州縣與村里》，香港，商務印書館，2005 年。

徐先堯：《二王尺牘與日本書紀所載國書之研究》，台北，藝軒圖書出版社，2003 年再版。

宋肅懿：《唐代長安之研究》，台北，大立出版社，1983 年。

王德毅：《宋元災荒的救濟政策》，台北，中國學術著作獎助委員會，1970 年。

王德毅：《范仲淹》，台北，台灣商務印書館，1999 年更新版。

包偉民：《宋代地方財政史研究》，上海古籍出版社，2001 年。

莊為璣：《古刺桐港》，廈門大學出版社，1989 年。

蔣武雄：《遼與五代政權轉移關係始末》，台北：新化圖書有限公司，1998 年。

趙振績：《契丹族系源流考》，台北，文史哲出版社，1992 年。

劉鳳翥：《遍訪契丹文字話拓碑》，北京，華藝出版社，2005 年。

蕭啟慶：《元代的族群文化與科舉》，台北，聯經出版事業公司，2008 年。

薛鳳旋：《北京：由傳統國都到社會主義首都》，香港大學出版社，1996 年。

薛鳳旋：《中國城市及其文明演變》，香港大學出版社，2009 年。

孫文良：《明清戰爭史略》，瀋陽，遼寧人民出版社，1986 年。

孫文良、李治亭：《崇德帝》，長春，吉林文史出版社，1993 年。

鄭欣淼：《故宮與故宮學》，北京，紫禁城出版社，2009 年。

鄭欣淼：《天府永藏——兩岸故宮博物院藏品概述》，台北，藝術家出版社，2009 年。

鄭欣淼：《紫禁內外》，北京，紫禁城出版社，2008 年。

單霽翔主編：《京都古蹟大觀——北京市全國重點文物保護單位》，北京，燕山出版社，1996 年。

單霽翔主編：《北京舊城 25 片歷史文化保護區保護規劃》，北京，燕山出版社，2002 年。

單霽翔主編：《房山雲居寺遼金石經回藏紀實》，2001 年。

李文儒：《天地之吻——紫禁城圖像》，北京，紫禁城出版社，2009 年。

李文儒主編：《中華文明遺址通覽——第五批全國重點文物保護單位 518 處》上海，古籍出版社，2002 年。

李文儒主編：《故宮博物院八十年》，北京，紫禁城出版社，2005 年。

晉宏逵、黃希明：《明清故宮》，北京，中國水力電力出版社，2004 年。

章宏偉：《故宮問學》，北京，紫禁城出版社，2009 年。

章宏偉製片：《故宮 DVD》，北京，中央電視台、故宮博物院，2005 年。

章宏偉主編：《電視系列《故宮》圖文版》，香港，中華書局，2006 年。

鄭連章：《紫禁城城池》，北京，紫禁城出版社，1986 年。

范金民、吳恬：《鄭和》，南京大學出版社，2011 年。

褚紹唐主編：《徐霞客旅行路線考察圖集》，北京，中國地圖出版社，1988 年。

王其亨主編：《明代陵墓建築》，北京，中國建築工業出版社，2000 年。

陳捷先：《清史雜筆》，台北，學海出版社，1977—87 年。

王子林：《紫禁城帝王文化的成功演繹》，北京，紫禁城出版社，2009 年。

芮謙：《你應該知道的 131 件黃花梨家俱》，北京，紫禁城出版社，2008 年。

王仲奮：《地壇》，北京，中國旅遊出版社，未標出版年。

夏維中：《1644 帝國大崩潰》，台北，知本家文化公司，2007 年。
夏維中：《明——景山的晚風》，西安，陝西師範大學出版社，2004 年。
王曾才：《清季外交史論集》，台北，台灣商務印書館，1972 年。
王曾才：《中英外交史論集》，台北，聯經出版事業公司，1983 年。
李守孔：《中國近百餘年大事述評：中國近現代史論文集》，台北，台灣學生書局，1996 年。
李守孔：《中國近代史》（論著本），台北，台灣學生書局，1958 年。
李守孔、程光裕總監修，謝敏聰、宋肅懿主編，黃建淳撰稿：《中國史大觀 DVD》第 9 集，
　　台北，新仁教材行發行，1993 年。
于善浦：《清東陵大觀》，石家莊，河北人民出版社，1985 年。
王啓宗：《臺灣的書院》，臺中，台灣省政府新聞處，1987 年。
莊吉發：《京師大學堂》，台北，台灣大學文學院，1970 年。
朱志騫：《南京臨時政府財政問題之研究》，台北，知音出版社，1992 年。
紀念　國父百年誕辰籌委會學術論著編委會：《國民革命畫史》，1965 年。

## 二、論文

王玉哲：〈商族起源和活動地區〉，《歷史研究》，1984 年 1 期。
錢穆：〈周初地理考〉，《燕京學報》，10 期，1931 年。
于建設：〈草原文化再認識〉，《黨委宣傳部》，2009 年。
楊建芳：〈商代玉雕分期研究：中國古玉斷代研究之二〉，香港，《中文大學中國文化研究所學
　　報》，16 期，1985 年。
楊建芳：〈南越王墓玉器研究——南越式玉器的識別及相關問題〉，台北，《故宮文物月刊》12
　　卷 9 期，1994 年 12 月。
韓復智：〈東漢的土地問題〉，台北，《編譯館館刊》，6 卷 2 期，1997 年 12 月。
馬先醒：〈漢代之長安與洛陽〉，台北，文化大學史學研究所博士論文，1972 年。
陳靜：〈詔書的以紙代簡過程〉，《濟南大學學報》，2000 年 1 期。
邢義田：〈漢碑、漢畫和石工的關係〉，台北，《故宮文物月刊》，14 卷 4 期，1996 年。
羅仕杰：〈1996 年台北簡牘學會漢代居延遺址考察日誌〉，台北，《簡牘學報》17 期，1999 年。
陳健文：〈先秦至兩漢胡人意象的形成與變遷〉，台北，台灣師範大學歷史研究所博士論文，2005 年。
甘懷真：〈中國中古時期君臣關係初探〉，《台大歷史學報》，21 期。
陳鴻琦：〈前漢兵器初探〉，台北，文化大學史學研究所碩士論文，1981 年。
林敏勝：〈六朝「大地」之多元思想及其詮釋〉，台灣清華大學歷史研究所博士論文，2006 年。
邱添生：〈唐代文化與外來文化〉，台北，《師大學報》，16 期，1971 年。
邱添生：〈論唐宋間的歷史演變〉，台北，《幼獅月刊》，47 卷 5 期，1978 年 5 月。
邱添生：〈由貨幣經濟看唐宋間的歷史演變〉，台北，《師大歷史學報》，第 5 期，1977 年。
宋肅懿：〈風華絕代長安城〉，台北，《藝術家》，323 期，2002 年 4 月。
宋肅懿：〈唐代長安城的都市生活風采〉，台北，《藝術家》，324 期，2002 年 5 月。
李繼生：〈蒿里山今昔〉，台北，《故宮文物月刊》，1992 年 1 月。
王小甫：〈白江口之戰相關地考論〉，收入王小甫主編：《時代與東北亞政局》，上海，辭書
　　出版社，2003 年。
黃一農：〈蘇州石刻天文圖新探〉，新竹，《清華學報》，19 卷 1 期，1989 年。
黃一農：〈紅夷大砲與明清戰爭——以火砲測準技術為例〉，新竹，《清華學報》，26 卷第 1 期，
　　1996 年。
謝昭男：〈五代時期各國關係涉契丹史事研究〉，台北，文化大學史學研究所碩士論文，1971 年。
程光裕：〈宋元時代泉州之橋樑研究〉，台北，《史學彙刊》，第 2 期。
李美月：〈通鑑考異引書考〉，台北，文化大學史學研究所博士論文，1982 年。
蔡淵洯：〈遼代科舉制度的分析（上、下）〉，台北，《史學會刊》，第 13、14 期，1975 年。
黃展岳：〈摩尼教在泉州〉，收入中國航海學會、泉州市人民政府編：《泉州港與海上絲綢之
　　路》，第 2 冊，北京，中國社會出版社，2003 年。

王燦熾：〈金中都宮苑考略〉，《北京社會科學》，1987 年第 2 期。

王燦熾：〈元大都鐘鼓樓考〉，北京，《故宮博物院院刊》，1985 年，第 4 期。

陳學霖：〈元大都城建造傳說探原〉，台北，《漢學研究》，第 5 卷第 1 期。

陳進傳：〈明史地位及其研究意義——代發刊詞〉，台北，《明史研究專刊》，第 1 期，1978 年。

鄭欣淼：〈清史研究與故宮學〉，《故宮博物院 80 華誕暨國際清史學術研討會論文集》，北京，紫禁城出版社，2006 年。

鄭欣淼：〈紫禁城與故宮學〉，北京，《故宮博物院院刊》，2004 年，第 5 期。

鄭連章：〈紫禁城宮殿總體佈局〉，北京，《故宮博物院院刊》，1996 年 3 期。

章宏偉：〈明代工部尚書雷禮生平考略〉，《中國紫禁城學會論文集》（第 6 輯），北京，紫禁城出版社，2011 年 4 月。

章宏偉：〈清宮文淵閣與寧波天一閣關係探析〉，明清宮廷建築文化學術研討會會議論文，瀋陽，2009 年。

章宏偉：〈四庫學與故宮學〉，岳陽，《雲夢學刊》，2011 年第 6 期。

郭華瑜：〈北京太廟大殿建造年代探討〉，北京，《故宮博物院院刊》，2002 年，第 3 期。

顧力仁：〈永樂大典及其輯佚研究〉，台北，文化大學史學研究所碩士論文，1981 年。

范金民：〈鄭和下西洋動因初探〉，《南京大學學報》，1984 年。

吳智和：〈明代正統國變與景泰興復〉，台北，《史學彙刊》8 期，1977 年。

吳智和：〈「土木之變」後明朝與瓦剌之交涉——英宗回鑾前之秘辛〉，台北，《明史研究專刊》3 期，1980 年。

吳智和：〈明景帝監國登極時期居庸紫荊兩關之城防〉，台北，《明史研究專刊》5 期，1982 年。

林麗月：〈明代的國子監生〉，台北，台灣師範大學歷史研究所碩士論文，1974 年。

衣若蘭：〈史學與性別：《明史·列女傳》與明代女性史之建構〉，台北，台灣師範大學歷史研究所博士論文，2003 年。

張璉：〈明代中央政府刻書研究〉，台北，文化大學史學研究所碩士論文，1989 年。

辛法春：〈明沐英及其後裔與中國雲南之開發〉，台北，文化大學史學研究所碩士論文，1981 年。

孫宏仁：〈明代西安府地區之疆域、交通、農業與學術〉，台北，文化大學史學研究所碩士論文，1987 年。

戴玄之：〈19 世紀白蓮教亂之剖析〉，台北，《大陸雜誌》，50 卷 4 期，1975 年 4 月。

邱榮裕：〈從地方祠堂看中原文化的播遷——以新竹新埔雙堂屋劉宅為例〉，《客家研究輯刊》，2006 年第 2 期（總第 29 期）。

嵇若昕：〈觀榜圖〉，台北，《故宮文物月刊》，第 1 卷第 5 期，1983 年。

嵇若昕：〈文人雅聚故事多〉，台北，《故宮文物月刊》，第 1 卷第 10 期，1983 年。

馬孟晶：〈女性生活的文化圖像〉，《群芳譜——女性的形象與才藝》，台北故宮博物院，2003 年。

李卓穎：〈新方案與十五世紀晚期江南水利改革〉，《明代研究》，15 期，2010 年。

馬雅貞：〈南京的文化地理〉，文以誠（Richard Vinograd）編輯，《南方大都會：十七世紀南京的視覺藝術》，美國加州史丹福，坎特視覺藝術中心，史丹福大學，2002 年。

馬雅貞：〈戰爭圖像與乾隆朝（1736—95）對帝國武功之建構：以平定準部回部得勝圖為中心〉，台北，台灣大學藝術史研究所碩士論文，2000 年。

毛傳慧：〈Technical painting, decorative painting or political advertisement: study on Gengzhitu 耕織圖〉，《前現代與非西方科學技術之視覺表現》學術研討會，台灣清華大學，2009 年。

陳華：〈洪秀全與太平天國的意識形態〉，第 24 屆中國學國際學術研討會會議論文，韓國，漢城淑明女子大學，2004 年。

樂炳南：〈忠王李秀成年譜〉，台北，文化大學史學研究所碩士論文，1972 年。

卓文義：〈民國初期的國語運動〉，台北，文化大學史學研究所碩士論文，1973 年。

丘為君：〈權威與自由：自由主義在近代中國的歷程〉，收入香港中文大學中國文化研究所：《當代中國文化研究中心集刊》，第 4 期，香港，中文大學出版社。

丘為君：〈戰爭與啟蒙：「歐戰」對中國的啟示〉，台北，《政治大學歷史學報》，23 期，2005 年。

紀念　孫中山先生領導辛亥革命　100 週年
　　　清　華　大　學　建　校
　　　　1911—2011

# 大歷史的風景——中國通史旅遊景點紀行

撰・攝影者：謝敏聰　　　個人 E-mail：s7278ss@yahoo.com.tw
責 任 編 輯：謝敏聰
責 任 校 對：謝哲煥
美 工 設 計：謝敏聰
責 任 印 務：謝敏聰

出 　 版 　 者：臺灣學生書局有限公司
發 　 行 　 人：楊雲龍
發 　 行 　 所：臺灣學生書局有限公司
　　　　　　　臺北市和平東路 1 段 75 巷 11 號
　　　　　　　郵政劃撥帳號：00024668
　　　　　　　電話：（02）2392-8185
　　　　　　　傳真：（02）2392-8105
　　　　　　　E-mail：student.book@msa.hinet.net
　　　　　　　http：//www.studentbook.com.tw

本 書 局 登
記 證 字 號：行政院新聞局局版北市業字第玖捌壹號

印 　 刷 　 所：辰皓國際出版製作有限公司
　　　　　　　新北市中和區橋和路 120 號 3 樓之 1
　　　　　　　電話：（02）2249-2999（總機）
　　　　　　　傳真：（02）2249-7733（排版）

定 　 　 　 價：新臺幣 捌仟元整
公元 2011 年 12 月初版
有著作權・侵害必究
ISBN 978-957-15-1558-8（精裝）